Richard Pietschmann

Geschichte der Phönizier

Richard Pietschmann

Geschichte der Phönizier

ISBN/EAN: 9783955640699

Auflage: 1

Erscheinungsjahr: 2013

Erscheinungsort: Bremen, Deutschland

@ EHV-History in Access Verlag GmbH, Fahrenheitstr. 1, 28359 Bremen. Alle Rechte beim Verlag und bei den jeweiligen Lizenzgebern.

Geschichte der Phönizier.

Von

Dr. Richard Pietschmann.

Mit Illustrationen und Karten.

Berlin,
G. Grote'sche Verlagsbuchhandlung.
1889.

Ueberfetzungsrecht wie alle anderen Rechte vorbehalten.

Druck von Fischer & Wittig in Leipzig.
Beginn des Tages am 8. April 1889.

Inhalts-Verzeichniß.

Erster Abschnitt.

		Seite
1.	Abgrenzung der Aufgabe. Quellen der phönizischen Geschichte	3
2.	Eigenart der Geschichte der Phönizier	9
3.	Der Name Phönizien	13
4.	Naturbeschaffenheit des Landes	17
5.	Die Küstenlandschaften Syriens und deren Städte	35
6.	Abstammung der Phönizier	87
7.	Herkunft der Phönizier	109

Zweiter Abschnitt.

1.	Anfänge der Geschichte und Cultur Phöniziens	127
	Entwickelungsgang der Religion der Phönizier	152—237
2.	Geschichte der Phönizier bis zum Niedergange der Herrschaft Aegyptens. Die Colonien	245
3.	Geschichte der Phönizier bis zur Perserzeit	292

Verzeichniß der Illustrationen 309

Erster Abschnitt.

1. Abgrenzung der Aufgabe. Quellen der phönizischen Geschichte.

Die vorliegende Darstellung der Geschichte der Phönizier verfolgt nicht als Hauptzweck, etwa durch Mittheilung annähernd aller gegenwärtig bekannten Thatsachen oder durch Anführung möglichst vieler in dieses Gebiet gehöriger Literaturnachweise die Vollständigkeit eines selbständigen Hand- oder Lehrbuchs zu erreichen. Die Aufgabe, die sie vor allen Dingen erfüllen sollte, war vielmehr, zu der Schilderung der Geschichte des Alterthums, welche die übrigen Bände der ersten Haupt-Abtheilung der „Allgemeinen Geschichte in Einzeldarstellungen" entwerfen, eine Ergänzung zu bilden. Die Zeiträume, von denen jene Bände handeln, kommen hier daher nicht nochmals zur Darstellung. Das Phönizien der Perserzeit und Karthago sind hier zwar nicht gänzlich ausgeschlossen, sollen aber doch nicht mehr Erwähnung und Berücksichtigung finden, als zur Vervollständigung der Mittheilungen, welche G. F. Hertzbergs „Hellas und Rom" und Ferdinand Justis „Geschichte des alten Persiens" enthalten, erforderlich ist. Der Veranlagung der „Allgemeinen Geschichte in Einzeldarstellungen" entsprechend durften ferner alle nur lose miteinander verbundenen Nachrichten und weniger den Geschichtsfreund und Historiker, als den Specialforscher interessirenden Einzelheiten bei Seite bleiben, mag auch manches Material darunter sein, das, vor der Hand noch nicht recht verwerthbar, in Zukunft vielleicht einmal Nutzen bringen könnte. Der Eindruck des Mosaikartigen einer Notizensammlung wird sich ohnehin, auch ohne Anhäufung trockener Gelehrsamkeit, heutzutage und wohl noch auf lange Zeit hinaus bei Darstellung der phönizischen Geschichte schlechterdings nicht vermeiden lassen. Trotz der Menge von Ergebnissen, welche die Alterthumsforschung gerade auf dem Gebiete des Morgenlandes während der letzten Jahrzehnte neu zu verzeichnen gehabt hat, bleibt nach wie vor das Gesammtbild, in dem die Geschichte und Gesittung der morgenländischen Völker des Alterthums uns entgegentritt, in mehr als einer Hinsicht ein höchst fragmentarisches. Noch immer herrscht in dem Ganzen wenig innerer Zusammenhang; noch immer ist die Kenntniß der Theile, in die es zerfällt, eine sehr ungleichmäßige. Das Verfahren, das Berthold Niebuhr einschlug, als er in den Vorträgen über alte Geschichte, welche er in den Jahren 1826 und 1829 an der Universität Bonn hielt, „die kluge und anmuthige Disposition" des Pompejus Trogus zum

Leitfaden für die „nichtrömische Geschichte" des Alterthums wählte, ist im Princip gegenwärtig noch nicht so ganz veraltet, wie man häufig glaubt. Die überraschenden Aufschlüsse, die man den Bemühungen der orientalischen Philologie und Sprachwissenschaft, der glücklichen Entzifferung von Inschriften, die früher unlösbare Räthsel darboten, und der planmäßigen Durchforschung von Denkmälerstätten verdankt, haben zwar die Beurtheilung mancher vordem bereits bekannten Quellen wesentlich umgestaltet, haben eine Fülle unschätzbarer Urkunden, die im Verborgenen schlummerten, und große Reste altorientalischer Literatur überhaupt erst zugänglich gemacht, haben das Leben und Treiben längst verschollener Zeiten wieder in das helle Licht des Tages gerückt und das erwünschte unmittelbare Verständniß für manche Gedankenrichtungen und Glaubenssatzungen der Vorzeit eröffnet, die bei all ihrer Seltsamkeit oft von unendlichem Einflusse gewesen sind, bereichern aber meist nur einzelne bestimmt begrenzte Gebiete des historischen Wissens oder liefern nur zerstreute Gruppen von Thatsachen. Denn was wir den orientalischen Quellen entnehmen können, sind doch, je nach den Sprachen und Schriftarten, in denen dieselben abgefaßt sind, vorwiegend Aufschlüsse entweder über Aegypten oder über die Ländergebiete des Euphrat und Tigris, über Juda und Israel oder über das Reich der Achämeniden. Daß es möglich sei, die Geschichte fremder Nationen zum Gegenstande eines Studiums zu machen, das ist augenscheinlich keinem Aegypter oder Assyrer jemals in den Sinn gekommen. In vielen Fällen ermöglichen uns allerdings die neu erworbenen, häufig den Ereignissen fast gleichzeitigen Nachrichten eine Kritik oder Controle der schriftlichen Aufzeichnungen, welche die Historiker bei Griechen, Römern und Juden uns hinterlassen haben. In anderen gestatten sie deren Inhalt zu berichtigen und weit darüber hinauszugehen. Noch mehr aber zeigen sie gerade recht eindringlich, wie lückenhaft, vieldeutig und wenig ergiebig die meisten der Quellen sind, mit denen man sich behelfen muß, wie ausgedehnt und zahlreich die Zeiträume sind, die wir besten Falls noch mit Hypothesen ausfüllen können. Den Mangel an zusammenhängenden, auf planmäßigen Erkundigungen und Nachforschungen beruhenden Berichten, für den häufig mehr als ein verloren gegangenes Werk der classischen Autoren Ersatz geboten haben würde, lehren sie nicht verschmerzen.

Zu denjenigen Völkern, auf deren Geschichte aus den großen Entdeckungen, welche die Erforschung der altorientalischen Schriftdenkmäler gemacht hat, am wenigsten Licht fällt, gehören die Phönizier. Verglichen mit dem Nilthale, mit Assyrien oder Babylonien, selbst mit Kleinasien, ist Phönizien selbst geradezu arm an monumentalen Ueberresten aus vorgriechischer Zeit. Baudenkmäler, die an Großartigkeit oder Widerstandsfähigkeit mit den Pyramiden von Gize oder mit den Tempeln von Karnak und Luksor hätten wetteifern können, hat es auch nie besessen. Wohl schon im Alterthum hat in den enggebauten Städten Phöniziens dasselbe Zerstörungswerk begonnen, das Memphis und so viele andere Großstädte der alten Welt fast vollständig vom Erdboden hat verschwinden lassen: statt sich die Mühe und Kosten zu machen,

Die Nekropolis von Saida (Sidon) bei Megharet Ablun.

Steine aus den Brüchen zu holen und herzurichten, hat man, wo es irgend anging, das ungleich billigere und bequemere Verfahren vorgezogen, bereits fertiges Baumaterial sich einfach durch Abbrechen alter nutzlos dastehender Bauwerke zu verschaffen. Mit Vorliebe haben die Araber Säulen in Stücke geschlagen, um die Fragmente derselben in Mauern einzubauen; durch diesen architektonischen Kunstgriff meinten sie die Festigkeit erheblich zu steigern. Den Kirchen= und Burgenbauten der Kreuzfahrerzeiten sind gleichfalls die Steinvorräthe manches ehrwürdigen Gemäuers zum Opfer gefallen. Schwerlich geringere Verwüstungen haben die Kriegerschaaren der hellenistischen und römischen, der arabischen und türkischen Eroberer angerichtet. Der Anblick der Grabdenkmäler hat die Habgier der Schatzgräber gereizt; man hat sie ohne jede Schonung zerstört, um sie auszurauben. Giebt es doch in keinem mohammedanischen Lande eine Bevölkerung, welche die Denkmäler der heidnischen Vorzeit mit irgend welcher Regung von Bewunderung oder gar Pietät oder auch nur mit einem leisen Anfluge von selbstlosem Interesse betrachtete. Regel= mäßige Transporte antiker Bausteine gehen noch heutigen Tages von Tyros nach Akka und Beirut. Auch Erdbeben schließlich haben das Ihrige gethan, um in Trümmer zu legen und unter Schutt zu begraben, was von Menschen= händen etwa noch verschont geblieben war. Was noch übrig ist, sind meist stumme Zeugen: gewaltige Grund= und Befestigungsmauern und kahle, im Felsen des Erdbodens ausgehöhlte Grabgemächer. Andererseits ist aber auch nicht viel geschehen, um die Schätze, welche der Boden ohne Zweifel noch beherbergt, zu Tage zu fördern. Die einzige archäologische Expedition größeren Stils, die Phönizien zum Forschungsobjecte hatte, ist die Ernest Renans gewesen, der von 1860—1861 auf Befehl des Kaisers Napoleon III. hier Ausgrabungen und andere Untersuchungen anstellte.[1]) Die ansehnliche Sammlung phönizischer Alterthümer, welche das Louvre=Museum in Paris besitzt, ist zum größten Theile ein Ergebniß dieser Expedition.[2]) Es ist nicht zu viel be= hauptet, wenn man von ihr eine ganz neue Epoche in dem Studium der Vergangenheit Phöniziens datirt. Jedes Unternehmen, welches in ähnlicher Weise über Zeit und Geldmittel verfügte, würde voraussichtlich gleiche Erfolge ernten; das lehren die Funde, die erst jüngst unter Hamdy=Beys Leitung in das Museum zu Constantinopel gewandert sind. Freilich, etwas Aehnliches zu erbeuten, wie die „Annalen" Thutmes' III. oder die ausführlichen Sieges= berichte der assyrischen Könige, darf man überhaupt nicht erwarten. An Inschriften in phönizischer Schrift und Sprache fehlt es zwar auch in Phönizien selbst nicht ganz — obschon gerade hier nur der Fundort sehr weniger von den bis jetzt bekannten phönizischen Inschriften liegt — doch ist keine einzige darunter, die es als Geschichtsquelle an Werth auch bloß mit der Meſa=

---

1) Vergl. Mission de Phénicie dirigée par M. Ernest Renan, Paris 1864; mit einem Bande Tafeln: Planches, exécutées sous la direction de M. Thobois.

2) Notice sommaire des monuments phéniciens du Musée du Louvre par E. Ledrain, Paris 1888.

Inschrift¹) aufnehmen könnte. Die große Menge der Orte, an denen außerhalb Phöniziens phönizische Inschriften vereinzelt oder in erheblicher Anzahl entdeckt worden sind, veranschaulicht deutlich die weite Verbreitung, die der phönizische Volksstamm allmählich gewonnen hat. Die wichtigsten Fundstätten sind: Cypern, Aegypten, Athen, Malta, Sizilien, Sardinien, Marseille und die nordafrikanischen Küstenstriche. Der Zahl nach das größte Contingent hat der Boden Karthagos geliefert. Geschichtsdenkmäler sind die phönizischen Inschriften nach Zweck und Inhalt nur in beschränktem Maße. Meist sind es bloß Wahrzeichen der Frömmigkeit, Votivinschriften von wenig stattlicher Form, fabrikmäßige Erzeugnisse ganz ordinären Ursprungs. Aus Anlaß eines Gelübdes in schmucklose oder dürftig mit ein paar symbolischen Bildwerken oder flüchtig gearbeiteten Ornamenten verzierte Steinplatten eingegraben, enthalten sie außer eintönigen Formeln selten mehr als die Namen von Gottheiten und Privatpersonen. Bei ihrer lapidarischen Kürze sind überdies die Redewendungen dieser Widmungen in mancher Hinsicht noch schwer verständlich. Dasselbe gilt von den Grabinschriften, deren Zahl ebenfalls nicht gering ist. Ausführlichere Texte bieten nur die Inschriften der 1855 und 1887 entdeckten Sarkophage zweier Könige von Sidon, die Inschrift einer Stele, welche ein König von Byblos (Gebal) der Göttin Beltis (Ba'alat) gewidmet hat, und zwei zu Marseille und zu Karthago aufgefundene Tafeln mit tarifartigen Verzeichnissen über Opfer und die den Priestern zukommenden Opfergebühren. Die Pariser Akademie hat 1867 eine Commission eingesetzt, welche eine vollständige Sammlung und Erläuterung aller phönizischen Inschriften herauszugeben begonnen hat.²) Verhältnißmäßig wenig ergiebig für die Geschichte sind auch die Münzen, welche phönizische Aufschriften tragen. Das Wichtigste an ihnen sind die Ortsnamen, die auf ihnen stehen, denn sie sind in sehr vielen Fällen die einzige Quelle, aus welcher wir die phönizische Namensform erfahren, ferner einige Herrschernamen, die auf ihnen vorkommen, und die Abbildungen von Stadtgottheiten, Symbolen und anderen Gegenständen, welche sie aufweisen. Sie sind eigentlich kein Erzeugniß rein phönizischen Ursprungs, sondern erst aus der Nachahmung griechischer Münzen hervorgegangen. Ein großer Theil von ihnen besteht sogar aus Originalarbeiten griechischer Künstler; andere sind wiederum bloß Nachahmungen der phönizischen Münzen und nicht einmal phönizisches Machwerk. Die Zahl der Orte, von denen es Münzen mit phönizischer Aufschrift giebt, ist noch bedeutend größer als die der Fundstätten von Inschriften und beschränkt sich ebenfalls, wie schon angedeutet, weder auf das Gebiet des eigentlichen Phöniziens noch auf das des karthagischen Reiches.

---

1) Vergl. über diese: Bernhard Stade, Geschichte des Volkes Israel I, S. 534.
2) Corpus Inscriptionum Semiticarum ab Academia inscriptionum et litterarum humaniorum conditum atque digestum. Pars prima, inscriptiones Phoenicias continens I, fasc. 1—4, Parisiis 1881—1887; mit 4 Heften Tafeln. Die Herausgeber sind Ernest Renan und Philippe Berger.

Beschaffenheit der Quellen.

Viel mittheilsamer als die phönizischen erweisen sich allerdings die alt=
ägyptischen und die assyrischen Sprachdenkmäler. Aegypten sowohl wie Assyrien
haben ihrer Zeit um die Herrschaft über Syrien und Phönizien langwierige
Kriege geführt, die in Syrien zum Austrage gekommen sind. Zu Aegypten
im Besonderen hat Phönizien geraume Zeit hindurch in engsten Beziehungen
gestanden. Sowohl auf den Papyrusrollen und Tempelwänden der Aegypter
als auch in den Annalen und Prunkinschriften der assyrischen Könige ist daher
von Phönizien und dessen Nachbarländern ziemlich häufig die Rede. Doch
sind diese Erwähnungen, vor Allem die meisten Angaben, welche die Aegypter
gelegentlich machen, so wenig ausführlich, daß sich daraus über den Gang
der Geschichte bloß eine ganz lückenhafte und nur sehr wenig belebte Ueber=
sicht gewinnen läßt.[1]) Immerhin hat man diesen beiden Gattungen von
Quellen im Vereine mit den Nachrichten, welche aus den geschichtlichen
Büchern des Alten Testaments und den Aussprüchen der hebräischen Propheten
sich entnehmen lassen, zu verdanken, daß man überhaupt irgend eine Art von
Auskunft über Einzelheiten aus langen Zeitabschnitten besitzt, in denen uns
die griechischen und römischen Autoren ihre Führung versagen.

Was die letzteren anlangt, so geben sie nach wie vor die wesentlichste
Grundlage unserer Kenntniß. Von Homer an, in dessen Gesängen ja die
sidonischen Männer und sidonischen Waaren eine so stereotype Rolle spielen,
bis zu den letzten Erzeugnissen der griechischen Literatur reicht die Reihe der
Schriftsteller, die mehr oder minder als historische Gewährsmänner betrachtet
werden dürfen, wenn sie auch zum Theil nur längst Ueberliefertes wiederholen.
Ein selbständiges Werk über Phönizien und dessen Geschichte in einer der
beiden classischen Sprachen ist jedoch nicht bis auf die Neuzeit gelangt. Die
Zahl der griechischen Autoren, die eigens über phönizische Dinge geschrieben
haben, ist dabei keine ganz kleine gewesen. Es hat sowohl Werke gegeben,
die für Uebersetzungen aus dem Phönizischen ausgegeben wurden, um unter
dieser Maske beliebige Lehren zu predigen, als auch Werke, die daraus
thatsächlich ins Griechische übertragen waren. Daß für uns von außer=
ordentlichem Werthe sein würde, auch nur eine dieser echten Uebersetzungen
zu Rathe ziehen zu können, bedarf keiner Erörterung. Ferner hat es griechische
Autoren gegeben, die über phönizische Geschichte ganz vom Standpunkte des
Griechenthums aus berichtet zu haben scheinen und beispielsweise über die
angebliche Fahrt des Menelaos zu den Phöniziern ernsthafte Untersuchungen
zum Besten gaben. Auch scheint eine ganze Reihe von Werken sich mit Phönizien
im Sinne der von tendenziösen Zielen geleiteten Schriftstellerei des Hellenismus
befaßt zu haben, so beispielsweise die „Indischen und phönizischen Geschichten"

---

1) Die Nachrichten der ägyptischen Quellen hat ganz neuerdings Jakob Krall
ausführlich zusammengestellt und die daraus sich ergebenden Folgerungen erörtert.
Vergl. die Abhandlung „Studien zur Geschichte des alten Aegypten, III.: Tyros und
Sidon" im 116. Bande der Sitzungsberichte der philosophisch=historischen Classe der
Akademie der Wissenschaften in Wien.

des Philostratos und die „Phönizische Alterthumskunde" des Aegypters Hieronymos.¹) Andere Autoren schließlich hatten den Inhalt ihrer Darstellung unmittelbar oder mittelbar aus phönizischen Originalquellen geschöpft. Am besten unterrichtet muß, nach den wenigen uns erhaltenen Proben zu urtheilen, Menander von Ephesus gewesen sein. In einem Buche, das im Wesentlichen wohl die Form von Annalen gehabt hat, hatte dieser — wie Flavius Josephus berichtet — „die Begebenheiten, die unter jedem einzelnen Könige bei den Hellenen und Nichthellenen sich ereignet hatten, aufgezeichnet und war dabei bemüht gewesen, aus den an Ort und Stelle vorhandenen einheimischen Aufzeichnungen den geschichtlichen Thatbestand zu ermitteln." Josephus hat allerdings Menanders Werk wahrscheinlich gar nicht selbst zur Hand gehabt, sondern wohl nur Auszüge daraus benutzt. Auch ergeht er sich etwas zu gern in überschwänglichen Lobsprüchen auf die Gewährsmänner, auf die er sich zur Bestätigung seiner eigenen Berichte beruft. Und daran, daß Menander wirklich von einem Stadtarchive des damaligen Morgen- und Abendlandes zum anderen gereist sein könnte, um überall selbst der Wahrheit auf den Grund zu gehen — wie das Josephus, wenn man ihn beim Worte nimmt, fast behauptet —, ist nicht zu glauben. Nicht bloß auf einzelnen, sondern auf den meisten Gebieten hat sein Wissen nicht aus erster Hand stammen können. Jedenfalls aber sind seine Quellen für die tyrische Geschichte ganz vorzügliche gewesen, das geht klar aus den Mittheilungen, die Josephus angeführt hat, hervor, und der Verlust gerade dieses Werkes ist ein unersetzlicher. Nachrichten, die wenigstens zum Theil in letzter Instanz gleichfalls auf echt phönizische Ueberlieferungen zurückzugehen scheinen, sind auch in dem Auszuge des Justinus aus dem großen Geschichtswerke des Pompejus Trogus erhalten.

Die Literatur der Neuzeit, welche mit der Geschichte Pböniziens zu thun hat, ist zu mannigfaltig und ausgedehnt, als daß es möglich wäre, sie hier aufzuführen. Von epochemachender Bedeutung sind zuerst die Untersuchungen des großen französischen Philologen Joseph Scaliger und des grundgelehrten Samuel Bochart geworden. Das größte Verdienst um die Kenntniß des phönizischen Alterthums hat unter den Neueren F. C. Movers. Leider hat der Tod diesen scharfsinnigen und gedankenreichen Forscher abberufen, bevor er sein Hauptwerk²) hat ganz zu Ende führen können. Als umfangreichste Materialien-

---

1) Gelegentlich liest man, dieser Autor habe unter Antigonos in Syrien das Amt eines Statthalters bekleidet. Diese Angabe beruht aber auf einer Verwechselung mit Hieronymos von Kardia.

2) Die Phönizier von F. C. Movers. I. Bd.: Untersuchungen über die Religion der Phönizier, mit Rücksicht auf die verwandten Götterdienste der heidnischen Israeliten, der Karthager, Syrer, Babylonier und Aegypter. Bonn 1841. — II. Bd., 1. Theil: Politische Geschichte und Staatsverfassung. Berlin 1849. — II. Bd. 2. Theil: Geschichte der Kolonien. Berlin 1850. — II. Bd. 3. Theil: Handel und Schifffahrt. Berlin 1856. Zur Ergänzung dieses Werkes kann die knappere und mehr abgerundete Darstellung dienen, welche Movers in dem von ihm verfaßten Artikel „Phönizien" der „Allgemeinen

ſammlung, als eine höchſt ſelbſtändige wiſſenſchaftliche Leiſtung und wegen der vielen Probleme, die es zur Sprache bringt, bleibt es ein Buch von dauernd hohem Werthe. Im Einzelnen ſind viele von den Ergebniſſen, zu denen Movers gelangt iſt, nicht mehr ſtichhaltig. Der Berichtigung bedürfen beſonders ſeine religionsgeſchichtlichen Unterſuchungen, bei denen er faſt durchweg das eigentlich Phöniziſche nicht hinreichend ausgeſchieden, Zuſammenhänge, die nicht erwieſen ſind, ſtillſchweigend angenommen und die Bedeutung vieler Nachrichten falſch beurtheilt hat. Auch war, als er ſeine Arbeiten begann, die Entzifferung der phöniziſchen Schrift noch nicht ganz über die erſten Grundlagen hinaus. Die Leſung, mit der er ſich begnügt hat, und die Worterklärungen, die er beibringt, ſind daher in einer großen Anzahl von Fällen jetzt ganz veraltet. Inzwiſchen iſt die phöniziſche Schrift und Sprache zum Gegenſtande viel eingehenderer Studien gemacht worden, und die Zahl der Denkmäler, die in Betracht kommen, hat ſich außerordentlich vermehrt. Nach Movers hat nur noch John Kenrick unternommen, die Geſchichte Phöniziens zuſammenfaſſend in einem beſonderen Werke zu ſchildern.[1] Sehr zu bedauern iſt, daß Alfred von Gutſchmid nicht mehr Zeit behalten hat, ſeine Unterſuchungen zur Geſchichte Phöniziens in ausführlicher Geſtalt zu veröffentlichen. So beſitzen wir hierüber von ſeiner Hand außer Mittheilungen, die er beiläufig gemacht hat, nur den kurzen, aber gehaltvollen Abriß, den die Encyclopaedia Britannica enthält.[2] Hier ſei auch auf die Schilderungen der Geſchichte Phöniziens hingewieſen, die Max Duncker, Gaston Maspero und Eduard Meyer in ihren ausgezeichneten Geſammtdarſtellungen der Geſchichte des alten Orients geliefert haben.[3] Was ſchließlich die Geſchichte Karthagos anlangt, ſo iſt das Beſte, was wir darüber beſitzen, ein noch unvollendetes, ebenſo ſehr von reichem Wiſſen wie von kritiſcher Umſicht zeugendes Werk Otto Meltzers.[4] Doch mag auch noch die viel weniger gründliche und ſelbſtändige Arbeit von Smith[5] hier mit Erwähnung finden.

2. Eigenart der Geſchichte der Phönizier.

Literaturerzeugniſſe oder Denkmäler irgend welcher Art, die geeignet ſind, als Geſchichtsquellen zu dienen, können, wie das klar und treffend Eduard

---

Encyklopädie" von Erſch und Gruber geliefert hat. Ich citire dieſen Artikel im Folgenden als „Movers, Phönizien."

[1] Phoenicia. By John Kenrick. London 1855. — Erſt kurz bevor obige Zeilen mir im Satze zur Reviſion vorlagen, erhielt ich die neueſte Darſtellung der Geſchichte Phöniziens, welche als Theil des Sammelwerkes The Story of the Nations unter dem Titel Phoenicia by George Rawlinson 1889 in London erſchienen iſt.

[2] Artikel Phoenicia in der 9. Auflage der Encyclopaedia Britannica.

[3] Auch iſt hier als neueſte Darſtellung der phöniziſchen Geſchichte die kurze Ueberſicht zu nennen, die Erneſt Babelon in dem von ihm redigirten 6. Bande der 9. Auflage von François Lenormants Histoire ancienne de l'Orient veröffentlicht hat.

[4] Geſchichte der Karthager von Otto Meltzer, I. Bd., Berlin 1879.

[5] Carthage and the Carthaginians, by R. Bosworth Smith, London 1878.

Meyer in der Einleitung seiner „Geschichte des Alterthums" und in seiner „Geschichte des alten Aegyptens" (S. 2) auseinandersetzt, nicht ohne alle Vorbedingungen, sondern nur bei Völkern entstehen, die sich bereits im Besitze einer verhältnißmäßig weit fortgeschrittenen Cultur befinden und im Besitze der Erfindung irgend einer Schrift sind. Sehr verschiedenartige Bedingungen wiederum müssen erfüllt sein, bevor überhaupt die Möglichkeit zur Entstehung einer derartig gesteigerten Kultur eintreten kann. Ueberall da, wo das geeignete Klima und diejenige Bodenbeschaffenheit, welche alle peripherischen Ländergebiete der Erdoberfläche vermöge ihrer nach dem Meere zu erfolgenden Entwässerung seit undenklichen Zeiten besitzen, vorhanden waren, hätte sonst auch von vornherein eine solche Gesittung sich entwickeln oder wenigstens selbständig anbahnen müssen. Statt dessen ist es bekanntlich zuerst nur an wenigen Stellen geschehen, in der Alten Welt nur am oberen Laufe des Hoangho, an dem Mündungsgebiete des Euphrat und des Tigris und an den Ufern des Nilstroms. Ohne Zweifel hat zu der Gunst der geographischen Veranlagung noch etwas Anderes hinzukommen müssen, vor Allem die Veranlagung und Thätigkeit der Bewohner. In ihnen mußte die Befähigung schlummern, aus dem unstäten Treiben der Nomadenhorde in die geordnete Lebensweise des Ackerbauers überzugehen, die Befähigung, den Boden durch Arbeit sich dienstbar zu machen und mit Erfolg den Künsten des Friedens sich zu widmen. War mithin auch die Veranlagung der Rasse ein sehr maßgebender, obschon ein seinem Ursprunge nach unergründlicher Factor, so bedurfte es doch noch eines besonderen Anlasses, um die schlummernden Fähigkeiten zu wecken und zur Entfaltung zu bringen. In der harten Schule der Noth, im Ringen um das tägliche Brot mußten sie sich stählen und vervollkommen. Und dieser treibende Zwang, diese Nöthigung trat ein mit der Zunahme der Bevölkerung, wurde eine gebieterische Macht, sobald man nicht mehr von Jagd und dem Ertrage der Viehzucht allein das Leben zu fristen vermochte. Aber von diesem Ausgangspunkte bis zum wirklichen Zustandekommen einer an sich reifen Gesittung ist noch ein weiter Weg. Er hat sich nur unter dem Schutze des Friedens, nur während langer Zeiten einer ungestörten, vor zerstörenden Eingriffen sicheren Entwickelung mit allem Erfolge zurücklegen lassen. Dafür liegt dann in dem Gesammtergebnisse, in allen Zügen und Besonderheiten einer so entstandenen Gesittung einerseits das Eigenartige des Landes, in dem sie das Licht erblickt hat, und andererseits das ganze Wesen des Volksgeistes, der sie in dieser Umgebung erzeugt hat, scharf und deutlich ausgeprägt.

Auf eine Entstehungsgeschichte dieser Art weisen alle selbständigen Gesittungen hin, die wir im Anfange der Geschichte vorfinden, in Ostasien die der Chinesen, in Westasien die der Babylonier, in Afrika das Aegypterthum. Ihr gemeinsames Kennzeichen ist, daß sie jede für sich gleichsam aus einem Guß fertig geworden sind, die innere in sich abgeschlossene Folgerichtigkeit, die in ihnen sich ausspricht. Eine so innig mit der Quintessenz des Volksgeistes durchtränkte Cultur übt bei ihrer gewaltigen Consequenz auf jeden Einzelnen der Nation eine unüberwindliche beschränkende Wirkung aus, erzieht ihn zu einer besonderen Species des Genus homo. Es ist das, was an den Chinesen uns so absonderlich vorkommt, was an den Aegyptern den Griechen so auffiel, daß sie — wie Herodot von diesen sagte — Alles anders machen als die übrigen Menschen. Aus einer Kultur dieser Gattung lassen sich wohl Entlehnungen machen, lassen sich besonders Aeußerlichkeiten, technische Errungenschaften und praktische Kunstfertigkeiten übertragen. Als Ganzes aber paßt sie nur in den Raum, in dem sie groß geworden ist. Der Ausbreitung der Nation, deren Eigenthum sie ist, legt sie daher erhebliche Schranken auf. Am deutlichsten veranschaulicht das die Geschichte der Aegypter. Sobald im eigenen Lande Ordnung herrschte, haben sie immer von Neuem versucht, Nubien dauernd unter ihre Herrschaft zu bringen, und es immer wieder verloren, sie haben lange Zeiten hindurch große Strecken Syriens in Besitz gehabt und sie doch endgültig wieder aufgeben müssen. In Nubien ist das Aegypterthum ganz aus der Art gekommen, nach Palästina hat es sich überhaupt nicht verpflanzen lassen; im Nilthale dagegen hat es mit allen seinen wesentlichen Eigenheiten trotz aller Fremdherrschaft, die es im Lande gab, fortbestanden bis zur Einführung des Christenthums. Die Gesittung der Babylonier ist zwar von den Assyrern als Ganzes übernommen worden, aber die Lebensbedingungen der oberen Gebiete des großen Stromlandes waren auch von denen der unteren keineswegs grundverschieden, und die altbabylonische Kultur ist auch ihrem Ursprunge nach schwerlich etwas so ganz Einheitliches gewesen wie die ägyptische. Die Geschichte beider Völker, der Aegypter wie der Babylonier, bewegt sich im engsten Zusammenhange mit der Territorialgeschichte eines geographisch ganz bestimmt umgrenzten Landstriches.

Anders dagegen steht es mit den Phöniziern. In viel geringerem Maße ist ihre Geschichte Landesgeschichte. Unter allen gesitteten Völkern des Alterthums sind sie das erste, das verstanden hat, von der Scholle Landes, auf der es seine nationale Eigenart erworben hatte, mit Behauptung dieser Eigenart und seiner Gesittung unabhängig zu werden, das erste, welches durch Auswanderung, durch Niederlassungen, die es in der Fremde gründete, Raum gewonnen hat, um zu voller geschichtlicher Geltung zu kommen. Gleich den Hellenen, die nach ihnen mit ähnlichen Mitteln Aehnliches erreichen, sind sie ein Volk, in dessen geschichtlichem Leben vor Allem die Einheit der Abstammung zum Ausdruck gelangt. Der kühnen Unternehmungslust, mit der sie auf den schrankenlosen Pfaden, die das Meer ihnen eröffnete, verlockendem Gewinne nachgingen und wählerisch sich selbst die Stätten suchten, wo sich am vortheilhaftesten eine Heimath einrichten ließ, verdanken sie ihre Stellung in der Weltgeschichte. Es wäre kein besonders hervorragender Antheil, der ihnen zufiele, wenn er ausschließlich nach der Bedeutung der Städte des eigentlichen Phöniziens bemessen würde. In die Gestaltung der Machtverhältnisse des alten Orients, in das politische Leben ihrer Nachbarschaft haben die Duodezstaaten dieses Landstriches so gut wie niemals bestimmend eingegriffen. Höchstens hat an einzelnen für den großen Zusammenhang der Ereignisse ziemlich geringfügigen Wendepunkten ihr Vorhandensein und die Politik, die sie gerade befolgten, mit den Ausschlag bestimmen helfen. Würden wir nach der Geschichte von Tyros und Sidon mehr fragen als nach der von Gaza und Asdod, wenn nicht hauptsächlich durch Vermittelung der Phönizier der erste Verkehr des Morgenlandes mit dem Abendlande ins Werk gesetzt worden wäre, wenn nicht eine phönizische Pflanzstadt, Karthago, als gefährlichster Gegner der Griechenstädte Siziliens und dann der aufstrebenden Weltmacht Roms die erbitterten Kämpfe um die Herrschaft in den Gestadeländern der westlichen Hälfte des Mittelmeeres ausgefochten hätte, die nach einer langen an Waffenthaten armen Vergangenheit den Namen der Punier unsterblich gemacht haben. Der Ruhm, welcher die Feldherrngestalten Hamilkars und Hannibals verklärt, verleiht auch dem Mutterlande einen Abglanz von weltgeschichtlicher Größe. Daß im Schoße von Pflanzstädten und im Kreise ausgewanderter Bruchtheile eines thatkräftigen Volkes eine Neugestaltung nationalen Lebens sich vollzieht, ist in der Völkergeschichte allerdings nicht ohne Analogie; ich erinnere an die Staatengründungen der Waräger und der Normannen, an die Entstehung der Vereinigten Staaten Nordamerikas aus den Ansiedlungen Neu-Englands. Aber nur selten gelingt das, wie schon diese Beispiele zeigen, ohne daß dabei eine erhebliche Einbuße an nationaler Eigenart sich verspüren ließe. Meist schließen solche politischen Neugestaltungen zugleich eine mehr oder minder vollständige Umwandlung des Volksthums in sich; der Anpassung an veränderte Lebensbedingungen fällt ein großer Theil Nationalität zum Opfer. Spuren derartiger Umwandlung sind aber den Phöniziern der Kolonialstädte wenig anzumerken. Wie hoch ferner die Summe der fruchtbaren Anregungen und fertigen Ergebnisse ist, welche die phönizischen Seefahrer und Kaufleute mit ihren Waaren den Völkern des Westens und vor Allem der Kunst der Hellenen zugeführt haben, fängt man erst jetzt an in richtigem Maße zu würdigen, nachdem durch Ausgrabungen in Griechenland Ueberreste aus vorhomerischer Zeit in beträchtlichen Mengen aufgedeckt worden sind. Auf den gesammten Verlauf der Kulturgeschichte aller späteren Zeiten hat dadurch die Ausbreitung der Phönizier einen nachhaltigen Einfluß ausgeübt. Was sie tauglich gemacht hat, auch in diesem Sinne ein weltgeschichtliches Volk zu werden, war neben der Zähigkeit des Willens, mit der sie ihre Ziele verfolgten, ein hoher Grad von geistiger Empfänglichkeit, der ihnen gestattet hat, die Errungenschaften fremder Kultur mit Leichtigkeit sich zu eigen zu machen, es war die Geschmeidigkeit und Umsicht, mit der sie auch in einer ganz fremdartigen Umgebung sich heimisch zu machen verstanden. Von der Gunst oder Ungunst bestimmter Verhältnisse sind sie ebenso wenig unabhängig gewesen, wie das je ein Volk auf Erden gewesen ist; es wird sogar sich zeigen, daß sie nach einer Art Gesetzmäßigkeit nur da Erfolge erzielt haben, wo sie bei ihren Unternehmungen auf Völker stießen, deren Gesittung sich noch im Werden befand oder während der Zeiträume, die in Betracht kommen, zu eigener Bedeutung sich überhaupt nicht aufgeschwungen hat. Die Virtuosität aber, mit der sie gerade derartige Zustände zu ihrem Vortheil auszubeuten und eine nationale Existenz inmitten einer solchen Umgebung fortzusetzen wußten, diese hochgesteigerte Ausbildung des Anpassungsvermögens war ihr eigenstes Erbtheil, war etwas, was wenigstens den alten Kulturvölkern am Nil und am Euphrat schlechterdings nicht möglich gewesen wäre. Es lag das hauptsächlich daran, daß in der Kultur der Phönizier von vornherein nicht das Nationale, sondern das von fremden Völkern Erlernte und Erborgte überwog. Das machte sie zu einem bequemen Gewande, benahm ihr und ihren Trägern das Schwerfällige, das bei selbständigerem Ursprunge sich geäußert hätte, hielt sie frei von manchen starren Fesseln und unabänderlichen Gebrechen, welche eine einheitlich nationale Durchbildung und eine isolirte Entstehungsgeschichte mit sich bringen.

3. Der Name Phönizien.

Wie der Schauplatz der Geschichte der Phönizier in seiner Ausdehnung der Lage aller ihrer Ansiedelungen folgt, so ist auch Phönizien weniger ein fester geographischer Begriff als ein Name, der nur im Allgemeinen denjenigen Abschnitt des syrischen Küstenlandes bezeichnen sollte, dessen Hauptbevölkerung phönizischer Abstammung war. Dementsprechend ist auch der Name Phönizien,[1]) Phoinike, den die Griechen dieser Küstenstrecke beilegten, etymologisch aus dem griechischen Namen der Bewohner: Phoinix, in der Mehrzahl Phoinikes, abzuleiten, nicht umgekehrt Phoinix von dem Namen des Landes. Phoinix ist gebildet wie Kilix, der „Kiliker," und bezeichnet den Phönizier als einen Menschen von röthlich gebräunter Hautfarbe, wie im Griechischen auch phoinos die Bezeichnung für eine Farbe, für ein ins Bräunliche gehendes oder gesättigtes Roth ist. Derselbe Wortstamm, der in phoinos und Phoinix liegt, kehrt auch in Poenus, der „Punier," wieder, in einer Bezeichnung, welche die italischen Stämme wohl der Benennung entnahmen, die sie aus dem Munde der Hellenen Großgriechenlands hörten. Da im Griechischen Wortbildungen wie Phoinix als Volksnamen nicht gerade häufig vorkommen, ist den Griechen die Grundbedeutung von Phoinix nicht immer im Bewußtsein geblieben und sie haben schon frühzeitig angefangen, mancherlei erkünstelte Etymologien dafür zu ersinnen, die zum Theil ganz willkürlich und abgeschmackt ausgefallen sind, zum Theil aber auch noch bei neueren Gelehrten Beifall gefunden haben. Auch haben die Letzteren nicht versäumt, wieder ihrerseits die Zahl der mißlungenen Deutungsversuche noch zu vermehren. Auf die Mehrzahl dieser Erklärungen, auf eine Widerlegung der Behauptung, die Phönizier hätten ihren Namen nach Phoinix erhalten, der ein Bruder des Kadmos gewesen sei, oder er bezeichne sie als „Rothfärber," als „Purpurkrämer" oder gar als „Raub-

---

1) Φοίνιξ; bei den Römern Phoenice. Späteren Ursprungs als Phoenice ist die Form Phoenicia.

mörder" und „Todtschläger," und dergleichen Einfälle mehr, brauche ich hier nicht näher einzugehen, da dieselben längst zu den abgethanen Dingen gehören. Auf einigermaßen richtiger Fährte bewegen sie sich immerhin insofern, als dabei richtig Phoinike als das abgeleitete und Phoinix als das Stammwort betrachtet wird.

Da den Griechen die Dattelpalme und deren Frucht zuerst durch Vermittelung der Phönizier bekannt geworden ist, hieß bei ihnen dieser Baum gleichfalls phoinix, die „phönizische" Palme.¹) Schon im Alterthum ist daher eine sehr verbreitete Erklärung gewesen, Phoinike nicht von Phoinix, der „Phönizier," sondern von phoinix, „Dattelpalme," herrühren zu lassen; Phoinike bedeute „Palmenland," „Land der Dattelpalme." Viele Gründe für die Richtigkeit dieser Erklärung hat unter den Neueren besonders Movers geltend gemacht. Wenn etwas, so sei der Palmbaum das treffendste Wahrzeichen Phöniziens; keine andere Küstengegend der Mittelmeergebiete habe größere Bestände an Palmenwaldungen aufzuweisen gehabt. Als Sinnbild des Landes prange ja auch auf Münzen von Tyros und seiner Tochterstadt Karthago das Bild des Palmbaums. Verschiedene andere phönizische Städte hätten auf ihren Münzen Palmzweige geführt. Datteln erwähne Athenäus ausdrücklich als einen geschätzten Artikel des phönizischen Handels. Datteln gerade können aber höchstens irrthümlich für ein Erzeugniß und nicht bloß für einen Handelsartikel Phöniziens gegolten haben. In Phönizion bringt

Karthagische Münze.
Originalgröße.
(Berlin, Kgl. Münzcabinet.)

Phoenix dactylifera ihre Früchte überhaupt nicht zur Reife.²) Aus der Abbildung des Palmbaums auf Münzen, die ihrem ganzen Ursprunge nach aus griechischen Vorbildern entstanden sind, folgt sehr wenig. Beschränkt sie sich doch keineswegs bloß auf Münzen phönizischer Städte; es giebt noch manche andere Münzen Syriens, die ebenfalls den Palmbaum zum Abzeichen haben. Ob die Griechen mit Vorliebe bei dem Namen Phöniziens an den des Palmbaums gedacht haben und ob die Abbildung desselben häufig diese Volksetymologie zum Ausdruck hat bringen sollen, das kommt viel weniger in Betracht als die Frage, ob diese Etymologie die richtige ist. Und das kann sie nicht sein. Wie die Griechen bei ihren etymologischen Leistungen der Regel nach mehr kühn als glücklich gewesen sind, so haben sie auch in diesem Falle die Schwierigkeit, welche ihrer Lieblingsdeutung in erster Linie entgegensteht, voll-

---

1) Vergl. Victor Hehn, Culturpflanzen und Hausthiere, 5. Aufl., S. 218—219 und S. 487—488.

2) Vergl. Carl Diener, Libanon, Grundlinien der physischen Geographie und Geologie von Mittel-Syrien, Wien 1886, S. 174; Otto Ankel, Grundzüge der Landesnatur des Westjordanlandes, Frankfurt a. M. 1887, S. 115; K. Baedekers Handbuch für Palästina und Syrien, 2. Aufl., S. LXXIII.

ständig übersehen. Denn es gehört zu dem sprachlich durchaus Unmöglichen, daß, nachdem aus phoinix, „Dattelpalme," ein Ländername von der Form Phoinike gebildet war, aus diesem Ländernamen durch Ableitung als Bezeichnung für die Bewohner sich je wieder eine Form wie Phoinix hätte ergeben können. Auf diese Unmöglichkeit hat besonders O. Meltzer aufmerksam gemacht. Er selbst hat dann allerdings eine neue Erklärung, wenn auch nur als Vermuthung, aufgestellt, gegen die fast genau derselbe Einwand erhoben werden muß.[1]) Er erkennt als richtig an, daß die Grundbedeutung von Phoinix sowohl wie von Phoinike in der Farbenbezeichnung phoinos enthalten sei, hält aber Phoinix für eine Uebersetzung und zwar aus dem Aegyptischen. Derjenige Theil von Asien, welcher zunächst an Aegypten angrenzte, habe bei den Aegyptern ja eigens das „rothe" Land geheißen. Ein Völkername, der von dieser Benennung „Rothland" abgeleitet wäre, scheint aber im Aegyptischen gar nicht vorhanden gewesen zu sein, und auf jeden Fall würde, wenn man Meltzer Recht gäbe, wieder angenommen werden müssen, was unannehmbar bleibt, daß der griechische Name des Landes eine ursprünglichere Wortform

Münzen römischer Procuratoren Judäas. Originalgröße.

a. Aus dem 39. Jahre des Kaisers Augustus. Kornähre mit der Umschrift $KAI\Sigma APO\Sigma$, „des Cäsars" (vergl. Matth. 22, 21). Revers: Palmbaum.
b. Aus dem 4. Jahre des Kaisers Tiberius. Inschriften von rechts nach links zu lesen. Palmzweig mit der Beischrift $IOY\Lambda IA$. Revers: Lorberkranz; darin TIB ($\varepsilon\varrho\iota o\nu$) $KAI\Sigma AP$ ($o\varsigma$).

sei als der des Volkes. Ganz ebenso steht es mit der Meinung von A. H. Sayce,[2]) Phoinike sei die griechische Uebersetzung des Namens Keft, den Phönizien bei den Aegyptern führte, und das „Land Keft" bedeute „Palmenland." Nur spricht gegen diese Ansicht noch der triftige Grund mit, daß die im Aegyptischen üblichen Namen für die Dattelpalme und deren Frucht benre, bene und beni, aber nicht keft gelautet haben. Auch vermag man sich nicht recht vorzustellen, aus welchem Anlasse diejenigen Phönizier, welche mit den Griechen zuerst in Berührung geriethen, selbst wenn dieselben zu den phönizischen Ansiedlern aus der Gegend der Nilmündungen gehört hätten, zur Verständigung sich gerade der ägyptischen Sprache bedient und ihr eigenes Land und Volk den Griechen gegenüber nicht mit phönizischen, sondern mit ägyptischen Worten bezeichnet haben sollten.

Bedeutete aber „Phönizien" im Munde der Griechen ursprünglich nichts weiter als einen Landstrich, dessen Bevölkerung vorwiegend aus Phöniziern

---

1) Otto Meltzer, Geschichte der Karthager I, S. 5—6.
2) Vergl. The Ancient Empires of the East: Herodotos I—III. With Notes, Introductions, and Appendices, by A. H. Sayce. London 1883, S. 406.

bestand, so erklärt sich auch, warum der Begriff Phönizien meist etwas Schwankendes und Ungenaues behielt. Nur einen kleinen Abschnitt der Küste Syriens haben die Phönizier dauernd in Händen gehabt. Denkt man sich die Gesammtausdehnung des syrischen Küstenlandes von der Bucht von Iskanderun, dem Busen von Issos, im Norden bis zu El-Arisch im Süden in drei gleiche Theile zerlegt, so ist es ungefähr der mittlere Abschnitt. Er beginnt, reichlich bemessen, etwas nördlich von der Mündung des Nahr el-Kebir, des Eleutheros der Alten, und reicht bis zur Bucht von Haifa, also etwa von der Mitte der großen Einbuchtung, welche gegenwärtig den Namen Djun Akkar führt, bis nahe an den mächtigen Vorsprung, den der Berg Karmel bildet. Längs dieser Strecke reihte sich im Alterthum eine phönizische Stadt an die andere und wird auch die Landbevölkerung nach Sitte und Sprache zum größten Theil zu den Phöniziern gehört haben. Doch gab es auch an einzelnen Punkten der im Norden und Süden angrenzenden Küstenabschnitte Orte, in deren Einwohnerschaft das phönizische Element zu Zeiten überwog oder fast ausschließlich vertreten war, auch Orte, die von vornherein lediglich Niederlassungen des phönizischen Volksstammes waren. Einzelne dieser Orte haben daher die Alten gelegentlich mit zu dem eigentlichen Phönizien gerechnet oder als davon getrennte Ansiedelungen betrachtet und dann den Grenzen Phöniziens dementsprechend bald eine größere, bald eine geringere Ausdehnung zugeschrieben.

Meist haben auch die Alten, da zu ihrer Zeit die politische Selbständigkeit der Städte Phöniziens längst zu Grabe getragen war, nach einem ziemlich willkürlichen Sprachgebrauche Phönizien bloß als einen bequemen Ausdruck verwendet und sich dabei mehr nach einer zeitweilig gerade geltenden politischen Eintheilung als nach der wirklichen Ausdehnung des von Phöniziern bewohnten Landstriches Syriens gerichtet, ohne immer genau zu verfahren. So braucht Herodot wiederholt Phönizien in einer Bedeutung, bei der es nordwärts bis Myriandos am Meerbusen von Issos reichen würde. Bis dahin scheinen in der That die Griechen während der Perserzeit die Küste Syriens zu Phönizien gerechnet zu haben, nicht bloß weil es unter den Bewohnern von Myriandos damals wie auch noch später Phönizier gab, sondern besonders wegen des Umstandes, daß in dieser Gegend[1]) damals eine große Provinz des Perserreiches begann, die, bis an die Grenzen Aegyptens reichend, Phönizien mit einschloß. Dagegen überträgt Herodot an einer anderen Stelle seines Werkes den Namen Palästinisches Syrien, mit dem später so gut wie ausschließlich der südlichste Abschnitt des syrischen Küstenlandes bezeichnet wird, augenscheinlich auch auf das eigentliche Phönizien. In der Seleukidenzeit galt als Nordgrenze Phöniziens Orthosia an der Mündung des etwa 12 Kilometer nördlich von Tripolis in das Meer laufenden Nahr el-Berid, würde es nordwärts also nicht ganz bis an die Mündung des Eleutheros gereicht haben.

---

1) Am Vorgebirge Posidium, gegenwärtig Ras el-Buseit, oder an der Mündung des Orontes.

Als Südgrenze dagegen galt die Mündung des Chorseus oder Krokodilflusses, des Nahr Zerka, der südlich vom Karmel ins Meer fließt. Bis in dieselbe Gegend, bis nach Cäsarea, verlegen auch die Schriftsteller der Römerzeit die Südgrenze, wohl aus keinem anderen Grunde, als weil man Palästina nicht weiter nach Norden reichen ließ. Die Nordgrenze dagegen verlegten einige Autoren, wie Josephos, wieder bis an die Mündung des Eleutheros, die meisten dagegen noch weiter nordwärts bis in die Gegend von Balanaia, gegenwärtig Banijas, wo auch während des Mittelalters die Grenze zwischen dem Königreiche Jerusalem und dem Fürstenthume Antiochia lag.

4. Naturbeschaffenheit des Landes.

Ziehen wir die Grenzen nach Norden an der Mündung des Nahr el-Kebir, nach Süden an der Nordspitze des Karmel, so erhalten wir eine Küstenlinie, deren Ausdehnung im Ganzen wenig über 200 Kilometer beträgt. Nehmen wir das ehemalige Balanaia als nördlichsten und die Mündung des Nahr Zerka als südlichsten Punkt, so kommen auch nur rund 350 Kilometer heraus. Ist das an sich schon eine Längenausdehnung von ganz geringfügiger Dimension, so sind die Breitenverhältnisse Phöniziens noch viel mehr ganz außergewöhnlich bescheiden. Denn was die Phönizier inne gehabt haben, war bloß der schmale Streif ebenen Landes, der längs dieser Küstenlinie sich hinzieht. Die gewaltige Gebirgsmasse, die, von Nord nach Süd verlaufend, fast die ganze Oberfläche des syrischen Landkörpers gegen Westen hin für sich in Anspruch nimmt, hält sich nur an dem südwestlichen Abschnitte ihres Bereichs so weit von dem Meeresufer entfernt, daß zwischen ihr und der See Platz für eine breite Abdachung und reichliche Strandentwickelung übrig bleibt. Vom Karmel ab nordwärts dagegen lagert sie mit ihren Haupterhebungen, dem galiläischen Tafellande, der Libanonkette und den nosairischen Bergzügen, fast überall unmittelbar am Gestade. Kämpfend schieben sich hier ihre Umrisse einer Reihe streitbarer Bastionen, vergleichbar mit trotzigen Häuptern, von den Rücken mächtiger Bergwälle aus gegen das Meer vor, das längs der Strecke des steilsten Abfalls des Randgebirges schon in mäßiger Entfernung vom Lande ungewöhnliche Tiefe besitzt. Die Vorsprünge der kranzförmig in geschlossenen Formen von dem Grundstocke der Gebirgszüge ausstrahlenden Bodenerhebungen wirken am maßgebendsten auf die Gestalt, die hier dem Küstenlande eigen ist. Nur von Vorsprung zu Vorsprung spannen sich die Räume ebenen Landes aus, bogenförmig gegen die See hin eingebuchtet, gegen das Land hin meist schnell aufsteigend, stets mehr in die Länge als in die Breite gezogen. An weiten, aus dem Schooße der Bergmassen herabsteigenden, zum Uferlande sich ausbreitenden Thalniederungen fehlt es völlig. Nur auf ganz kurze Entfernung von der Küste behalten die Haupteinschnitte, die aus dem Tieflande ostwärts in das Bergland hineinreichen, das Gepräge von Seitenthälern. Zwar zieht durch das ganze Hochland sich eine große

Thalbildung der Länge nach hin; deren zwischen dem Libanon und dem Antilibanon eingeschlossener Theil, das „hohle Syrien," Cölesyrien der Alten, der „Spalt," die Bekaa, wie der gegenwärtige Name lautet, ist jedoch eine Landschaft für sich. Ihre Grundrichtung folgt ebenso wie die der Rand=gebirge mit strengem Parallelismus der Flucht der Küstenlinie. Auf ihr entspringen allerdings zwei Flüsse, die ihre Gewässer dem Mittelländischen Meere zuführen. Beide bewegen sich aber auf der größten Strecke ihres Laufes gleichfalls der Küste parallel, bahnen sich erst nach langem Umwege den Zutritt zum Gestade und durchmessen nur mit einem kurzen Abschnitte ihres Laufes das Küstengebiet. Der eine von ihnen, der Nahr el=Asi oder Orontes mündet so weit nördlich, daß er überhaupt nicht als Fluß Phöniziens aufgefaßt werden kann. Der andere, gegenwärtig Litani oder Kasimije genannt, ist in dem westwärts gerichteten Theile seines Laufes, in den Bergzügen, die er durchschneiden muß, um anderthalb Stunden nördlich von Tyros die See zu erreichen, „keineswegs ein zahm durch Ebenen oder Kornfelder sich hinschlängelnder Silberfaden, nicht ein breiter, im sanften Spiegel seiner Gewässer Städte und Weiler, Hügel und Thäler wiederstrahlender Strom, sondern ein wilder Gebirgsbach, dessen grüne Fluthen über ihr felsen=reiches Bett schäumend und sich überschlagend einhertosen, gleichsam als wäre es ein drunten in der gähnenden hundert und mehrmals hundert Fuß tiefen Schlucht sich krümmendes Schlangenungethüm, das, angekettet, immer und immer wieder von Neuem erfolglos ringend, sich abmüht, aus dem düsteren engen Kerker des fürchterlichen Felsverließes zu entkommen." [1]) Das Fehlen von Seitenterrassen gehört auch zu den besonderen Merkmalen der übrigen Flußläufe, die Phönizien mit Wasser versorgen. Von der Westseite der Rand=gebirge aus, besonders vom Libanon her, winden sie sich bis zu ihrer Mündung oder bis zum Eintritt in den ebenen Küstensaum durch enge, senkrechten Zer=klüftungen des Gebirgskörpers entsprechende Schluchten hin. [2]) Ebenen von einigem Umfange giebt es daher auf dem Gebiete des eigentlichen Phöniziens nur sehr wenige. Zu nennen sind vornehmlich die Niederungen, welche am Nordende des Libanon die Bucht Djun=Akkar umsäumen, denen die Umgegend von Tarabulus (Tripolis) sich anschließt, die Gefilde in der welligen Landschaft, die Beirut umgiebt, und die Uferebene, die südlich von Sidon sich hinzieht. Am geräumigsten aber ist die Ebene, die nördlich vom Karmel landeinwärts fächerförmig an der Bucht von Haifa sich ausbreitet und nach Norden über Akka hinaus bis zum Ras Nakura sich fortsetzt. Nach Südwesten tritt sie nahe an den Gebirgszug des Karmel heran. Nach Südosten steht sie durch den oberen Lauf des Kischon (Nahr el=Mukatta) mit der Ebene Jesreel in Zusammenhang, die jedoch zu Phönizien niemals gehört hat. Im Durchschnitte

---

1) C. W. M. Van de Velde, Narrative of a Journey through Syria and Palestine in 1851 and 1852. Edinburgh und London 1854, I, S. 113.
2) Carl Diener, Libanon, S. 133—143.

schwankt die Breite des phönizischen Landstrichs zwischen einer viertel und einer halben deutschen Meile. An manchen Stellen grenzen Meer und Gebirge so hart aneinander, daß dazwischen kaum Raum für eine schmale Straße vorhanden ist. An einzelnen Orten fehlt es selbst an dem dazu nöthigen Platz, und, um das Verkehrshinderniß, das dort sich darbot, zu beseitigen, hat man bereits im Alterthum künstliche Bergpfade in dem abschüssigen Gestein des Uferhanges ausbrechen müssen.[1)]

War das Land, das die Phönizier ihr eigen nennen durften, auch ein Land von sehr geringem Flächeninhalt, so gewährte es seinen Bewohnern doch mehr, als man in der Meinung, die Ausgangsstätte so vieler Kolonien müsse selbst nothwendigerweise eine sehr unwirthliche Gegend gewesen sein, oft hat zugeben wollen. Bei seiner maritimen Lage erfreut es sich eines ähnlich gemäßigten Klimas wie die meisten anderen Gestadelandschaften des Mittelmeerbeckens. Die scharfen Gegensätze, die zwischen den beiden Jahreszeiten der subtropischen Zone der Alten Welt, zwischen den regenlosen Monaten und der Regenzeit, herrschen, werden gemildert durch den hohen Feuchtigkeitsgehalt der von der See her einströmenden Westwinde. Während in Alexandria die regenlose Zeit sich durch sechs Monate hinzieht und in Jerusalem ungefähr fünf Monate anhält, dauert sie in Beirut nur von Anfang Juni bis Ende September, also nur ungefähr vier Monate.[2)] Drückende Hitze stellt sich nur im September ein, da dann Windstille eintritt. Die Monate der stärksten Regengüsse sind Januar und Februar. Im Allgemeinen empfängt das phönizische Küstengebiet ebenso reichliche Mengen feuchter Niederschläge wie die Küsten Algiers oder Siziliens. Für die Vegetation bedeutet die regenlose Zeit die Zeit des Winterschlafes, das erste Fallen von Regen im Anfang Oktober den Anbruch des Frühlings. Ebenso übt auch die Nähe des Meeres ihren Einfluß auf die Temperaturverhältnisse aus und gestaltet sie gleichmäßiger, als sie weiter südlich und im Binnenlande sind. Selten fällt in Beirut die Temperatur während des Winters unter 10° C.; während der Sommermonate beträgt sie im Durchschnitt 25° bis 28° C.

Große Mannigfaltigkeit entspringt aus all den Abstufungen in den Niveauverhältnissen des Bodens, die besonders auf den westlichen Abhängen des Libanons unmittelbar nebeneinander vertreten sind, und aus dem Wechsel in der Beschaffenheit des Terrains. Heißt es doch vom Libanon, er trage auf seinem Haupte den Winter, auf seinen Schultern ruhe der Frühling, in seinem Schooße der Herbst und zu seinen Füßen der Sommer. Von den Schneemassen, die auf seinen in breiten Umrissen bis zu einer Höhe von durchschnittlich 3000 Meter emporstrebenden Kammgipfeln während der Wintermonate sich aufhäufen und dieselben während des größeren Theiles des Jahres in ihr blendendweißes

---

1) Einen Ueberblick über die Gruppirung der Bodenerhebungen giebt die „Hypsometrische Karte von Palästina" in B. Stades "Geschichte des Volkes Israel" Bd. I. S. 148.

2) C. Diener, Libanon, S. 163.

Gewand kleiden, führt er auch seinen Namen „Libnan," d. i. der „weiße" Berg — nicht von der Farbe des Kreidekalks, aus dem seine Felswände hauptsächlich bestehen (wie man den Namen gelegentlich hat erklären wollen), denn deren Leibfarbe ist eher Roth, ein röthliches Grau. Diese gewaltigen Aufspeicherungen von Schnee, welche die Regenzeit auf den Scheiteln des Djurd, wie die Region der höchsten Gebirgsrücken des Libanons gegenwärtig genannt wird, zurückgelassen hat, schmelzen alljährlich im Laufe der regenlosen Monate wieder ab. Die Feuchtigkeitsmengen, in die sie sich auflösen, sickern durch das durchlässige Kreidegestein der Kammmassen und treten auf der Westseite des Libanons an der Grenze der Sandsteinlager, aus denen die Oberfläche der mittleren Bergzone, das Terrassenland der Wussut, wie diese mittleren Erhebungen jetzt arabisch genannt werden, zusammengesetzt ist, wieder zu Tage. In dieser Zone liegt das Quellengebiet der meisten Flußläufe, die, vom westlichen Gehänge des Libanons entspringend, Phöniziens Gestade mit ihren Gewässern tränken.[1]) So ist das Naß, aus dem das fruchtbare Erdreich der untersten Zone, das „Sahil" (Gestade), wie es bei den gegenwärtigen Bewohnern heißt, sich belebt, zum guten Theil ein Geschenk des Berglandes. Und nicht bloß das, auch dieses Erdreich selbst stammt aus dem Berglande, ist aus der Region der Vorberge, die wiederum hauptsächlich der Kreideformation angehören, durch die Gewalt der Wasser ausgewaschen und in die Niederungen hinuntergeschlemmt worden. Mit dem kalkhaltigen Mergel, den die zahllosen während der Regenzeit entstehenden Gießbäche immer von Neuem herbeischaffen und über den Boden ausbreiten, wird ihm sogar stets wieder viel von der Kraft ersetzt, die ihm durch Anbau entzogen wird. In manchen Gegenden Phöniziens begnügt sich daher noch gegenwärtig der Landmann mit der einfachsten Art der Feldbestellung, spannt vor den schlichten, aus Holz dürftig zusammengezimmerten syrischen Pflug ein Joch Ochsen, pflügt die Scholle um, streut die Saat in den gelockerten Boden und überläßt sie vertrauensvoll dem Schicksal.[2])

Gab es auch in Phönizien keinen Ueberfluß an ertragfähigem Grund und Boden, so lohnte er doch da, wo er vorhanden war, reichlich mit seinen Erzeugnissen die Mühe der Bearbeitung. Die außerordentliche Gunst der Witterung der Monate April und Mai läßt das Getreide zu sehr früher Reife kommen, Weizen im Mai und Gerste oftmals schon im April. Bedarf gegenwärtig die Bevölkerung der phönizischen Gestade zu ihrer Ernährung

---

1) C. Diener, Libanon, S. 129.
2) C. W. M. Van de Velde, Narrative of a Journey, I, S. 90. — „Wenn man sieht, auf was für trostlos steinigem Boden hier noch Gerste und Weizen gedeihen," sagt Hans Prutz (Aus Phönizien, Leipzig 1876, S. 145), „und sich die erbärmlichen Holzpflüge betrachtet, mit denen der Boden nicht gepflügt, sondern nur leicht geritzt wird, so kommt man unwillkürlich auf den Gedanken, was für überreiche Ernten hier gewonnen werden könnten, wenn man sich die Mühe gäbe, den Boden von dem darüber gestreuten Steingeröll zu reinigen und mit einer ordentlichen eisernen Pflugschar umzuwühlen."

einer regelmäßigen nicht unbedeutenden Zufuhr von Korn, so wird dies doch im Alterthume nicht in ganz demselben Maße nöthig gewesen sein. Der Betrieb des Ackerbaues hat die Ausdehnung und Intensität, die er damals besaß, ohne Zweifel nicht wieder erreicht, und große Strecken Landes, die früher Getreide lieferten, werden gegenwärtig durch den Anbau von Pflanzenarten in Anspruch genommen, die nur zu industriellen Zwecken Verwendung finden. Was gegenwärtig die Reisenden, die Phönizien durchwandert haben, als größten Schmuck des Landes mit gleichmäßigem Entzücken rühmen, ist allerdings der breite Gürtel von prächtigen, wohlgepflegten Gärten, der die Umgebung der meisten Städte und Ortschaften verschönert. Auch im Alterthum wird, wo die Bodenbeschaffenheit es zuließ, im Umkreise der Städte ein üppiger Kranz von Gartenland und Baumpflanzungen sich hingezogen haben. Wie viele von den Baumarten und Obstgattungen, die gegenwärtig auf diesem Abschnitte des syrischen Küstenlandes vertreten sind, schon von den Bewohnern der Städte des Alterthums gezüchtet wurden, läßt sich nicht mehr durchweg mit Sicherheit feststellen. Die Frage, wo einzelne dieser Culturpflanzen eigentlich heimathsberechtigt gewesen sind und zu welchen Zeiten sie zuerst in den verschiedenen Landschaften Asiens, Afrikas und Europas sich eingebürgert haben, ist noch nicht lange zum Gegenstande wissenschaftlicher Forschungen gemacht worden, bleibt in manchem besonderen Falle noch ganz in der Schwebe und läßt wegen des Mangels an zuverlässigen Nachrichten selten eine bestimmte, über das bloß Wahrscheinliche hinausgehende Entscheidung zu.[1]) Gäbe es noch erhebliche Ueberreste der phönizischen Literatur, so würden wir daraus ein deutlicheres Bild von dem ehemaligen Aussehen der Fluren des Landes gewinnen, ein Bild, wie für Palästina nach den Angaben der Heiligen Schrift sich entwerfen läßt.

Die Grundzüge der Küstenflora der Mittelmeerländer prägen sich auch in der Vegetation Phöniziens aus, vor Allem in dem zahlreichen Vorkommen von Arten immergrüner Gewächse mit schmalem, lederartig hartem Blattwerk. Sie gleicht am meisten der Küstenflora Spaniens, Algiers und Siziliens. Was das Auge des Nordländers in Phönizien am meisten vermißt, sind Wiesen. „Statt der rasenbildenden Gräser herrschen Staudenformen, wie spanisches Rohr und Zwiebelgewächse, vor, unter welchen Liliaceen, Tulpen, Hyacinthen, Narcissen, Crocus und Orchideen im Frühling eine Blumenpracht entfalten, wie sie die mitteleuropäische Flora in solcher Fülle und Mannigfaltigkeit nirgends aufzuweisen vermag. Ephen, Schlingrosen, Osterluzei und Passionsblumen umranken das üppige Dickicht, durch

---

[1]) Victor Hehns geistvolles Werk „Culturpflanzen und Hausthiere" (5. Aufl., Berlin 1887) giebt über viele Einzelheiten die beste Auskunft, nur hat dem Interesse des Verfassers trotz der bewunderungswürdigen Belesenheit, die ihm eine Fülle von Thatsachen erschließt, und seines methodischen Verfahrens etwas fern gelegen, seine Untersuchungen da, wo sie das Gebiet der orientalischen Philologie berühren, ebenso eingehend durchzuführen, wie sie auf den übrigen Gebieten ausgefallen sind.

dessen sperrende Wände selbst für den schmalen Reitpfad erst künstlich Bahn gebrochen werden muß. Wo fließendes Wasser reichlich zu Gebote steht, da tritt zu den genannten Pflanzenformen noch der baumartige Oleanderstrauch hinzu, dessen blüthengeschmückte Kronen alsdann den schönsten Schmuck der Uferlandschaft bilden." [1]) So zeigt sich gegenwärtig das Landschaftsbild an dem unteren Laufe der größeren Flüsse, den meist dichte Gesträuchmassen umsäumen, ein wirres, von Menschenhand unberührtes Buschwerk, das vorwiegend aus den immergrünen Laubhölzern der Lorbeer= und Myrthengattung besteht. Zu solchen Stellen der niedrigsten Küstenregion, auf deren Boden ein verwilderter Pflanzenwuchs sich jetzt in voller Freiheit und Schönheit ergeht, fehlt es nicht an Contrasten. In derselben Linie der Niederungen wechseln damit bald weite Strecken öden Terrains, auf denen „der Flugsand der Dünen und die Geschiebe der Bergwässer eine unbestrittene Herrschaft behaupten," bald die Ansiedelungen mit ihren Obstgärten, Fruchthainen und Palmen, dazu auf welligem Terrain große Anpflanzungen von Oliven und Johannisbrotbaum. [2]) Wie schon erwähnt, ist die Dattelpalme ein Fremdling auf phönizischem Boden und verräth das noch damit, daß sie dort ihre Frucht nicht ganz zur Reife zu bringen vermag. Daß sie aber in Phönizien früher in viel größeren Mengen angepflanzt worden ist, als dies jetzt noch geschieht, und zu den charakteristischten Pflanzen des Gestades gehört hat, darüber besteht kein Zweifel. [3]) Aus reifen Früchten, die der Handel den Phöniziern vom südlichen Palästina her in großer Menge zuführte, ist sie gezogen worden; die reife Frucht bedarf nur des Erdreichs, um zu keimen und aufzugehen. [4]) Ursprünglich zu Hause sind in Phönizien oder wenigstens auf den Vorbergen des Libanons der Oelbaum, der in der Region der Wussut dort überall wild vorkommt, wenn er genießbare Früchte bringen soll, aber veredelt werden muß, und der Feigenbaum, der ebenfalls dort wild wächst, jedoch nicht minder zur Entwickelung seiner Früchte der Hand des Menschen bedarf. Zu dem Feigenbaum gesellt sich in derselben Region der Weinstock, den ja auch die biblischen Bücher so oft als dessen Genossen erwähnen, und der Nußbaum. Dem Feigenbaum verwandt ist die stattliche schattenreiche Sykomore, deren Vaterland jedoch der ägyptische Sudan zu sein scheint. Sie ist wohl bereits im Alterthum nach Phönizien gelangt und gedeiht dort gut in den Küstengegenden, ist aber dort gegenwärtig nur noch wenig verbreitet, hauptsächlich auf dem Gebiete von Tyros

---

1) C. Diener, Libanon, S. 175. Vergl. auch Oscar Fraas, Drei Monate am Libanon, Stuttgart 1876, S. 57. Der Vegetation der Flußufer gehören auch an die Tamarisken (Tamarix syrica und Tamarix Pallasii).
2) Die Früchte des Johannisbrotbaums (Ceratonia siliqua; arabisch charrûb) dienen als Viehfutter und auch Armen als Nahrung. Es sind die Früchte, die der verlorene Sohn (Lucas XV, 16) zu essen begehrte, aber nicht erhielt.
3) Theobald Fischer, Die Dattelpalme (Ergänzungsheft 64 zu Petermanns Mittheilungen), Gotha 1881, S. 13.
4) Th. Fischer, Beiträge zur physischen Geographie der Mittelmeerländer, Leipzig 1877, S. 147.

und Sidon, besonders jedoch in der Umgegend von Beirut. Sie liefert ein leidliches Nutzholz, und um dieses zu erhalten, hat man in der Neuzeit die alten Stämme meist gefällt, neue Bäume aber nicht nachgepflanzt. Einer der schönsten unter den Bäumen des Gartenlandes ist der Granatbaum, der seit jeher in Syrien und Kleinasien sehr viel wegen seiner brennendrothen Blüthen und seiner schwellenden kernreichen Aepfel gezogen worden ist. Aus seiner Rinde bereitet man einen Gerbstoff, der zur Lederfabrikation dient. Der Maulbeerbaum, der jetzt auf den Wussut in ausgedehntem Maße cultivirt wird, ist von den alten Phöniziern noch nicht angebaut worden, ebenso wenig das Zuckerrohr, das im Mittelalter, wie Wilhelm von Tyros berichtet, in der Ebene von Tyros in großen Anpflanzungen gezogen wurde, aber erst durch die Araber eingeführt ist.

Noch mehr als der Mangel an Wiesen befremdet den Nordländer, daß es in Phönizien keinen Wald giebt, weder an den Gestaden noch auf den Bergzügen des Libanons. Denn was der gegenwärtige Bewohner dieses Landes mit dem stolzen Titel Wald zu benennen pflegt, ist kein Wald, sondern sind nur vereinzelte Gruppen von Waldbäumen. Die berühmten Cedern des Libanons bei Bscherre[1]) sind unzweifelhaft Ueberreste einer ehemaligen reichlicheren Bewaldung. Auch sind auf dem westlichen Gehänge des Libanons in den Sandsteinregionen, etwa 1000 Meter über dem Meere, noch Pinien (Pinus pinea) vertreten, obwohl nur in kleinen Beständen, auch Cypressenarten und Thujen, sowie mehrere Eichenarten, und längs der Küste wachsen auch noch hier und da im Dünensande wild zwei Fichtenarten, die Seefichte (Pinus maritima) und die Aleppofichte (Pinus halepensis). Sehr frühzeitig muß aber schon im Uferlande der einst vorhandene Waldbestand im Wesentlichen der Ausrottung anheimgefallen sein und die Entwaldung der Westseite des Libanons weit hinauf begonnen haben. Gerade am Libanon wird der Wald ursprünglich auch nur die quellenreichen Regionen innegehabt haben, und hat daher dort dem Anbau der Oliven, der Rebe und des Feigenbaums, des Nußbaums und der Obstbäume das Feld sehr bald geräumt. Was aber außerhalb des angebauten Landes an spärlichem Bestande noch übrig blieb, ist sorglos abgeholzt worden, ohne daß Jemand an Aufforstung gedacht hätte. Häufig wird gegenwärtig das Fehlen von Wiesen, das Verschwinden der Waldungen und die angebliche Abnahme der Fruchtbarkeit des Culturlandes auf eine andere Ursache geschoben und die Vermuthung als sichere Ueberzeugung ausgesprochen, daß alle diese Veränderungen nur aus einer vollständigen Umwandlung sämmtlicher klimatischen Bedingungen erklärbar seien. Die günstige Meinung von ehemaliger höherer Ertragsfähigkeit des Bodens beruht jedoch bloß auf übertriebenen Vorstellungen und auf einer Unterschätzung des Fleißes und der Sorgfalt, welche die ehemaligen Bewohner des Landes aufgewendet haben. Obwohl gegenwärtig die angebauten Districte des Libanons in Allem,

---

1) Vergl. Stade, Geschichte des Volkes Israel. Bd. I, S. 317.

was die Ausnutzung des Erdreichs und seiner Kräfte anlangt, und in Beziehung auf geschickte und eifrige Pflege der Anpflanzungen den angebauten Gegenden des Küstenlandes gegenüber bedeutend den Vorrang haben, trifft man selbst dort heutzutage noch zahlreiche Spuren an, welche den Beweis liefern, daß daselbst ehedem der Grund und Boden in viel größerer Ausdehnung als gegenwärtig in Benutzung genommen und durch mühsame Arbeiten, z. B. durch künstliche Festigung der Erdterrassen, noch besser für das Gedeihen der Anpflanzungen gesorgt wurde. Hinsichtlich der Wiesen aber müßte erst nachgewiesen werden, daß es deren im Alterthume in den Landstrichen, denen sie gegenwärtig fehlen, in historischer Zeit einmal wirklich gegeben hat.

Während die Flora seit den Tagen des Alterthums durch Aufnahme mancher fremden Species sich bereichert hat, ist die Fauna etwas ärmer geworden. Namentlich hat sich die Zahl der wild lebenden Säugethierarten verringert. Der Löwe, der vor Zeiten in Kleinasien und im ganzen Syrien nicht selten war, ist aus Phönizien jetzt ganz verschwunden. Er wird im 12. Jahrhundert n. Chr. in Syrien zuletzt erwähnt, wo er in der Gegend von Samaria noch existirte. Auch die übrigen Raubthiere vom Katzengeschlechte sind im phönizischen Berglande fast ganz ausgerottet. Immerhin giebt es dort noch den Leoparden und den Rothluchs (Felis caracal), sowie die Tigerkatze (Felis chaus), letztere besonders im nördlichen Libanon. Häufiger ist im Libanon der Wolf, nicht ganz unbekannt der syrische Bär. Verbreitet ist das Wildschwein. Ganz spärlich vertreten ist noch das Reh am Südrande des Libanons und auf dem Karmel. Ueber die Hausthiere, welche im alten Phönizien gehalten wurden, giebt es wenige Nachrichten. Die Phönizier selbst fabelten, bei ihnen daheim seien die Kühe so groß, daß nur ganz hochgewachsene Personen, ohne auf einen Schemel zu steigen, an die Euter heranreichen und die Kühe melken könnten,[1]) was sich wenigstens von der gegenwärtig in Syrien heimischen Rinderrasse nicht behaupten läßt; sie ist klein und häßlich. Auch scheint aus anderen Berichten hervorzugehen, daß Phönizien nicht so viel Vieh zu ernähren vermochte, als die Bewohner brauchten, daß Rinder als Opferthiere aus Aegypten,[2]) Lämmer, Widder und Ziegen selbst aus Arabien und anderen östlich gelegenen Ländern[3]) bezogen wurden. Außer zu Opfern wird man im Küstenlande das Rind wohl hauptsächlich zum Ziehen des Pfluges verwendet haben, wozu es dort auch gegenwärtig besonders dient. Schwerlich würde sich während der trockenen Jahreszeit so viel Futter haben auftreiben lassen, um dort große Bestände von Rinderheerden halten zu können. Wie in der Gegenwart haben die meisten Rinder wohl die bergigen Land-

---

1) Aelian, Hist. animal. XVI, 33.

2) Dies folgert Movers (Die Phönizier II, 3, S. 92) aus Achilles Tatius' Erzählung von Leukippe und Kleitophon (II, 15), in der von ägyptischen Rindern die Rede ist, die zu Opfern nach Tyros gebracht werden: doch ist nicht zu vergessen, daß eine solche Erwähnung in einem Roman wenig auf sich hat.

3) Vergl. Movers, ebendaselbst und Phönizien S. 324, nach Ezechiel 27, 21.

schaften des Libanons geliefert, in denen auch Schafe und große Heerden schwarzer Ziegen genügsam ihre Weide fanden. Neben dem Menschen werden übrigens im Berglande die Ziegenheerden wie noch heutzutage die gefährlichsten Widersacher des Waldes gewesen sein, dessen jungen Nachwuchs sie durch Abnagen der Knospen und Sprossen im Keime zerstören. Mit Pferden und Maulthieren versorgte die Phönizier nach der Schilderung des Propheten Ezechiel (27, 14) „das Haus Togarma," der Norden Kleinasiens; doch lieferte das nördliche Syrien sicher Pferde genug, um für gewöhnlich dem Bedarfe Phöniziens zu genügen. An eßbaren Fischen fehlte es den Flüssen Phöniziens nicht, doch war das nicht vergleichbar mit dem unerschöpflichen Reichthum an Fischen, den die See beherbergte. Der Fang der Seefische muß von Hause aus ein Haupterwerbszweig des phönizischen Volksstammes gewesen sein. Hat doch Sidon seinen Namen vom „Fischfange" und Sidonim, die Sidonier, bedeutet „Fischersleute." Von der Purpurschnecke wird bei Besprechung der Entwickelung der Industrie der Phönizier ausführlich die Rede sein. Erwähnt darf noch werden, daß im Unterlaufe des Litani angeblich noch Krokodile leben sollen. Doch ist bis jetzt das Vorhandensein des Krokodils in Syrien nordwärts vom Karmel nicht nachweisbar.

Fundstätten von Edelmetallen hat es in Phönizien nicht gegeben. Daß Kupferbergwerke wenigstens in späterer Zeit im Libanon bestanden haben, würde nach Movers' Meinung [1]) aus Angaben eines Autors des vierten Jahrhunderts n. Chr. [2]) hervorgehen. Doch liegt wenig Grund zu dieser Annahme vor. Dagegen kommen im Libanon Eisenerze vor, die sehr leicht schmelzbar sind, ohne große Schwierigkeiten sich gewinnen lassen und vorzügliches Eisen liefern. [3]) Joseph Russegger[4]) und Oscar Fraas[5]) haben darauf aufmerksam gemacht, daß ein dem nordischen Bernstein sehr ähnliches fossiles Harz zum Theil in beträchtlichen Stücken und in großer Reinheit eingesprengt in den Ligniten der Kreide des Libanons gefunden wird.

Hiermit wären die wesentlichsten Naturerzeugnisse Phöniziens aufgezählt. Doch mag angebracht sein, hier noch einzelne Züge der Veranlagung dieses

---

1) Die Phönizier, II, 3, S. 66.
2) Eusebius von Cäsarea, nach dem griechischen Texte des Buches de martyribus Palaestinae, XIII, 1. In dem syrischen Texte, den W. Cureton 1861 in London mit einer englischen Uebersetzung herausgegeben hat, fehlt an der entsprechenden Stelle (S. 46—47) die Erwähnung des Libanons. Auch wird in dem griechischen Texte bloß erzählt, die Christen, die bei den Erzgruben Palästinas angesiedelt waren, seien auf Befehl des Beamten, welcher den Bergwerksbetrieb zu beaufsichtigen hatte, theils nach Cypern, theils in den Libanon geschickt worden. Es wird aber nicht erzählt, daß im Libanon Kupfer zu finden gewesen sei.
3) Joseph Russegger, Reisen in Europa, Asien und Afrika. 1. Bd. II, S. 694.
4) Reisen, 1. Bd. II, S. 780.
5) Drei Monate am Libanon. S. 67 und 94; vergl. auch Oscar Fraas, Geologisches aus dem Libanon in „Württembergische naturwissenschaftliche Jahreshefte" XXXIV, Stuttgart 1878, S. 316—329.

Landes besonders hervorzuheben, welche die eigenthümliche Art der Bedeutung, die es einmal in der Weltgeschichte sich erworben hat, vielleicht erläutern können. Daß es bei seiner Beschaffenheit nicht berufen sein konnte, die Basis eines großen einheitlichen, erobernd vorgehenden Staatswesens zu werden, daß von einem so schmalen, nirgends weit in das Hinterland hineinverzweigten Randgebiete aus sich nicht gleichsam ein zersprengender Keil in die geschlossenen Völkerverhältnisse Vorderasiens hineintreiben ließ, wird ohne Weiteres einleuchten. Um eine nach Osten hin gravitirende Kraftentfaltung zu ermöglichen, war das Areal Phöniziens gerade nach dieser Himmelsgegend hin zu sehr eingeengt. Nur durch friedliche Mittel, durch Regelung des Handelsverkehrs und Waarenaustausches, konnte die Bevölkerung der Küstenstrecken auf die des anstoßenden Gebirgslandes dauernden Einfluß ausüben, nicht durch Waffengewalt. Wie eine uneinnehmbare Festung hat namentlich zu allen Zeiten das westliche Gehänge des Libanons, das Montenegro Syriens, wie man es genannt hat, dem Ansturm feindlicher Heeresmassen erfolgreich Widerstand geleistet. Auf den in schmalen, zwischen steilen Felswänden eingebetteten Schluchten emporsteigenden und über die Rücken der Vorberge in das Herz des Hochlandes hineinführenden Gebirgspfaden konnten, dem Laufe der Flußadern und dem Gange der Bodenerhebungen folgend, wohl Waarentransporte sich gen Osten vorwärts bewegen, aber nicht Armeen. Erwachten in den Bevölkerungsherden der Gestadelandschaften Bestrebungen, die auf Herrschaft und Gebietserweiterung ausgingen, so erhielten diese von vornherein durch die Schranken, welche das Binnenland mit seinen Höhenzügen abgab, ihre Richtung angewiesen. Das führte dann einerseits zu Ablenkungen dieser Bestrebungen auf Ziele, die im Norden und im Süden sich verwirklichen ließen, zu Besitzergreifungen und Niederlassungen am Küstensaume des nördlichen Syriens und Palästinas, andererseits zum Ausbruche von Machtstreitigkeiten, deren Schauplatz über den winzigen Rahmen des eigentlichen Phöniziens nicht hinausreichte. Die Aussichtslosigkeit aller Versuche, durch Verschiebung der Ostgrenzen Gebietsvergrößerungen zu erreichen, gehörte aber auch zu den Ursachen, welche große Theile des phönizischen Volksstammes getrieben haben, sich jenseits des Meeres neue Wohnstätten zu gründen.

Das friedliche oder feindselige Verhalten der Gebirgsbewohner ist immer für die Ausdehnung der phönizischen Gebiete auf der Ostseite des Landes maßgebend geblieben. Für Nomadenstämme ist allerdings auf dem westlichen Gehänge des Libanons augenscheinlich wenig Raum gewesen, wohl aber war die Bekaa stets ein Tummelplatz unstäter Völkerschaften. So unzugänglich die Mauern der Gebirgswelt sich ausbauten, so schutzlos lagen die flachen Niederungen da, dem Eindringen feindlicher, von der Hochebene herniedersteigender Kriegerschaaren oder beutesuchender Nomadenhorden preisgegeben. Dieser Umstand ist auf die Auswahl der Stätten, an denen die Phönizier ihre namhaftesten und ältesten Ansiedelungen errichtet haben, nicht ohne sichtlichen Einfluß geblieben. Fast ohne Ausnahme halten diese Ansiedelungen sich von dem Vorlande der östlichen Bodenerhebungen ganz fern und liegen entweder rings vom Meere umgeben auf felsigen Eilanden, die vor der Küste aus der See emporragen, oder doch unmittelbar an dem Strande auf halbinselartigen Vorsprüngen mit felsigem, das Niveau des Küstenterrains beherrschendem Untergrunde. Allerdings würde man sich einer einseitigen Auffassung schuldig machen, wollte man nur diesen einen Gesichtspunkt als den die Lage der Ortschaften allein bestimmenden anerkennen. Wie schon der Name Sidon lehrt, sind wahrscheinlich nicht wenige der späteren Städte Phöniziens ursprünglich Fischerdörfer gewesen, und Fischerdörfer entstehen selbstverständlich nicht im Binnenlande. Ebenso selbstverständlich war in einem Lande, dessen Flüsse theils im Sommer völlig austrocknen, theils nur in der Nähe ihrer Mündung ein breites Strombett besitzen, aus dem größere Strecken Ackerland mit Wasser versorgt werden können, daß auch diejenigen Bewohner, die nicht vom Fischfange lebten, ihre Wohnsitze in der Nähe des Meeres aufschlugen. Auch hat man darauf hingewiesen, daß die größeren Ansiedelungen längs der Küstenlinie in ziemlich regelmäßigen Abständen von ungefähr je einer Tagesfahrt sich vertheilen. Nur bei Tage segelnd, bei Anbruch der Nacht oder bei ungünstigem Winde vor Anker gehend, hätten die an der Küste entlang fahrenden phönizischen Schiffsherren zu Anlegestellen vorzugsweise Inseln und halbinselartige Vorsprünge gewählt, da diese je nach der herrschenden Windrichtung entweder auf der Süd- oder auf der Nordseite Deckung gewährten. Aus den bevorzugten Ankerplätzen hätten sich dann die ersten Niederlassungen gebildet und die ersten Handelsstädte entwickelt.[1]) Daß mit allen diesen Motiven die Absicht, Leben und Eigenthum in Sicherheit zu bringen, gut vereinbar war, leuchtet ein. Daß aber unter den mannigfachen Gründen, welche die Phönizier bewogen haben, sich mit ihren Ansiedelungen ganz nahe an die Küste zu begeben, meist eine der Hauptursachen die Rücksichtnahme auf Gefahren gewesen sein muß, die von der Landseite her erwartet wurden, ergiebt sich deutlich genug aus der Thatsache, daß manche von den Stellen, auf denen gerade die wichtigsten Städte emporwuchsen, dürre Klippen und Felseninselchen sind, auf denen es sogar an Trinkwasser fehlt. Die Art der Vertheilung, in der längs der Küste die Ansiedelungen sich gruppiren, macht vielmehr durchaus den Eindruck, als handele es sich ursprünglich um die letzten Zufluchtsstätten eines hartbedrängten Volksstammes, dem von Osten her jeder Fußbreit Landes streitig gemacht wird und der nur auf der See volle Freiheit der Bewegung hat. Zwar ließe sich noch die Annahme vertheidigen, daß bei der Ansiedelung auf unfruchtbaren Eilanden und Landzungen der Wunsch, den ohnehin schmalen Streifen ertragfähigen Erdreichs nicht freiwillig zu verringern, den Ausschlag gegeben habe, und dies mag auch in einzelnen Fällen wirklich geschehen sein. Es muß dann doch aber ein Grund vorgelegen haben, nicht nach demselben Verfahren ähnliche, den fruchtbaren Grund und Boden

---

1) Hans Prutz, Aus Phönizien. Leipzig 1876, S. VII—VIII.

unbeeinträchtigt lassende Ansiedelungen auch am Fuße des Berglandes zu errichten, und dieser Grund kann nur der gewesen sein, daß während der Zeiträume, in welche die Gründung der phönizischen Niederlassungen fällt, hier die Gebirgsbewohner den Küstenbewohnern, denen sie hier auch physisch zu allen Zeiten überlegen gewesen sind, feindlich gegenüber standen.

Nicht immer hat dieser Gegensatz gewährt. Seine Schroffheit ist bald gemildert und politisch ausgeglichen worden durch das Uebergewicht, welches die höhere Cultur, die im Schooße der Niederungen aufblühte, allmählich den Phöniziern verlieh. Renans etwas paradoxer Ausspruch, Phönizien sei überhaupt nicht ein Land, sondern bloß eine Reihe von Hafenorten mit etwas Zubehör von schmalem Terrain gewesen,[1]) würde sonst unbedingt richtig sein. Nur läßt sich die Geschichte dieses Ausgleichs nicht mehr verfolgen und es läßt sich nicht mehr feststellen, in welchem Maße längs der ganzen Strecke in den verschiedenen Perioden der Geschichte Phöniziens die Bewohner des Berglandes mehr oder weniger unter dem Einflusse phönizischer Cultur ihre Lebensweise umgestaltet und sich dem phönizischen Wesen angenähert haben. Aber daß ganze Stämme durch diesen Einfluß ihrer ursprünglichen Nationalität fast völlig entfremdet und sogar zeitweilig in politische Abhängigkeit von den Phöniziern gerathen sind, steht fest. So erging es z. B. großen Theilen der nordisraelitischen Stämme Isachar, Naphtali und Sebulun, die auf den bergreichen Landstrichen im Südosten Phöniziens hausten.[2]) Viele von den Waaren, die in den Städten Phöniziens angefertigt wurden, fanden regelmäßig ihren Absatz im Gebigslande, dessen Erzeugnisse, Wein und Olivenöl z. B., Bauholz, Wolle und Schlachtvieh, als Entgelt dafür an die Küste geliefert wurden. Große Mengen von Sklaven wurden aus dem Innern an die Bewohner des Gestadelandes verhandelt. Aber nicht bloß nach Waaren und Sklaven gab es in den Städten einen zunehmenden Begehr. Auch die Arbeitskraft der in rauherer Ursprünglichkeit dahinlebenden Söhne der Bergregion selbst fand hier lohnenden Erwerb im Dienste der Kaufherren auf den Stapelplätzen und Schiffswerften. Wer aber verschmähte, im Schweiße seines Angesichtes sein Brot zu essen, oder die Waffen nicht ablegen mochte, auch der ließ sich leicht durch den müheloseren und oft aussichtsvolleren Gewinn in die Ebene locken, der dort dem Söldner winkte. Nur aus einem andauernden Zuzuge von Angehörigen fremder Stämme läßt die Zunahme der Dichtigkeit der Bevölkerung in den Städten Phöniziens sich hinreichend erklären. Auch enthält die Vertheilung der Hauptstädte Phöniziens einen klaren Hinweis auf die Beziehungen zu dem Hinterlande. Sie entspricht der Lage der großen Verbindungsstraßen, die vom Fuße der Höhenzüge aus durch lange Quereinschnitte des Gebirgskörpers sich emporwindend auf die Hochländer Syriens ausmünden.[3]) Mit anderen Worten: diejenigen Ansiedelungen der Phönizier,

---

1) Ernest Renan, Mission de Phénicie, S. 836.
2) Vergl. B. Stade, Geschichte des Volkes Israel Bd. I, S. 169—171.
3) Carl Ritter, Erdkunde, XVII, S. 33—34.

welche diesen Verbindungsstraßen gegenüber lagen, sind zu größerer Entfaltung und Bedeutung gelangt als die übrigen. Durch ein Beispiel aus der neuesten Geschichte Syriens wird diese Auffassung bestätigt. Die wichtigste Handels- und Hafenstadt, die es gegenwärtig an der syrischen Küste giebt, Beirut, hatte noch vor etwa 30 Jahren bloß gegen 20 000 Einwohner, jetzt dagegen hat sie eine Einwohnerzahl, die auf 110 000 geschätzt wird.[1]) Dieses rasche Anwachsen verdankt Beirut vor Allem den Vorgängen des Jahres 1860, die das Libanongebiet in den Interessenkreis des europäischen Handels hineingezogen und den Endpunkt des von Damaskus über den Libanon an die Küste führenden Verkehrsweges jetzt nach Beirut verlegt haben. Die Existenz handeltreibender Seestädte hat überhaupt die Verbindung mit einem producirenden und consumirenden Hinterlande zur unerläßlichen Voraussetzung. Wie der phönizische Volksstamm durch Aufnahme immer neuer Elemente sich ergänzte und durch Mischung mit denselben neugestählt hervorging, so eröffnete auch der nahe Anschluß an Landstriche mit so ganz verschiedenartigen Lebensbedingungen, wie sie vom Strande aufwärts bis zu den Hochgebirgsregionen des Libanons im Raume einer Tagesreise sich in allen Abstufungen vertreten zeigen, dem Wohlstande fortwährend Bereicherungsquellen der mannigfaltigsten Art, und nicht minder geschah das durch die Fülle von Erzeugnissen weit entfernter Gegenden, welche auf jenen Verkehrsstraßen dem phönizischen Handel zuströmten.

Solange die Küstenbevölkerung mit ihren Nachbarn im Hochlande in gutem Einvernehmen lebte, wozu beide Theile als wechselseitig gebende und empfangende frühzeitig gleich viel Grund hatten, so lange bildete die Kette von Bodenerhebungen, die Phönizien nach Osten hin abschloß, auf dieser Seite eine mächtige, feindliche Annäherungen von Osten auffangende Schutzwehr. Ohne Zweifel hat sie im Alterthum auch geraume Zeiten hindurch und zwar in mehr als einer Periode der Geschichte ihre Dienste als trennende Scheidewand erwiesen, hat als solche vielleicht schon auf die ersten Anfänge der gesteigerten Entwickelung des phönizischen Volksstammes fördernd eingewirkt, hat die aufblühende Cultur des Landes beschirmt und so manches Mal, während wilde Kriegsstürme vernichtend rings über das ganze übrige Syrien dahinbrausten, Phönizien zu einer abgelegenen friedlichen Oase gestaltet, hat von dessen Fruchtgärten, Kornfeldern und Ansiedelungen Plünderungen und Brandschatzungen abwenden helfen. Auch an seinem südlichen Rande besitzt Phönizien einen starken natürlichen Grenzwall in Gestalt des von Südosten her mit seinem nordwestlichsten Vorsprunge weit über die Flucht der Strandlinie vorgeschobenen langgestreckten Bergrückens des Karmel. Doch hält es von der Küstenebene Palästinas aus nicht schwer, mit einer Ausbiegung nach Osten durch eine Einsenkung des Bergrückens in die Ebene Jesreel hinüberzugelangen, und von dieser Ebene aus, die seit jeher die Wahlstatt gebildet hat, auf

---

1) Bädekers Palästina und Syrien, S. 339; C. Diener, Libanon, S. 107.

welcher Schlachten geschlagen wurden, die über das Schicksal von ganz Syrien zur Entscheidung führten, liegt das phönizische Gestade von der Nordspitze des Karmel an bis gegen 20 Kilometer nordwärts über Akka hinaus völlig offen da. Die Ansiedelungen der Phönizier waren daher auf dieser Strecke nur wenig mehr durch ihre Lage geschützt als die Besitzungen, welche sie südlich vom Karmel an der Küste von Palästina hatten. Aehnlich war es mit dem nördlichsten Abschnitte des Landes bestellt. Für ein feindliches Heer, das bis Laodikeia vorgedrungen war, gab es längs der ganzen Küstenstrecke bis etwas über Tripolis hinaus keine Terrainschwierigkeiten mehr zu überwinden. Auch Heere, welche in der breiten nordsyrischen Hochebene am Orontes aufwärts zogen, fanden westlich von dem See von Kadesch (Homs) in dem Zwischenraume, der das Nossairier-Gebirge von dem Nordende des Libanons trennt, einen nahen, dem Laufe des Nahr el-Kebir folgenden Verbindungsweg zu den Niederungen von Djun Akkar. Diese Niederungen gehen aber südwärts nur bis etwa 2 Kilometer südöstlich von Tripolis. Zwischen diesem Punkte dagegen und dem Nordende der Ebene von Akka liegt ein Küstengebiet, das jedem Vormarsche, welcher, sei es von Norden, sei es von Süden her, der Strandlinie zu folgen versucht, wie das die vor dem Libanon sich hinbreitenden Gruppen von Bodenerhebungen zur Nothwendigkeit machen, ganz außerordentliche Schwierigkeiten in den Weg thürmt. Es ist das Gebiet der steilen Küstenvorsprünge, ein Gebiet von ungefähr 120 Kilometer Länge. Wie es als Ganzes nach Norden und nach Süden durch die von Osten hervortretenden Ausläufer des Libanons abgeschlossen ist, so zerfällt es wieder im Einzelnen von einem Küstenvorsprunge zum anderen in lauter ebenso von der Hand der Natur auf der Nord- und auf der Südseite verbarrikadirte, auf der Ostseite an das Gebirge sich anlehnende kurze Ebenen. Nimmt man hinzu, daß, wie schon geschildert worden ist, an vielen Stellen die Brandung der See unmittelbar an den Fuß der Küstenvorsprünge schlug, und daß hier selbst für die Ansiedelungen möglichst isolirte Stätten gewählt waren, so ist kein Wunder, daß im Bereiche dieser doppelt und dreifach mit natürlichen Schutzwehren versorgten Terrainabschnitte gerade diejenigen Städte sich entwickelt haben, die in der Geschichte des phönizischen Volksstammes bis zum Emporkommen Karthagos die hervorragendste Rolle spielen. Auch in einzelne Theile dieser Aneinanderreihung von abgesonderten Küstenstrecken war es möglich von Cölesyrien aus sich den Zutritt zu erzwingen, nach der Ebene von Berytos, wenn man die Wasserscheide überschritt, die das Flußgebiet des Orontes von dem des Lykos trennt, nach der Ebene von Tyros, wenn man den Lauf des Litani abwärts verfolgte. War aber die Herrschaft der phönizischen Städte auf die westlichen Abhänge des Libanons auch nur durch den Abschluß von Verträgen mit den Bergbewohnern ausgedehnt, so war es ebenso leicht, diese Pässe selbst gegen einen an Zahl überlegenen Feind zu vertheidigen wie die schmalen Pfade, die am Rande des Meeres an den schroffen Klippen der Vorgebirge vorüber oder über deren Rücken hinweg führten.

Ein Problem, das vielfach Nachdenken erregt hat, liegt in der Thatsache, daß gerade die Phönizier in der Geschichte als ein Volk von Seefahrern auftreten. Man hat das meist aus der Beschaffenheit ihres Landes ableiten wollen. Ein derartiger causaler Zusammenhang besteht in der That. Die erste Vertrautheit im Verkehr mit der See werden sich die Phönizier unstreitig beim Betreiben des Fischfanges erworben haben. Jedenfalls hat nicht, wie in Aegypten und in Mesopotamien, das Vorhandensein eines großen schiffbaren Flusses die erste Anleitung zum Zimmern von Booten und Nachen gegeben. Denn nur ganz wenige von den Flüssen Phöniziens lassen sich eine kurze Strecke vor ihrer Mündung mit Booten befahren. Auch stauen an der Mündung derselben sich Barren auf. Als besonders fördernd für die weitere Aus=
bildung hat man oft der phönizischen Küste eine reiche Gliederung und vor=
treffliche Häfen nachgerühmt. Carl Ritter hat sich die Mühe gegeben, eingehend nachzurechnen, um wieviel der Ueberschuß an Ausdehnung, welchen die Umrisse der Buchten und Vorsprünge längs der phönizischen Küstenlinie gewähren, den Betrag der in gerader Linie abgemessenen Strecke ihres Verlaufs übertrifft. An dem nordsyrischen Gestade giebt es aber Küstenprofile von viel energischerer Zeichnung, als an dem phönizischen überhaupt vorkommen, und selbst längs des phönizischen Küstenantheils sind nicht die besten Häfen auch zugleich die im Alterthum am meisten benutzten gewesen. Beirut und Haifa waren in den phönizischen Zeiten höchstens Hafenorte zweiten Ranges, während ihre Häfen ihrer natürlichen Veranlagung nach die von Sidon und Tyros weit über=
treffen. In erster Linie haben die Phönizier in ihrem Lande nicht auf die Güte des Ankerplatzes gesehen, sondern, wie schon erwähnt, diejenigen Anker=
plätze bevorzugt, die feindlichen Angriffen am wenigsten ausgesetzt waren. Ueberhaupt giebt es längs der ganzen Küste gar nicht so überaus vorzügliche Häfen, wie man gewöhnlich meint. Mag es auch möglich sein, in einzelnen dieser Hafenstellen nach Belieben vor dem Nordwinde wie vor dem Südwinde das Schiff zu bergen, so gewährt hier doch kein Hafen ausreichenden Schutz vor den Westwinden, gerade den Stürmen, die am heftigsten toben. Auch hat längs der ganzen Küste das Meer eine sehr heftige Brandung, die gelegentlich selbst bis in eine Wassertiefe von 84 Meter hinausreichen soll. Am ärmsten an Häfen ist gerade derjenige Abschnitt, den ich vorhin das Gebiet der Küstenvorsprünge genannt habe, also der Haupttheil des phönizischen Gestades. Das Gestein, aus welchem hier der Untergrund der Ebenen besteht, die sich von einem Vorgebirge zum anderen buchtartig ausspannen, reicht nicht bloß bis zur Strandlinie heran, sondern setzt sich längs derselben fast überall noch eine Strecke in das Meer hinein in Gestalt eines vor dem Strande lagernden Klippensaumes fort. Seit unvordenklichen Zeiten ist die wogende Brandung bemüht gewesen, die Oberfläche dieses Gestein=
gürtels abzuwaschen und ihm ganz das Niveau des Meeresspiegels zu geben. Fast genau in diesem Niveau liegen daher meist die tafelförmig geebneten Scheitelflächen dieser Klippenmassen bankartig vor der Strandlinie

hingestreckt.¹) Ungünstigere Buchten lassen sich für eine Rhede nicht denken. Ueberdies wird auch der Abraum, das durch die Gewalt der Wogen zermahlene Gestein, ringsherum in den Tiefen ausgebreitet. Hieraus erklärt sich die Versandung der wenigen allenfalls zu Häfen passenden Stellen. Meist hat man freilich behauptet, die phönizischen Häfen seien erst seit dem Alterthum in Versandung begriffen, und was in ihnen sich ablagere, seien Mengen von Erdreich, welche die Meeresströmung, die, von Süden kommend, an der syrischen Küste entlang gehe, von den Nilmündungen aus mit sich führe. Eine derartig unmittelbare Wirksamkeit der Meeresströmung ist aber bis jetzt noch nicht an einem Punkte des phönizischen Küstenraumes wirklich nachgewiesen worden. Mittelbar mag diese Strömung an der Fortführung und Ausbreitung der von der Brandung hier an Ort und Stelle abgeschlemmten Gesteinsmengen sich betheiligen, hat sich dann aber daran auch schon im Alterthume betheiligt. Es wird daher kaum in Zweifel gezogen werden können, daß die phönizischen Häfen in früheren Zeiten der Versandung nicht minder ausgesetzt waren wie heutzutage. Nur ist damals mehr für das Abdämmen und Instandhalten geschehen, soweit der durchschnittlich sehr geringe Tiefgang der Fahrzeuge das erforderte. Auf jeden Fall aber machten die klippenreichen Untiefen der Buchten diese schon im Alterthume zu sehr schlechten Ankerplätzen und das Land arm an Häfen.

Nicht einem Ueberflusse an guten Hafengelegenheiten verdanken also die Phönizier die Erfolge, welche sie zur See errungen haben. Was sich behaupten läßt, wäre eher, daß sie, trotz der schlechten Häfen, über die sie verfügten, ein Seefahrervolk ersten Ranges geworden sind.²) Dennoch sind die Ursachen, auf welche sich die frühzeitige Entwickelung der Schifffahrt in Phönizien zurückführen läßt, hauptsächlich in der Gestalt der Küsten dieses Landes zu suchen, allerdings nicht in den äußeren Contouren derselben, sondern in der gesammten plastischen Gliederung der Küstenlandschaften. Im Wesentlichen ist diese Gliederung schon oben (S. 17 und 30) geschildert und als das Charakteristische die Mischung von Steilküste und Flachküste, die längs des größten Theils Phöniziens herrscht, hervorgehoben worden. Küstenstrecken ähnlicher Bildung sind an den Gestaden des Mittelmeers so häufig vertreten, daß man für diese ganze Gattung neuerdings den Namen Mediterran- oder Mittelmeerküsten vorgeschlagen hat.³) Doch kommen Küsten von diesem Typus auch in anderen Bereichen vor, so in Jemen, Hadhramaut und Oman. Am ähnlichsten ist der phönizischen vielleicht die ligurische Küste zwischen Genua und Nizza. Der Einfluß der Küstenformen prägt sich an diesen Gestaden fast durchweg gleichmäßig in den Verkehrs- und Bevölkerungsverhältnissen, oft mit höchst über-

---

1) Carl Ritter, Erdkunde, XVII, S. 419; E. Renan, Mission de Phénicie, S. 321—322; G. vom Rath, Durch Italien und Griechenland nach dem Heiligen Lande, Heidelberg 1882, Bd. II, S. 224.

2) Hans Prutz, Aus Phönizien, S. VII.

3) F. G. Hahn in der Zeitschrift für wissenschaftliche Geographie, V (Wien 1885), S. 341.

raschender Aehnlichkeit in einzelnen Zügen aus. Er bringt eine starke Verdichtung der Bevölkerung mit sich, zu deren Ernährung mehr und mehr Fischfang oder Seehandel das Ihre beisteuern müssen. Jeder Fleck Raumes, der zu Feldern dienen kann, wird gewissenhaft ausgenutzt. Die menschlichen Wohnungen drängen sich zu engen Ortschaften von stadtartigem Gepräge oder Städten mit hochstöckigen Häusern zusammen. Die Landstraßen folgen den Windungen des Userrandes und werden häufig durch die schroff sich vorbauenden Vorgebirge unterbrochen. Für den Verkehr zwischen den einzelnen Theilstrecken des Gestades ist daher der Weg zu Wasser gewöhnlich der kürzere, oftmals der einzig mögliche. Namentlich für Waarentransporte ist er ungleich bequemer als der Weg zu Lande, der nicht bloß den Biegungen der Strandlinie nachgehen, sondern auch in zahllosen Krümmungen an den Seiten der Vorgebirge zu deren Kamm hinauf und mit ebenso viel beschwerlichen Krümmungen von dort wieder zur Ebene hinabsteigen muß. Drohen an solchen Stellen dazu Ueberfälle feindlicher Bergbewohner oder räuberischer Wegelagerer, so wird vollends der Seeweg fast ausschließlich bevorzugt. Für glückliche Fahrten bürgt hier zugleich die Regelmäßigkeit der herrschenden Land- und Seewinde, oft auch die Gunst der Strömung.[1]) So ist auch das Betreiben der Fischerei die erste Schule des phönizischen Seemannes gewesen. Das Uebersetzen von den einsam im Meere liegenden Inselklippen zum Strande und von diesem zu jenen Eilanden hat ihn gelehrt, sich auf der Salzfluth mit Sicherheit und Kühnheit zu bewegen. Die Vorgebirge, welche die meisten zwischen ihnen eingeschalteten Ebenen nach Norden und Süden voneinander absperren, haben die Umgehung auf dem Seewege nöthig gemacht und die Küstenbewohner erst gezwungen, dann dauernd gewöhnt, bei dem Verkehre zwischen den einzelnen Ortschaften hauptsächlich die See zu benutzen. Die langgestreckte geradlinige Ausdehnung der syrischen Gestadeländer hat dann zu immer weiter vordringenden Unternehmungen Muth gemacht, und darüber hinaus winkten in nicht allzu großer Entfernung verlockende Ziele in großer Zahl, im Süden Aegypten, im Norden das Gestade Kleinasiens, im Nordwesten Cypern, die Brücke zu der Inselwelt des griechischen Archipels.

Wäre lediglich die Bodengestalt der Küstenstrecke Phöniziens maßgebend gewesen, so würde freilich trotz der Nähe jener Ziele der phönizische Volksstamm es nicht dahin gebracht haben, daß nach ihm der ganze östlichste Abschnitt der levantinischen Hälfte des Mittelmeeres bei den Alten den Namen das Sidonische[2]) oder das Phönizische[3]) Meer führte. Er würde in der Weltgeschichte nicht viel mehr bedeuten als etwa das Volk der Ligurer. Zwar sind die Ligurer ebenfalls ein seetüchtiges Volk geworden; von der Kühnheit, mit der sie auf elenden Kähnen das Meer befahren, reden die Alten voll

---

1) Vergl. hierzu Oskar Peschel, Völkerkunde, 1. Auflage, S. 205.
2) Dionysius, Periegesis, Vers 117.
3) Plinius, Hist. nat., V, 12 (13); IX, 10 (12).

Bewunderung.¹) Aber so ähnlich auch die ligurische Küste ihrer ganzen Veranlagung nach der phönizischen war, sie hat im Weltverkehr erst seit den Zeiten des Mittelalters angefangen, eine hervorragende Rolle zu spielen. Der Entwickelung der phönizischen Seefahrt ist die geschichtliche Umgebung zu Hilfe gekommen, die Höhe der Cultur, die in Syrien bereits verbreitet war, als die Phönizier anfingen, sich aufs Meer hinaus zu wagen, und die Gunst der zwischen den beiden ältesten Culturcentren des Morgenlandes, zwischen Aegypten und Babylonien, vermittelnden geographischen Lage Phöniziens. Als maritime Vororte des zunächst angrenzenden fruchtbaren Binnenlandes und in weiterem Sinne des weit ausgedehnten, damit nach Osten und Süden hin in Verbindung stehenden Ländercomplexes Vorderasiens sind die Häfen Phöniziens vermöge ihrer seekundigen Einwohnerschaft in erster Reihe die Ausgangspunkte geworden, von denen aus die Erzeugnisse und viele von den Errungenschaften der Cultur des Morgenlandes dem Abendlande zugetragen worden sind. Mehr als anderswo bewegt sich im Orient der Handelsverkehr zwischen den großen Ländergruppen des Innern in althergebrachten ausgetretenen Geleisen fort. Selbst geraume Zeit nach dem Erlöschen der phönizischen Nationalität haben daher diese Häfen noch für den Orient, allerdings aber lediglich für diesen, besonders für Syrien, einen Theil ihrer früheren Bedeutung noch beibehalten. Ist auch seit den Tagen des Alterthums, besonders seit die Söhne Osmans Herren des Landes sind, eine durchgehende Umwandelung in den Größenverhältnissen der meisten Städte eingetreten, so concentrirt sich doch noch immer, obschon in anderer Vertheilung, die Bevölkerung Phöniziens an denselben Orten wie vor Jahrtausenden; so sehr ergeben sich hier die Mittelpunkte von selbst aus der allgemeinen Lage und aus der Gliederung des Ganzen.

Wenig in Betracht kommt die Kleinheit der Häfen Phöniziens. Wie ihre Tiefe, so reichte auch ihre Breite vollkommen aus für Fahrzeuge von durchschnittlich geringen Dimensionen. Treffend bemerkt Adolf Bastian: „Vergleicht man die Häfen des griechischen und phönizischen Alterthums mit denen unserer jetzigen Handelsmetropolen, Athen, Sidon, Tyrus mit Sidney, St. Francisco, Bombay, so erscheinen sie als ein Puppenspielzeug für die Kindheit der Geschichte, in richtigen Proportionen zu den Dimensionen des damaligen und des gegenwärtigen Verkehrs. Im Hafen Sidneys mag man einen ganzen Tag umherfahren und hat vielleicht nicht die Hälfte der Schiffe gesehen, die dort liegen; im Hafen Sidons darf man sich nur in ein ganz kleines Boot einschiffen, um nicht gleich am anderen Ende anzustoßen. Das geschlossene Mittelmeer kann nicht jene weiten und prächtigen Baien und Buchten bilden, wie der freie Ocean, und sein allmählich ablaufender Strand mußte von selbst darauf führen, die Schiffe, statt in offener See zu ankern, aufs Land zu ziehen." ²)

---

1) Heinrich Nissen, Italische Landeskunde, Berlin 1883, S. 468 u. 115.
2) Adolf Bastian, Geographische und ethnologische Bilder, Jena 1873, S. 235.

5. Die Küstenlandschaften Syriens und deren Städte.

Nachdem so in allgemeinen Zügen ein Bild von der Landesnatur des eigentlichen Phöniziens entworfen worden ist, wird nothwendig sein, zur Ergänzung dieser geographischen Schilderung noch eine mehr topographische Einzelheiten berücksichtigende Aufzählung der wichtigeren phönizischen Städte und Ortschaften, wie diese einst am Rande des syrischen Festlandes nach den Angaben der Alten sich aneinander reihten, hier folgen zu lassen.[1]

An der nördlichsten Einbuchtung des syrischen Gestades lag ziemlich genau an der Stelle des heutigen Hafenortes Iskenderun oder Alexandrette die kleine Hafenstadt Myriandos, die Herodot als nördlichsten Vorort der Phönizier nennt, und deren Einwohner auch Xenophon in seiner Anabasis als Phönizier bezeichnet. Weiter nach Süden, mehr nach dem Eingange derselben Meeres-

---

[1] Ich benutze dies zugleich, um Einzelheiten aus der Geschichte derjenigen Zeiträume zu erwähnen, welche dem Plane der „Allgemeinen Geschichte" gemäß in dem vorliegenden Bande nicht vollständig dargestellt werden sollen. Vergl. S. 3.

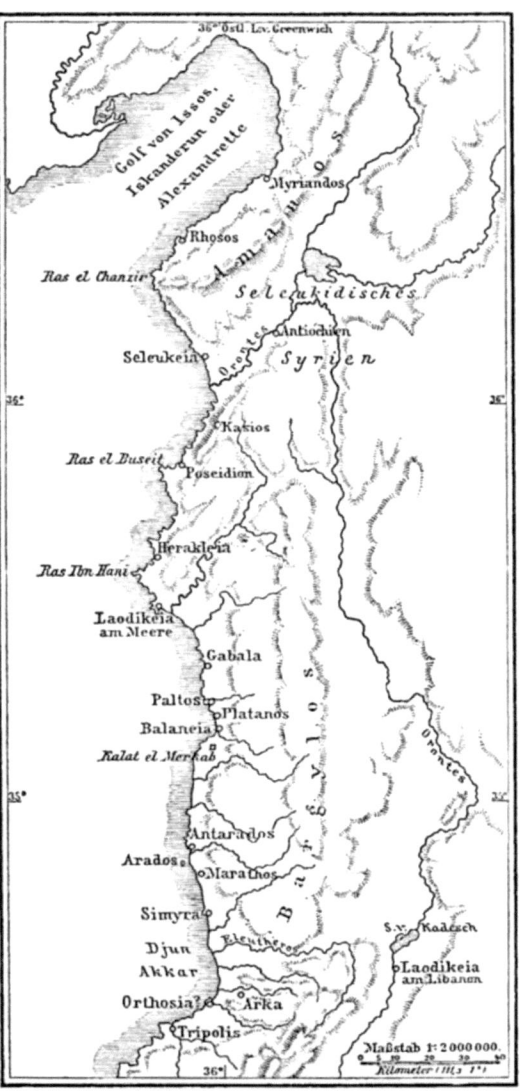

Nördlichster Abschnitt des syrischen Küstenlandes.

bucht zu, lag vor dem südwestlichsten Ausläufer der Amanoskette, dem Vorgebirge, das jetzt Ras el-Chanzir heißt und bei den Alten den Namen des rhosischen führte, der Hafenort Rhosos, der gleichfalls eine phönizische Ansiedelung gewesen zu sein scheint. Von dem rhosischen Vorgebirge südwärts beginnt die Bucht von Antiochia mit dem Mündungsgebiete des Orontes, an dessen Südrande der majestätische Berg Kasios (jetzt Djebel Akra) emporragt. Die Küste tritt dann wieder in weiter Rundung mit Reihen von scharf vorspringenden Vorgebirgen nach Westen, zunächst mit dem kühn geformten Vorgebirge Poseidion (jetzt Ras el-Buseit oder Cap Possidi) und am weitesten westwärts mit dem Ras Ibn-Hani. An einer kleinen Meeresbucht auf der Nordostseite dieses Caps gab es im Alterthume einen Ort Herakleia, der wahrscheinlich auch zu den phönizischen Ansiedelungen gehört hat. Am Fuße der südwestlichen Ausläufer der langgestreckten Gebirgskette, von welcher diese Vorgebirge ausgehen, lag auf einer Bodenerhebung am Meere Laodikeia. Seleukos Nikator soll diesen Namen der Stadt zu Ehren seiner Mutter Laodike verliehen haben; aus ihm ist der gegenwärtige Name Ladikije (Latakia) entstanden. Im Alterthume war dieser Ort wegen des vielen Weines berühmt, den die an Bodenerzeugnissen aller Art überreiche Umgegend hervorbrachte, und besaß einen günstig gelegenen, obschon wenig geräumigen und tiefen Binnenhafen. Im Unterschiede zu den vielen Städten desselben Namens hieß es auch das syrische oder Laodikeia an der Seeküste. Der Nahr el-Kebir, der östlich von Ladikije ins Meer geht, ist mit dem Eleutheros, der jetzt denselben Namen führt, nicht zu verwechseln.

Vom Ras Ibn-Hani südwärts tritt die Küste hinter die Linie, welche ihre Gesammtrichtung im Ganzen genommen innehält, nach und nach zurück, am weitesten an der Mündung des Eleutheros, und strebt ihr dann allmählich wieder zu bis zum Karmel, wo der geradlinige Strand Palästinas beginnt und mit leiser Krümmung nach Westen in den Küstensaum Aegyptens ausläuft. Bis zum Eleutheros begleitet sie südöstlich von Ladikije als schmales Vorland die streng von Nord nach Süd sich ausdehnende Richtung der einförmigen Kämme des Nosairiergebirges, des Bargylos der Alten. Auf dem nördlichsten Abschnitte dieser Strecke lagen am Strande Gabala, jetzt Djebele, Paltos oder Baldos, jetzt Belde, Platanos, Balanaia oder Balaneai, jetzt Banijas. Notizen, die aus der griechischen Literatur in die gelehrten Werke der Byzantiner sich gerettet haben, bezeichnen diese kleinen Städte als Ortschaften Phöniziens, wahrscheinlich mit einem ungenauen Sprachgebrauche. Die Namen lassen meist eine Erklärung aus den nordsemitischen Mundarten zu. Ob es aber gerade Phönizier gewesen sind, die diese Flecken gegründet haben, läßt sich schwerlich entscheiden.

Bevor dann die Küste nach Süden zur Mündung des Eleutheros einbiegt, tritt sie etwas nach Westen vor. Hier liegt der Küste gegenüber mitten im Meere, ungefähr 3 Kilometer von ihr entfernt, eine winzige Insel, ein Felsblock von unregelmäßigen Rändern, etwa 800 Meter lang und 500 Meter breit, gegenwärtig Ruad genannt, das ehemalige Arados. Ursprünglich ist es ohne Zweifel ein nackt in der Brandung daliegendes, vegetationsloses Felsenriff gewesen. Die unzugängliche Lage der Ansiedelung, die hier schon in sehr früher Zeit bestanden haben muß und, wie erzählt wird, von flüchtig gewordenen Bewohnern Sidons gegründet wurde, rechtfertigt durchaus den alten phönizischen Namen Arwad, d. i. „Zuflucht." Eine mächtige Umfassungsmauer, die dicht auf den Kanten des steil abgesprengten Felsenrandes, an dessen Saume gegenwärtig die See einzelne große Sandlager aufgehäuft hat, sich erhob, reichte im Alterthume fast um die ganze Insel herum und ließ nur auf der Ostseite den Hafen frei. Es war ein Hafen von sehr bescheidenem

Reste der Mauern des ehemaligen Arados.

Umfange, der durch einen breiten Damm in der Mitte in zwei Becken getheilt war.[1]) Imposante Ueberreste jener Befestigungsmauern sind noch vorhanden. Sie bestehen aus viereckigen Steinblöcken von 3 Meter Höhe und 4—5 Meter Länge, die aus dem Felsboden des Eilandes selbst in tiefen Gruben, die hinter den Mauern sich entlang ziehen, gebrochen sind. Die gegenwärtige Bevölkerung von Arados, ungefähr 2—3000 Einwohner stark, steht noch in dem Rufe, die tüchtigsten Seefahrer der syrischen Küste zu liefern. Ihr Erwerbszweig ist außer der Schifffahrt nur noch Schwammfischerei. Mit Trinkwasser versorgten sich die ehemaligen Bewohner der Insel theils durch Zufuhr vom Festlande, theils aus Cisternen, in denen sich das Regenwasser

---

1) William Allan, On the Island of Ruad, North Syria (im Journal of the Royal Geographical Society, XXIII, London 1853, S. 154—155).

ansammelte. Eine große Zahl dieser in dem festen Gestein dieser Insel ausgearbeiteten, mit ihren Wänden nach oben hin sich verengernden Behälter leistet dieselben Dienste noch der heutigen Einwohnerschaft Ruads. Bei Kriegszeiten entnahm man, wie Strabon und andere Autoren des Alterthums berichten, Wasser, wenn die Cisternen nicht ausreichten, einer Quelle, die in dem Meeresarme, welcher die Insel vom Festlande trennt, aus dem Meeresgrunde hervorquoll. Von einem Boote aus wurde über die Stelle des Meeresbodens, an welcher das Süßwasser herauskam, ein aus Blei verfertigter Mantel gesenkt, an dessen oberem eine spitze Oeffnung bildenden Ende ein aus Leder gearbeiteter langer Schlauch eingepaßt war. In diesem Schlauche stieg dann das aufquellende Wasser bis über den Meeresspiegel empor und konnte so in Gefäße aufgefangen werden. Zuerst kam zwar etwas salzig schmeckendes, allmählich aber reines trinkbares Wasser zum Vorschein. Bei der Nähe des Nosairiergebirges und der Structur der syrischen Küstengebirge wären im Meere ausmündende Quellen nicht unerklärlich. Auch soll in der That das Vorhandensein einer oder mehrerer Quellen solcher Art im Meere unweit von Ruad sich beobachten lassen.¹) Außer den Cisternen und Umfassungsmauern giebt es heutzutage auf Arados von der ehemaligen Stadt, deren Häuser zu Strabons Zeit viele Stockwerke hoch waren und eine Menge Einwohner beherbergten, nichts mehr zu sehen. Höchstens wären noch kellerartige, im Felsen ausgehauene Gemächer zu nennen, die auf der Südseite der Insel zu Tage liegen. Die Wände zeigen kleine Nischen und sind zum Theil noch mit Putz überzogen. Das Meer scheint hier die Umfassungsmauern zerstört zu haben, an deren Unterbauten wohl jene Räume sich einst angeschlossen haben mögen. Auch giebt es in der Nähe des Hafens und draußen am Ufer Stücke von Säulen aus grauem Granit. An ähnlichen Stellen kommen derartige Säulen und Säulenfragmente in Tripolis, Byblos, Tyrus und vielen anderen Städten Phöniziens vor. Man faßt sie gewöhnlich als Ueberreste ehemaliger am Rande der Ufer oder Häfen stehender Colonnaden auf. Sie liegen aber an den Stellen, an denen sie sich jetzt befinden, d. h. meistens im Wasser, nur, weil im Mittelalter (vergl. S. 5) solche Monolithe mit Vorliebe bei der Anlage von Einfassungsmauern und Hafendämmen benutzt worden sind. Auf demjenigen Terrainabschnitte der Insel, welcher vermuthlich in seinem Boden noch zahlreiche Alterthümer birgt, stehen die jetzigen Wohnhäuser mit ihren ganz kleinen Höfen und Gärtchen so eng beieinander, daß sich Ausgrabungen noch nicht haben anstellen lassen.

Wie auf Arad008 selbst waren auch auf dem gegenüber liegenden Küstenstriche seit Alters her Phönizier ansässig, die hauptsächlich von Ackerbau gelebt zu haben scheinen. Karne oder Karnos, heutzutage Karnun, war unter diesen Ansiedelungen die nördlichste, die einzige, welche einen Hafen besaß. Sie lag

---

¹) Carl Ritter, Erdkunde, XVII, S. 878—879; E. Renan, Mission de Phénicie, S. 41—42; Bädekers Palästina und Syrien, 2. Auflage, S. 445. Vergl. auch F. Walpole, The Ansayrii, III (London 1851), S. 391—392.

südlich von Balanaia. Auf Karne folgten Enhydra, dessen Lage sich nicht mehr genau nachweisen läßt, und in südöstlicher Richtung von der Insel die alte wohlhabende Stadt Marat, griechisch Marathos genannt, dann weiter südlich Simyra, das neben Arwad in der Völkertafel der Genesis unter dem Namen des angeblichen Stammvaters ihrer Bevölkerung, Semari, erwähnt wird, das heutige Dorf Sumra. Die Geschichtsschreiber Alexanders des Großen schildern Arados als Mittelpunkt eines Staatswesens, dessen Herrschaft sich nicht allein auf die nächstliegenden Abschnitte der Küste erstreckt, sondern auch weit über diese hinaus reicht. Diese Oberhoheit wird jedoch den Aradiern frühestens erst während der Perserzeit zugefallen sein. Die Völkertafel würde sonst nicht Simyra eine so selbständige, Arados gleichberechtigte Stellung einräumen. Auch hätte sonst Marathos, das Arados am nächsten lag, sich nicht zu der Größe entwickeln können, die es zur Zeit Alexanders des Großen noch gehabt haben soll. Strabon rechnet die ganze jetzige nosairische Küstenstrecke von Paltos ab zu dem Festlandbesitze von Arados und bezeichnet Karne als eine Rhede der Aradier. Er erzählt auch, wie dieser Besitz zu Stande gekommen sein soll. Während der Zwistigkeiten, die sich 247 n. Chr. zwischen den Söhnen Antiochos' II., zwischen Seleukos Kallinikos und Antiochos Hierax, entspannen, seien die Aradier auf die Seite des Ersteren getreten, hätten sich aber ausbedungen, daß ihre Stadt Asylrecht genießen solle. Dieses Asylrecht hätten selbstverständlich nicht untergeordnete, sondern vorzugsweise hochgestellte Personen in Anspruch genommen. Aus Dankbarkeit für die erwiesene Gastfreundschaft hätten diese einflußreichen Leute später, in ihre Heimath zurückgekehrt, den Unternehmungen der Aradier nach Kräften Vorschub geleistet. Jedenfalls scheinen die Letzteren die Wirren des Ausganges der Seleukidenzeit benutzt zu haben, um Marathos und Simyra zu zerstören und das Landgebiet dieser Städte in ihre Hand zu bringen.[1]) Seit dem zweiten Jahrhundert der christlichen Zeitrechnung wird häufig Antaradus genannt, eine Stadt, auf welche die Bedeutung der ehemaligen phönizischen Städte dieses Küstengebietes sich übertragen zu haben scheint. Es ist das nordöstlich von Arados gelegene Tortosa, arabisch Tartus. Die Stadtmauern und Mauern der Burg von Tortosa[2]) hat man vielfach für Bauten der Phönizier erklärt. Sie sind aber ebenso wenig

---

1) Polybios (V, 68) erwähnt, daß Antiochos der Große in Marathos eine Gesandtschaft der Aradier in Empfang nahm und dabei Feindseligkeiten schlichtete, welche jedoch nicht zwischen den Bewohnern von Marathos und den Aradiern, sondern zwischen den „Aradiern des Festlandes" und denen der Insel bestanden. Da Diodor (XXXVI, 6) von den Vergewaltigungen spricht, welche die Aradier zur Zeit des Alexander Bala an den Bewohnern von Marathos auszuüben versuchten, pflegt man anzunehmen, daß Marathos um 151 v. Chr. zerstört worden sei. Es steht das jedoch keineswegs fest, da aus der Datirung einer Münze hervorzugehen scheint, daß die Stadt noch im Jahre 77 v. Chr. bestand. Vergleiche J. P. Six im Numismatic Chronicle, New Series, XVII, London 1877, S. 189 und F. Imhoof-Blumer, Monnaies grecques, Amsterdam 1883, S. 445.

2) Abgebildet bei B. Kugler, Geschichte der Kreuzzüge, S. 411 und 412.

phönizischen Ursprungs wie die Grundmauern des weiter nördlich am Strande gelegenen Hospitaliterschlosses Merkab¹) oder der berühmten Feste Krak.²) Das angeblich Phönizische an der Herrichtung der Steine, das Anbringen von Fugenrändern auf der Stirnseite der einzelnen Werkstücke, ist nicht ein sicheres Merkmal für phönizische Arbeit.³) Die Ebene, welche hinter Tortosa sich ausdehnt, ist auf 4 Kilometer hin ein einziges großes Gräberfeld. Leider sind die Aufbauten, die hier einst über den Grabstätten gestanden haben mögen, längst zerstört. Um so lehrreicher sind für die Kenntniß der phönizischen Architektur die Ruinenstätte und die Nekropolis von Amrit, dem ehemaligen Marathos, die seit langer Zeit schon die Aufmerksamkeit der Reisenden und Archäologen auf sich zogen, aber erst von Ernest Renan gründlich durchforscht und beschrieben worden sind.

Es folgt nun die Bucht Djun Akkar, die, dem Zwischenraume zwischen den südlichen Ausläufern des Nosairiergebirges und den nördlichen der Libanonkette (dem Djebel Akkar) entsprechend, etwas nach Osten sich hinein= zieht. In dem Theilungsgebiete zwischen den beiden Randgebirgsmassen bahnt sich von dem syrischen Hochlande aus der Nahr el-Kebir seinen Weg zum Meere. Es kann kein Zweifel darüber obwalten, daß dieser das ganze Jahr über reichlich mit Wasser versehene „große Fluß" mit dem Eleutheros der Alten identisch ist. Schon die Angabe, daß der Eleutheros zeitweilig die südliche Grenze des seleukidischen Syriens, die nördliche von Phönizien und Cölesyrien bezeichnet habe, weist deutlich auf den Nahr el-Kebir. Am Saume des Meeres reihte sich hier in den Zeiten des Alterthums längs der Nie= derung, die sich nach Westen bis Tripolis fortsetzt, Stadt an Stadt. Doch giebt es kaum irgend ein Gebiet des phönizischen Gestades, in dem alle Spuren ehemaliger Ansiedelungen gründlicher verwischt wären als auf dieser feind= lichen Angriffen von Nordosten her am meisten ausgesetzten Strecke. Süd= westlich vom Nahr el-Kebir mündet der gleichfalls auf dem nördlichen Gehänge des Libanons entspringende Nahr Akkar. An der Stelle, wo er das Gebirge verläßt, liegt auf einem Hügel am Fuße der Höhenzüge ein Trümmerfeld, Tell Arka genannt,⁴) das man für die Stätte der alten phönizischen Ansiedelung hält, deren Vertreter in der Völkertafel Arki oder, wie die Septuaginta schreiben, Arukaios heißt. Es würde dieselbe Stadt sein, welche die Alten Arka oder Arke nennen. Unter Alexander Severus, der dort geboren war, erhielt sie den Beinamen Cäsarea; von den Städten gleichen Namens wurde

---

1) Vergl. B. Kugler, Geschichte der Kreuzzüge, S. 405 und Vollbild zu S. 282 daselbst.

2) Vergl. B. Kugler, Geschichte der Kreuzzüge, S. 388, 389, 397—399 und Vollbild zu S. 388 daselbst.

3) Vergl. die Auseinandersetzungen von Ernest Renan (Mission de Phénicie, S. 47—54) und von Greville J. Chester (Notes on Ruad and adjacent Places, in The Survey of Western Palestine: Special Papers, London 1881, S. 78—79).

4) Edward Robinson, Biblical Researches in Palestine, III, London 1841, Appendix S. 138.

sie durch den Zusatz ad Libanum unterschieden. Noch näher an Tripolis liegt die Mündung des „kalten Flusses," Nahr el-Berid, oder des Bruttus, wie er in dem Itinerarium Hierosolymitanum vom Jahre 333 genannt wird, mit dem Flecken Ardh Arthusi. In diesem Orte erblickt man neuerdings die Stätte des ehemaligen Orthosia, über dessen Lage die Angaben der Alten voller Widersprüche sind. Nach Strabon müßte es unmittelbar neben Simyra und wie dieses nördlich vom Eleutheros liegen. Auf jeden Fall liegt es ziemlich in der Nähe dieses Flusses. Die Ermittelung der Ruinen von Orthosia würde schon deshalb von Wichtigkeit sein, weil diese Stadt bisweilen als Grenzort Phöniziens genannt wird (vergl. S. 16). Kurz vor dem südwestlichen Rande von Djun Akkar mündet der Nahr Kadischa, der hoch im Libanon unweit der berühmten Cederngruppe von Bscherre seine Quellen hat und von da aus in der Tiefe einer steilen, überaus malerisch zwischen den durchschnittenen Massen der Gesteinsschichten eingebetteten Schlucht sich zum Meere hindurchzwängt.

Unmittelbar vor dem Ausgange dieser Schlucht liegt die heutige Stadt Tarabulus, auch Tripoli genannt. Jenseits der Stadt breitet sich nach Westen und Norden eine fruchtbare, mit Baumpflanzungen übersäte Ebene aus, die nach Westen halbinselartig in eine aus Felsboden bestehende Anhöhe ausläuft. Auf dieser steht die Hafenstadt (el-Mina) von Tarabulus. Klippeneilande, die gleich einem nach Osten geöffneten Kranze an die Spitze dieser Landzunge sich anschließen, bilden die Schutzwehr des Hafens selbst und grenzen ihn gegen Westen ab. Das alte phönizische Tripolis war, wie der griechische Name besagt — den phönizischen kennt man nicht —, eigentlich eine dreifache Stadt. Ein Stadttheil gehörte den Tyriern, ein zweiter den Sidoniern, ein dritter den Arabiern. Jeder dieser Stadttheile war mit einer besonderen Mauer umgeben, bildete also eine selbständige Stadt für sich, hat auch wohl seine eigene Verwaltung und Rechtspflege besessen. Es wird sogar behauptet, die Trennung zwischen den drei Stadtbezirken sei nicht bloß durch Grenzmauern gekennzeichnet gewesen, auch der Abstand von einem Bezirke zum anderen habe je ein Stadion betragen. Wann Tripolis gegründet worden ist, läßt sich nicht feststellen. Gewöhnlich wird angenommen, es sei nach 761 v. Chr. geschehen, weil in dem chronologischen Kanon des Eusebios als Jahr der Besiedelung der „Insel Ardos"[1]) das vierte Jahr der vierten Olympiade, d. i. 761 v. Chr., angesetzt ist. Auf Aradus hat jedoch sicher schon vor 761 v. Chr. eine namhafte Ansiedelung bestanden. Auch hat man versucht, die Entstehungszeit von Tripolis dadurch zu bestimmen, daß man vorausgesetzt hat, das umgebende Gebiet müsse ursprünglich zu der südlicher gelegenen Stadt Byblos gehört haben, Tripolis könne daher erst entstanden sein, nachdem Byblos' Macht zu sinken anfing. Zu Gunsten der Voraussetzung, auf welcher diese Schlußfolgerung

---

1) So in der armenischen Uebersetzung des Kanons nach Auchers Ausgabe, Bd. II, S. 172; vergl. auch Alfred Schönes Ausgabe des Kanons, Bd. II, S. 80. In dem griechischen Originaltexte hat vermuthlich Aradus gestanden; jedenfalls ist es gemeint gewesen.

beruht, und daher auch zu Gunsten dieser Schlußfolgerung selbst lassen sich aber keinerlei Thatsachen anführen; es sind lediglich Vermuthungen. Der Umstand, daß Byblos keinen eigenen Stadttheil in Tripolis besaß, obwohl es näher lag als Arados, Sidon und Tyros, kann nicht so gedeutet werden. Kolonien scheint Byblos überhaupt nicht entsandt zu haben.¹) Was sich deutlich erkennen läßt, ist nur, daß Tripolis eine secundäre Schöpfung gewesen ist, die schwerlich aus früher Zeit stammt. Vor der Perserzeit wird es nicht erwähnt. Eine selbständige Rolle hat es trotz der Wechselfälle des Geschickes, welche die drei Mutterstädte trafen, in der Geschichte nicht zu spielen vermocht. In der Perserzeit stand es in hohem Ansehen und galt als eine Stadt von besonders vornehmer Art, weil dorthin die drei Mutterstädte bevollmächtigte Vertreter zur Berathung über gemeinsame Angelegenheiten und zur Schlichtung von Zwistigkeiten zu entsenden pflegten. Aus dieser Thatsache haben neuere Forscher geschlossen, Tripolis sei überhaupt aus politischen Erwägungen und zwar eigens zu dem Zwecke gegründet worden, um derartige Conferenzen und Auseinandersetzungen auf neutralem Boden vornehmen zu können. Alles, was wir über die Anlage von Tripolis wissen, spricht eher gegen als für diese Meinung. Statt drei getrennter Stadttheile, welche nach den darin wohnenden Sidoniern, Tyriern und Arabiern ihren Namen führen, also ausgesprochenermaßen nichts weniger als neutral sind, würde man doch bei einer auf gemeinsamen Beschluß errichteten Bundeshauptstadt vor Allem einen neutralen Bezirk, etwa einen unter dem Schutze eines Gottesfriedens stehenden Stadttheil erwarten. Es ist nicht zu leugnen, daß die alten Autoren von der Gründung von Tripolis allerdings wie von einer aus gemeinsamer Uebereinkunft der Städte Arados, Sidon und Tyros hervorgegangenen Unternehmung zu reden pflegen. Was ihnen den Eindruck des Planmäßigen machte, war die Gleichberechtigung der drei Stadttheile. Diese Gleichberechtigung und die scharfe Abgrenzung scheinen aber auf etwas ganz Anderes hinzuweisen. Sie erinnern sehr an die selbständige Organisation und Abgrenzung der

---

1) Die Vermuthung von Movers (Die Phönizier, II, 2, S. 131—132), daß die befestigte Stadt Byblos am Nil, die bei Stephanos von Byzanz erwähnt wird, eine Kolonie des phönizischen Byblos sein könne, stützt sich bloß auf die Gleichheit des Namens, welche um so weniger zu bedeuten hat, als nicht vorausgesetzt werden darf, daß in beiden Fällen aus Gebal Byblos gebildet werden konnte. Nach Brugschs Meinung (vergl. H. Brugsch, Geschichte Aegyptens unter den Pharaonen, Leipzig 1877, S. 196) war das ägyptische Byblos eine Stadt im östlichen Delta. Er liest den ägyptischen Namen derselben Pibailos und nimmt für dieses Wort einen semitischen Ursprung an. Ob jedoch der ägyptische Stadtname in der That, wie Brugsch will, mit dem hebräischen Worte für die Maulbeerfeige (bâlas) zusammenhängt, ist zweifelhaft. — Als Kolonie von Bylos wird auch Melos angeführt. Daß es auf dieser Insel phönizische Ansiedler gegeben hat, scheint festzustehen (vergl. K. O. Müllers Anmerkung zu Festus unter Melos und dessen Geschichten hellenischer Stämme I, S. 117, Anmerk. 4). Zu der Behauptung, daß die ersten Phönizier, welche sich dort niederließen, aus Byblos kamen, wird die Alten jedoch bloß die Namensähnlichkeit veranlaßt haben, die zwischen Byblos und Mimblis, einer Namensform der Stadt Melos, bestand.

Die Schlucht des Nahr Kadischa, mit Ausblick auf Tripolis.

Quartiere, welche die verschiedenen Nationen des Abendlandes in den Städten der Kreuzfahrer, und der Quartiere, welche im späteren Mittelalter die Angehörigen der italienischen Handelsstädte in den Haupthandelsplätzen der Levante inne hatten. So zerfiel Akka in eine große Zahl verschiedener Quartiere, das der Pisaner, das der Genuesen, das der Deutschen u. s. w.[1]) Mit Recht hat B. G. Niebuhr[2]) vor der Thorheit gewarnt, diese Eintheilung von Akka aus dem phönizischen Alterthum herleiten zu wollen. Doch hat sie einen ähnlichen Ursprung wie die von Tripolis. Offenbar hat, als die drei Städte von Tripolis entstanden, keine der Mutterstädte über das umgebende Gebiet eine Herrschaft ausgeübt oder angestrebt. Schwerlich ist auch der Raum für diese Niederlassungen durch Usurpation, durch irgend eine Handlung der Gewalt erworben. Nur die günstige Lage des Ortes als Hafenplatzes für den nördlichen Libanon und das nordsyrische Binnenland hat aus jenen drei Mutterstädten Ansiedler herbeigelockt, die ihrer Herkunft und politischen Zusammengehörigkeit entsprechend ihre Wohnsitze gruppenweise beieinander aufschlugen, und hat so allmählich zur Entstehung geschlossener Niederlassungen von aradischer, sidonischer und tyrischer Einwohnerschaft geführt. Daß das Vorhandensein einer derartig zusammengesetzten Stadt nachträglich von selbst Anlaß giebt, Zusammenkünfte zu Verhandlungen zwischen den betheiligten Mutterstädten gerade dorthin anzuberaumen, ist klar. Die Bevölkerung des angrenzenden Landgebietes aber wie überhaupt die Grundbevölkerung des ganzen Küstenstriches längs der Nordseite des Libanons wird gar nicht rein phönizischer Abstammung gewesen sein. Tarabulus hat mit dem ehemaligen Tripolis zwar den Namen, nicht aber die Lage gemein. Das Letztere muß in unmittelbarer Nähe des Hafens gelegen haben. Beruhen nicht die Angaben über die Größe des Zwischenraumes, der zwischen den drei Stadtbezirken blieb, auf Uebertreibung, so würde das Terrain, welches gegenwärtig die Hafenstadt von Tarabulus einnimmt, für das Ganze nicht Raum genug geboten haben. Es giebt dort Reste von Gemächern, die im Felsboden ausgearbeitet waren. Auch hält man die Ueberreste einer Mauer, welche die Landzunge von Nordost nach Südwest überquerte, für antik.

Die nächsten größeren Orte, welche die Straße, die sich südwärts von Tarabulus dicht an der Küste entlang zieht, berührt, sind Kalmon, bei Plinius Calamos genannt, und Ense, d. i. „Nase" oder „Vorgebirge," die Stätte der ehemaligen befestigten Ortschaft Trieres, die durch ein Erdbeben zerstört worden sein soll.[3]) Es folgt dann die Bucht von Schakka, an deren Süd-

---

1) Vergl. den Grundriß von Akka in B. Kuglers Geschichte der Kreuzzüge, S. 230.

2) B. G. Niebuhr, Historische und philologische Vorträge, II, Berlin 1848, S. 388, Anm. 1.

3) In der Zeit Justinians; vergl. De locis sanctis quae perambulavit Antoninus martyr circa a. D. 570, herausgegeben von Titus Tobler (St. Gallen 1863), S. 4. Schon lange vorher waren einmal die Orte Kalamos und Trieres von Antiochos dem Großen zerstört und niedergebrannt worden (Polybios V, 68).

rande ein mächtiges Vorgebirge, das Ras esch-Schakka, mit einer 200 Meter hohen Felswand steil in die See abfällt. Im Alterthume führte es den

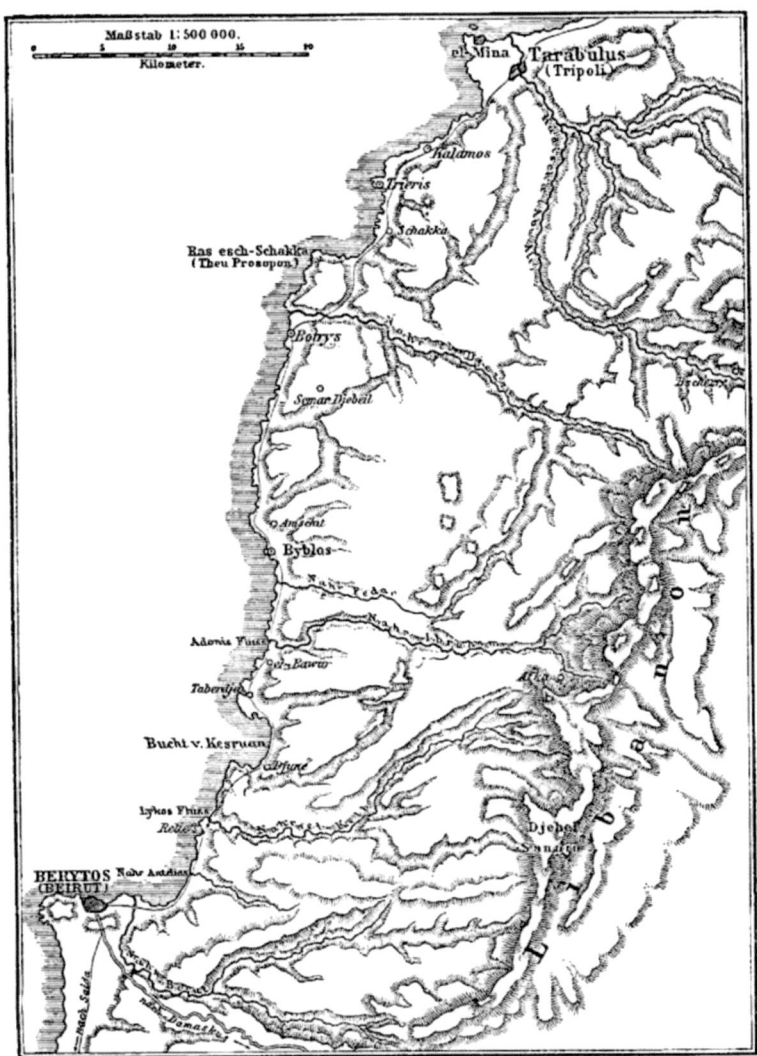

Das syrische Küstenland von Tarabulus bis Beirut.

Namen Theuprosopon, „Gottesantlitz." Ein Erdbeben, vermuthlich dasselbe, an dem Trieres zu Grunde ging, hat einen Theil der Bergwand zum Einsturz gebracht, doch wird behauptet, daß die Umrisse des Caps noch gegenwärtig für die von Norden Kommenden „ganz die Form einer Büste" annehmen.¹) Es ist die unwegsamste Stelle der ganzen phönizischen Küste. Die Straße muß eine Umgehung über den breiten Rücken des Ras esch-Schakka machen, um den armseligen Fischerort Batrun, das alte Botrys, zu erreichen. Etwa 16 Kilometer südlich von Batrun folgt an der Küste Djebeil, im Alten Testamente Gebal genannt. Der phönizische Name der Stadt, die auf einer Anhöhe am Meere lag, hat aller Wahrscheinlichkeit nach Gibel oder Gybel gelautet und bedeutete „Berg." Aus Gybel haben die Griechen mit Vertauschung von g und b Byblos gemacht. Seine Hauptbedeutung scheint Byblos als Cultusstätte erlangt zu haben. Als Hafenplatz muß es stets unbedeutend gewesen sein. Sein Hafen mißt an der breitesten Stelle nur 160 Meter. Die Ruinen, die Djebeil noch aufzuweisen hat, stammen aus dem Mittelalter. Das stattliche Schloß von Djebeil scheint mit Benutzung antiker Materialien gebaut zu sein; doch ist es fraglich, ob das Alter dieser Bausteine in eine frühere Zeit als die Römerzeit zurückreicht. In der Umgebung von Djebeil hat Renan viele Ausgrabungen gemacht. Sie ist namentlich reich an Grabstätten der mannigfachsten Art. Oestlich von der gegenwärtigen Stadt, bei Kassuba, ist ein Hügel, den Renan für die Stätte des ehemaligen Haupttempels von Byblos zu halten geneigt ist. Die Nachgrabungen, die er auch hier veranstaltet hat, haben zwar einige interessante Bildwerke und die Reste von Grundmauern eines großen Bauwerks zu Tage gefördert, gewähren aber doch keinen Ueberblick über die Veranlagung der Baulichkeiten, die hier vormals gestanden haben. Etwa 6 Kilometer südlich von Djebeil mündet aus einer wilden Schlucht der Nahr Ibrahim in das Meer. Es ist der Adonisstrom der Alten. Seine Quelle liegt im Libanon unweit von Afka, dem alten Afaka, wo er aus einer abschüssigen Felswand als breiter Strahl herausquillt und in die steile Schlucht, die sein Bett bildet, hinabstürzt. Nach der Schneeschmelze weicht das angeschwollene Gewässer des Nahr Ibrahim die eisenhaltigen Mergelschichten auf, die unterhalb der obersten Kalksteinzone lagern, und färbt sich dadurch dunkelroth. Auch der etwas nördlich vom Nahr Ibrahim mündende Nahr el-Fedar und andere Gießbäche desselben Gebiets zeigen diese Eigenthümlichkeit, die im Alterthum das Zeichen zum Beginn der Adonisklage gab.²) El-Bawar und Taberdja, zwei Ortschaften an der Küste südlich vom Adonisflusse zeigen in ihrer Umgebung Spuren, die darauf hinweisen, daß hier vor Zeiten eine nicht unbedeutende Stadt gestanden haben muß. Man könnte an Palaibyblos denken, eine Stadt, die Plinius zwischen dem Adonis und dem Lykos aufführt, allein Strabon nennt vor Palaibyblos den Berg Klimax und versteht unter Klimax, „Treppe," augenscheinlich die im Felsen ausgehauene Straße, welche südlich von Taberdja um das Vorgebirge, welches

---

1) R. Lepsius, Briefe aus Aegypten, Berlin 1852, S. 402.
2) Vergl. Ritter, Erdkunde, XVII, S. 553, und Lortet in der Zeitschrift Le Tour du Monde 1882, II, S. 400 u. 422; auch C. Diener, Libanon, S. 130.

Quelle des Adonisstromes bei Afka.

am Nordrande der Bucht von Djune oder Kesruan liegt, herumgeht.¹) Palaibyblos wird daher südlich von diesem Vorgebirge zu suchen sein, jedenfalls auch an der Küste und nicht im Binnenlande, wohin es die Erdbeschreibung des Ptolemaios verlegt. Die Stadt Palaibyblos ist zu ihrem griechischen Namen „Altbyblos" schwerlich aus einem anderen Grunde gekommen, als weil ihr phönizischer Name an das griechische palai, „alt," anklang.²) Movers, der in dem viel weiter nördlich (südöstlich von Batrun) gelegenen Flecken Semar Djebeil Palaibyblos erkennen zu müssen glaubt, hält das Letztere dem Namen gemäß für eine Stadt, die Byblos an Alter voranging. Seine Beweisführung ist jedoch nicht überzeugend.

Auf die Bucht von Djune folgt die Mündung des „Hundsflusses", des Nahr el-Kelb, der etwas nördlich von dem 2488 Meter hohen Djebel Sannin im Libanon entspringt. Die Höhenzüge, welche den Rahmen des engen Flußthales des Nahr el-Kelb bilden, treten auf der Südseite der Mündung so weit in das Meer hinein vor, daß ursprünglich für eine Straße am Meeressaume kein Raum blieb und der Weg um dieses Cap herum in dem schwärzlich-grauen Felsenhange der Bergwand selbst ausgesprengt werden mußte. Hier wie an anderen ähnlichen Stellen des Küstengebietes scheinen die Phönizier selbst wenig die Hand gerührt zu haben, um bequeme Verkehrswege herzustellen. In allen Gestadeländern von analoger Bodengestalt pflegen die Landstraßen lange vernachlässigt zu bleiben. Der Hauptgrund ist unstreitig, daß sie einem Volke von Seefahrern entbehrlich erscheinen. Immerhin fällt diese Vernachlässigung in Phönizien besonders auf, da man auf Schritt und Tritt längs des ganzen phönizischen Gestades und am Fuße der Berge, welche dem Gestade das Geleit geben, auf Reste anderer Arbeiten stößt, die Beweise genug dafür liefern, daß es den ehemaligen Bewohnern des Landes an der erforderlichen Kunstfertigkeit und technischen Erfahrung in Steinmetzarbeiten jeglicher Art durchaus nicht gefehlt hat. Möglich, daß sie für eine Erleichterung des Verkehrs längs der Küste geflissentlich nicht gesorgt und gefürchtet haben, mit der Wegräumung jener Schranken ihre Heimath zugleich eines großen Theils ihrer natürlichen Vertheidigungsmittel zu berauben. Erst Kaiser M. Aurelius Antoninus hat, wie eine noch erhaltene Inschrift lehrt, auf der Südseite der Mündung des Nahr el-Kelb, die Straße, die noch gegenwärtig in Benutzung ist, „in dem vorspringenden Abhange der Berge durch Sprengarbeiten herrichten und erweitern lassen." Diese Straße, die Via Antoniniana, beginnt gegenüber einer Furt, die kurz vor der Mündung quer über den Fluß führt, und geht

---

1) John Kenrick, Phoenicia, S. 12.
2) In dem Itinerarium Hierosolymitanum vom Jahre 333 folgt auf Tripolis die Station Tridis, d. i. Trieres, dann Bruttos alia, d. i. wohl Batrun, und dann Alcobile, alles in gleicher Distanz. Alcobile hält Movers (Die Phönizier, II, 1, S. 108, Anm. 101) für ein entstelltes phönizisches Wort und für den Namen von Palaibyblos. Doch kann Alcobile nicht so weit südlich gesucht werden. Richtig hat Carl Ritter (Erdkunde, XVII, S. 599) in Alcobile Djebeil erkannt.

Küstenstraße mit Fels-Sculpturen an der Mündung des Nahr el-Kelb.

nur wenig aufsteigend über dem Niveau der Brandung, welche den Fuß der abschüssigen Felsmasse umspült, auf der Ostwand des südlichen Vorgebirges rings im Bogen herum. Oberhalb dieser Römerstraße ziehen sich näher dem Gipfel des Vorgebirges Reste von Straßenanlagen älteren Ursprungs hin, für welche der Raum ebenfalls künstlich durch Absprengen des Gesteins aus der Bergwand gewonnen worden ist. Auf diesen höher gelegenen Bergpfaden hat wohl ursprünglich allein der Verkehr über das Vorgebirge sich bewegt. Auch diesen Straßenanlagen haben erst fremde Eroberer, besonders ägyptische Könige, ihre jetzige Breite und Gestalt gegeben. Erfüllt von dem stolzen Bewußtsein, mit mächtiger Hand hier selbst den Widerstand der spröden Natur überwunden zu haben, hat, wie es scheint, zuerst Ramses II. diese Straße zugleich zu einer Art Via triumphalis gemacht und auf den Flächen des Gesteins, das am Rande des Weges stehen blieb, durch drei Gedenktafeln mit Inschriften und bildlichen Darstellungen, die darauf eingemeißelt wurden, die Erinnerung an seine Person und Herrschergröße zu verewigen versucht. Seinem Beispiele sind dann mehrere der assyrischen Könige gefolgt und haben, als sie bei ihren Eroberungszügen hierher gelangten, zum Theil dicht neben den Felssculpturen, welche den Pharao verherrlichen sollten, ähnliche stelenartige Reliefs mit ihrem eigenen Bilde anbringen und durch Inschriften ihren eigenen Ruhm verkündigen lassen. Sechs assyrische Denkmäler dieser Art sind auf den Felswänden noch erkennbar. Ein ähnliches Denkmal, das vermuthlich von Nabukudurusur herrührt, hat vor einigen Jahren der dänische Consul Loytved auf der Nordseite des Nahr el-Kelb entdeckt.[1]) Nimmt man dazu jene Inschrift aus der Zeit Antonins, die zwischen 176—180 n. Chr. anzusetzen sein wird, ferner eine arabische Inschrift, die von der Erbauung einer Brücke über den Nahr el-Kelb durch Sultan Selim I., der 1520 n. Chr. verstarb, berichtet, und schließlich die Inschriften, die hier 1860 die französische Occupationsarmee zur Erinnerung an ihre Anwesenheit hinterlassen hat, so vergegenwärtigt sich auf engem Raum in monumentaler Verkörperung ein wechselreiches Geschichtsbild, das drei Jahrtausende umfaßt. Bei den Griechen führte der Fluß den Namen Lykos, bei den Römern Lycus. Lykos, der „Wolfs-

---

1) Ueber die Denkmäler am Nahr el-Kelb vergl. Carl Ritter, Erdkunde, XVII, S. 531—546, der die ältere Literatur über diesen Gegenstand ausführlich bespricht; ferner Joseph Bonomi, in den Transactions of the Royal Society of Literature, III, Part I (London 1837), S. 105—107; R. Lepsius, Briefe aus Aegypten, S. 402 und dessen Denkmäler aus Aegypten und Aethiopien, Abtheilung III, Bl. 197; W. St. Chad Boscawen in den Transactions of the Society of Biblical Archaeology, VII (London 1882), S. 331—352; auch Hans Prutz, Aus Phönizien, S. 48—52; Sepp, Meerfahrt nach Tyrus (Leipzig 1879), S. 65—67; Ebers und Guthe, Palästina, II, S. 46—48. — Ueber Loytveds Entdeckung vergleiche die Proceedings of the Society of Biblical Archaeology, IV (London 1882), S. 9—11. — Auch Antiochos VII. Soter (Sidetes) soll am Lykos zur Erinnerung an seinen Sieg über den parthischen Heerführer Indates ein Denkmal errichtet haben; vergl. Josephos, Antiquit., XIII, 8.

fluß," ist vermuthlich eine Entstellung, wenn nicht Uebersetzung des einheimischen phönizischen Namens gewesen. Einen Felsblock, der in der Nähe der Mündung im Meere liegt, geben die Araber für die Trümmer eines riesengroßen Bildwerkes aus, welches früher am Flußufer gestanden und, im freistehenden Gestein ausgearbeitet, einen Hund vorgestellt haben soll. Bei der Annäherung eines Feindes, heißt es, sei aus dem Rachen dieser Hundestatue ein so lautes Bellen ertönt, daß man es bis Cypern vernommen habe. Die Türken hätten die Figur zerschlagen und die Stücke ins Meer geworfen.[1]) Unstreitig ist diese Erzählung, welche neuere Forscher häufig viel zu ernsthaft genommen haben,[2]) bloß erfunden worden, um eine Erklärung für den Namen „Hundsfluß" zu haben. Sie gehört in die Kategorie der ätiologischen Sagen.[3]) Der Nahr el-Kelb ist im Sommer ziemlich wasserarm und zu keiner Jahreszeit ein schiffbarer Strom. Die Behauptung Strabons, daß der Lykos stromaufwärts mit Lastschiffen befahren werde, hauptsächlich von den Arabiern, muß daher vollständig auf Irrthum beruhen, wenn nicht in Strabons Werk der Wortlaut der Stelle durch Abschreiber verderbt ist. Neuere Reisende haben zwar an der Mündung des Nahr el-Kelb Spuren eines ehemaligen höheren Wasserstandes entdecken wollen. Zu welchem Zwecke man aber jemals Lasten in das schmale, steile Felsenthal, durch das der Fluß seinen Weg nimmt, hätte hinaufbefördern sollen, ist nicht recht einzusehen.

Hat man die Via Antoniniana passirt, so erweitert sich das Gestadeland längs der St. Georg-Bai, die von dem heiligen Georg, dessen Drachenkampf die Sage an dies Gestade verlegt, ihren Namen trägt. In diese langgestreckte Bucht münden zunächst der Nahr Antelias, an dessen oberem Laufe der Ort Antelias mit einer Ruinenstätte liegt, und weiter nach Süden der Nahr Beirut, von den Alten Magoras, bei Nonnos Chaldos genannt. Aehnlich wie in der Gegend von Tarabulus tritt hier eine Strecke ebenen Landes halbinselartig nach Westen ins Meer vor, das Sahil von Beirut, eine Niederung mit fruchtbarem Alluvialboden. Wie dort bildet den westlichsten Vorsprung eine Anhöhe, das Ras Beirut.[4]) Vor dieser Anhöhe liegt am südwestlichen Rande der St. Georg-Bai in einem sanft ansteigenden Terrain, in einem Gartenlande,

---

1) C. Ritter, Erdkunde, XVII, S. 510—511; Sepp, Meerfahrt nach Tyrus, S. 67; auch Bonomi a. a. O., S. 105.

2) Gell im Bullettino di corrispondenza archeologica, Rom 1834, S. 156; Movers, Die Phönizier, I, S. 665; Henri Guys, Relation d'un séjour de plusieurs années à Beyrout (Paris 1847), S. 270.

3) Es ist nicht unmöglich, daß, wie der Herzog von Luynes (Voyage d'exploration à la mer morte, I, S. 9, Anm.) vermuthet hat, in „Kelb" noch der ursprüngliche phönizische Name des Flusses enthalten sein mag. Doch zum Beweise für diese Annahme läßt sich nicht das Alcobile des Itinerars von 333 anführen, da Alcobile sicher gar nicht an der Stelle des Nahr el-Kelb zu suchen ist (vergl. S. 48, Anm. 2).

4) Hans Prutz, Aus Phönizien, S. IX, spricht die Ueberzeugung aus, daß diese Anhöhe ursprünglich eine Insel gewesen sei, „welche erst durch Versandung des trennenden schmalen Sundes mit dem Festlande zusammengewachsen ist."

das von röthlichen Sanddünen umgeben ist, das jetzige Beirut, das Berytos des Alterthums. Der alte phönizische Name, welcher diesen Namensformen zu Grunde liegt, Beerot, bedeutete die „Brunnen," ein Ortsname, der auch in Palästina vorkommt. Ueberfluß an Wasser besitzt freilich das moderne Beirut nicht, obwohl man dort in der Nähe des Strandes, sobald man nur wenige Zoll tief den Sandboden aufgräbt, reines und frisches Wasser erhalten soll.¹) Im Alterthum werden immerhin für den Bedarf der Einwohner, deren Zahl die jetzige selbst in den Zeiten der höchsten Blüthe der Stadt nicht entfernt erreicht haben kann, die Brunnen, die es auf dem Vorgebirge von Beirut giebt und die noch in Benutzung sind, ausgereicht und Anlaß zur Entstehung des ehemaligen Ortsnamens gegeben haben. Weniger Wahrscheinlichkeit hat die Meinung, Berytos sei von den Phöniziern nach den „Fichten" benannt worden.²) Man denkt dabei meist an den Fichtenhain, der gegenwärtig der Umgebung der Stadt zur Zierde gereicht, dessen jetziger Bestand an Bäumen zwar größtentheils von einer Anpflanzung herrührt, die erst dem Emir Fachr ed-din ihren Ursprung verdankt, der aber nicht gänzlich eine Schöpfung so jungen Datums zu sein scheint, da schon im Mittelalter ein Fichtenhain in der Nähe der Stadt erwähnt wird. Der Name der Fichte lautete im Phönizischen aber aller Wahrscheinlichkeit nach berus, in der Mehrzahl brusim. Daraus kann nicht Berytos geworden sein. Die Etymologie, welche dieses Wort von dem Namen der Fichte ableiten soll, ließe sich höchstens vertheidigen, wenn der Stadtname nicht phönizischen, sondern aramäischen Ursprungs wäre. Zu einer solchen Annahme liegt aber wenig Grund vor. In der phönizischen Zeit hat Berytos keine ansehnliche Rolle gespielt. Gleich den meisten anderen Städten Phöniziens machte es Anspruch auf sehr hohes Alter. Diodotos Tryphon, der während der Jahre 142—139 v. Chr. sich der Herrschaft über einen Theil von Syrien bemächtigte, soll die Stadt vollständig zerstört haben. Nachdem aber Augustus dorthin eine Militärkolonie verlegt hatte, nahm Berytos, dem er den Namen Julia Augusta Felix verlieh, einen neuen Aufschwung. Herodes Agrippa I. verlegte dann seinen Hofhalt dahin und war bemüht, es durch Errichtung von Prachtbauten zu verschönern. Aus der römischen Kaiserzeit stammen auch die Ueberreste eines stattlichen Aquäducts, welcher die Stadt vom Magoras aus mit Wasser versorgte. Es bildete sich dort eine Schule von Rechtsgelehrten, deren Ruhm der Stadt den Beinamen einer „Mutter und Amme der Gesetze" verschaffte. Zu den Begründern dieser gefeierten Rechtsschule gehörte Ulpian, ein Zeitgenosse des Alexander Severus. Sie bestand bis in die Mitte des sechsten Jahrhunderts n. Chr. Im Jahre 528 n. Chr. wurde die Stadt durch ein großes Erdbeben zerstört und sank wieder zu einer unbedeutenden Ortschaft herab.

---

1) Hans Prutz, Aus Phönizien, S. 47.
2) Vergl. z. B. Elisée Reclus, Nouvelle géographie universelle, IX, S. 778; Sepp, Meerfahrt nach Tyrus, S. 59; O. Fraas, Drei Monate am Libanon, S. 89, Anm. 15.

52 Erster Abschnitt. 5. Die Küstenlandschaften Syriens u. deren Städte.

Ueber die Bewohner der westlichen Abhänge des Libanons liegen keine Nachrichten aus alter Zeit vor. Strabon bezeichnet sie als Ituraier und Araber und nennt sie „sammt und sonders ein verbrecherisches Gesindel." Sie hausten in befestigten Schlupfwinkeln und beunruhigten von dort aus die Ackerbau treibende Bevölkerung der Ebene, hatten sich aber auch in der Nähe des Meeres, in Botrys, in Gigartos, das in der Nähe des Ras esch-Schakka zu suchen ist, und in den am Ufer gelegenen Felsenhöhlen eingenistet. Sie besaßen sogar eine Art Burg auf der Höhe des Theuprosopon. Ihre räuberischen Angriffe richteten sich besonders gegen Byblos und Berytos. Diesem gesetzlosen Zustande, der wahrscheinlich erst am Ausgange der Seleukidenzeit eingerissen ist, machte Pompejus ein Ende. Einen der Anführer ließ er zu Byblos enthaupten.

Die Ebene, in der Beirut liegt, setzt sich, immer schmäler in ihrem Verlaufe, nach Süden etwa 22 Kilometer weit bis zum Ras Damur fort. Auf dieser Strecke liegt der Chan el-Chulda oder el-Childe, dessen Name

Münze von Berytos, Col(onia) Ber(ytus), aus der Zeit Hadrians.
Originalgröße.

aus Heldua entstanden ist, mit einer ansehnlichen Gräberstätte. Etwas nördlich vom Ras Damur mündet der Nahr Damur. Bei Polybios heißt er Damuras, bei Philon von Byblos Demarus, Beides Namensformen, in denen, wie der jetzige Name noch lehrt, die Laute der einheimischen ursprünglichen Benennung besser wiedergegeben sein werden als in dem sonst bei den Alten für diesen Fluß üblichen Namen Tamyras.[1]) Zur Zeit des Hochwassers ist es ein reißender, schwer passirbarer Strom. Mit dem Ras Damur schalten sich wieder unmittelbar an der Küste die westlichen Vorsprünge des Libanons ein. In dieser Gegend müssen die Ortschaften Platanos (Platane) und Porphyreon gelegen haben, die in dem Kriege, den Antiochos der Große mit Ptolemaios IV. Philopator im Jahre 218 v. Chr. führte, erwähnt werden. Nikolaos, der Feldherr des Ptolemaios, hielt die Engpässe an dieser Stelle der Küste besetzt. Seine Flotte lag in der Nähe vor Anker. Antiochos gelang es, mit einem Theile seiner Truppen vom Nahr Damur aus über die Vorberge des Libanons

---

1) Vergl. E. Renan, Mission de Phénicie, S. 515. Paul Schröder, Die phönizische Sprache (Halle 1869), S. 135, leitet dagegen Tamyras von tâmôr, „Palme," ab und nimmt an, daß dieses Wort im Phönizischen etwa tamyr lautete, wofür sich zahlreiche Analoga anführen lassen.

eine Umgehung zu bewerkstelligen, seinen Gegner durch einen Flankenangriff
außer Fassung zu bringen und ihm eine blutige Niederlage zuzufügen.¹)

Auf die Vorgebirge südlich vom Ras Damur — Ras Djedra und Ras
er-Rumele — folgt die Mündung des Nahr el-Awali, der im Alterthume,
vermuthlich nach einem Orte Namens Bostra, Bostrenos hieß. Südlich von

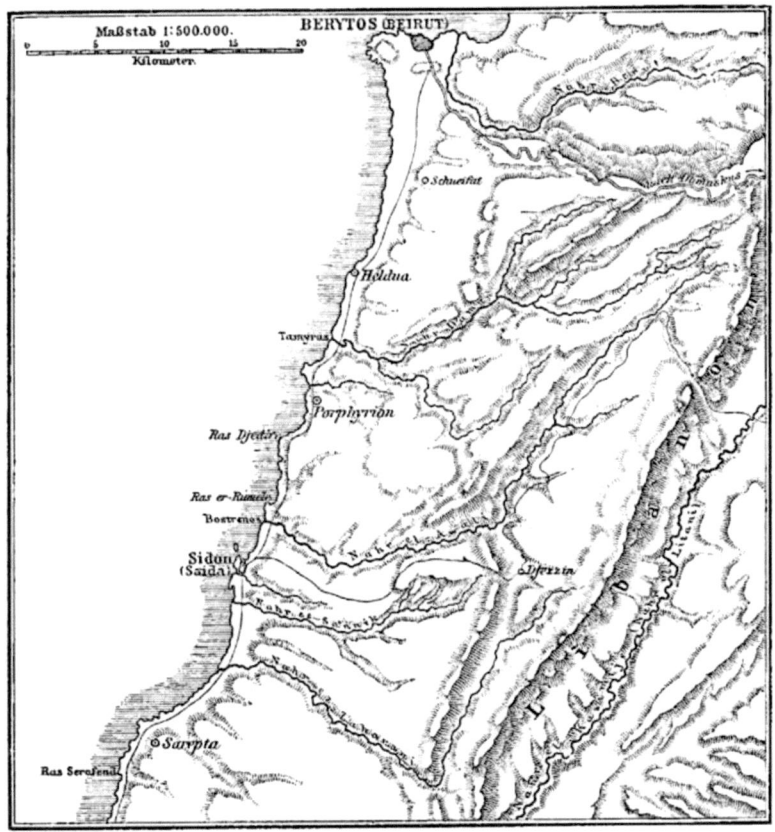

Die Küste von Beirut bis zum Ras Serafend.

seiner Mündung beginnt die schmale Ebene von Sidon, die bis zum Vorgebirge von Serafend reicht und eine Längenausdehnung von höchstens 20 Kilometer hat. Mit Ausnahme des Nahr el-Awali und des Nahr ez-Zaharani,
die beide einen großen Theil ihres Laufes in Längsthälern des Libanons
zurücklegen und dann erst durch Querthäler dem Gestadelande sich zuwenden,
sind die Flüsse, die auf dieser Strecke der Küste ins Meer gehen, sehr un-

---

¹) Polybios V, 68—69.

bedeutende Gewässer, die im Sommer völlig versiegen. Unweit der Mündung des Awali liegt auf einem etwas vortretenden Abschnitte der Küste das heutige Saida, in dessen Namen die ursprüngliche etymologische Beziehung des phönizischen Namens Sidon zum Fischfange sich noch erhalten hat, denn auch Saida bedeutet „Fischfang." Seit sich der Verkehr mit Damaskus nach Beirut gewendet hat, ist Saida gänzlich heruntergekommen. Die Zahl der Einwohner beträgt 10—12 000 Seelen.[1]) Die Gärten von Saida, die im Norden bis zum Nahr el-Awali sich hinziehen, auch im Osten und Süden der Stadt sich ausbreiten, gelten in Syrien als die schönsten nächst denen von Damaskus, ihre Früchte als die auserlesensten und wohlschmeckendsten des ganzen Landes. Der im nächsten Umkreise des heutigen Saida gelegene Theil dieses Gartenlandes hat im Alterthum ohne Zweifel mit zu der Stadt Sidon gehört und ist, wie die zahlreichen Trümmer, die dort ausgegraben werden, beweisen, mit Baulichkeiten dicht besetzt gewesen.[2]) Im Osten des Acker- und Gartenlandes, dessen Breite an der breitesten Stelle nur etwa 1400 Meter beträgt, erhebt sich eine Kette von Höhenzügen aus Nummulitenkalk. In diesem Felsterrain liegen weit zerstreut die Grabanlagen der ehemaligen Nekropolen von Sidon. Auf der Suche nach Werthgegenständen und verkäuflichen Antiquitäten haben hier die Bewohner Saidas und der angrenzenden Dörfer, welche die Grüfte der Vorzeit wie eine Art Bergwerk auszubeuten trachten, seit vielen Jahren maßlose Zerstörungen angerichtet. Trotzdem sind hier, wie erst neuerdings die Ausgrabungen Hamdy-beys gelehrt haben, noch viele Grabdenkmäler mit unversehrtem Inhalte verborgen. Ja, die Stätten, an denen vor der Zeit der Perserherrschaft die Bewohner Sidons ihre letzte Ruhe gefunden haben, ist vermuthlich bis auf den heutigen Tag noch unentdeckt geblieben. Denn soweit die Entstehungszeit all der Grabanlagen, die bis jetzt hier entdeckt worden sind, sich überhaupt annähernd bestimmen läßt, was bei ausgeplünderten Felsgrotten mit kahlen Wänden freilich ein Ding der Unmöglichkeit ist, versetzt uns keine dieser Grabanlagen in die vorpersische Zeit zurück.

In Saida selbst sind gar keine Bauwerke erhalten, die noch aus dem Alterthume stammten. Die ansehnlichsten Ueberreste antiker Bauten sind die Hafenanlagen. Den Hafen von Sidon erwähnt Strabon als einen „gut

---

1) C. Diener, Libanon, S. 106; Bädekers Palästina und Syrien, S. 331; V. Guérin, Description géographique, historique et archéologique de la Palestine, 3e partie: Galilée II (Paris 1880), S. 489.

2) Vom Gartenlande umgeben ist auch die Stelle, an welcher der Sarkophag des Königs Eschmunazar ausgegraben worden ist. Ganz in der Nähe sind wiederholt in der Erde versteckt große Mengen antiker Münzen aufgefunden worden, zuerst, soviel man weiß, im Jahre 1829. 1852 fand man hier drei Gefäße aus Blei, welche jedes ungefähr 1200 Münzen enthielten, und 1863 wieder drei Gefäße, ebenfalls aus Blei, jedoch von anderer Gestalt, von welchen zwei lediglich mit Münzen Alexanders des Großen gefüllt waren. Diese Entdeckungen haben selbstverständlich die Bemühungen der Schatzgräber Saidas aufs Höchste gesteigert. Vergl. Revue numismatique, Nouvelle série X (Paris 1865), S. 3—5.

Ansicht von Saida (Sidon).

gestalteten," der Pseudo-Skylax als einen „geschlossenen." Eine genauere
Schilderung giebt nur Achilles Tatius in der Einleitung der „Liebesgeschichte

Plan der Umgebung von Saida (Sidon).

des Kleitophon und der Leukippe." Nach seiner Beschreibung war es ein
breiter Doppelhafen in einer die See in sanftem Bogen auffangenden Krümmung
des Gestades. „Da, wo diese Krümmung seitwärts nach rechts einbog," befand

sich der künstlich hergestellte Einlaß zu einem Wasserbecken, das „einen Hafen im Hafen" bildete. In dem ruhigen Gewässer dieses inneren Hafens überwinterten Frachtschiffe, der Ankerplatz außerhalb desselben wurde im Sommer benutzt. Da nach dem Sprachgebrauche der Alten rechts die östliche Himmelsgegend bedeutet, muß der geschlossene „innere Hafen" westlich von der Stelle gelegen haben, die während des Sommers als Hafen diente. Vergleicht man mit diesen Angaben den Thatbestand, der sich gegenwärtig noch ermitteln läßt, so ergiebt sich eine vollständige Uebereinstimmung. Der vorspringende Theil des Gestades, dessen Raum die Stadt Saida inne hat, läuft in Gestalt eines Dreiecks nach Westen in eine Landspitze aus. Vor dieser Landspitze lagern in der See zwei langgestreckte Felsbänke (A und B), die von Norden nach Süden gerichtet sind. Die südlichere (B) ist mit der Westseite der Stadt durch einen Isthmus verbunden, die nördliche (A) ist eine Insel. Die südliche ragt von der Spitze der Landzunge aus etwa 130 Meter weit in gerader Linie nach Süden in die See hinaus, die nördliche ebenso in gerader Richtung ungefähr 240 Meter weit nach Norden. Zwischen ihnen und der Stadt entstehen so zwei Buchten (a und c), die eine (c) im Süden, die andere (a) auf der Nordwestseite der Stadt. Die südliche Bucht ist nur nach der Westseite zu geschlossen. Die nördliche dagegen ist nicht bloß durch die seewärts vorlagernde große Felsbank (A) nach Westen, sondern auch durch eine Reihe kleinerer Felseninseln und Klippen, die vom Nordende jener Felsbank aus dem Ufer parallel sich hinziehen, auf eine große Strecke hin zugleich nach Nordwesten abgeschlossen. Das östlichste und zugleich verhältnißmäßig größte dieser kleinen felsigen Eilande führt gegenwärtig nach einem Castell, das zum Theil aus Quadern sehr alten Ursprungs im 13. Jahrhundert n. Chr. darauf errichtet worden ist, den Namen Kalat el-Bahr, die „Meeresburg." Es steht mit dem Festlande durch einen aus neun Bogen zusammengesetzten Brückenweg in Zusammenhang. Alte Werkstücke von mächtiger Größe liegen hier auf dem Grunde der See umher. Man hat die Vermuthung geäußert, daß dies die Reste eines Dammes seien, der im Alterthume von der Stadt zu dem jetzigen Kalat el-Bahr geführt habe.[1]) Doch ist das bloß eine Hypothese. Das Seebecken (a), das auf diese Weise in Gestalt eines länglichen Vierecks vor der Nordwestseite der Stadt abgegrenzt wird, ist der gegenwärtige Hafen von Saida und der innere Hafen des ehemaligen Sidons. Die Breite dieses Hafenraumes beträgt an der geräumigsten Stelle ungefähr 200 und die Länge im größten Durchmesser etwa 570 Meter. Die Zwischenräume zwischen den einzelnen kleinen Inseln und Klippen der Nordwestseite waren im Alterthume durch starke Mauern aus großen Werkstücken geschlossen,[2]) und auf diesem Untergrunde waren hohe Dämme und Befestigungen errichtet, ebenso auf der großen Felsbank (A) der Westseite. Da seit geraumen Zeiten aber Niemand für Instandhaltung der Haseneinfassungen gesorgt hat, die großen

---

1) V. Guérin, Description de la Palestine, 3e partie: Galilée II, S. 490.
2) C. Niebuhrs Reisebeschreibung nach Arabien und anderen umliegenden Ländern, III (Hamburg 1837), S. 79.

behauenen Quaderblöcke der Dämme vielmehr bis auf wenige Reste abgetragen und fortgeschafft wurden, um zu anderen Bauten Verwendung zu finden, hat das Meer die künstlichen Schranken zwischen den Klippen wieder fortgeräumt und in dem Hafenbezirke seine Niederschläge abgelagert. Der Ankergrund des jetzigen Hafens von Saida kann daher nur noch von wenigen und ganz kleinen Fahrzeugen benutzt werden. Der größte Theil des Beckens ist so seicht, daß spielende Kinder darin herumwaten. Auch vermag der Hafen nur noch geringen Schutz zu bieten, da, seit die Molen bis auf spärliche Trümmer verschwunden sind, die See bei stürmischem Westwinde ungehindert über Klippen und Felsbänke hinweg in den Hafenraum hineinwogt. Die ortsübliche Erklärung für die Verschlechterung des Hafens ist allerdings, im 17. Jahrhundert habe der Drusen-Emir Fachr ed-din im Hafen Lastschiffe, die mit Steinen gefüllt waren, und Felsblöcke versenken lassen, um die türkische Flotte von einem Landungsversuche abzuschrecken. Diese Erzählung, die nicht allzu lange nach Fachr ed-dins Tode in der Reiseliteratur auftaucht, ist jedoch nicht hinlänglich beglaubigt. Die gegenwärtige Hafeneinfahrt, die zwischen Kalat el-Bahr und den übrigen Inseln liegt, scheint vielmehr ebenfalls eine Stelle zu sein, an der ein Durchbruch des Meeres erfolgt ist. Die alte Einfahrt wird sich zwischen Kalat el-Bahr und dem Festlande befunden haben, auf der Ostseite des inneren Hafens. Denn östlich vom Kalat el-Bahr (bei b) tritt, wie Achilles Tatius es angiebt, die Küste nach Osten im Bogen zurück. Hier und weiter im Norden zwischen dem Eilande, das gegenwärtig el-Djezire, die „Insel," genannt wird, und dem Strande, wo noch gegenwärtig die größeren Fahrzeuge vor Anker gehen, war, wie schon der englische Reisende Richard Pocock[1]) richtig erkannt hat, der Vorhafen, der während des Sommers als Ankerplatz benutzt wurde. Nachträglich hat dann Heinrich Barth, der 1847 Saida in Augenschein nahm, in seinen Reisenotizen, die handschriftlich Carl Ritter[2]) vorlagen, die Meinung geäußert, die offene Meeresbucht (c), die sich im Süden von Saida ausbreitet, sei der Außenhafen von Sidon gewesen. Diese Bucht ist aber nicht allein gegenwärtig als Ankerplatz selbst für die anspruchslosen Fahrzeuge, die nach Saida zu gehen pflegen, ganz unbrauchbar, es sind auch bis jetzt in der Umgebung derselben keine Spuren ehemaliger Hafenanlagen nachgewiesen und es giebt überdies zwischen dieser Bucht und dem Hafen der Nordseite (a), der anerkanntermaßen der ehemalige innere Hafen sein muß, keine Durchfahrt. Der Isthmus, durch den die Felsbank, welche die Westseite der südlichen Bucht begrenzt, mit dem Lande zusammenhängt, sperrt die Passage.[3]) Aus dem

---

1) Richard Pocock, A Description of the East, and some other Countries, II, Part I (London 1745), S. 86. Aus Flüchtigkeit bezeichnet hier Pocock die Bucht, die er meint und die, wie er selbst sagt, auf der Nordseite von Saida sich ausdehnt, als „die See zwischen Sidon und Tyrus."

2) Carl Ritter, Erdkunde, XVII, S. 413—414.

3) Heinrich Barths Hypothese ist, seit Ritter sie mitgetheilt hat, in die meisten Werke, in denen die Häfen Sidons besprochen werden, übergegangen. Daß die

Wortlaute der Aussagen, die Achilles Tatius macht, geht deutlich hervor, daß beide Häfen Theile einer und derselben Einbuchtung der Küste gewesen sind, und daß der Außenhafen in dem östlichen und nördlichen, der innere Hafen aber in dem westlichen Abschnitte dieser Meeresbucht gelegen hat. An dieser Auskunft muß man festhalten, solange nicht durch archäologische Untersuchungen, die an Ort und Stelle vorzunehmen sein würden, das Gegentheil erwiesen ist. Daß ich diese Frage hier etwas ausführlich behandelt habe, wird man mir hoffentlich nicht verdenken. Gerade in den Fällen, in denen wir auf spärliche Berichte aus dem Alterthume angewiesen sind, zeigt sich recht, wie häufig man die Angaben dieser Berichte mit willkürlichen, nachträglich entstandenen Hypothesen vermengt und darüber auf den Wortlaut der Quellen zurückzugehen vergißt.

Als größte und berühmteste Stadt der Phönizier wird Sidon in der heiligen Schrift gelegentlich [1]) „das große Sidon" genannt. Verschiedene Bibelerklärer der älteren christlichen Zeit haben annehmen zu müssen geglaubt, es solle dadurch von einem zweiten „kleinen" Sidon unterschieden werden. Dies ist aber unrichtig; groß ist hier nur ein schmückender Zusatz. [2])

Am südlichen Ende der Ebene von Sidon, etwas nördlich vom Ras Serafend, lag die phönizische Stadt Sarpat oder Sarephat, von den Alten Sarepta genannt, allgemein bekannt als Wohnort der „Wittwe von Sarepta," deren Mehlvorrath nicht verzehrt und deren Oelkrug nicht leer wurde, als während der Hungersnoth, die unter Ahabs Regierung herrschte, der Prophet Elias bei ihr seine Zuflucht nahm. [3]) Die Stelle des Hafens dieser Stadt, nach welcher gegenwärtig ein etwas landeinwärts gelegenes Dorf den Namen Serafend trägt und das Vorgebirge Serafend genannt wird, läßt sich noch nachweisen, auch giebt es in der Nähe eine Nekropole mit ansehnlichen Gräbern und zahlreichen Sarkophagen. Den Namen Sarpat pflegt man von saraf „schmelzen" abzuleiten und in denselben die Bedeutung „Glashütte" hineinzulegen, in der Voraussetzung, es habe dort Glasfabriken gegeben, nach denen die ganze Ortschaft benannt worden sei. Mit Recht ist aber gegen diese Er-

---

ehemalige Existenz eines südlichen Hafens bloß vermuthet worden ist, wird dabei ganz außer Acht gelassen. In der Meinung, daß es sich um verbürgte Nachrichten handele, hilft man sich gewöhnlich mit der Behauptung, die Durchfahrt, die von dem vermeintlichen südlichen Hafen in den nördlichen führte, sei früher vorhanden gewesen und sei erst im Laufe des Mittelalters verschüttet und überbaut worden. Diese Annahme würde aber bloß gerechtfertigt sein, wenn wirklich beglaubigte Nachrichten zu ihr nöthigten. Es bedarf ihrer gar nicht. Auch wird man häufig angeführt finden, daß der südliche Hafen von Sidon im Alterthume der ägyptische hieß. Das ist aber nirgends überliefert.

1) Josua 11, 8; 19, 28.
2) Vergl. Hadrian Relands Palaestina ex monumentis veteribus illustrata. (Utrecht 1714), S. 680 u. 1011.
3) 1. Könige 17, 9—24; Lukas 4, 25. — Vergl. B. Stade, Geschichte des Volkes Israel, Bd. I, S. 525.

klärung eingewendet worden, daß saraf zwar vom Schmelzen, aber immer vom Erzschmelzen gebraucht wird.¹) Die Bedeutung „Schmelze" ist an sich nicht anzuzweifeln. Ueber diese Stadt und die übrigen, die es in der sidonischen Ebene noch gab, hat Sidon in den Zeiten seiner Macht jedenfalls wohl die Oberhoheit ausgeübt. Nach Movers' Meinung ist das später anders geworden

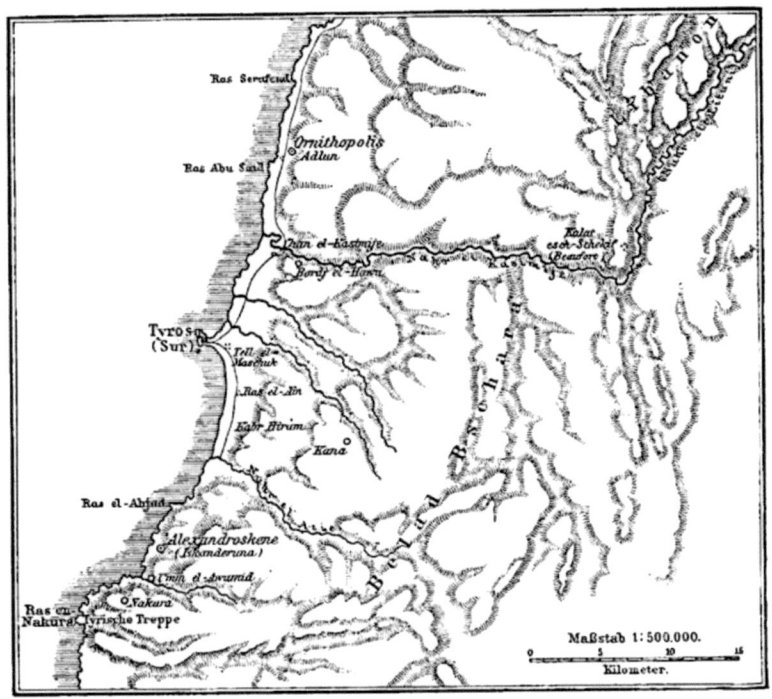

Küstengebiet vom Ras Serafend bis zur tyrischen Treppe.

und die Oberhoheit über Sarepta an Tyrus gefallen. Doch sind die Erwähnungen, aus denen er diesen Schluß zieht, sehr unsicher.²)

---

1) Duc de Luynes, Voyage d'exploration de la mer morte, relation de voyage, S. 22. Ueber eine Glasindustrie von Sarepta ist nichts bekannt. Berühmt war im Alterthum der Wein, der von Sarepta aus in den Handel kam (vergl. Hadrian Relands Palaestina, S. 985—986).

2) Movers, Die Phönizier, I, 2, S. 88. Ueber die Stelle des Pseudo-Skylax, die Movers hier anführt, vergleiche man Renan, Mission de Phénicie, S. 665. Das „Dorf der Tyrier," das Achilles Tatius nennt, braucht nicht unbedingt dasselbe Sarepta zu sein. Es war jedenfalls ein nicht ungewöhnlicher Ortsname. Er kommt auch in anderen Gegenden Syriens vor (vergl. Renan a. a. O.).

Die Ebene von Tyros, die südlich vom Ras Serafend beginnt, nimmt eine erheblich längere Strecke ein als die sidonische. Die Ausdehnung der Küstenlinie beträgt ungefähr 32 Kilometer. In ihrem nördlichen Abschnitte ist die Niederung sehr schmal, weiter nach Süden nimmt sie etwas an Breite zu, am meisten unmittelbar östlich von Tyros selbst, wo sie ungefähr 3 Kilometer breit ist. Von dem Hauptflusse dieses Gebietes, zugleich dem größten Flusse Phöniziens überhaupt, ist schon mehrfach die Rede gewesen.[1]) Es ist der Kasimije oder Nahr el-Litani, dessen Mündung ungefähr 8 Kilometer nördlich von Tyros liegt. Die Benennung Litani, die er auf der längsten Strecke seines Laufes führt, scheint den alten Namen noch zu enthalten, denn in syrischen und samaritanischen Texten wird er Lita genannt,[2]) der arabische Geograph Edrisi nennt ihn Lante. Der Name Leontes, der als Bezeichnung für denselben Fluß sich sehr eingebürgert hat, wird ihm mit Unrecht beigelegt und ist eine Entstellung des Namens eines Küstenflüßchens, das in den Karten des Ptolemaios erwähnt wurde, des Leontospotamos, der mit dem Litani wohl gar nichts gemein hatte.[3]) In der Kreuzfahrerzeit ist auf dem Nahr el-Litani ganz fälschlich der Name Eleutheros übertragen worden,[4]) der mit größter Wahrscheinlichkeit dem Nahr el-Kebir (S. 40) zukommt. Ungefähr halbwegs zwischen Ras Serafend und der Mündung des Litani befinden sich bei der kleinen Ortschaft Adlun die Ruinen einer Stadt, die, nach diesen zu schließen, nur von untergeordneter Bedeutung gewesen sein mag, am Ufer ein in das Gestein gehauenes Wasserbecken, das zu den ehemaligen Hafenanlagen der Stadt gehört haben wird, und östlich von den Stadtruinen im Abhänge des angrenzenden Höhenzuges eine Nekropole mit etwa 30 Grotten, die vermuthlich erst nach Anfang unserer Zeitrechnung angelegt sind. Am nördlichen Ende der Ruinen der ehemaligen Stadt hat der französische Archäolog Rey ein Relief entdeckt, das sich gegenwärtig zu Paris im Louvre-Museum befindet. Es ist darauf ein Vogel in einem Käfig zu sehen. Aus dieser Darstellung schließt Renan, daß man es bei Adlun mit Ornithopolis, der „Vogelstadt," zu thun habe, die von einigen Schriftstellern des Alterthums erwähnt wird; das Relief sei als Wahrzeichen des Ortes an der Front des ehemaligen Thores angebracht gewesen. Aus den schwankenden

---

1) Vergl. oben S. 18 und S. 30.

2) E. Renan, Mission de Phénicie, S. 869^b: Heinrich Kiepert, Lehrbuch der alten Geographie (Berlin 1878), S. 159, nach Th. Nöldeke.

3) Vergl. H. Kiepert, Lehrbuch der alten Geographie a. a. O., und Carl Ritter, Erdkunde, XVII, S. 49.

4) Auf der Karte „Syrien zur Zeit der Kreuzzüge" in B. Kuglers „Geschichte der Kreuzzüge" ist der Litani, wie es dem Sprachgebrauche jener Zeit entspricht, als Eleutheros bezeichnet worden. Erst Hadrian Reland (Palaestina, S. 291) scheint erkannt zu haben, daß der Eleutheros des Alterthums viel weiter nördlich zu suchen sei, und Richard Pococke (A Description of the East, II, Part I, S. 204—205) scheint ihn zuerst richtig in dem Nahr el-Kebir nachgewiesen zu haben.

Ansicht von Sur (Tyros).

Angaben, die man über die Lage von Ornithopolis besitzt, geht nur hervor, daß es nicht weit vom Vorgebirge Serasend zu suchen ist.¹)

Etwa 8 Kilometer südlich von der Mündung des Litani liegt an einem kleinen Hafen auf der Nordseite einer nach Westen vorspringenden Halbinsel das heutige Sur, ein dürftiges Städtchen, dessen Einwohnerzahl auf höchstens 6000 Seelen geschätzt wird. Der Name bedeutet ebenso wie der vermuthlich gleichlautende phönizische, aus welchem die Griechen Tyros gemacht haben, „Fels."²) Aus Felsboden besteht die ganze westliche Hälfte der Halbinsel. Bis zur Belagerung und Eroberung der Stadt Tyros durch Alexander den Großen, also bis zum Winter 333 auf 332 v. Chr.³) war dieser nach Nordwesten an Breite zunehmende Abschnitt felsigen Bodens, der gegenwärtig einen Flächeninhalt von etwa 57,6 Hektaren hat, eine Insel, welche in ihrer Hauptrichtung sich parallel dem gegenüber liegenden Festlande von Norden nach Süden hinzog. Die Ostseite der Insel soll sich dem Ufer des Festlandes nur bis auf eine Entfernung von vier Stadien, d. i. 740 Meter, genähert haben. Der Meeresarm, welcher die Insel vom Lande trennte, soll in der Nähe der-

---

1) Zwischen Sarepta und Tyros erwähnt das Itinerar vom Jahre 333 n. Chr. Mutatio ad nonum, d. h. die „Poststation (wo die reitenden Boten die Pferde zu wechseln pflegten) am neunten Meilensteine." Auf Grund dieser Notiz pflegt man sehr ansprechend den Namen Adlun für eine Entstellung aus Ad nonum zu erklären. V. Guérin (Description de la Palestine: Galilée, II, S. 472—474) hat aber dagegen sehr richtig den Einwand geltend gemacht, daß Adlun weder von Sidon noch von Tyros aus neun römische Meilen entfernt ist, daß die Entfernung von Sidon mindestens 14, die von Tyros mindestens 12 römische Meilen beträgt. Man darf hinzufügen, daß mehrere der Meilensteine, welche der römische Präses der Provinz Syrien, Venidius Rufus, im Jahre 198 n. Chr. an der Straße, die von Sidon nach Süden führt, hat errichten lassen, noch gegenwärtig vorhanden sind und daß auf ihnen die Zählung von Sidon beginnt. Guérins Vermuthung, daß nicht Adlun aus Ad nonum, sondern umgekehrt Ad nonum aus Adlun oder einem ähnlich lautenden phönizischen Ortsnamen entstellt worden sei, hat daher viel für sich.

2) Dem phönizischen Sûr entspricht mehr als das griechische Tyros der Name Sara, den die Stadt im älteren Latein führt, und das davon abgeleitete Adjectivum sarranus = tyrisch. Die Phönizier schreiben das anlautende s in Sûr ebenso wie in Sidôn. Das t der griechischen Namensform von Sur ist daher auffällig. Es giebt dafür zwei verschiedene Erklärungen. Die eine ist, daß die Griechen den Namen der Stadt Tyros zuerst nicht von den Phöniziern selbst, sondern von einem anderen, vielleicht von einem kleinasiatischen Volke und daher in entstellter Form vernommen haben. Die andere ist, daß es zwei verschiedene Aussprachen des Zeichens gab, welches die Phönizier für s brauchen, und daß die des s in Sidon dem scharfen Zischlaute näher kam als in Sur. Auch ist die Meinung aufgestellt worden, die Aussprache habe sich im Laufe der Zeit geändert und „Tyros" gebe eine jüngere Aussprache wieder als das alterthümliche Sara.

3) Vergl. Hertzberg, Hellas und Rom, Bd. I, S. 517. Eine sehr ausführliche Darstellung der Eroberung von Tyros entwirft Joh. Gust. Droysen, Geschichte des Hellenismus. 1. Theil. Geschichte Alexanders des Großen. 2. Aufl. (Gotha 1877), S. 281—297. Auch vergleiche man John Kenrick, Phoenicia, S. 411—428 und Hans Prutz, Aus Phönizien, S. 195—198.

selben mehr als drei Klafter tief gewesen sein. Die Mauern der Befestigungen, welche zur Zeit Alexanders die Insel umgaben, ragten auf der Ostseite der-

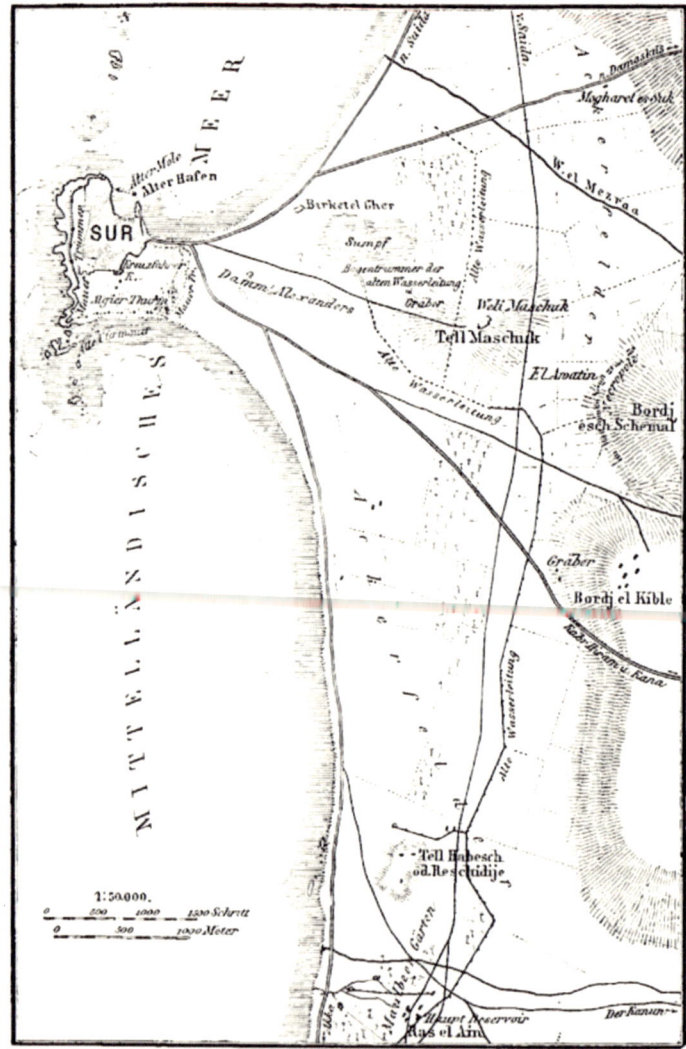

Plan der Umgebung von Sur (Tyros).

selben angeblich mehr als 150 Fuß empor. Ihre Breite war dem entsprechend. Sie waren aus großen Steinen zusammengefügt, die durch Gips miteinander verbunden waren. Weniger stark befestigt scheint die Südseite der Inselstadt gewesen zu sein, an welcher die Neorien, die Schiffsmagazine, sich befanden, und an deren Befestigungsmauern der Königspalast anstieß. Um Mauerbrecher an die Befestigungen heranführen zu können, ließ Alexander auf einem Pfahlroste aus Steinen und Erde einen Damm aufschütten, der vom Festlande bis an die Ostseite der Insel hinanreichte. Eine seichte Stelle des Meeresarmes, die einen morastigen Untergrund besaß, erleichterte ihm die Ausführung seines Werkes, das von den Alten zu den bewunderungswürdigsten Unternehmungen, die je zu Stande gebracht wurden, gerechnet wird. Dieser Damm, der im Laufe der Zeiten durch Sandmassen, welche die See allmählich anspülte, sich erheblich verbreitert hat,[1]) bildet ohne Zweifel den Kern der Landzunge, die gegenwärtig das Gebiet der Stadt Sur mit dem Festlande vereinigt. Die Breite derselben beträgt heutzutage an der schmalsten Stelle, da, wo der sandige Boden dieser Landzunge in den felsigen Boden der ehemaligen Insel übergeht, etwa 600 Meter. Die ehemaligen Umrisse des Strandes lassen sich wegen der Sandanhäufungen, die sich vorgelagert haben, nicht mehr heraus erkennen. Ebenso wenig vermag man mit Sicherheit zu unterscheiden, wie breit ursprünglich der Damm, den Alexander aufführte, gewesen ist, von welcher Stelle er anfing und an welcher Stelle er an die Insel anstieß. Aus schwachen Bodenerhebungen, die auf der Fläche der gegenwärtigen Landzunge in der Richtung von Osten nach Westen sich hinziehen, und aus der Richtung, welche die Trümmer der alten Wasserleitung, die dort zu sehen sind, andeuten, glaubt man jedoch schließen zu dürfen, daß Alexander den nördlichen Theil der Ostseite der Insel mit dem Lande verbunden hat. Daß es Alexander schließlich gelungen ist, die scheinbar unangreifbare Inselstadt in seinen Besitz zu bringen und den heldenmüthigen Widerstand ihrer Vertheidiger zu bezwingen, verdankt er nicht seinem kühnen Plane, durch dessen Verwirklichung er zwar seiner unbeugsamen Thatkraft ein unvergängliches Denkmal gesetzt hat. Denn als nach langwieriger mühevoller Arbeit das Werk vollendet war, spotteten die gewaltigen Mauern, zu denen es führte, allen Angriffs- und Zerstörungsversuchen. Die wesentlichsten Dienste bei der Belagerung der Stadt leisteten vielmehr die Schiffe, welche Alexanders Bundesgenossen, die Sidonier, Gerostratos, der König von Arados, Enylos, der König von Byblos, die Rhodier, das kilikische Soloi, die Städte Lykiens und die Könige von Cypern, unter ihnen die von Amathus und Kurion, und Pnytagoras von Salamis ihm zur Verfügung stellten. Diese Flotte, die aus mehr als 220 Schiffen bestand, war der tyrischen weit überlegen. Den Tyriern blieb nichts übrig, als auf eine

Münze des Königs Pnytagoras von Salamis. Originalgröße.

---

1) Nach Diodor (17, 40) war der Damm Alexanders zwei Plethren, d. i. ungefähr 61 Meter breit.

Seeschlacht Verzicht zu leisten, ihre eigenen Schiffe in die Häfen zurückzuziehen und den Eingang der Häfen möglichst abzusperren.¹) Sie vermochten nicht zu verhindern, daß zur See Mauerbrecher auf eigens dazu hergerichteten Schiffen an die weiter vom Festlande abliegenden, mit schwächeren Befestigungswerken versehenen Umfassungsmauern der Insel herangeführt und in Thätigkeit gesetzt wurden. Zwar trafen sie allerlei Vorkehrungen, um ihre Gegner von der Höhe der Mauer herab bei diesem Geschäfte nach Kräften zu stören und deren Bemühungen zu vereiteln. Auch gelang ihnen, den ersten Versuch Alexanders, die Stadt von der Südseite her im Sturm zu nehmen, glücklich abzuschlagen. Als aber drei Tage später Alexander bei ruhiger See den Angriff auf derselben Seite wiederholen, hier eine Bresche legen und zugleich seine Flotten gegen die Eingänge der Häfen vorgehen ließ, war alle Gegenwehr umsonst. Von drei Seiten drangen die Krieger des Königs in die Stadt ein und richteten ein schonungsloses Gemetzel unter den Bewohnern an, bei dem 8000 Tyrier ihren Tod gefunden haben sollen. Als diejenige Stätte, an der innerhalb der Stadt noch am erbittertsten gekämpft wurde, wird das Agenorion bezeichnet. Der König von Tyros, Azemilkos, und die obersten Beamten der Stadt, sowie Abgesandte Karthagos, die gerade in der Stadt anwesend waren, flüchteten in den Tempel des Herakles. Sie wurden begnadigt, die übrigen Einwohner dagegen, die nicht unter dem Schwert des Siegers gefallen waren, und sämmtliche Fremden, die in der Stadt betroffen wurden, zusammen 30000 Personen, wurden in die Sklaverei verkauft.

Aus der Schilderung der Belagerung, die Arrian giebt, und aus anderen Quellen geht hervor, daß Tyros zwei Häfen besaß. Der eine dieser Häfen lag auf der Nordseite der Insel „nach Sidon zu." Strabon, der Phönizien nicht selber bereist hat, nennt ihn geschlossen, nach Arrian hatte er aber eine offene Einfahrt. Es ist derselbe Hafen, an dem das heutige Sur liegt. Er reichte früher tiefer ins Land hinein als gegenwärtig. Nachgrabungen, die Renan hat anstellen lassen, haben gezeigt, daß der Hafenraum auf der Südseite mit angeschwemmtem Sande ausgefüllt ist. Auf der Westseite zieht sich die Nordspitze der Insel hin, auf der Ostseite ein schmaler felsiger Vorsprung, auf der Seeseite zog sich ein Molo entlang, so daß nur im Nordosten eine Durchfahrt übrig blieb. Kleine felsige Inseln, welche die Fortsetzung der Nordspitze der tyrischen Insel bildeten, begrenzten den Vorraum des Nordhafens nach Westen; auch dieser Theil der See wurde daher in friedlichen Zeiten als Ankerplatz benutzt. Der zweite Hafen hieß nach Strabon der ägyptische. Nach Arrian lag er gegen Süden, „Aegypten zugekehrt." Von diesem Hafen ist keine sichere Spur mehr vorhanden. Man hat ihn meist ganz auf der Südseite der Insel gesucht und auch geglaubt, Reste der Hafenanlagen dort

---

¹) Treffend bemerkt Joh. Gust. Droysen (a. a. O. S. 292), daß, nachdem die tyrischen Schiffe vor der feindlichen Flotte die See hatten räumen müssen, die Stadt mit dem Meere gleichsam das Glacis der Festung verlor.

nachweisen zu können. Denn auf der Südseite des felsigen Theiles der Halbinsel läuft im Meere, von Osten beginnend, hinter einer Reihe von Klippen, die an der Südwestspitze der Halbinsel endigen, eine starke Mauer entlang, oder wenigstens ein Riff, das, in der Entfernung betrachtet, genau wie eine Mauer aussieht. Ob dieses mauerartige Riff in der That aus Quadersteinen zusammengefügt, oder ob es, wie einzelne Berichterstatter[1]) lieber annehmen wollen, ein aus dem lebendigen Felsen herausgearbeitetes Werk ist, hat man, da die See, die darüber hinspült, meist sehr bewegt ist, noch nicht untersuchen können. So viel steht aber fest, daß man an den Umrissen, die sich zeigen, keine Art von Haseneinfahrt wahrgenommen hat, daß auch der abgegrenzte Raum für einen Hafen viel zu beschränkt sein würde. Die ehemalige Einfassung des ägyptischen Hafens kann dieses vermeintliche Mauerfundament daher nicht vorstellen. Nicht unwahrscheinlich ist dagegen die Vermuthung, daß es die Außenseite eines durch Aufschüttung künstlich dem Meere abgewonnenen Terrainabschnittes bezeichnet, der den Zwischenraum ausfüllte und wohl schon in den ersten Jahrhunderten der christlichen Zeitrechnung, wenn nicht schon früher, wieder ein Raub der Wellen geworden ist.[2]) Die archäologische Literatur würde um mehrere umfangreiche Abhandlungen,[3]) die zur Begründung völlig willkürlicher Annahmen geschrieben sind, ärmer sein, wenn die Nachrichten, die in Arrians Darstellung der Einschließung von Tyros enthalten sind, immer sorgfältig in Erwägung gezogen worden wären. Es ist Movers' Verdienst, erkannt zu haben, daß Arrians Aussagen die Meinung, der ägyptische Hafen sei auf der Südseite des ehemaligen Tyros zu suchen, durchaus nicht unterstützen, daß manche Einzelheiten, die dieser glaubwürdigste Berichterstatter erwähnt, dann vielmehr völlig unverständlich sein würden. In der That spricht Alles dafür, daß, wie Movers will, der ägyptische Hafen auf der Ostseite der Insel, allerdings auf dem südlichen Abschnitte derselben gelegen hat. Nur so ist erklärlich, weshalb von dieser Hafenanlage nichts mehr zu sehen ist. Sie liegt unter den Sandmassen begraben, die zur Verbreiterung des Isthmus, den Alexander erbaute, beigetragen haben. Ferner erzählt Arrian, daß Alexander, nachdem er mit seiner ganzen Flotte vergeblich den Versuch gemacht hatte, durch einen Angriff auf die Reihen dicht aneinander gekoppelter Trieren,

---

1) W. R. Wilde, Narrative of a Voyage to Madeira, Teneriffa, and along the Mediterranean; 2. Ausgabe (Dublin 1844), S. 381.

2) Vergl. Renan, Mission de Phénicie, S. 559—564.

3) Ausschließlich in kühnen Vermuthungen ergeht sich besonders Poulain de Bossay (Recherches sur Tyr et Palétyr, Paris 1863; vergl. auch Bulletin de la Société de géographie, 5e série, III, S. 5—17). Viel brauchbarer sind die Mittheilungen von Jules de Bertou (im Bulletin de la société de géographie, 2e série, XI, S. 150—166 und im Journal of the Royal Geographical Society of London, IX, S. 286—294, besonders aber in seinem Buche Essai sur la topographie de Tyr, Paris 1843). Im höchsten Maße Anerkennung verdienen dagegen einzelne Ergebnisse der Untersuchungen von Movers (Die Phönizier II, I, S. 217—218).

mit denen die Tyrier die Einfahrt des sidonischen Hafens verschlossen hatten, sich dieses Hafens im Sturm zu bemächtigen, seine Flotte in zwei Geschwader theilte und das kyprische auf der Nordseite des Dammes, das phönizische dagegen auf der anderen Seite desselben „vor dem Aegypten zugekehrten Hafen" vor Anker gehen ließ. Von diesem Zeitpunkte ab hielten die Tyrer den ägyptischen Hafen vollständig geschlossen, obwohl er voll von Schiffen war, die durch die Absperrung der Ausfahrt zu gänzlicher Unthätigkeit verurtheilt wurden. Sie würden das schwerlich gethan haben, wenn sie nicht durch die Nähe des phönizischen Geschwaders dazu gezwungen gewesen wären. Dies konnte aber nur der Fall sein, wenn der Hafen sich auf der Landseite der Insel befand und viel weniger weit vom Festlande ablag als der sidonische. Denn den sidonischen Hafen hielten sie sich für ihre eigenen Schiffe, nachdem die Einfahrt desselben gegen Ueberrumpelungsversuche geschützt war, noch offen und versuchten auch einmal noch von diesem aus durch einen plötzlichen Ueberfall das kyprische Geschwader zu zerstören. Erst als dieser Handstreich mißlungen war, weil Alexander, schnell entschlossen, mit der phönizischen Abtheilung seiner Flotte um die Insel herum fuhr und den tyrischen Schiffen, bevor sie in den sidonischen Hafen sich bergen konnten, eine schwere Niederlage beibrachte, unterblieb auch von dorther jeder weitere Versuch, die Schiffe zur Abwehr der Feinde zu benutzen. Daß Alexanders für den ganzen Verlauf der Belagerung entscheidend wirkende Fahrt um die Insel unausführbar gewesen sein würde, wenn diejenigen Forscher Recht hätten, die Tyros auf der Südseite des Inselrandes mit einem großen offenen Hafen ausstatten, hat Ernst Renan treffend hervorgehoben; Alexander hätte seinen Weg quer durch diesen offenen Hafen nehmen müssen.¹) Es hat dort also zu Alexanders Zeit keinen derartigen Hafen gegeben. Nähert man sich aber von Südosten dem Gebiete, das die heutige Stadt Sur einnimmt, so trifft man an der schmalsten Stelle der Landenge auf den sogenannten algierischen Thurm, einen Befestigungsthurm, der zu den Befestigungsbauten mittelalterlichen Ursprungs gehört, von denen fast auf allen Seiten des westlichen Abschnittes der Halbinsel Ueberreste vorhanden sind. Unmittelbar in der Nähe dieses Thurms liegt „auffallend tief, gegen die Umgebung wie eingesenkt und von dem allmählich immer höher aufgethürmten Sande hier und da wie von einem Walle umgeben und überragt, ein Garten, der nicht bloß durch sein üppiges Grün, seine knorrigen Tamarisken, die rothblühenden Granatbäume und seine wohlgepflegten Maulbeerbäume den Blick erfreut, sondern durch die angedeutete Eigenthümlichkeit seiner Lage noch ein ganz besonderes Interesse erweckt. Wie eine Oase erscheint er in der Sandwüste ringsum, und der fruchtbare Boden, den er aufweist, will zu der so ganz anders gearteten Umgebung durchaus nicht passen." Prof. Hans Prutz, dessen Reisebericht aus Phönizien ich diese Beschreibung entlehne,²)

---

1) E. Renan, Mission de Phénicie, S. 565.
2) Hans Prutz, Aus Phönizien, S. 211—212.

und vor ihm Ernest Renan[1]) sind an Ort und Stelle zu der Ueberzeugung gelangt, die einen hohen Grad von Wahrscheinlichkeit besitzt, daß der Raum, den dieses Gartenland bedeckt, ein Theil des ägyptischen Hafens gewesen sein kann, oder daß wenigstens am besten dieser Hafen an jener Stelle zu suchen sein wird.

Zu sehr vielen Erörterungen hat auch schon seit längerer Zeit die Frage Anlaß gegeben, wie groß man sich den Umfang der ehemaligen Inselstadt vorzustellen habe. Nach den Mittheilungen zu urtheilen, die sich aus Arrians Bericht über die Eroberung durch Alexander den Großen ergeben, würde die Zahl der Einwohner mit Einschluß der Fremden sich damals auf mehr als 40000 belaufen haben. Man hat geglaubt, es müsse an Raum gefehlt haben, um so vielen Menschen Wohnung und Obdach zu verschaffen, wenn nicht damals der Umfang der Insel bedeutend viel größer gewesen wäre, als sich nach den Veranschlagungen, bei welchen die gegenwärtige Ausdehnung des felsigen Gebiets der nunmehrigen Halbinsel zu Grunde gelegt wird, herausrechnen läßt. Auf der Südseite der Insel scheint in der That, wie schon erwähnt, ein Abschnitt, der zu der ehemaligen Stadt gehörte, von der See überspült zu sein. Bestätigen sich die Ergebnisse, zu denen neuerdings der französische Archäologe B. Guérin gelangt ist, so läßt sich an Trümmern, die nur bei völlig ruhiger See über den Wasserspiegel hervorragen, längs der Westseite nachweisen, daß auch dort Terrain verloren gegangen ist. Die Mauerreste, die auf dem Felsboden des westlichen Randes der Halbinsel ruhen und deren Fundamente vielleicht noch aus phönizischer Zeit stammen, würden nach Guérins Auffassung nur Bestandtheile einer zweiten, inneren Stadtmauer sein, die ihnen parallel im Meere sich hinziehenden mauerartigen Trümmer dagegen, die nach Aussage einheimischer Bootsleute und Fischer aus Mauerwerk bestehen sollen, würden einer zerstörten großen Außenmauer angehören. Es wäre die doppelte Mauer, die nach Wilhelm von Tyros noch im Jahre 1124 n. Chr. die Stadt auf der Seeseite abschloß.[2]) Der Zwischenraum, ein ziemlich langer Streif felsigen Bodens, darf also unter allem Vorbehalt bis auf weiteres ebenfalls zu dem Gebiet der ehemaligen Inselstadt hinzugerechnet werden. Aus Gründen, die noch nicht völlig aufgeklärt zu sein scheinen, bilden sich allerdings im Meerwasser längs der ganzen phönizischen Küste an vielen Stellen aus dem mürben, von der Brandung zermahlenen Gestein, aus Sand, Scherben, Schutt und anderen Bestandtheilen eisenharte Conglomerate, die in den Spalten der Felsenriffe und auf ihren Flächen sich ablagern. Sie gewinnen das täuschende Aussehen eines grauen betonartigen Mörtels und können leicht damit verwechselt werden. Dafür jedoch, daß auf jenen Strecken

---

1) E. Renan, Mission de Phénicie, S. 566. Renan giebt die Möglichkeit zu, daß die tiefe Lage jenes Gartenraumes auch bloß davon herrühren könne, daß die Oberfläche der ganzen Umgebung sich erhöht, der Gartenraum dagegen das ursprüngliche Niveau behalten habe.

2) B. Guérin, Description de la Palestine: Galilée, II, S. 183—185.

längs der Westseite und längs der Südseite der Insel, die jetzt im Bereiche der Wellen liegen, in der That noch im Mittelalter Mauern gestanden haben, dafür sprechen auch zahlreiche Fragmente von Säulenschäften, die dort an einzelnen Stellen reihenweise im Meere sich vorfinden und zwar zum Theil in so weiter Entfernung vom gegenwärtigen Rande der Halbinsel, daß sie an diese Stellen nicht unmittelbar vom Ufer aus gestürzt sein können. Eine Verringerung des Umfanges der Insel um einen ausgedehnteren Betrag, als aus jenen muthmaßlichen Anzeichen geschlossen werden darf, anzunehmen, dafür liegt dagegen kein Grund vor. In den meisten großen Städten des Alterthums hat sich der größere Theil der Einwohner mit einem viel geringeren Raume beholfen, als ihn die Wohnungen der gleichen Anzahl von Menschen in unseren Städten zu beanspruchen pflegt. Mit Recht weist auch Renan auf San-Malo hin, das bei 160 000 Quadratmeter Oberfläche zu Zeiten einmal mehr als 12 000 Einwohner besessen hat.[1]) Tyros, welches ungefähr das Vierfache der Ausdehnung von San-Malo besaß, kann daher sehr gut auch die vierfache Einwohnerzahl beherbergt haben. Wie Arados hatte es wenigstens in der römischen Zeit vielstöckige Häuser; ja, die Zahl dieser Stockwerke soll selbst die in Rom übliche übertroffen haben. Die Erdbeben, mit denen die Stadt heimgesucht wurde und die Tyros geradezu berüchtigt machten, richteten deshalb hier besonders viel Schaden an. Daß aber ganze Stadttheile infolge dieser Erdbeben ins Meer gesunken seien, wie man angenommen hat, läßt sich nicht nachweisen. Die Bodengestalt des Halbinselkörpers und der Verlauf der Tiefenlinien im Umkreise desselben machen gar nicht diesen Eindruck. Nur das Hereinbrechen der ungestüm brandenden Wogen des Meeres in minder widerstandsfähige Strecken des Ufersaumes hat hier wie an so vielen anderen Orten der phönizischen Gestade einen Verlust an Landgebiet erzeugt. Wenn der Rabbi Benjamin von Tudela im Jahre 1173 n. Chr. mit seinen in Tyros damals ansässigen Stammesgenossen noch auf dem Grunde der See einen Steinwurf weit vom Ufer das versunkene Tyros mit seinen Thürmen, öffentlichen Plätzen und Prachtbauten liegen zu sehen glaubte, so hat an dieser Vision hauptsächlich eine allzu wörtliche Auslegung der bilderreichen Aussprüche des Propheten Ezechiel Schuld, der ja dem stolzen Meerschiffe Tyros, das sich selber vermessen rühmte: ich bin die Vollendung der Schönheit, und über den Fall Jerusalems jubelte, ankündigt, auf hoher Fluth werde es ein Sturm von Osten her zerschellen, seine Reichthümer und seine „Märkte" mitten in die See hineinschütten, Jahwe werde die Wogen der Tiefe heraufbeschwören, die großen Wasser über der hochgepriesenen Stadt zusammenschlagen und ihren Grund und Boden fortschwemmen lassen, so daß nichts übrig bleibe als nackter Fels, „ein Trockenplatz für Fischernetze inmitten des Meeres."

Große Meinungsverschiedenheiten herrschen auch hinsichtlich der Frage, wieviel Raum die auf dem Festlande gelegenen Vorstädte einnahmen. Man

---

1) E. Renan, Mission de Phénicie, S. 553.

wird nicht fehlgreifen, wenn man voraussetzt, daß ebenso, wie gegenwärtig noch Sur die größte Ortschaft des zugehörigen Festlandgebietes bildet, auch im Alterthume die Inselstadt an Ausdehnung und an Einwohnerzahl die einzelnen Ansiedelungen, die es auf dem gegenüber liegenden Gestade gab, weit übertroffen haben wird, und daß diese Ansiedelungen nur insofern ein Ganzes vorstellten, als sie vom Strande aus bis zum Rande des im Osten angrenzenden Hügellandes durch das ganze Gebiet der fruchtbaren, mit beständig fließenden Quellen und kleinen Wasserläufen gut versorgten Ebene gruppenweise vertheilt zwischen Ackerfeldern und Gartenland dicht beieinander sich hinzogen. In diesem Sinne darf man allerdings, wie es geschehen ist, den Vorstädten auf dem Festlande eine Ausdehnung von mehr als anderthalb Meilen zuschreiben. Das Ganze ist man gewöhnt, Palaityros, „Alt-Tyros," zu nennen, weil nach den Angaben einzelner Schriftsteller des Alterthums Tyros unmittelbar gegenüber auf dem Festlande eine Stadt dieses Namens gelegen haben soll. Auch hat man viel darüber gestritten, ob Palaityros wirklich die ältere Stadt und Inseltyros nur eine später entstandene Niederlassung, ob also der Name Tyros bloß von einer Stadt des Festlandes auf die Insel übertragen sei. An sich würde dies ja durchaus nicht etwas Unmögliches sein, da man sich doch kaum vorstellen kann, daß die Phönizier sich zuerst auf der Insel und dann erst auf dem Festlande niedergelassen haben. Aber die Bezeichnung Sur, „Fels," paßt nicht auf die Niederung, die der Insel unmittelbar gegenüber sich ausbreitet, ist dagegen die beste, die für jene Insel überhaupt ersonnen werden konnte. Das Wahrscheinlichere bleibt daher, daß die Ansiedelungen auf dem Festlande, die Tyros am nächsten lagen, nach der Inselstadt genannt worden sind. Das Geschichtsbild, das man sich gewöhnlich entwirft, wonach ursprünglich sich auf der Insel bloß Waarenlager und ein altes Heiligthum des Herakles befunden hätten, auf dem Festlande dagegen die eigentliche Stadt gewesen wäre, beruht auf höchst unsicheren Nachrichten. Es würde sogar zulässig sein, zu bezweifeln, ob vor der griechischen Zeit überhaupt irgend eine Ortschaft dieses Abschnittes der Festlandküste den Namen Tyros oder gar Alttyros geführt habe, wenn nicht von Palaityros auch, wie man aus Josephos erfährt, bei Menander die Rede gewesen wäre. Die Ortschaft, auf welche der Name der Inselstadt mit ausgedehnt wurde, scheint also in der That nachträglich Anspruch auf den früheren Ursprung gemacht zu haben. Selbst das ist jedoch bloß eine Vermuthung. Sie darf nur unter allem Vorbehalt ausgesprochen werden. Es ist ebenso gut möglich, ja, recht wahrscheinlich, daß Palaityros, wie schon George Grote angenommen hat,[1]) ursprünglich nichts als die falsche Uebersetzung eines ähnlich klingenden Ortsnamens war, der eine ganz andere Bedeutung hatte. Mit Unrecht beruft man sich darauf, daß die Bewohner der Inselstadt selbst Alexander dem Großen gegenüber zugegeben haben sollen, das Festlandtyros sei das ältere. Einige

---

1) George Grote, History of Greece, III (London 1847), S. 356.

classische Autoren haben allerdings erzählt, daß die Tyrier dem makedonischen Könige auf seine Erklärung, er beabsichtige, auf der Inselstadt in dem dort stehenden Tempel des Herakles, dem ältesten dieses Gottes, den es überhaupt gebe, ein feierliches Opfer darzubringen, mit kaltem Hohne erwidert hätten, bei diesem Vorhaben würde zweckentsprechender sein, wenn der König es in Palaityros ausführe, denn der dortige Heraklestempel sei noch viel älter. Diese Erzählung scheint aber nichts als eine witzige Ausschmückung der Thatsache zu sein, daß Alexander seinen Wunsch, die Insel zu betreten, mit dem Vorgeben, dem Herakles daselbst opfern zu wollen, motivirt hat. Arrian, der höchst gelehrt auseinandersetzt, daß wirklich der Heraklestempel der Inselstadt älter als alle sonst vorhandenen sei, würde sonst nicht unterlassen haben, auch die dem widersprechende Behauptung der halsstarrigen Tyrier anzuführen. Jedenfalls kann Palaityros nicht die großartige, fast mehr als meilenlange Uferstadt gewesen sein, zu der es manche neueren Geschichtsschreiber gern haben machen wollen. Von einer solchen Stadt ist längs der ganzen Strecke, die in Betracht kommt, nicht die geringste Spur zu entdecken. Alle Anzeichen weisen vielmehr darauf hin, daß die Ortschaften, die ehedem dort vorhanden gewesen sind und in großer Zahl sich aneinander reihten, fast durchweg eher das bescheidene Gepräge von Dörfern getragen haben werden. Im Felsen ausgearbeitete Wasserbehälter, Oelkeltern und schmucklose Grüfte, auch schwere Steinsärge ohne Inschriften sind fast die einzigen Ueberreste, die man vorfindet. Es sind Denkmäler, wie sie wohlhabende Grundbesitzer und Bauern, aber nicht die Bewohner einer Weltstadt ersten Ranges zu hinterlassen pflegen. Eine Ausnahme bilden nur die Ueberreste einer Wasserleitung, die von den Quellen, welche südlich von Tyros unweit der Küste bei Reschidije und Ras el-Ain („Quellenkopf") zum Theil mit großer Gewalt und unerschöpflicher Reichhaltigkeit aus dem Boden in die Höhe steigen, zunächst 4500 Meter weit nach dem östlich von Tyros gelegenen Hügel Tell el-Maschuk geht und von dort sich sowohl nach Norden als auch nach Westen, also in der Richtung auf Tyros fortsetzt. Das meiste, was von dieser Wasserleitung noch zu sehen ist, sind zwar Anlagen, die erst aus römischer und noch späterer Zeit stammen. Doch rührt wenigstens ein unterirdischer Kanal, der, im Felsen ausgearbeitet, zwischen Ras el-Ain und Tell el-Maschuk hinläuft, vielleicht auch die kunstgerechte Einfassung der Hauptquelle von Ras el-Ain, einer gewaltigen, 5 Meter hohen Wassersäule, noch aus phönizischer Zeit her. Daraus, daß die Leitung nicht in gerader Linie auf Tyros zuführt, sondern sich zunächst so weit nach Osten hält, läßt sich nur entnehmen, daß sie nicht bloß das Wasser in die Nähe der Inselstadt bringen, sondern es auch den Feldern zukommen lassen sollte. Auch mag bei Tell el-Maschuk einer von den größeren Vororten von Tyros gelegen haben. Aber weder dort noch bei Ras el-Ain hat man sichere Anzeichen für das ehemalige Vorhandensein einer Stadt nachzuweisen vermocht. Die Grabanlagen, die in der Nähe des Tell el-Maschuk sich befinden, zeugen eher vom Gegentheil.

Noch mehr als diese Gründe sprechen gegen die angebliche Ausdehnung von Palaityros die Widersprüche, in denen die Angaben der verschiedenen Autoren, die es erwähnen, sich bewegen. Ein Theil dieser Nachrichten läßt kaum eine andere Erklärung zu, als daß während der hellenistischen Zeit zwar die Ueberlieferung bestand, daß es Tyros gegenüber eine Stadt Namens Palaityros gegeben habe, daß man aber damals von dieser Stadt selbst nichts mehr aufzufinden wußte und sie als völlig untergegangen betrachtete. Daher die Sage, die in einigen Lebensbeschreibungen Alexanders des Großen auftaucht, daß Alexander die Stadt niedergerissen habe, um die Steine zur Fundamentirung seines Dammes zu benutzen, oder, wie ein anderer Bericht lautete, daß sie verschwunden sei, weil er ihre Trümmer dazu verbraucht habe. Arrian, der ausdrücklich erwähnt, daß der König in Verlegenheit gerieth, woher er Steine zu seinem Bau bekommen solle, weiß davon nichts und nennt Palaityros mit keiner Silbe. Nachträglich scheint dann wieder der Name bestimmten, und zwar im Laufe der Zeit ganz verschiedenen Oertlichkeiten des Festlandes beigelegt worden zu sein. So hat Plinius die Nachricht aufbewahrt, daß Tyros zusammen mit Palaityros einen Umfang von 22 Stadien, d. i. 4070 Meter, besessen habe; sein Gewährsmann kann also unter Palaityros bloß einen Stadttheil von sehr geringer Ausdehnung verstanden haben, der unmittelbar an die Ostseite von Tyros angrenzte. Strabon dagegen berichtet, Palaityros liege 30 Stadien südlich von Tyros, also ungefähr bei Ras el-Ain. Es genügt, dies anzuführen, um zu zeigen, daß die Ortschaft, die Menander als Palaityros bezeichnet hat, schon zur Zeit Alexanders des Großen nicht mehr vorhanden gewesen sein kann[1]) und daß über die Lage dieser Ortschaft die nachträgliche Verwendung, in welcher derselbe Name gebraucht wird, keine Auskunft zu geben vermag. Zugleich wird einleuchten, wie unkritisch der Versuch ist, aus jener späteren Benennung sich eine Vorstadt von Tyros zu construiren, die das ganze Gestade von der Mündung des Litani bis südlich zum Ras el-Ain und im Osten bis über Tell el-Maschuk[2]) hinaus anfüllt.

An die Ebene von Tyros schließt sich im Süden die unwegsame, aus steilen Vorgebirgen und fast unmittelbar an das Meer heranreichenden Bergrücken zusammengesetzte Strecke der Küste an, von der schon auf S. 30 die Rede gewesen ist. Das nördlichste dieser Vorgebirge heißt bei Plinius Pro-

---

1) Es ist eine sehr ansprechende Vermuthung von Ernst Wilhelm Hengstenberg, wenn er in seiner allerdings zur Begründung einer durchaus verfehlten Hypothese verfaßten Schrift De rebus Tyriorum (Berlin 1832, S. 26) die Meinung ausspricht, Menander habe jene Stadt nur deshalb „das alte Tyros" genannt, weil sie zu seiner Zeit bereits zerstört war. Dieser Annahme steht in der That nach dem Wortlaute jenes Menander-Fragments nichts entgegen.
2) Die Entfernung zwischen der Ostseite des heutigen Sur und Tell el-Maschuk beträgt nach Bertou 4650 Meter, d. i. mehr als 25 Stadien, in gerader Linie also mehr als so viel, wie Tyros und Palaityros nach Plinius zusammen im Umfange gehabt haben würden.

montorium Album und gegenwärtig Ras el-Abjad, „das weiße Cap." Es besteht aus blendend weißem Kalkgestein und ragt gegen hundert Meter über der Fluth empor, deren Wogen bei bewegter See mit krachendem Getöse an den schroff abstürzenden Wänden sich brechen und zu seinem nebelartigen Gischt zerstäuben. Von ihrer Gewalt legen die Höhlungen Zeugniß ab, die sie in dem Fuße der Felsmasse ausgewaschen haben. Auf der Südseite des Vorgebirges ist der Pfad, der von der Höhe hinabführt, in Form von Stufen aus dem harten Gestein am Rande eines senkrechten Absturzes entlang ausgesprengt, und wo selbst dazu der Abhang zu steil war, sind darin Stufen aus behauenem Stein eingefügt.

Unweit des Abstieges liegen zur Linken die Trümmer eines Ortes, der im 4. Jahrhundert n. Chr. unter dem Namen Alexandroschena erwähnt wird und eigentlich wohl Alexandroskene, „Zelt Alexanders," hieß, denn noch in der Kreuzfahrerzeit erzählte man sich die Fabel, daß hier während der Belagerung von Tyros das Zelt des großen Eroberers gestanden habe. Die Burg, die an dieser Stelle Balduin I. im Jahre 1116 erbaute, nannte man Skandarion, Scandarium, auch Scandalium. Selbst an dem Namen Iskanderuna, den gegenwärtig die Trümmerstätte führt, zeigt sich noch unverkennbar, wie lebhaft einst die Sage mit dem Falle von Tyros und Allem, was damit zusammenhing, sich beschäftigt haben muß. Etwas weiter nach Süden liegt eine zweite Trümmerstätte, die Umm el-Amid oder Umm el-Awamid, „Mutter der Säulen," genannt wird. Die Bauten, nach deren noch vorhandenen Säulen der Ort jetzt so heißt, stammen erst aus griechischer Zeit. Doch haben die Ausgrabungen, welche Renan hier veranstaltet hat, auch interessante Alterthümer phönizischen Ursprungs zu Tage gefördert. Ein älterer arabischer Name desselben Ortes scheint Medinet et-Taharan oder Medinet Turan (die „Stadt Taharan" oder „Turan") gewesen zu sein, worin, wie wenigstens Renan vermuthet, möglicherweise eine phönizische Namensform, die etwa Kirjat Sor (das „tyrische Kirjat," die „Tyrierstadt") gelautet haben würde, enthalten sein kann. Auch meint man, daß in dieser Gegend eine Ortschaft Hammon zu suchen sei, die im Buche Josua (19, 28) dem jüdischen Stamme Ascher zugesprochen wird. Aus einer phönizischen Inschrift, auf der von „Laodikeia" die Rede ist, glaubt Renan,[1]) der sie hier entdeckt hat, schließen zu dürfen, daß Umm el-Awamid zu den vielen Städten gehörte, die in der Seleukidenzeit den Namen Laodikeia erhalten haben. Eine sichere Entscheidung darüber läßt sich nicht fällen. Es ist sehr zweifelhaft, ob in der That auf der Inschrift mit Laodikeia der Ort bezeichnet werden sollte, an welchem die Votivtafel, auf der sie steht, einst errichtet worden ist. Dem Wortlaute nach sind auch ganz andere Auffassungen möglich und ebenso erlaubt. Hat Renan Recht, so würde damit auch eine Frage aufgeklärt sein, die schon lange

---

1) Vergl. E. Renan, Mission de Phénicie, S. 710—715 u. 744, und Corpus inscriptionum semiticarum, Pars I, Tomus I, S. 29—32.

Raś el-Abjaḍ.

schwebt. Es giebt nämlich aus der Zeit des Königs Antiochos IV. Epiphanes[1]) von Syrien Münzen mit einer phönizischen Aufschrift, die „Laodikeia, einer Mutter in Kanaan (das heißt: einer Hauptstadt Phöniziens)[2]) gehörig" lautet. Man pflegt diese Münze bald der cölesyrischen Stadt Laodicea ad Libanum zuzuweisen, ohne zu erklären, weshalb dort gerade Münzen mit phönizischer Aufschrift geprägt sein sollen, bald hält man für die Stadt, die gemeint ist, dasjenige Laodikeia, das gegenwärtig Ladikije[3]) heißt. In beiden Fällen bleibt der Zusatz, welcher die betreffende Stadt als eine Metropolis Phöniziens bezeichnet, höchst befremdend. Anspruch auf diesen Titel konnte doch nur eine Stadt erheben, die im eigentlichen Phönizien lag. Auf das cölesyrische Laodikeia paßt er gar nicht, und das andere Laodikeia liegt ebenfalls nicht in Phönizien, sondern an der nordsyrischen Küste. Keine der Beschreibungen Phöniziens, die aus dem Alterthume erhalten sind, erwähnt überhaupt eine

a   b   c

Drei laodikeische Münzen. Originalgröße.

a. „Laodikeia, Mutter in Kanaan." Aus der Zeit Demetrios II.
b. „Laodikeia am Meere." Aus der Zeit Antiochos IV.
c. „Laodikeia am Libanon." Mit dem Bilde des Gottes Men.

Stadt dieses Namens. Dagegen findet man in dem Commentare des Eustathios zur Periegesis des Dionysios und bei Stephanos von Byzanz eine aus dem verloren gegangenen Werke des Philon von Byblos entlehnte alberne Erzählung, aus der hervorgeht, daß es in Phönizien eine Stadt gegeben hat, die ursprünglich Ramantha oder Ramitha, d. i. wohl Rama oder Ramat, die „Höhe," hieß, dann von den Griechen erst Leuke Akte und schließlich Laodikeia genannt worden ist. Auch hat man auf Delos eine griechische Inschrift gefunden, welche einem Kaufmanne „Gargias, Sohn des Dionysios, dem Laodikeer aus Phönizien" das letzte Lebewohl nachruft.[4]) Schon Eustathios hat jene Erzählung Philons auf das syrische Laodikeia bezogen, und es ist auf Grund der-

---

1) Er herrschte 175—164 v. Chr. Aehnliche Münzen giebt es auch aus der Zeit des Demetrios II. Nikator (146—138 v. Chr.) und des Alexander II. Zebina (128—123 v. Chr.); vergl. H. C. Reichardt in der Numismatischen Zeitschrift II (Wien 1870), S. 1—3.

2) Vergl. S. 98 und 105.

3) Vergl. S. 36.

4) Corpus Inscriptionum Graecarum, Addenda 2322 b 23. Vergleiche auch ebendort 2322 b 24: $\mathit{Μαλχίων\ Ἀπολλωνίου\ Λαοδικεῖ,\ χρηστὲ\ χαῖρε}$.

selben allgemein angenommen worden, das syrische Laodikeia müsse eine uralte Niederlassung der Phönizier sein. Die erwähnten phönizischen Münzen und deren Legende hat man daher häufig als eine unzweideutige Bestätigung dieser Annahme betrachtet. Sie wird aber hinfällig, sobald sich in Phönizien selbst ein Laodikeia nachweisen läßt. Dann ist die Meinung des Eustathios, daß Philons Erzählung sich auf die nordsyrische Hafenstadt beziehe, nichts als eine gelehrte Combination ohne jegliche Autorität, — und mehr scheint sie auch wirklich nicht zu sein. Erstlich ist das Vorhandensein eines Laodikeia im eigentlichen Phönizien schon durch die delische Inschrift hinlänglich gesichert, denn der Sprachgebrauch der Zeit, aus welcher sie stammt, dehnt den Namen Phönizien nicht mehr auf die nordsyrischen Küstenlandschaften aus. Zweitens ergiebt sich auch aus einer der Notizen, die Eustathios mittheilt, meines Erachtens, daß Philon gleichfalls nicht ein in Syrien, sondern ein in Phönizien gelegenes Laodikeia gemeint, ja, daß er sogar die Stelle bezeichnet hat, wo es zu suchen ist. Es ist entweder Umm el-Awamid selbst, oder doch dessen nächste Umgebung, die Strecke vom Ras el-Abiad bis zum Ras en-Nakura und Ras el-Mescherfi. Wenn irgend ein Strand der syrischen Küste, so verdient dieser den Namen Leuke Akte, den, wie Eustathios nach Philon versichert, das „phönizische Laodikeia" einst geführt haben soll. Denn Leuke Akte bedeutet eine weiße Steilküste, an der die Brandung sich bricht. Die Griechen würden demnach diesen phönizischen Ort zuerst nach der Gegend benannt haben, in der er sich befand. Dasselbe Küstengebiet würde später als Ganzes in der Inschrift von Umm el-Awamid, wenn man die entscheidende Stelle wörtlich übersetzt,[1]) als „der Bezirk von Laodikeia" bezeichnet sein. Nur ein Bedenken bliebe bestehen. Das Abzeichen beider Arten von Münzen, sowohl derjenigen, deren griechische Aufschrift das nordsyrische Laodikeia „am Meere," als auch derjenigen, deren phönizische Aufschrift die Metropolis Phöniziens nennt, ist ein und dasselbe: Poseidon, in langem Gewande, in der einen Hand den Dreizack, in der anderen den Delphin haltend, stehend oder auf dem Throne sitzend.[2]) Aber die Möglichkeit, trotz dieser Uebereinstimmung die Münzen zwei verschiedenen Städten zuzuweisen, ist vorhanden, da die Wahrzeichen der einzelnen syrischen und phönizischen Städte, die auf

---

1) Sie lautet dann: „Dem Gebieter, dem Baal-Schamem, wie es gelobt hat Abdelim Ben-Mattan Ben-Abdelim Ben-Baalschamar im Bezirke von Laodikeia: diese Thür und deren Thürflügel habe ich hergestellt in Erfüllung dessen; ich habe sie errichtet im Jahre 180 des Gebieters der Könige, dem Jahre 143 des Volkes von Tyros, damit es mir zum Gedächtniß gereiche und zu einem guten Namen zu Füßen meines Gebieters des Baal-Schamem ewiglich; möge er mich segnen."

2) Es giebt auch Münzen von Laodikeia am Meere mit ganz anderen Abzeichen; vergl. darüber F. Imhoof-Blumer, Monnaies grecques (Amsterdam 1883), S. 439—440, und Barclay V. Head, Historia numorum (Oxford 1887), S. 660. Auf den Münzen von Laodicea ad Libanum ist vorzugsweise der Gott Men abgebildet, der ein Pferd am Zügel hält; vergl. F. de Saulcy, Numismatique de la terre sainte (Paris 1874), S. 3—5, und Barclay V. Head, Historia numorum, S. 663.

ihren Münzen vorkommen, überhaupt nicht viel Abwechselung zeigen, und diese Möglichkeit ist viel größer als die andere, daß eine nordsyrische Stadt sich für eine Metropolis Phöniziens ausgegeben habe.

Das felsige rauhe Gestade, an dem Umm el-Awamid sich befindet, schließen nach Süden zu die beiden bereits erwähnten Vorgebirge Ras el-Mescherfi und Ras en-Nakura ab, die letzten Ausläufer des nach Südwesten gerichteten bergigen Belad Beschara. Der neuerdings gebaute Weg, auf dem man den Rücken des Ras en-Nakura, dessen Höhe auf 60—70 Meter geschätzt wird, passirt, ist auf der Südseite ursprünglich ebenfalls ein in Gestalt von Stufen im lebendigen Felsen ausgehauener Steg gewesen. Im Alterthume hat dieser Weg, den man zunächst betreten mußte, wenn man von Süden her Tyros sich nähern wollte, und der auch wohl ein Werk der Tyrier gewesen ist, den Namen die Treppe der Tyrier (Klimax Tyrion, Scala Tyriorum) geführt.[1] „Mit einem Gemisch von Schreck und Bewunderung senkt sich vom Gipfel aus der Blick hinab in den Abgrund, der jäh zur Seite sich aufthut, und in dessen Tiefe die kochende See, häufig mit brüllendem Toben, ihren blendend weißen Wogenschaum hoch emporwirbelt."[2]

Die ebene fruchtbare Küstenlandschaft, die südlich vom Ras en-Nakura beginnt und bis zum Karmel reicht, kann kaum noch zu Phönizien im engeren Sinne des Worts gerechnet werden. Die Rolle, welche die Städte dieses Gebiets im Alterthume gespielt haben, war eine höchst nebensächliche. Bezeichnend dafür, daß auch hier die geschichtliche Entwickelung von ähnlichen Bedingungen abhängig war wie im eigentlichen Phönizien, ist die Lage der wenigen namhaften Städte dieser verhältnißmäßig ausgedehnten Strecke. Die nördlichste von ihnen ist Achsib, von den Griechen Ekdippa geheißen, dessen Name sich noch in dem der heutigen Ortschaft Zib erhalten hat. Dann etwa 15 Kilometer weiter südlich Akka, hebräisch Akko, griechisch Ake, zeitweilig auch nach irgend einem der ägyptischen Könige aus dem Hause der Ptolemäer, wahrscheinlich nach Ptolemaios I., Ptolemaïs genannt, gegenwärtig ein Ort von 8—9000 Einwohnern, während des Alterthums und noch im Mittelalter unbedingt Hauptstadt des ganzen angrenzenden Küstengebietes. Ferner am südlichen Ende der geräumigen, von Akka zum Karmel im Bogen sich hinziehenden Meeresbucht Haifa, das erst in der Neuzeit angefangen hat, einen der Brauchbarkeit seines Hafens entsprechenden Aufschwung zu nehmen, im Alterthume Kaiapha oder Hefa genannt, der Geburtsort des Hohenpriesters Kaiphas; und etwas weiter westlich in unmittelbarer Nähe von Haifa Sykaminos, die „Sykomoren"-Stadt.[3] Es sind Alles Ortschaften, die unmittelbar

---

1) Da am Ras en-Nakura keine Stufen mehr im Felsen vorhanden sind, verlegen viele Reisende die Treppe der Tyrier auf Ras el-Abiad. Doch geht aus den Angaben, die Josephos macht, hervor, daß dieser Name Ras en-Nakura zukommt.

2) V. Guérin, Description de la Palestine: Galilée, II, S. 168.

3) Vergl. über diesen Hafenort, der häufig nach Haifa verlegt wird, den Herzog von Luynes in der Revue numismatique, 1858, S. 367; F. de Saulcy, Numis-

Raŝ en-Nakura.

78　Erster Abschnitt. 5. Die Küstenlandschaften Syriens u. deren Städte.

am Saume des Meeres, am äußersten Rande des breiten Gestades liegen, und wie die ganze Ebene in ihrem Profil und mit ihrer Umgebung gleichsam ein Bild der tyrischen und der sidonischen Ebene in vergrößertem Maßstabe,

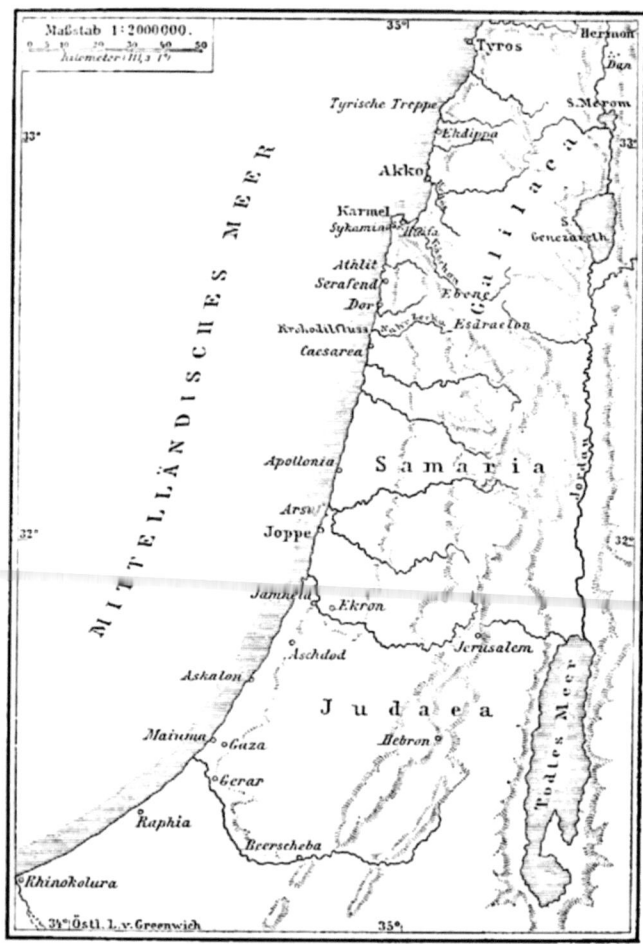

Südlichster Theil der Küstenländer Syriens.

so ist wiederum innerhalb seiner Umgebung Akka das Gegenstück zu Tyros und zu Sidon. Auch mit Berytos und mit Tripolis darf man es vergleichen.

---

matique de la terre sainte, S. 149—152, und E. Renan, Mission de Phénicie, S. 753. Wie Conder (Tent Work in Palestine, I, S. 181—182) berichtet, macht noch ein verkrüppelter Sykomorenbaum, der in der Nähe von Tell es-Semak steht, dem alten Namen dieser Oertlichkeit Ehre.

Was sich wiederholt und vor Allem die Gleichartigkeit der Entstehung kenntlich macht, ist die Auswahl des Raumes, den Akka einnimmt. Es ist wieder das am meisten vorspringende Stück der ganzen Theilstrecke der Küste, von der Ebene, die im Osten sich hinbreitet, durch eine felsige Erhöhung abgegrenzt, von ihrer östlichen Peripherie durch ziemlich gleich weite Abstände getrennt. Eine Bucht von mäßigem Umfange, die das Meer zur Seite des Küstenvorsprunges ausgewaschen hat,[1]) hat zur Ansiedelung auf der gesicherten schmalen Anhöhe zuerst eingeladen. Kein großes Bevölkerungscentrum im Innern des Landes entspricht dieser Hafenstadt; sie ist nie Vorort einer größeren binnenländischen Ansiedelung gewesen, in ihr selbst vielmehr hatte das Leben ihrer ganzen Umgebung seinen Mittelpunkt. So isolirt entwickelt sich eine Hafenstadt eben nur, wenn sie Schöpfung eines Volksstammes ist, dem außer dem Gestadelande nichts weiter gehört. An günstigen Bedingungen

Akka von Süden gesehen.

fehlte es im Uebrigen nicht. Die fruchtbaren Thalebenen Galiläas mit ihren Kornfeldern, Obstgärten und Olivenhainen bildeten unmittelbar im Osten ein ergiebiges Hinterland, weiter nach Süden war es die gepriesene große Ebene Jesreel und am südlichen Rande des Gestades der Karmel mit seinen Waldungen, Rebenhügeln und Baumpflanzungen. Geringen Culturwerth besitzt nur der südliche Theil der Küste, der zwischen Haifa und Akka sandig und mit Dünen besetzt ist, der nördliche hat ebenfalls ein fruchtbares und gut bewässertes Erdreich. Fragt man, warum trotzdem im Alterthum Akka weit hinter Tyros und Sidon zurückgeblieben, warum es erst zur Zeit der Kreuzzüge eine Stadt von Bedeutung geworden ist, so lassen sich die Ursachen nicht verkennen. Sie entspringen zum Theil, wie vorher schon erläutert worden ist (S. 29), daraus, daß dieser Theil des Gestadelandes von dem Binnenlande nicht so scharf wie die nördlicheren Strecken durch hohe Gebirgsmassen abgesondert ist, daß er

---

[1]) Vergl. den Plan der Umgebung von Akka in Bernhard Kuglers Geschichte der Kreuzzüge, S. 229.

sogar von Südosten her vollständig offen daliegt. Doch war nicht bloß dieser Küstenstrich weniger von Natur geschützt, es waren ihm auch die großen Verkehrsstraßen abgeschnitten, die nach Nordsyrien und zum Euphrat führten. Die Bahnen, auf denen der Waarenaustausch, der für Vorderasien eine Art Welthandel bedeutete, sich bewegte, mündeten weiter nördlich, nahmen die Richtung auf Sidon und auf Tyros. Nur ein kriegerischer, erobernd vorgehender Volksstamm hätte die dazwischen sich aufthürmenden Schranken ebnen und beseitigen können. So blieb es nur ein sehr kleines Stück Welt, das von Akka aus offen war. Die Bedeutung aber, die es im Mittelalter gewonnen hat, verdankt Akka außer seiner Eigenschaft als sicher und vertheidigungsfähig gelegener Hafenplatz vor Allem dem Verlaufe der Begebenheiten, die vorübergehend den Kampf um den Besitz Jerusalems zu einer der europäischen Christenheit wichtigen Angelegenheit machten.

Von dem größten der Flüsse, die auf dieser Strecke ins Meer gehen, dem Nahr el-Mukatta oder Kischon, ist schon auf S. 18 die Rede gewesen. Aus den vielen Parallelthälern, in die das galiläische Bergland sich gliedert, erstrecken sich zahlreiche Flußläufe, die meist im Sommer trocken liegen, bis zur Küste. Etwas südlich von Akka mündet der Nahr Naaman oder Nahr Naamin. Man hält ihn für denselben Fluß, der im Alterthume Belos oder Paciba hieß. Von dem Sumpfe Cendebia am Fuße des Karmel,[1]) aus dem Plinius diesen Fluß entspringen läßt, ist allerdings nichts zu entdecken.

Zu Phönizien im weiteren Sinne darf außer der Ebene von Akka auch ein Theil von der Küste der flachen, nach Aegypten zu an Breite zunehmenden Gestadelandschaften gerechnet werden, die südlich vom Karmel im Westen der Bergländer Samarias und Judäas sich ausdehnen. Es ist der nördliche Abschnitt zwischen dem Karmel und Jafa, die Küste der Landschaft, welche bei den Juden den Namen Scharon (Saron), die „Ebene," führte, während die Strecke südlich von Jafa bei ihnen Schefela, die „Niederung," hieß. Bei Athlit, etwa 15 Kilometer südlich von dem äußersten Vorsprunge des Karmel, sind auf der Ostseite und auf der Seeseite des Ortes großartige Arbeiten

---

1) Nach Plinius (Naturalis historia, V, 19) gab es auf dem Berge Karmel eine Stadt desselben Namens, die ursprünglich Agbatana hieß. Eine griechisch-ägyptische Sage, die Herodot (III, 64) wiedergiebt, berichtete, das Orakel von Buto habe dem Kambyses geweissagt, er werde den Tod in Agbatana finden, Kambyses sei auch wirklich in Agbatana gestorben, aber nicht in der medischen Hauptstadt, sondern in einer syrischen Stadt desselben Namens. Schwerlich ist die syrische Stadt, von der in dieser wenig glaubwürdigen Erzählung die Rede war, am Karmel zu suchen. Sie wird vielmehr Hamath sein. Vergl. A. von Gutschmid, Neue Beiträge zur Geschichte des alten Orients, Leipzig 1876, S. 96, Anm.; Max Duncker, Geschichte des Alterthums, IV (5. Aufl.), S. 434—435; G. Maspero, Geschichte der morgenländischen Völker im Alterthum, S. 531; Eduard Meyer, Geschichte des Alterthums, I, S. 612. Auf einer ägyptischen Stele wird erzählt, daß die Bewohner der Stadt Bechten in Nordsyrien sich aus Theben ein Bild des Gottes Chons geborgt haben sollen, und daß dieses Bild die Tochter des Fürsten von Bechten geheilt habe. Auch die Erfinder dieser Wundergeschichte mögen dabei Hamath im Sinne gehabt haben.

sichtbar, die im lebendigen Felsen ausgeführt worden sind und einen ungeheueren Aufwand von Arbeitskraft gekostet haben müssen. Es ist ungewiß, aus welcher Zeit sie herrühren, doch müssen sie, als dort die Tempelherren im Jahre 1218 n. Chr. das Castellum Peregrinorum erbauten, bereits vorhanden gewesen sein. Auf der Seeseite ist das Gestein in Gestalt breiter stufenförmiger Absätze ausgeglichen. Auf der Ostseite ist im Felsboden eine Art Engpaß oder Graben ausgesprengt, den zu beiden Seiten die Felswände einfassen, mit einem im Gestein ausgearbeiteten Eingange, mit zahlreichen nischenartigen Einschnitten auf beiden Seiten und mit geebneten Flächen, die Häusern als Wand gedient haben. Im Anfange des 13. Jahrhunderts u. Chr. führte diese Stelle bei den Kreuzfahrern den Namen Petra incisa, der „Einschnitt im Felsboden." Es sind Befestigungsanlagen, wie sie in ähnlicher Gestalt auch im eigentlichen Phönizien vorkommen. Befestigungswerke derselben Gattung hat nach den Angaben, die Stephanos von Byzanz aus der „Phönizischen Geschichte des Klaudios Jolaos" mittheilt, auch die von Phöniziern bewohnte Stadt Dor (Dora) besessen, die, ebenfalls an der Seeküste, bei dem heutigen Flecken Tantura, etwa 17 Kilometer südlich von Athlit lag. Dies ist der südlichste Punkt des syrischen Gestades, an dem mit Sicherheit eine phönizische Ansiedelung sich nachweisen läßt. Es folgt dann der Nahr Zerka, „blaue Fluß," den man für den Krokodilfluß hält, welchen Plinius in dieser Gegend nennt, weil in den Sümpfen an der Mündung desselben gegenwärtig noch Krokodile vorkommen. Jenseits desselben liegen, wegen der vorlagernden Dünen von der Landseite aus gegenwärtig fast den Blicken des Reisenden entzogen, die Ruinen der Stadt Cäsarea, die Herodes der Große durch große Wasserbauten in einen Hafenplatz umzuwandeln versuchte.[1]) Es ist möglich, daß auch diese Stadt von Phöniziern gegründet war, da ihr ursprünglicher Name „Thurm des Straton" gewesen zu sein scheint, und Straton die hellenisirte Namensform des phönizischen Eigennamens Astartjatou zu sein pflegt. So gut wie ganz verödet ist gegenwärtig der eintönige, baumlose Strand zwischen Kaisarije, der Ruinenstätte Cäsareas, und Jafa, doch weisen noch einzelne Trümmer, besonders die von Apollonia bei Arsuf,[2]) 15 Kilometer nördlich von Jafa, darauf hin, daß auch hier es im Alterthum nicht an Städten fehlte. Jafa selbst hieß bei den Juden Japho, d. i. „Anmuth," „Schönheit," und phönizisch Jophi, griechisch Jope oder Joppe.[3]) Die Lage

---

1) Vergl. B. Stade und O. Holtzmann, Geschichte des Volkes Israel, Bd. II, S. 494.

2) Auch Arsuf ist wahrscheinlich eine Ansiedelung phönizischen Ursprungs und ihr Name von Reschuf oder Arschuf, dem Namen eines Gottes, abzuleiten. Vergl. Th. Nöldeke in der Zeitschrift der Deutschen Morgenländischen Gesellschaft, XLII, S. 473.

3) Die Ableitung des Namens ist nicht ganz sicher. Erklärungen, die aus altchristlicher Zeit stammen, schwanken schon zwischen „Schönheit" und „Ausschau," „Warte," also etwa Belvedere. Neuere Erklärer haben auch als Bedeutung das „Helle," „Leuchtende" vorgeschlagen und dies auf die weißen Kalkfelsen von Joppe bezogen.

scheint die Meinung einiger Schriftsteller des Alterthums zu bestätigen, die Joppe als eine phönizische Stadt betrachten. Es liegt an der Abdachung eines 46 Meter hohen Felsens, der See zugekehrt. Auch hat es eine Art Hafen, der auf der Westseite durch eine Reihe von Klippen eingefaßt wird, welche aber bei dem hohen Seegange, der hier herrscht, mehr die Einfahrt gefährden als Schutz gewähren. Alle ehemaligen Häfen und Ankerplätze dieses Abschnittes der Küste und noch mehr die des südlicheren haben sich seit den Tagen des Alterthums unstreitig unter dem Einflusse der Küstenströmung ungemein verschlechtert, ja sind unter diesem Einflusse gänzlich unbrauchbar geworden. Daß die Schlammmassen, die in ihnen sich abgelagert haben, im Wesentlichen ein Geschenk des Nilstroms sind, darf nicht angezweifelt werden. Fast ebenso groß ist aber sicher auch die Wirkung der herrschenden Windrichtung, die vermöge der Kraft der Brandung längs der Küstenlinie dichte Sandmassen aufstaut, sie auf den Strand treibt und die Dünenbildung erzeugt.

Die Städte der großen nach dem Volke der Philister vorzugsweise Palästina oder das palästinische Syrien genannten Küstenebene, die südwärts von Joppe anfängt, hatten fast durchweg eine ganz anders geartete Lage als die Städte Phöniziens.[1]) Die namhaftesten Ansiedelungen befanden sich hier mit wenigen Ausnahmen mitten in der Niederung oder doch jenseits der Dünenreihen, die den Strand umsäumen. Dem jüdischen Gebiete am nächsten lag Gat, das ganz verschollen und verschwunden ist. Die anderen vier Städte der philistäischen Pentapolis[2]) lassen sich noch nachweisen. Unter ihnen war die nördlichste und am meisten landeinwärts gelegene Ekron, griechisch Akkaron, von dem an der alten Stätte fast nichts als der Name in der Form Akir sich erhalten hat. Weiter südlich und mehr in der Nähe der Küste lag Aschdod, die „Festung," griechisch Azotos, das heutige Esdud. Es folgte Aschklon (Askalon), die einzige unter diesen Städten, die dicht am Meere lag und unmittelbar an einen Ankerplatz angrenzte, der allerdings in Bezug auf Tiefe und Geschütztheit wohl schon im Alterthume nur ganz bescheidenen Anforderungen genügt hat. Die Stadt selbst lag wie in einem Kessel, von Bodenerhebungen und Festungswällen auf der Landseite rings umgeben. Ein sehr fester Platz war auch Gaza, d. h. das „Starke," das heutige Ghazza. Nach Arrian befand es sich zwanzig Stadien (3700 Meter) vom Meere entfernt auf einem großen steilen Hügel, und besaß einen Kranz von starken Mauern. Dazu war in der Umgebung des Hügels der Boden voll Triebsand, der feindliche Annäherungen unmöglich machte. Die Ingenieure Alexanders des Großen sollen die Stadt zuerst für uneinnehmbar erklärt haben. Der König aber ließ von allen Seiten her die Stadt mit breiten Erdwällen umziehen, führte auf diesen die Belagerungsmaschinen heran und erschütterte mit ihnen sowie

---

1) Ueber die Geschichte des philistäischen Küstenlandes giebt es eine eingehende Untersuchung von K. B. Stark (Gaza und die philistäische Küste, eine Monographie, Jena 1852).

2) Vergl. B. Stade, Geschichte des Volkes Israel, Bd. I, S. 143.

Ruinen von Cajarca.

durch Untergraben die Mauern, so daß an dieselben Sturmleitern gelegt werden konnten, auf denen die Makedonier die Befestigungen erklommen.¹) Gaza besaß eine von der eigentlichen Stadt getrennte Hafenstadt, die ebenso wie ein Stadttheil von Askalon den Namen Majumas führte.²) Es ist die südlichste Stadt des ganzen syrischen Küstengebietes. Außer diesen fünf Städten des philistäischen Bundes ist nur noch Jabne oder Jabneel erwähnenswerth. Dieser Ort, der an der Stelle des heutigen Jabne, halbwegs zwischen Ekron und dem Meere lag, scheint wenigstens in der hellenistischen Zeit eine ansehnliche Einwohnerschaft gehabt zu haben. Zu ihm gehörte ein Hafenort an der Küste, der ebenso wie die Stadt selbst von den Griechen Jamnia oder Jamneia genannt wird. Südlich von Gaza beginnt die an Brunnen arme Sandwüste et-Tih, das Grenzgebiet zwischen Asien und Afrika, welches die Küstenstraße durchzog, die in drei Tagereisen von Gaza über Raphia (jetzt Rafa) und Rhinokorura (Kalat el-Arisch) am Strande des Meeres entlang zur Nilmündung von Pelusion führte.

Vergleicht man die Zusammenstellung von Nachrichten über die Gestadelandschaften der syrischen Küste des Mittelmeeres, welche ich soeben zu geben versucht habe, mit den eingehenden Darstellungen der alten Geographie Aegyptens oder der Euphratländer, welche in zahlreichen neueren Monographien und Geschichtswerken gegenwärtig vorliegen, so wird ein Unterschied besonders ins Auge fallen. In diesen Darstellungen ist vorwiegend von Thatsachen die Rede, die einheimischen Quellen entnommen sind; sie liefern die wesentlichen Anhaltspunkte, von denen ausgehend der Assyriolog oder Aegyptolog ein Bild von der ehemaligen Vertheilung der Ansiedlungen, von ihrer Veranlagung, Entstehung und geschichtlichen Bedeutung, von der Abgrenzung der Provinzen und Landestheile sich zu reconstruiren unternimmt. Mit den ältesten einheimischen Geschichtsurkunden beginnend, verfolgt er den Gang der Entwickelung bis in die Zeiträume, in welchen die Aufschlüsse, welche die Denkmäler ihm zur Verfügung stellen, aus Berichten griechischer und römischer Autoren oder den Geschichtsschreibern des jüdischen Volkes eine Erläuterung und Vervollständigung erhalten. So vermag er, das Gesammtergebniß zu einer nach Zeiträumen gegliederten Schilderung des Landes zu gestalten.

Bei Untersuchungen zur Landeskunde des alten Phöniziens dagegen läßt nur in ganz vereinzelten Fällen eine ähnliche Methode sich innehalten. Beispielsweise würde zwar möglich sein, bei einer Specialuntersuchung über die Topographie von Tyros von den ägyptischen Texten auszugehen, in denen Tyros erwähnt wird, und darauf die Angaben der Keilinschriften und in

---

1) Vergl. K. B. Stark, Gaza und die philistäische Küste, S. 235—244.

2) Movers' Meinung, daß Majumas „in ägyptischer Sprache einen Ort am Meere" bedeute (Die Phönizier, II, 2, S. 178), ist aus grammatischen Gründen unzulässig. Der Name ist nicht ein Lehnwort aus dem Aegyptischen, sondern lautet eigentlich Maijamā und bedeutete „Seewasser" (vergl. Georg Hoffmann in der Zeitschrift für Numismatik, IX, Berlin 1882, S. 27).

Menanders Fragmenten erhaltenen, aus den tyrischen Annalen stammenden Nachrichten folgen zu lassen. Eine zusammenhängende Schilderung des Zustandes Phöniziens in einer der Geschichtsperioden, die hier zur Besprechung kommen sollen, oder selbst nur ein verhältnißmäßig vollständiger Ueberblick über Zahl und Vertheilung der damaligen phönizischen Ortschaften läßt sich dagegen mit den vorhandenen Mitteln nicht entwerfen. Die Grundlage unserer Kenntniß des phönizischen Landes bilden eben nicht einheimische, sondern hauptsächlich griechische und römische Quellen, vor Allem geographische Werke, die lange nach Beginn der Perserzeit verfaßt sind. Fast alle Einzelheiten, die aus den übrigen Quellen sich ergeben, haben untereinander wenig Zusammenhang und sind meist selbst mehr der Erklärung bedürftig, als geeignet, den Schauplatz, auf dem die älteste Geschichte der Phönizier sich bewegt hat, in klaren Zügen zu kennzeichnen und uns vertrauter zu machen.

Das Bild Phöniziens, zu dem die Nachrichten der Alten sich zusammenfassen lassen, muß daher als Ersatz dienen. Es ist allerdings nur ein spätes, lückenhaftes Nachbild des vordem Gewesenen. Zum nicht geringen Theile ist es bloß gelehrte Ueberlieferung der allerdürftigsten Art. Nur zum Theil beruht es auf dem Berichte von Augenzeugen, die wenigstens die Verhältnisse geschildert haben, wie sie zu ihrer Zeit bestanden. Die Zustände, auf deren Kenntniß es hier am meisten ankommen würde, gehörten für alle Berichterstatter, die wir haben, längst der Vergangenheit an. Sie ruhen gleichsam tief verschleiert im Hintergrunde. Nur die ehemalige Herrlichkeit von Sidon und Tyros wirft ein verklärendes Licht auf ihre Umgebung.

Wer die Ansiedelungen phönizischen Ursprungs längs der syrischen Küste der Reihe nach auszuscheiden versucht und die Angaben der Alten genauer Prüfung unterzieht, wird bald gewahr werden, daß eine strenge Trennung in vielen Fällen nicht durchführbar ist. Bezeichnet auch ursprünglich der Name Phönizien ein von Phöniziern bewohntes Land, so kann doch die Ausdehnung, in welcher dieser Name verwendet worden ist, nicht als Kennzeichen dienen. Denn in der Verwendung desselben kommt häufig, wie schon hervorgehoben wurde (S. 16), bloß eine späte politische Abgrenzung oder sogar nur eine administrative Eintheilung zum Ausdrucke. Auch sind die Ortschaften, deren phönizischer Ursprung trotz der Aussagen der Alten, welche ihre Gründung den Phöniziern zuschreiben oder sie zu Phönizien rechnen, sehr angezweifelt werden muß, oft sogar ganz unwahrscheinlich ist, durchweg Hafenplätze. Unter dem Schutze und ausgleichenden Einflusse langjähriger Fremdherrschaft hatten in ihnen phönizische Einwanderer ihre Wohnsitze aufgeschlagen, sie hatten dort durch Handel Wohlstand, durch Reichthum Ansehen und Macht und damit das Uebergewicht über die ursprüngliche Einwohnerschaft erworben. Nicht ohne Grund konnten nachträglich derartige Ortschaften als Städte der Phönizier gelten, besonders wenn ein früher armseliger, bloß von Fischern bewohnter Flecken am Strande erst seit der Einwanderung phönizischer Kaufleute, wie es gewiß nicht selten sich ereignet haben wird, zu einer namhaften Hafenstadt herangediehen war.¹) Augenscheinlich haben auch die Nachkommen der phönizischen Einwanderer nicht unterlassen, ihre Vorfahren als das ursprünglich herrschende Element und als die eigentlichen Urheber des Gemeinwesens hinzustellen. Es ist bezeugt, daß in der Seleukidenzeit und später noch die verschiedenen phönizischen Gemeinwesen voll Wetteifer, als handele es sich um einen Freibrief für Befugnisse der ausgedehntesten Art, das hohe Alter ihres Ursprungs nachzuweisen und einander abzustreiten bemüht gewesen sind. Hatten Anfangs hauptsächlich die Rangstreitigkeiten zwischen Tyros und Sidon sich zu der Frage nach der früheren Entstehung zugespitzt, so fand dies Beispiel seit der Seleukidenzeit auch in geringeren Städten Nachahmung. Nur in diesem Sinne ist es auszulegen, daß zeitweilig selbst ein Ort wie Laodikeia²) — mag es nun das unweit von Tyros oder sogar das „am Meere" gelegene gewesen sein — auf seinen Münzen den Anspruch verewigen ließ, eine „Mutter Phöniziens" zu heißen. Kritik an den angeblich ortseinheimischen Ueberlieferungen zu üben, ist weder den Griechen noch den Römern möglich gewesen. Sie haben auf Treu' und Glauben hinnehmen müssen, was ihnen an Ort und Stelle erzählt worden ist, zum Theil von Eingeborenen, zum Theil von Hellenen, die in der Fremde sich angesiedelt hatten, zum Theil auch von hellenisirten Barbaren, die geflissentlich es darauf anlegten, die Verhältnisse in falschem Lichte erscheinen zu lassen. Von den Nachrichten oder vermeintlichen Aufschlüssen, die ihnen auf diese Weise zugänglich wurden, ist das Meiste sehr bald verloren gegangen. Was übrig ist, sind wenige zusammenhängende Berichte, einzelne werthvolle Andeutungen und eine Menge kurzer, meist ohne Angabe der Quelle und der Begründung aus jetzt verlorenen Werken, vielfach sogar nur aus Erläuterungsschriften geschöpfter Notizen.

Geht man näher ein, so stellt sich heraus, daß bei den Alten nicht bloß Phönizien allmählich ein Landesname von sehr schwankender Bedeutung geworden, sondern daß schon sehr früh etwas Aehnliches dem Volksnamen Phönizier widerfahren ist, allerdings nicht in dem Sinne, als ob derselbe jemals auf

---

1) Dies scheint der Hergang der Dinge besonders südlich vom Karmel und vor Allem an der philistäischen Küste gewesen zu sein. Für die Zustände, die Strabon schildert, ist bezeichnend, daß er, nachdem er mit seiner Darstellung, die von Norden nach Süden der Ausdehnung der Küste folgt, bei Pelusion angelangt ist, die Worte einflicht: „Das ist also die Beschaffenheit Phöniziens." In den Zeiten, aus welchen die Berichte stammten, denen er sich anschließt, hatten augenscheinlich sämmtliche Hafenorte selbst der philistäischen Küste eine vorwiegend phönizische Bevölkerung. Seit wann dies der Fall war, wann die Phönizier anfingen, südlich von Joppe festen Fuß zu fassen, das läßt sich nicht mehr ermitteln. Verfehlt würde aber sein, diese Zustände als zu allen Zeiten des Alterthums vorhanden zu betrachten. Sie sind wahrscheinlich ein Erzeugniß der Perserzeit. Es ist aber auch denkbar, daß schon früher einmal ähnliche Verhältnisse bestanden haben, daß nur die Philister sie aufhoben, und daß seit dem Verfall ihrer Macht die Phönizier die Hafenstationen der philistäischen Küste sich auf friedlichem Wege wieder angeeignet haben. Der Grundstock der Bevölkerung war mit ihnen ja von Anfang an gleicher Abstammung. Vergl. S. 94.

2) Vergl. oben S. 74.

ein ganz anderes, mit den Phöniziern gar nicht verwandtes Volk übertragen worden wäre. Er hat nie etwas Anderes bezeichnen sollen als Angehörige desselben Menschenschlages, der in den Gesängen Homers die „sidonischen Männer" hieß, nie etwas Anderes als Vertreter derjenigen Nation, welcher Sidon, Tyros und das umliegende Gestade gehörten. Wohl aber haben die Griechen, als sie die syrischen Gestadeländer aus eigener Anschauung kennen lernten, sich von der großen Mannigfaltigkeit der in diesen Gebieten herrschenden Völkerverhältnisse zuerst eine sehr unzureichende und provisorische Vorstellung gemacht. Hat doch Syrien selbst denjenigen Namen, welchen es noch heutigen Tages führt, bloß daher, daß die Griechen Anfangs auf sämmtliche Bewohner des ganzen zwischen Kleinasien, Aegypten, dem syrischen Küstenabschnitte und dem Persischen Meerbusen eingeschlossenen Ländercomplexes ohne Unterschied eine entstellte Form des Namens ihrer ehemaligen Beherrscher, der Assyrer, übertragen haben. Zu verwundern ist es also nicht, daß sie auch um Verschiedenheiten, die es zwischen den einzelnen Unterarten von sogenannten Syrern gab, sich Anfangs wenig gekümmert haben. Vor Allem aber betraf das die Stämme, die unmittelbar längs des Gestades wohnten. Es zeigt das besonders eine Bemerkung, die Herodot[1]) macht. Erfüllt von dem Bestreben, seine Landsleute über den Ursprung der Götter, denen sie Verehrung erwiesen, aufzuklären, stellt er nämlich die Behauptung auf, die Verehrung der Aphrodite stamme aus der Stadt Askalon, und zum Beweise führt er an, es sei dort, soviel er durch Erkundigungen herausgebracht habe, das älteste Heiligthum dieser Göttin gewesen, nach der eigenen Aussage der Kyprier sei von dorther der Cultus der Aphrodite nach Kypros verpflanzt, und das Heiligthum auf Kythera sei von Phöniziern errichtet worden,

Münze von Askalon. Originalgröße.

die ja „aus diesem Theile Syriens" gekommen seien. Spricht auch in dieser Bemerkung die außerordentlich weite Ausdehnung mit, die für Herodot der Begriff Syrien hatte, so ist doch nicht zu verkennen, daß er in diesem Falle, froh, die wahre Heimath des Aphroditecultus nachgewiesen zu haben, für gleichgültig erachtet, daß Askalon gerade nicht den Phöniziern, sondern zu einem Landstriche gehörte, den, wie er selbst an einer anderen Stelle seines Werkes aussagt, die „palästinischen Syrer," d. h. das Volk der Philister, innehatten.

6. Abstammung der Phönizier.

Nur zum kleinsten Theile stammen die Thatsachen, die näheren Aufschluß über die ethnographische Stellung der Phönizier geben, aus den Ueberresten der historischen und geographischen Literatur der beiden classischen Völker. Sie sind hauptsächlich Ergebnisse der Erforschung des Alten Testaments und der Erforschung der Denkmäler der phönizischen Schrift und Sprache.

---

[1]) II, 105.

Die phönizischen Inschriften zeigen, daß die Sprache, welche die Phönizier geredet haben, ein Zweig der großen Sprachenfamilie war, für die man den Gesammtnamen semitische Sprachen erfunden hat. Sie zeigen ferner, daß sie zu der nordsemitischen Gruppe gerechnet werden muß, zu der außer ihr das Aramäische, das Assyrische und das Hebräische gehören, und daß sie innerhalb dieser Gruppe am nächsten dem Hebräischen sich anschließt. Aus den Inschriften, aus den phönizischen Eigennamen und vereinzelten Vokabeln, welche die Griechen und Römer anführen, aus den Sätzen in punischer Sprache, welche Plautus in seiner Komödie Poenulus dem Karthager Hanno in den Mund gelegt hat, um durch das in sechsfüßige Jamben gezwängte Kauderwelsch die Lachlust seines Publikums zu reizen, kurz aus den spärlichen, wenig lehrreichen Ueberresten, die noch vorhanden sind, wird es allerdings nie gelingen, mehr als eine in vielen durchaus wesentlichen Punkten bloß auf methodische Voraussetzungen sich gründende Kenntniß und Auffassung der phönizischen Sprache zu gewinnen, und andererseits ist auch das Althebräische eine untergegangene, nur unvollständig bekannte Sprache. Trotzdem aber ist die Uebereinstimmung, die nicht allein im Wortschatze, sondern auch im Satzbau noch zu Tage tritt, eine so große und eingehende, daß Phönizisch und Hebräisch unbedingt als Mundarten einer und derselben Sprache betrachtet werden müssen.¹) Es ist dieselbe Sprache, die erwiesenermaßen auch der Stamm Moab geredet hat, und welche vermuthlich auch die Sprache des Stammes Edom und der Söhne Ammon, der Ammoniter, gewesen ist. Wäre die Literatur des jüdischen Volkes völlig untergegangen, wären von seiner Sprache nur noch derartige Ueberbleibsel vorhanden, wie es die phönizischen Sprachdenkmäler sind, so würde man diese Sprache eben nicht Hebräisch nennen, sondern sagen, daß die Israeliten einen Dialekt des Phönizischen geredet haben. Die Phönizier theilten ihre Sprache aber nicht allein mit Israel und mit denjenigen Stämmen, welche die Kinder Israel selbst²) als ihre nächsten Verwandten betrachtet

---

1) Ueber das Phönizische im Allgemeinen vergleiche Th. Nöldeke, Die semitischen Sprachen, eine Skizze (Leipzig 1887), S. 25—27. Eine Grundlage für die Erforschung des Phönizischen schuf zuerst Wilhelm Gesenius mit seinem Werke: Scripturae linguaeque Phoeniciae Monumenta quotquot supersunt edita et inedita I—III, Leipzig 1837. Doch haben die Untersuchungen über diese Sprache erst seit dem Erscheinen von Paul Schröders Werk: Die phönizische Sprache, Entwurf einer Grammatik nebst Sprach- und Schriftproben (Halle 1869), eine gesicherte Basis gewonnen. Ein „Phönizisches Wörterbuch" gab M. A. Levy 1864 in Breslau heraus.

2) Ich beziehe mich auf die Aussagen der Israeliten mit allem Vorbehalt, da die Zusammenstellung Israels mit Moab, Ammon, Edom in dieser Genealogie an sich, wie Eduard Meyer in der Zeitschrift für alttestamentliche Wissenschaft VI (Gießen 1886), S. 11—12 hervorhebt, nur auf geschichtliche und politische, nicht auf ethnologische Verhältnisse eine sichere Anwendung gestattet. Nur daß die Sprache Moabs das Hebräische war, darf als erwiesen betrachtet werden. Ein Rückschluß auf Ammon und Edom ergiebt sich aus dieser Thatsache nicht mit Sicherheit, auch nicht daraus, daß in der Königszeit einzelne Angehörige dieser Stämme unter den Israeliten als Gleichberechtigte leben.

haben. Es war auch die Sprache der Bewohner desjenigen Theiles des Westjordanlandes, den die Israeliten in Besitz nahmen, der kanaanäischen Stämme, die ihnen sich nicht unterwarfen, und sogar, wie die Form und Bedeutung der Ortsnamen, soweit diese überhaupt eine Erklärung zulassen, beweist und wie aus der Bedeutung der Namen philistäischer Könige, die in den assyrischen Inschriften genannt werden, hervorgeht, die Sprache des Volkes der Philister, also des Landes Kanaan im weitesten Sinne des Wortes. Das Verbreitungsgebiet dieser Sprache umfaßte also das phönizische und das ganze an dieses sich anschließende südlichere Gestadeland, fast das ganze daran anstoßende Bergland diesseits des Jordans, das Bergland jenseits des Jordans vom Norden des Landes Gilead bis zum Südostrande des Todten Meeres und aller Wahrscheinlichkeit nach auch eine weite Strecke im Süden des Todten Meeres. Stämme von sehr verschiedenartiger geschichtlicher Bedeutung, Stämme, die seit Menschengedenken im Besitze einer auf seßhafter Lebensweise beruhenden Gesittung waren, sind mit anderen, die es niemals über das Stadium des Nomadenthums weit hinausgebracht haben, durch engste Verwandtschaft ihrer Sprache zu einer Einheit verbunden.

Wie ist diese Erscheinung zu deuten? Ist hier die Sprachverwandtschaft Zeichen gemeinsamer Abstammung oder nur Folge historischer Vorgänge? Es würde verfrüht sein, diese Fragen endgültig beantworten, die Untersuchung darüber für abgeschlossen erklären zu wollen. Es handelt sich dabei lediglich um Möglichkeiten. Die Lösungen, die in Vorschlag gebracht worden sind, laufen meist auf Behauptungen hinaus, die, wie es in der Natur der Sache liegt, sich weder streng widerlegen, noch streng unter Beweis stellen lassen. Ich beschränke mich darauf, einige Erwägungen anzuführen, die bei der Beurtheilung jener Fragen hauptsächlich berücksichtigt werden müssen.

Vor Allem kommt die Thatsache in Betracht, daß fast in allen Ländergebieten des Orients, in denen, wie das in Palästina der Fall war, Culturland und Wüste unmittelbar aneinander grenzen, sich noch heutigen Tages die Erscheinung beobachten läßt, daß ein Theil des Volkes in Städten und vom Ertrage des Handels und des Ackerbaues, ein anderer Theil desselben Volkes dagegen ohne feste Wohnstätte und vorwiegend vom Ertrage der Viehzucht lebt. Unendlich oft ist schon geschildert worden und es soll an dieser Stelle daher nicht wiederholt werden, wie auf Grund dieser Verhältnisse innerhalb eines und desselben Volkes Gegensätze hervorgerufen werden, die besonders darin zum vollsten Ausdrucke gelangen, daß der Nomade, da für ihn Reinheit der Abstammung, Reinheit des Blutes ein viel höheres Gut ist als für den Städter, die unmittelbare Stammesgemeinschaft mit dem in Städten hausenden Theile seines Volkes ablehnt, und wie diese Gegensätze noch fortwährend sich ausgleichen und immer wieder von Neuem sich einstellen dadurch, daß unausgesetzt durch Einwanderung einzelner Individuen und Familien in die Städte der Uebergang von den nomadischen zu den an feste Wohnsitze gebundenen Lebensformen sich vollzieht. Daß die Eroberung der diesseits des

Jordans gelegenen Landstriche durch die Kinder Israel im Wesentlichen auf eine Besitzergreifung durch Einwanderung in die Städte dieses Landstriches, auf eine allmähliche Umwandelung der früher nomadischen Stammesverbände zu Städtern und Ackerbauern zurückzuführen ist, wird gegenwärtig fast allgemein angenommen. Es liegt dann aber auch keine Nöthigung zu der Annahme vor, die man gelegentlich wenigstens als etwas sehr Wahrscheinliches hingestellt hat, daß die Kinder Israel vordem eine andere Sprache gesprochen hätten, als diejenige, die man gegenwärtig Hebräisch nennt, und daß sie die letztere erst zugleich mit dem Lande Kanaan von den Bewohnern desselben, mit denen sie durch Heirath und Gemeinschaft der Interessen allmählich zu einer Einheit verschmolzen, sich angeeignet hätten. Diese Annahme wird vielmehr unwahrscheinlich, wenn jener Vorgang, die Niederlassung in Kanaan, in Wirklichkeit ein der Hauptsache nach so friedlicher gewesen ist, wie es in der That den Anschein hat. Sie wird noch unwahrscheinlicher dadurch, daß man dann etwas Aehnliches auch in Bezug auf den Stamm Moab voraussetzen müßte, der ja ebenfalls Hebräisch geredet hat; es müßte dann auch ursprünglich nicht die Sprache dieses Stammes, sondern die der Emim gewesen sein, die in den Wohnsitzen, welche Moab in historischer Zeit innehatte, gehaust haben sollen. Ebenso stände es voraussichtlich mit Edom und sogar mit den Söhnen Ammon. Die Theorie, daß die Israeliten ihre ehemalige Sprache mit der Sprache der Kanaanäer vertauscht haben, erzeugt also nur Schwierigkeiten und enthält im Grunde bloß eine Verschiebung. Der Thatbestand, daß das Phönizische eine Sprache ist, die nicht bloß längs des phönizischen Gestades, sondern auch im ganzen Palästina mit Einschluß des Ostjordanlandes einst die herrschende war, bleibt derselbe. Ist erwiesen, daß es möglich ist, daß Angehörige eines und desselben Volkes und einer und derselben Sprache sich in Nomaden und in Ackerbauer theilen — und das darf als erwiesen betrachtet werden —, so fällt auch das Bedenken fort, aus dem jene Theorie entsprungen ist. Denn sie beruht vor Allem auf der Vorstellung, daß so hohe Grade von Verschiedenheit aller geschichtlichen Lebensäußerungen und der ganzen Gestaltung der Lebensweise, wie das auf der einen Seite die Phönizier und deren Verdienste um die Cultur der Menschheit, auf der anderen die thatenarmen, genügsam ihre Herden weidenden Nomaden des Ostjordanlandes vergegenwärtigen, nebeneinander nicht innerhalb eines Volkes von gleicher Abstammung vertreten sein können; es sei nicht möglich, daß der eine Theil in seiner Entwickelung so weit vorschreiten könne, während der andere so ungleich weit dahinter zurückbleiben könne. In dieser Auffassung wirkt unbewußt noch die längst veraltete Lehre nach, daß die Entwickelung der Menschheit eine Art von feststehendem Schema innehält, daß die einzelnen Kategorien einer derartigen Stufenfolge von Entwickelungsstadien, wie sie zuerst Condorcet sich auf Grund eines philosophischen Systems zurechtgelegt hat, nicht bloß leere Schulbegriffe sind, sondern daß sie auch in der Geschichte, vertreten durch ganze Völkerstämme, gleichsam reinlich ausgestaltet sich wiederfinden müssen.

Man hat die vorhandenen sprachlichen Thatsachen noch auf eine andere Weise erklären wollen und die Ueberzeugung geäußert, die Phönizier und die Kanaanäer des israelitischen Landes seien ihrer Abstammung nach nicht Semiten gewesen; die semitische Mundart, die sie in geschichtlicher Zeit gemeinsam mit den Israeliten redeten, sei nicht ihre ursprüngliche, sondern eine von den Israeliten entlehnte Sprache; aus der sprachlichen Gemeinschaft sei nur zu schließen, daß die Phönizier während langer Zeiträume, die allerdings in die vorgeschichtliche Zeit fielen, Wohnsitze inne hatten, in denen sie unmittelbare Nachbarn semitischer Völker, darunter der späteren Israeliten, waren; so hätten sie nicht bloß eine rein semitische Mundart, sondern auch viele Züge des semitischen Volkscharakters sich angeeignet. Als eine Vermuthung, die sich auf Vorgänge einer geschichtslosen Urzeit bezieht, dürfte diese Hypothese an dieser Stelle unerörtert bleiben, wenn sie nicht zur Erklärung für geschichtliche Zustände und geschichtliche oder vermeintlich geschichtliche Nachrichten ausgenutzt würde. Anlaß zur Entstehung dieser Hypothese hat eigentlich nur der Umstand gegeben, daß nach dem gegenwärtigen, deutlich die Spuren mehrfacher Ueber= arbeitung und Interpolation zur Schau tragenden Wortlaute des Textes des 10. Kapitels der Genesis, also in der sogenannten mosaischen Völkertafel, Kanaan nicht unter den Söhnen Sems, sondern in einer Reihe mit Kusch, Misrajim und Put unter den Söhnen Hams aufgeführt wird. Misrajim bezeichnet die Aegypter, Kusch die Völker des jetzigen Nubiens, Put bedeutet wahrscheinlich Libyen. Statt zu untersuchen, wie Kanaan in diese Gesellschaft gerathen ist, hat man die Völkertafel in ihrer jetzigen Gestalt wie einen untrüglichen Kanon für Ethnographen behandelt und sich abgemüht, für die objektive Richtigkeit dieser Zusammenstellung die fehlenden Beweise beizubringen. In diesem Bestreben hat man die Verwirrung noch erhöht, indem man aus einem Zusatze, der erst ganz nachträglich in die Völkertafel eingeschaltet worden sein kann, aus Vers 8 des 10. Kapitels, geschlossen hat, Kusch sei nicht bloß der Name der Nubier, sondern auch der Babylonier. Hierin ebenfalls einen bedeutsamen Fingerzeig für zukünftige Ethnographen erblickend, hat man einen ganz neuen Gattungsbegriff, den der kuschitischen Völkerfamilie, ersonnen. Er umfaßt Völker, die sowohl mit den Semiten als auch mit den sogenannten Hamiten aufs Engste verwandt sein, die in geschichtlicher Zeit nichts als semitische Mund= arten geredet haben, die trotzdem aber ihrer Abstammung nach eine besondere Ein= heit für sich gebildet haben sollen. Zu diesen, den Kuschiten, würden dann auch die Kanaanäer des israelitischen Landes und die Phönizier gehören. Allen derartigen Rückblicken in die unabsehbar entlegene Ferne der Urzeit, in welcher noch Hamiten und Kuschito=Semiten ungetrennt beieinander wohnten, um sich gegenseitig zu be= einflussen, ist der Boden entzogen worden, seit Julius Wellhausen [1]) den Nachweis geführt hat, daß die älteste Ueberlieferung der Israeliten die Noachiden von Sem, Japhet und Kanaan abstammen ließ, Kanaan also zum Bruder des Sem machte.

---

1) Jahrbücher für deutsche Theologie, XXI (Gotha 1876), S. 403.

Zur Bestätigung der Hypothesen, die damit als beseitigt gelten dürfen, hat man auch angeführt, daß die Phönizier ihrem Wesen nach, also vom Standpunkte der Völkerpsychologie betrachtet, sich von den übrigen Angehörigen der semitischen Völkerfamilie angeblich völlig verschieden gezeigt haben sollen. Den rein semitischen Nationen fehle es durchweg an Sinn für künstlerische Thätigkeit und an technischer Erfindungsgabe, an Sinn für Gemeindeverfassung und Durchbildung des Staatswesens, an Beruf und Neigung zum Betriebe der Schifffahrt und zur Errichtung von Colonien. Alle diese und viele andere unterscheidende Eigenschaften mehr seien im höchsten Maße gerade in den Phöniziern vorhanden gewesen. Ist das richtig, so beweist das doch nur, daß man den Begriff des semitischen Geistes etwas zu eng gefaßt hat, daß man ihn weiter fassen muß, als mit dieser lediglich negativen Definition geschehen ist. Ueber die Zugehörigkeit zu einer Völkerfamilie kann eine derartige Definition, wenn nicht andere Gründe hinzukommen, allein nicht die Entscheidung geben. Neben Stämmen von höchster Begabung findet man innerhalb jeder Völkerfamilie minder entwickelungsfähige Abzweigungen, ohne daß sich bestimmen ließe, ob diese Verschiedenheit im einzelnen Falle mehr eine Folge ursprünglicher Veranlagung, oder mehr eine Nachwirkung der Vorgeschichte ist. Die Entfaltung zur Cultur bewegt sich nicht ausschließlich innerhalb psychologischer Grenzen, sondern wird ebenso theils gehemmt, theils gefördert durch rein materielle und geschichtlich zu Stande gekommene Vorbedingungen. Wuchs, Blattform, Blüthe und Frucht einer und derselben Pflanzenart gedeihen zur höchsten erreichbaren Vollkommenheit nur in der günstigsten klimatischen Umgebung und auf dem am besten vorbereiteten Boden, verkümmern dagegen in der Anpassung an Verhältnisse, die nicht mehr als eine dürftige Existenz erlauben, zu Formen, in denen selbst das geschulte Auge des Botanikers mit Mühe die allgemeinen Eigenschaften der Gattung herauszuerkennen vermag. Noch mehr bedarf die Entwickelung der Veranlagung eines Volkes der geeigneten Umgebung und sie bedarf außerdem der Gunst der Zeiten. So wenig wie der Grundtypus einer Pflanzenart, so wenig ist auch der Grundcharakter eines Volksgeistes einer inneren Umwandlung und einer unbegrenzten Veränderung fähig; er ist aber auch keineswegs etwas absolut Unabänderliches. Wie weit im einzelnen Falle der Spielraum der Veränderlichkeit reicht, das erkennt man nicht aus philosophischen Schlüssen, sondern aus den Lehren der Geschichte. Geht es aber über die Grenzen des Möglichen hinaus, wenn Stämme, welche, wie die Phönizier, während langer Zeiträume, bevor sie in der geschichtlichen Ueberlieferung auftauchen, in beständiger Berührung mit Völkern, welche damals Vertreter der höchsten Gesittung der Menschheit waren, und unmittelbar in der Nähe des Meeres in fruchtbaren Landstrichen gelebt haben, in dem Gepräge ihres Wesens eine größere Vielseitigkeit bekunden als Stämme derselben Völkerfamilie, die an demjenigen Zeitpunkte, mit welchem für sie ein Leben im Lichte der Geschichte beginnt, soeben erst anfangen, eine nomadische oder halbnomadische Lebensweise aufzugeben, der Wüste den Rücken zu kehren und sich in Städten niederzulassen? Genügt nicht die einfache Erklärung, daß den Phöniziern gelungen ist, jene höhere Vielseitigkeit zu erwerben, weil sie durch die Lage ihrer Wohnsitze frühzeitig genöthigt gewesen sind, als Fischer das Meer sich dienstbar zu machen, als Ackerbauer in festen Ansiedelungen zu leben, weil sie zur rechten Zeit und noch frisch empfänglichen Sinnes die Errungenschaften fremder Nationen kennen und sich aneignen lernten, weil sie viel früher als ihre nächsten Stammesgenossen und darum mit nachhaltigerem Erfolge das Wesen eines Wüsten bewohnenden, von einem Weideplatze zum anderen schweifenden Hirtenvolkes von sich abstreifen mußten? Ist nicht mit in Betracht zu ziehen, daß nachträglich auch das jüdische Volk seit der Rückkehr aus dem babylonischen Exil und noch mehr seit der Zerstörung Jerusalems durch Titus, um seine Existenz zu fristen, in immer ausgedehnterem Maße Erwerbszweigen und Berufsarten sich zugewandt und darin Fähigkeiten an den Tag gelegt hat, die den Israeliten der Königszeit noch fast gänzlich fremd gewesen sind?

Nur ein Volk gehörte mit Sicherheit seiner Abstammung nach nicht zu denjenigen Stämmen, die in historischer Zeit die Sprache der Israeliten und Phönizier geredet haben: das Volk der Philister. Es ist als eingewandert zu betrachten. Wo es zu Hause war, bevor es, augenscheinlich durch Waffengewalt, die Gestadelandschaft Schefela (S. 80) in Besitz nahm, ist unbekannt. Manche Anzeichen deuten auf nahe Beziehungen zu den Aramäern des nördlichen Syriens. Als ursprüngliche Heimath der Philister bezeichnete die israelitische Ueberlieferung Kaphtor, ein Land, das jedenfalls nicht an der Küste Syriens zu suchen ist;[1]) Jeremias (47, 4) nennt es eine Insel. Es ist nicht unwahrscheinlich, daß damit Kreta gemeint sein kann. Vor dem Eindringen der Philister muß die Bevölkerung des Küstengebietes der Sprache wie der Abstammung nach in engstem Zusammenhange mit den Kanaanäern des angrenzenden Berglandes gestanden haben. Das Ergebniß der Eroberung scheint hier gewesen zu sein, daß die kriegerische Nation, welche die Herrschaft erwarb, bald mit der Landesbevölkerung eine so vollständige Mischung einging, daß sie auch die Sprache derselben annahm. Daraus folgt, daß die Volkszahl der eingewanderten Philister zu gering war, als daß das Umgekehrte hätte geschehen können. Hier hat man also ein Beispiel, daß die Sprache der historischen Zeit nicht ein Zeichen der Abstammung ist. Rückschlüsse daraus auf die Vorgeschichte der Sprache der Kinder Israel zu ziehen, halte ich aber nicht für angebracht; dazu fehlt es an unzweideutigen Nachrichten und Anzeichen.

Faßt man das Gesagte zusammen, so liegt, abgesehen von der gesonderten Stellung, welche die Philister einnehmen, kein Grund vor, die Gemeinschaft der Sprache nicht als Kennzeichen der gemeinsamen Abstammung der Phönizier,

---

1) Ueber Kaphtor vergl. die Untersuchungen von Georg Ebers, Aegypten und die Bücher Moses, I (Leipzig 1868), S. 127—252.

der Kanaanäer der philistäischen Küste und des Binnenlandes, der Kinder Israel und der zu diesen gehörigen Stämme anzuerkennen. Jede dieser Unterabtheilungen würde demnach als Abzweigung eines und desselben Volkes betrachtet werden dürfen. Wenigstens hat keine derselben in ihrem Gepräge, so wie dieses als Einheit in der Geschichte sich abhebt, etwas, was an jener Auffassung hindern oder sie verbieten könnte. Weiter zu gehen, zu versichern, daß es sich lediglich um verschiedene Namen eines durchweg homogenen Volkes handele, daß nicht bloß der Grundstock ein einheitlicher, sondern daß auch jeder Theil in gleichem Maße reiner Abstammung sei, wäre zu viel behauptet. Es bleibt immer zu berücksichtigen, daß die Streiflichter, die von den uns erhaltenen Nachrichten aus auf die ältesten Völkerverhältnisse Syriens fallen, Vieles, um nicht zu sagen das Wichtigste, im Dunkel lassen und überhaupt dem Raume und der Zeit nach sich nur auf einzelne Abschnitte erstrecken. Man ist gewohnt, ja, wenn man überhaupt auf ein Verständniß der Verhältnisse nicht verzichten mag, sogar genöthigt, eine provisorische Uebersicht mosaikartig aus allerlei sehr heterogenen Resten von Nachrichten zusammenzustellen, obwohl diese durchaus nicht alle in gleiche Zeit zurückreichen, und hat sich daher gewöhnt, auch bei der Schilderung der ältesten Zustände von aramäischen, von kanaanitisch-amoräischen, von ismaelitisch-arabischen Stämmen zu reden, als seien es Begriffe von einem ein- für allemal feststehenden Inhalte. Es ist mehr bequem als sachlich gerechtfertigt, wenn dabei diesen Begriffen vollständig die Summen von Vorstellungen untergelegt werden, die man aus dem ganzen geschichtlichen Verlaufe, soweit dieser bekannt ist, gewonnen hat. Denn gerade die ersten Nachrichten, die vorkommen, ziehen sich durch eine Reihe sehr weit auseinander liegender Zeiträume und geben fast durchweg über nichts weniger Aufschluß als über Abstammungsverhältnisse. Das Letztere gilt selbst von denjenigen Nachrichten, welche die Form von Genealogien haben. Ein Theil von ihnen, den völlig auszusondern und kritisch zu verwerthen bei der complicirten Beschaffenheit gerade dieser Art Ueberlieferung immer eine höchst schwierige Aufgabe bleiben wird, zeigt allerdings, welche Anschauungen beispielsweise die Israeliten der Königszeit über Verwandtschaft und Zusammenhang einzelner Stämme sich gebildet haben. In Ermangelung jeder anderweitigen Auskunft wird man auf solche Angaben immer hohen Werth legen müssen, sobald sich voraussetzen läßt, daß zur Zeit ihrer Entstehung eine wirkliche Kenntniß noch vorhanden sein konnte. In den meisten Fällen kann dies aber gar nicht mehr festgestellt werden oder ergiebt sich sogar das Gegentheil, daß die genealogische Geschichtsconstruction da beginnt, wo sie den freiesten Spielraum findet, nämlich da, wo das Reich des Wissens aufhört. Sie kleidet sich in das Gewand der Ueberlieferung, hat aber nur in seltenen Fällen bloß den Zweck, Erklärungen zu gewähren, sondern viel häufiger eine ganz praktische Bedeutung. Sie soll Ansprüche rechtfertigen, vorübergehend eintretende politische Beziehungen beschönigen, historische Gegensätze überbrücken helfen. Aus diesem Grunde gestattet sie mehr Rückschlüsse auf die Absichten und Veranlassungen, die zu ihrer Entstehung geführt haben, als auf Thatsachen einer früheren Vergangenheit. Was jeden Versuch zu einer Analyse der Bestandtheile, aus denen die einzelnen Stämme, um deren gemeinsamen Ursprung es sich hier handelt, möglicherweise zusammengesetzt waren, verbietet oder wenigstens vor der Hand sehr mißlich macht, ist jedoch nicht allein die Beschaffenheit und Incongruenz der Nachrichten und Traditionen, sondern auch der Umstand, daß man es zum großen Theil mit noch sehr losen Volksverbänden zu thun hat. Derartige Vorgänge, wie die Uebersiedelung der Israeliten in das Westjordanland, können sich im Kleinen auf der Nordostseite und auf der Südseite Palästinas vorher unendlich oft wiederholt haben, ohne daß davon eine Erinnerung zurückblieb. Die Stämme, die so in Kanaan heimisch wurden, haben sicher, solange sie sich noch in der Wüste bewegten, viele Elemente anderen Ursprungs in sich aufgenommen. Die Kämpfe um den Besitz von Brunnen, Weideland und Herden, dazu die Fehden der Geschlechter, die das Leben des Nomaden ausfüllen, die Leichtigkeit, mit der die Wohnsitze gewechselt werden können, lassen die Absonderung in Stämme, die unter den Bewohnern der Wüste herrscht, nie zu einer bleibenden Gliederung kommen. Großen Vereinigungen führt ihre Macht fortwährend kleinere Stämme, die vom Untergange bedroht sind, zu. Selten gelingt es Familien, die ihrem Stamme zur Macht über weite Gebiete verholfen haben, ihm dieselbe mehrere Generationen hindurch zu erhalten. Binnen Kurzem kommen vielmehr wieder andere Stämme an die Reihe, die früher mächtigen Gemeinschaften lösen sich auf, Theile von ihnen werden erbarmungslos ausgerottet, aus dem Reste und anderen heruntergekommenen Trümmern von Stämmen gestaltet sich ein neues Ganzes, auf das dann häufig der Name des ehemals mächtigen Stammverbandes übergeht. Erfolgt schließlich der Uebergang in feste Wohnsitze, so erlischt sehr bald die Erinnerung an alle derartigen Vorgänge, nur die Geschichte einzelner herrschenden Familien behält höchstens eine Tradition. Da das Andrängen der Nomaden gegen das Culturland und das Uebersiedeln ganzer Stämme in die fruchtbaren Bergländer und Niederungen Palästinas auf Bedingungen beruht, die seit undenklichen Zeiten ihre Wirkung ausüben, können also die Bewohner, die Palästina und das zugehörige Küstenland in geschichtlicher Zeit aufwies, nicht unbedingt als ein in allen Bestandtheilen homogenes Volk gelten.

Ein Schluß läßt sich jedoch aus diesen Verhältnissen mit großer Wahrscheinlichkeit ziehen. Es ist der, daß die Phönizier, da ihre Wohnsitze dicht an den Rand der Küste und am weitesten nach Norden vorgeschoben liegen, ursprünglich auch die reinsten, die am wenigsten mit fremden Elementen versetzten Vertreter des in vielfache Verzweigungen von ungleicher Reinheit des Blutes aufgelösten Volkes sind, das mit ihnen eine Sprache redete. Innerhalb Phöniziens wiederum, darf man voraussetzen, hat eine einheitliche Abstammung am meisten in denjenigen Küstengebieten geherrscht, die auf der Ostseite und Südseite durch Höhenzüge gedeckt waren, also in den Strecken nördlich vom

Karmel und vorzüglich in der tyrischen und sidonischen Ebene. Alle übrigen Strecken waren von Osten und Süden her mehr oder weniger leicht zugänglich, und ihre Bewohner haben von Anfang an das allmähliche Einwandern von Abzweigungen fremder Stämme um so weniger verhindern können, als es ihnen selbst augenscheinlich wie den Kanaanäern des Binnenlandes an politischem Zusammenhalt fehlte. Erst die Entstehung des israelitischen Königthums hat hier dem Zuzuge von Südosten und Osten her wirksame Schranken gezogen.

Nur den historischen Begebenheiten, welche den nie bis zur Bildung eines großen einheitlichen Staatswesens gediehenen, aber auf gemeinsamer Abstammung und großer Aehnlichkeit der Lebensweise beruhenden Zusammenhang zwischen den vorisraelitischen Bewohnern des Westjordanlandes und den ihnen verwandten Ansiedlern der Küstenstrecken gelockert und aufgehoben haben, ist daher zuzuschreiben, daß in der Geschichte die Phönizier als eine besondere Nation erscheinen, und daß der Schauplatz ihrer Geschichte, soweit sie in Syrien sich abspielt, bloß ein kleiner Abschnitt der Küstenlandschaften und nicht zugleich das im Osten angrenzende Binnenland ist. Sie sind von vornherein ebenso wenig eine politische Einheit, wie es die Bewohner des vorisraelitischen Palästinas sind. Als Nation betrachtet, bleiben sie deshalb ein etwas unbestimmter Begriff; ihre Ansiedelungen sind nur gleichsam die Vorpostenkette der weit zerstreuten Lager, die Angehörige desselben Stammes in den Bergländern Palästinas aufgeschlagen hatten. In beiden Bevölkerungsschichten, in der des Küstengebietes wie in der des Berglandes, ist überdies das Gefühl für nationale Zusammengehörigkeit ein wenig lebendiges, wird es stark beeinträchtigt durch die Zersplitterung in lauter kleine, politisch selbständige oder wenigstens nach möglichst hoher Selbständigkeit strebende Gemeinwesen. Nur im kleinsten Kreise erweist der Sinn für Ausgestaltung des Staatslebens, den man den Phöniziern nachgerühmt hat, sich thätig und wirksam. Wie O. Meltzer in seiner Geschichte der Karthager treffend hervorhebt, gab zwar die Gleichartigkeit des Wesens und Auftretens dem Auslande allen Grund, den einzelnen Phönizier als Repräsentanten einer Nationalität zu betrachten, aber er selbst fühlte sich doch nicht in erster Linie als Angehöriger einer großen Volksgemeinschaft, sondern in erster Linie als Aradier, Sidonier, Tyrier, oder jenseits des Meeres als Gaditaner, Karthager u. s. w. Es lag das nicht allein an der natürlichen Gliederung des phönizischen Küstenlandes, an den enggezogenen Grenzen der Abschnitte, in die es zerfiel, sondern, da dieselbe Neigung zur Sonderung der Interessen der einzelnen Ortschaften und Gaue ebenso in den Ueberlieferungen über die Zustände, die zur Zeit der Einwanderung der Israeliten im Westjordanlande herrschten, auffällig hervortritt, scheint diese Neigung einem Grundzuge im Wesen des ganzen Volksstammes zu entsprechen, von dem die Phönizier nur ein Theil waren.

Es ist in dieser Hinsicht besonders charakteristisch, daß es weder für diesen Volksstamm, noch für die gemeinsame Sprache einen Gesammtnamen gab. Die Aegypter nennen die nördliche Hälfte Palästinas im Allgemeinen

Amar oder Amur, den westlichen Theil der südlichen Hälfte Kanaan (Kanana). In ähnlicher Weise heißen bei den Israeliten die ursprünglichen Bewohner der nördlichen Hälfte Amoräer, die der südlichen Kanaanäer; beide Namen werden gelegentlich in so weitem Sinne gebraucht, daß sie fast die Bedeutung eines Gesammtnamens erhalten,¹) aber nur, weil es an einem solchen thatsächlich fehlte; sie sind aus Namen von Landstrichen gebildet. Die etymologische Bedeutung von Kanaan, das „Niedrige," und der Sinn, in welchem die Aegypter dieses Wort als Ländernamen verwenden, weisen auf die Küste hin, die so im Gegensatze zu dem Berglande Palästinas — nicht, wie man früher vielfach geglaubt hat, im Unterschiede zu Aram — bezeichnet wird. Kanaanäer, d. h. „Bewohner der Niederungen," können daher zuerst von den Israeliten nur die von ihnen nicht abhängigen Ansiedler der Küstenlandschaften Palästinas genannt worden sein. Doch haben sie diesen Namen auch mit Vorliebe in Ermangelung eines anderen gebraucht, um der in Abhängigkeit gerathenen Bevölkerungsschicht des heiligen Landes im Ganzen einen Namen zu geben. Die Gleichartigkeit der Abstammung und Gesittung ließ diese Uebertragung, bei welcher an die geographische Grundbedeutung des Wortes nicht mehr gedacht wurde, als etwas völlig Sachgemäßes erscheinen. So hat sich dann schließlich die Verwendung der Benennung Kanaan für alle Landstriche, welche im Besitze der Kinder Israel waren und auf deren Besitz sie Anspruch zu haben glaubten, eingebürgert, obgleich das zum größten Theil lauter bergige Gegenden und vorzugsweise die höher gelegenen Strecken Palästinas waren. Nur im Sinne dieser nachträglichen Verwendung ist es auch aufzufassen, daß in einem Abschnitte des Buches Jesaias, der vielleicht die späteste Weissagung des großen Propheten enthält,²) das Hebräische die „Mundart Kanaans" (Sefat Kenaʿan) im Gegensatze zur Sprache der Heiden und besonders der Aegypter genannt wird; sie ist ja ebenso gut die Sprache der Heiden gewesen, die in den Ebenen des Gestadelandes ihre Wohnsitze hatten. Daneben wurde Kanaan auch als besondere Benennung für diese Ebenen und Kanaanäer als Benennung für ihre Bewohner beibehalten. In der griechischen Uebersetzung der Septuaginta wird Josua 5, 1 „Könige der

---

1) Vergl. H. Steinthal in der Zeitschrift für Völkerpsychologie, XII (Berlin 1880), S. 267, Anm.

2) Jesaias 19, 18. Vergl. B. Stade, Geschichte des Volkes Israel, Bd. I, S. 587, Anm. 1. Aus dieser Stelle ergiebt sich daher nicht, daß die „Mundart Kanaans," wie man gemeint hat, ursprünglich nur die Sprache der Kanaanäer und nicht von Hause aus auch die der Kinder Israel gewesen sei. Was daraus folgt, ist nur, wie schon Ibn Esra erkannt hat, daß auch die Kanaanäer keine andere Sprache hatten, als das Hebräische. — Die Bezeichnung Hebräisch ist für diese Sprache im Alten Testament nicht üblich. Sie wird 2. Kön. 18, 26. 28, Jesaias 36, 11. 13 als Sprache des Königreichs Juda Judäisch im Gegensatze zum Aramäischen genannt, und heißt so auch noch Nehemia 13, 24 als die rein erhaltene Mundart der aus dem Exil zurückgekehrten jüdischen Gemeinde im Gegensatz zu den Vulgärdialekten, die inzwischen sich gebildet hatten.

„Kanaanäer" dementsprechend mit „Könige Phöniziens" wiedergegeben. Kanaanäer war ferner im Munde des Israeliten gleichbedeutend mit Krämer, Hausirer, Handelsmann; offenbar aus keinem anderen Grunde, als weil Kanaan anfänglich bloß Name Phöniziens und der Meeresküste Palästinas war, und damit die Heimath der Mehrzahl der Leute gekennzeichnet wurde, die im Binnenlande von Ort zu Ort herumziehend ihre Waaren feilboten und Einkäufe machten, theils auch dort in den größeren Städten ständige Märkte abhielten und dort sogar, wie zum Beispiel in Jerusalem zur Zeit Nehemias die tyrischen Fischhändler, dauernd ihren Wohnsitz genommen hatten.

Die Phönizier ihrerseits nannten den schmalen Landstrich längs des Meeres, den sie selbst inne hatten, ebenso, wie bei den Israeliten und wahrscheinlich ursprünglich auch bei den Einwohnern selbst die südlich daran angrenzenden Küstenlandschaften hießen, bis in späte Zeiten Kanaan, also „Niederland." Den unmittelbaren Beweis dafür liefert besonders die Aufschrift der von mir bereits erwähnten Stadtmünzen von Laodikeia, welche dieser Ortschaft den Titel „Mutter in Kanaan" beilegten (vergl. S. 74 u. S. 105). Für gewöhnlich scheinen allerdings die Phönizier nicht dieser, sondern der kürzeren Grundform desselben Wortes sich bedient zu haben, die Kenáʿ gelautet haben muß. Denn es ist aus dem Alterthum die Notiz erhalten, daß der eigentliche Name ihres Landes Chna oder, wie ebenfalls überliefert wird, Ochna gewesen sei, und der Bewohner von Chna heiße Chnaos, d. i. phönizisch Kenáʿi. Sogar scheint leidlich beglaubigt zu sein, daß in einem genealogisch construirten Schema der Urgeschichte ihres Volkes, welches die Phönizier augenscheinlich in Ermangelung einer echt mythischen Ueberlieferung künstlich sich zurechtgelegt hatten, unter den angeblichen Stammvätern, von denen sie sich herleiteten, auch ein Eponymos des Landes unter dem Namen Kenáʿ oder Kenáʿi, griechisch Chna oder Chnas, aufgezählt wurde. Ganz sachgemäß hat daher Philon von Byblos diesen angeblich mythischen Eigennamen mit Phoinix übersetzt. Ein griechischer Grammatiker erklärt Chnas für den phönizischen Namen Agenors, d. h. derjenigen Gestalt der hellenischen Sagenwelt, welche die griechischen Mythographen aus sehr willkürlichen Gründen vorzugsweise als den Stifter phönizischer Städte und geradezu auch als Stammvater der Phönizier zu betrachten beliebten; auch dies führt darauf, daß Chnas nur einen Eigennamen wiedergiebt, der thatsächlich in einheimischen, wenn auch erst spät entstandenen Berichten über die Urzeit Phöniziens eine dem analoge Rolle gespielt hat. In diesen Berichten haben also die phönizischen Genealogen dasselbe Verfahren eingeschlagen, das in derartigen nachträglich ausgesonnenen Traditionen häufig sich verräth: sie haben den Ursprung ihres Volkes von einer eigens zu diesem Zwecke erfundenen Person abgeleitet, der sie eine vulgäre Namensform des Landes beilegten. Neben Kenáʿ scheint jedoch ebenso lange und noch bis in viel spätere Tage Kanaan der Name gewesen zu sein, den selbst die ausgewanderten Phönizier ihrem Vaterlande gaben. Wenigstens erzählt der Kirchenvater Augustin, daß noch zu seiner Zeit die Bauern in dem ehemals karthagischen Theile Afrikas, wenn man sie fragte, was sie seien, auf Punisch zur Antwort gaben: Chanani, „Kanaanäer." [1]

Den Griechen und Römern sind mit Ausnahme weniger Gelehrten und zufällig Unterrichteten die Namen Kanaan und Kanaanäer als Bezeichnungen für das Land und Volk der Phönizier immer unbekannt geblieben, offenbar weil die Phönizier selbst diese Worte nicht häufig im Munde führten und vorzogen, jeder mehr nach seiner eigenen Vaterstadt sich zu benennen. So kommt es, daß man beiden Namen selbst da nicht in dem erwähnten Sinne begegnet, wo das am meisten vorauszusetzen sein würde, nämlich in den ägyptischen und in den assyrischen Inschriften. In den letzteren sind beide Worte bis jetzt überhaupt noch nicht mit Sicherheit nachgewiesen. Daß den Aegyptern Kanaan zwar ein geläufiger Begriff war, daß sie darunter aber nur den südlichsten Abschnitt der Küste Syriens verstanden, ist schon auf S. 97 hervorgehoben worden. Selbst die Israeliten bedienen sich der Ausdrücke Kanaan und Kanaanäer, wo ausschließlich von Phönizien und Phöniziern die Rede ist, nicht so häufig, als man erwarten möchte; sie wenden dieselben vielmehr auf Phönizien und die Phönizier meist nur in einem Sinne an, in welchem das phönizische Gebiet mit anderen Gebieten und der phönizische Volksstamm mit anderen Volksstämmen zusammengefaßt wird. An einzelnen Stellen der Bücher des Alten Testaments wird sogar Kanaan in einer Bedeutung gebraucht, die geradezu verbietet, an eine Beziehung auf Phönizien überhaupt zu denken. So besonders in dem überaus alterthümlichen Ausspruche, der Genesis 9, 25—27 Noah in den Mund gelegt wird: „Verflucht ist Kanaan, der Knechte Knecht sei er seinen Brüdern; gesegnet ist Jahwe, der Gott Schems, [2] und Kanaan soll ihnen Knecht sein; Jahwe gebe Weite dem Jefet, und er wohne in den Zelten Schems, und Kanaan soll ihnen Knecht sein." Ohne Zweifel sind diese Worte Ueberbleibsel eines alten Liedes und viel älteren Datums als die Erzählung, die ihnen vorangeht. Will man sie auslegen, so ist daher nothwendig, sie als etwas für sich Bestehendes aufzufassen. Man erhält den Eindruck, daß das Lied, zu dem diese Worte gehörten, aus einem ganz

---

[1] An der Thatsache, daß Chanani damals noch der Name war, welchen die Grundbevölkerung jener Gegend sich beilegte, ist nicht zu zweifeln, noch weniger daran, daß diese Bezeichnung aus der karthagischen Zeit stammte. Doch darf nicht verschwiegen werden, daß Chanani auch auf die Grundbedeutung des Wortstammes „niedrig sein" zurückgehen kann und möglicherweise daher auch bloß entweder das gemeine Volk als die „Niedrigen," oder die Landbevölkerung als „Bewohner der Niederung" bezeichnen, auf die Herkunft aus Phönizien dagegen sich gar nicht mehr beziehen sollte. Daß jene etymologische Grundbedeutung den punisch redenden Afrikanern noch lebendig im Bewußtsein war, darf als erwiesen gelten, denn Augustin schöpft offenbar aus seiner Kenntniß dieser ihm geläufigen Mundart, wenn er an einer anderen Stelle erwähnt, daß Chanaan die Bedeutung „niedrig" habe.

[2] So lautet der überlieferte Text. Carl Budde (Die biblische Urgeschichte — Gen. 1—12, 5 — untersucht, Gießen 1883, S. 294—297) schlägt die Aenderung vor: „Jahwes Gesegneter ist Schem." Man wird sich aber schwer entschließen, den Wortlaut gerade eines so alten Bruchstückes zu ändern.

bestimmten Anlasse, hervorgerufen durch eine einzelne geschichtliche Begebenheit, gedichtet sein muß. Schem und Jefet bezeichnen zwei einander verbündete Stämme als nahe Stammesverwandte; als ebenso verwandt, als Bruder, gilt hier auch Kanaan. Wird trotzdem angekündigt, daß in Zukunft Kanaan nicht mehr als Bruder behandelt werden, sondern von seinen Brüdern rücksichtslos geknechtet und unterdrückt werden soll, so muß Kanaan irgend etwas begangen haben, wodurch er den Zorn Schems, der in jener Verwünschung sich Luft macht, heraufbeschworen hat. Die gegenwärtig am meisten übliche Erklärung, der Spruch beziehe sich nicht auf einen Vorgang, sondern auf einen Zustand, er habe nur den Zweck, die Abhängigkeit der vorisraelitischen Bevölkerung Palästinas von dem israelitischen Adel zu rechtfertigen und als ein uraltes Verhängniß darzustellen, ist, soviel auch zu Gunsten dieser Erklärung sich anführen läßt, schwerlich die richtige. Um altgewohnte Verhältnisse, um Kanaanäer, die längst in Unterthänigkeit leben, kann es sich nicht handeln. Die Unterwerfung, von der die Rede ist, ist noch etwas Bevorstehendes, mehr angedroht, als verwirklicht. Was sich ausspricht, ist nur der glühende Wunsch, Kanaan in der niedrigsten Knechtschaft zu sehen, sei es auch bloß dadurch, daß Jahwe Jefet „Weite," d. h. eine Ausdehnung seiner Herrschaft verleiht. Zu allen Unternehmungen, welche das ersehnte Ziel einer Rache an Kanaan herbeizuführen vermögen, reicht daher Schem bereitwillig Jefet die Bruderhand und wird Jefet im voraus der Segen ertheilt, ein Segen, der mehr der Ermahnung gleicht: verfahrt ohne Bedenken mit dem verruchten Geschlechte unseres Bruders Kenaan, wie wir damit verfahren werden, dann sollt ihr uns stets liebe Genossen und willkommene Gäste sein, und der Gott unserer Väter wird eure Macht wachsen lassen. Mit so neidlosem Entgegenkommen nach der einen Seite, voll so tiefen Ingrimms und leidenschaftlichen Hasses nach der anderen, redet man nicht von Dingen, die längst in Erfüllung gegangen sind. Nur unter dem unmittelbaren Eindrucke einer herben Kränkung können die Worte, die in Vers 25—27 erhalten sind, entstanden sein. Ob das Lied, von dem sie ein Theil sind, dem Verfasser des Abschnittes Genesis 9, 18—29 seiner Zeit noch als Ganzes bekannt und ob darin die Ursache der Verfluchung Kenaans angedeutet war, läßt sich zwar mit Sicherheit nicht mehr nachweisen; Beides ist jedoch in hohem Grade wahrscheinlich. Es wird dort erzählt, daß eines Tages, als Noah sich an Wein berauscht hatte und vor Trunkenheit besinnungslos in Entblößung dalag, ein Sohn Noahs[1]) mit frechem Spotte sich darüber lustig gemacht habe, die beiden anderen Söhne Noahs dagegen hätten mit geziemender Scheu des hilflosen Zustandes des Vaters sich angenommen. Aus dem Rausche erwacht, habe dann Noah über Kenaan den Fluch, über Schem und Jefet den Segen

---

1) Der Verfasser nennt ihn Ham. Daß in diesem Abschnitte aber an allen Stellen, wo Ham genannt wird, Kenaan eingesetzt werden muß, darf als erwiesen betrachtet werden. Der beste Beweis dafür ist, daß nicht Ham, sondern Kenaan büßen muß und verflucht wird.

ausgesprochen. Man wird kaum bezweifeln dürfen, daß alles Wesentliche in diesem Berichte, besonders aber die Angabe, daß ein Bruder Schems und Jefets an dem gemeinsamen Erzeuger durch unkindliches Benehmen sich schwer versündigt hat, nicht aus einer besonderen Tradition stammt, sondern lediglich aus bildlich angewendeten Ausdrücken hervorgegangen ist, mit denen einmal in dem Liede, welches die Verwünschung des Geschlechtes Kenaans enthielt, eine einzelne Handlung desselben als eine widernatürliche und fluchwürdige gebrandmarkt werden sollte. In der Zeit, in welcher aus den Redewendungen, die das Lied zu diesem Zwecke gebrauchte, die Einzelheiten der überlieferten Erzählung von der für Kenaan so verhängnißvollen Trunkenheit Noahs abgeleitet wurden, hat man jedoch den Vorgang, von dem in dem Liede die Rede war, nicht mehr als bildliche Schilderung einer historischen Begebenheit, sondern buchstäblich als ein Ereigniß aus dem Zeitalter der Erzväter aufgefaßt. Umgestaltungen in dieser Richtung sind ja unvermeidlich, sobald die Kenntniß des thatsächlichen Hintergrundes einer in kühnen Vergleichen und Personificirungen sich ergebenden Darstellung erloschen ist. In Wirklichkeit wird die Handlung, welche das Lied mit den stärksten Ausdrücken als eine Verletzung der heiligsten Pflichten kennzeichnen wollte, offenbar in nichts Anderem bestanden haben, als daß zu einer Zeit, in der Schem und Jefet durch gemeinsame Widersacher in schwere Bedrängniß geriethen, vielleicht durch einen plötzlichen Ueberfall eine große Niederlage erlitten hatten, die Bewohner einzelner kanaanäischen Ansiedelungen, der Blutsgemeinschaft uneingedenk, sich nicht gescheut haben, ihre Schadenfreude an den Tag zu legen, vielleicht auch versucht haben, die Ereignisse sich möglichst zu Nutze zu machen. Statt eine Schmach, die sie wie eine eigene hätten mitempfinden sollen, austilgen zu helfen, statt ihren gefährdeten Brüdern beizustehen, haben sie Alles gethan, um das Aergerniß erst recht groß werden zu lassen. Im Gleichnisse gesprochen, heißt das eben: sie haben in widernatürlicher Verworfenheit die Ohnmacht und Blöße des eigenen Vaters verhöhnt. Daher wird ihnen angekündigt, ihr Recht, als Blutsverwandte angesehen zu werden, sei damit verwirkt und aufgehoben, zur Vergeltung für ein so ruchloses Benehmen sei die niedrigste Sklaverei nicht niedrig genug, man werde sie gebührend zu strafen wissen, denn, soweit der Arm Schems nicht reiche, werde Jefet die Züchtigung übernehmen. Eins tritt mit voller Bestimmtheit in der Verwünschung Kenaans hervor: es ist die Ueberzeugung, zu der auch die wissenschaftliche Forschung unserer Tage gelangt ist, daß die Kanaanäer und die Israeliten im Grunde genommen Angehörige eines und desselben Volkes sind. Diese Ueberzeugung, die nachträglich wieder den Israeliten ganz abhanden gekommen ist, wird gerade hier so nachdrücklich betont, daß das Lied in einer Umgebung entstanden sein wird, in welcher die Israeliten auch mit nichtkanaanäischen Bevölkerungsschichten, also mit den Philistern, in Berührung standen. Dies weist also auf Judäa hin. Die Philister werden die Widersacher Schems und Jefets sein, auf deren Seite, wie vermuthet werden muß, diejenigen kanaanäischen Ansiedelungen, über welche der Fluch verhängt wird, gestanden haben. Dann sind mit Kenaan also hier die kanaanäischen Bewohner der Niederungen im Westen des judäischen Berglandes gemeint.¹) Jede Beziehung auf Phönizien ist dagegen ausgeschlossen; bis nach Tyros und Sidon reicht der Gesichtskreis des Liedes überhaupt nicht. Schem, d. i. „Ruhm," mag die Israeliten als die herrschende Classe Judäas bezeichnen können; es kann hier aber auch noch Name eines besonderen, später verschollenen israelitischen Stammes sein. Das Letztere kann auch mit Jefet der Fall sein, doch ist das minder wahrscheinlich, weil in dem Segen so ausdrücklich Jahwe als der Gott Schems bezeichnet wird. Carl Budde hat neuerdings den Vorschlag gemacht,²) gegen den eigentlich sich wenig einwenden, der sich aber auch nicht unbedingt beweisen läßt, hier unter Jefet die Phönizier der Küste zu verstehen. Daß Jefet als ein Bruderstamm Schems bezeichnet wird, würde dann ebenfalls bloß die Anerkennung einer Thatsache enthalten. Auch die Phönizier, besonders die phönizischen Ansiedler südlich vom Karmel werden unter den Angriffen der Philister schwer zu leiden gehabt und zur Abwehr sich gewiß häufig mit den Israeliten des Binnenlandes verbündet haben. Doch die Meinung Buddes, daß Jefet, d. i. „Schönheit," eine ganz abstrakte Bezeichnung für die Phönizier überhaupt sei und sich auf den Glanz und die Schönheit ihrer Städte beziehe, wird man nicht theilen können, wenn nicht das Lied, aus dem Vers 25—27 entnommen ist, bloß ein Lehrgedicht, sondern wenn es, wie ich annehme, ein aus ganz concreten Vorfällen, aus Kriegsbegebenheiten zu erklärendes Rachelied war. Eher würde möglich sein, bei Jefet an Jafo, Joppe (vergl. S. 81) zu denken.

Die Tradition, welcher der Verfasser von Genesis 9, 20—27 und die Völkertafel in ihrer jetzigen Gestalt folgen, hat nachträglich Ham zum Bruder Jefets und Schems und Kenaan zum Sohne Hams gemacht. Kenaan ist daher in der Völkertafel einer Gruppe von Stämmen und Völkern eingereiht, die, ethnologisch betrachtet, mit den Kanaanäern wenig oder gar nichts gemein haben, aus dem Verbande der semitischen Völker dagegen ausgeschaltet. Die geographischen Grenzen, die in der Völkertafel den Geschlechtern Kenaans angewiesen werden, entsprechen im Allgemeinen denjenigen Gebieten, welche man auf Grund anderweitiger Nachrichten und Thatsachen als kanaanäische betrachten muß. Sie reichen von Sidon bis nach Gerar und Gaza, von da ostwärts bis zum Todten Meere und vom Todten Meere nordwärts bis Lescham (Lajisch), d. i. Dan,³) also bis an die Nordgrenze des israelitischen

---

1) Das Lied würde also eine von den vielen Ueberlieferungen Judäas sein, die in die Sagengeschichte Israels aufgenommen sind. Vergleiche über diesen Vorgang Eduard Meyer, Der Stamm Jakob und die Entstehung der israelitischen Stämme (Zeitschrift für die alttestamentliche Wissenschaft, VI, 1886), S. 12—14.

2) Carl Budde, Die biblische Urgeschichte, S. 325—364.

3) Vergl. J. Wellhausen in den Jahrbüchern für deutsche Theologie, XXI, S. 403—404.

Palästinas. Unter den Nachkommen Kenaans werden aber Stämme aufgeführt, deren Wohnsitze über dieses Gebiet nach Norden weit hinaus gehen. Diese Aufzählung muß man daher als einen später hinzugefügten, vor der Erwähnung der Grenzen eingeschobenen Nachtrag betrachten, der bloß der Vervollständigung halber gemacht worden sein kann.¹) Dann darf man aber auch nicht — wie es geschehen ist²) — gerade mit Chet, einem dieser Volksstämme, eine Ausnahme machen wollen, oder darf wenigstens nicht annehmen, daß derjenige, der Chet zum Sohne Kenaans gemacht und ihn Sidon, dem „Erstgeborenen" Kenaans, zur Seite gestellt hat, damit das Volk der Cheta thatsächlich richtig ethnologisch classificirt habe und daß ihm mehr als bloß noch der Name dieses Volkes bekannt gewesen sei. Denn die Wohnsitze dieses Volkes lagen in Wirklichkeit ebenfalls nördlich von Dan, sie begannen erst nördlich vom Hermon,³) und der eigentliche Herd des Chetareiches war Kadesch am Orontes, also Cölesyrien. Will man trotzdem Chet neben Sidon stehen lassen, so geht das nur, wenn man voraussetzt, daß bereits der ursprüngliche Verfasser des von Kenaan handelnden Abschnittes der Völkertafel nichts mehr davon gewußt hat, daß dies die Wohnsitze der Cheta waren, daß der Abschnitt vielmehr erst zu einer Zeit geschrieben worden ist, in der man sich schon gewöhnt hatte, das gänzlich verschollene, bloß noch dem Namen nach bekannte Volk der Hittim oder Cheta für einen Theil der vorisraelitischen Ureinwohner Palästinas und darum für einen kanaanäischen Stamm anzusehen.⁴) Das Ergebniß bliebe mithin dasselbe: die Stelle, an der Chet in der Völkertafel erwähnt wird, erlaubt nicht, irgend welche Rückschlüsse auf die noch gänzlich unaufgeklärte Abstammung der Cheta zu machen, sie vermag darüber überhaupt keinerlei authentische Auskunft zu geben, und es ist völlig ungerechtfertigt, auf Grund dieser Stelle die ehemaligen Bewohner der Bekaa, des Libanons und Cölesyriens für Kanaanäer auszugeben oder die Cheta als ein Brudervolk der Phönizier zu betrachten.⁵)

---

1) Vergl. J. Wellhausen a. a. O.
2) Carl Budde, Die biblische Urgeschichte, S. 222. Anm.
3) Dan lag südwestlich vom Hermon; nicht Dan, sondern etwa Kadesch, mindestens aber der Hermon müssen also in der Aufzählung der Grenzen als nördlichste Punkte des Binnenlandes bezeichnet werden, wenn auch die Cheta als Abkömmlinge Kenaans hätten Raum finden sollen. Aus anderen Gründen als den im Texte angegebenen hat M. J. de Goeje (in der Theologisch Tijdschrift, IV, Amsterdam-Leiden 1870, S. 241) gefolgert, daß die Erwähnung Chets in dem überlieferten Texte der Völkertafel ein ganz nachträglicher Zusatz und daß dieser Zusatz lediglich aus dem Wunsche, sämmtliche vermeintlichen Urbewohner Palästinas in der Völkertafel unterzubringen, zu erklären sei.
4) Dies geschieht ja in der sogenannten Grundschrift des Pentateuchs.
5) Man wird sich schwer entschließen, Chet in diesem Abschnitte der Völkertafel ganz auszuschalten, wie die auf Chet folgenden anderen Namen von vermeintlichen Söhnen Kenaans, weil sich nicht gut annehmen läßt, daß Anfangs auf den Satz „Kenaan zeugte Sidon, seinen Erstgeborenen," sogleich der Satz „danach aber zersplitterten sich die Geschlechter der Kanaander" und die Aufzählung der Grenzen gefolgt sein können.

Heißt in diesem Abschnitte der Erstgeborene Kanaans Sidon, so wird damit der Name der Stadt Sidon zu einer Person umgedeutet. Es hat den Zweck, einen Namen für den Stammvater der Sidonim, der „Sidonier," zu haben. Mit Sidonim bezeichneten die Israeliten, jedenfalls nach einem Sprachgebrauche, den sie bei ihrer Ankunft im Westjordanlande bereits vorgefunden haben, keineswegs ausschließlich die Bewohner der Stadt Sidon und der zu dieser Stadt gehörenden Ebene, obschon dies die Grundbedeutung des Wortes war. Sie pflegten vielmehr diesen Namen auch in übertragenem Sinne anzuwenden, um diejenigen Kanaanäer, die am Fuße des Libanons ihre Wohnsitze hatten, von den übrigen zu unterscheiden, d. h. sie pflegen ihn als einen allgemeinen Volks- und Stammnamen für diese Kanaanäer zu gebrauchen. Mehrfach werden daher auch die Bewohner von Tyros Sidonier genannt. Wo nicht eine ausdrückliche Beziehung auf die Stadt Sidon vorliegt, muß man sogar in den Schriften des Alten Testaments unter Sidonier bloß die Phönizier überhaupt, als eine einheitliche Nation aufgefaßt, und häufig selbst unter Sidon den ganzen Landstrich Phönizien verstehen. Diese Verwendung in so zusammenfassendem Sinne setzt selbstredend voraus, daß, als sie entstand und sich einbürgerte, unter allen Städten Phöniziens Sidon als die bedeutendste und hervorragendste galt. Daneben werden andere Ursachen mitgewirkt haben, vor Allem die Thatsache, daß die Phönizier selbst sich am liebsten nach ihrer besonderen Vaterstadt zu benennen pflegten; für fremde Nationen ergab sich daraus von selbst ein Anlaß, aus dem Namen der am meisten erwähnten und bekanntesten Stadt eine Bezeichnung für den ganzen Volksstamm zu machen. Es ist das der Grund, weshalb die Griechen den phönizischen Seefahrern, die ihre Küsten und Inseln besuchten, ebenfalls den Gesammtnamen Sidonier oder sidonische Männer beigelegt haben: diese Fremdlinge nannten sich der Mehrzahl nach selbst so; sie kommen theils aus Sidon selbst oder aus dem Gebiete dieser Stadt, theils gaben sie das wenigstens an, um überhaupt verständlich machen zu können, wo in aller Welt eigentlich die Ortschaft lag, aus welcher sie stammten. In derselben Weise werden in Syrien zuerst die Kanaanäer der Küste Palästinas des Namens „Sidonier"

Weniger kommt wohl der Grund in Betracht, den Carl Budde (Die biblische Urgeschichte, S. 222, Anm.) dafür anführt, daß Chet neben Sidon stehen bleiben müsse, der Grund, daß Beides Eigennamen seien, nicht Patronymika, wie die Vers 18 aufgezählten Bezeichnungen für einzelne Städte. Chet sollte eben nicht eine Stadt, sondern einen Volksstamm bezeichnen. Jedenfalls muß aber die Aufzählung der Grenzen als etwas betrachtet werden, das von dem Verfasser des Abschnittes über Kenaan selbst herrührt. Hat derselbe Verfasser Chet neben Sidon namhaft gemacht, so hat er mithin unter Chet ein ganz anderes Volk als die Cheta, die wir aus den ägyptischen und assyrischen Quellen kennen lernen, und als die Hittiter, die nordwärts vom Hermon ansässig waren, sich vorgestellt. Er würde dann über die Bedeutung von Chet nicht mehr haben aussagen können als etwa Josephos, der in seiner Jüdischen Archäologie (I, 139 ed. Niese) „Chettaios" zu denjenigen Völkern rechnet, „von denen man nichts mehr weiß als die Namen, die in den heiligen Schriften vorkommen, da die Hebräer die Städte derselben zerstörten."

sich bedient haben, um ihre in dem nördlicheren Abschnitte des Gestadelandes ansässigen Stammesgenossen zu bezeichnen. Sie waren geradezu dazu gezwungen, weil jene für ihr eigenes Land ja ebenfalls bloß die Gesammtbezeichnung Kanaan und für ihren Volksstamm als Nation keine andere als die Bezeichnung Kanaanäer besaßen. Dieser Gewohnheit werden einfach die Israeliten sich angeschlossen haben. Es ist wesentlich, dies hier hervorzuheben, weil daraus folgt, daß diejenigen Stellen des Alten Testaments, an denen „Sidon" den Sinn „Phönizien" und „Sidonier" den Sinn „Phönizier" hat, nur Belege für den herrschenden Sprachgebrauch sind, daß die Verwendung jener Worte in diesem Sinne aber an sich über die jeweilige Ausdehnung der Macht der Stadt Sidon und den jeweiligen Umfang des unmittelbar unter ihrer Herrschaft stehenden Gebiets bestimmte Aufschlüsse keineswegs zu gewähren vermag. Auch in dem oben besprochenen Abschnitte der Völkertafel ist in Sidon dieser Sinn hineingelegt. Nicht der Gründer der Stadt Sidon ist damit gemeint. Der Volksstamm der Phönizier als solcher ist es, dem das Recht der Erstgeburt unter seinen Brüdern zugesprochen wird. Was damit anerkannt werden soll, ist jedoch nicht etwa das höhere Alter der phönizischen Ansiedelungen, sondern die in die Augen fallende Thatsache, daß die Phönizier es viel weiter gebracht haben als alle übrigen Kanaanäer. Durch Reichthum und Macht kennzeichnen und erweisen sie sich von selbst als die Bevorzugten.

Die weite Verbreitung der Benennung Sidonier erklärt sich aber nicht allein aus den Gründen, die schon angeführt wurden. Gewohnt, im Auslande Sidonier zu heißen und sich dort daher als Volk so zu nennen, haben vielmehr die Phönizier offenbar frühzeitig angefangen, diesen Namen auch ihrerseits als eine treffende Gesammtbezeichnung zu betrachten und ihn dem Namen Kanaanäer vorzuziehen. Den deutlichsten, wenn auch einen etwas sehr nachträglichen Beweis liefern die Aufschriften einiger Münzen, welche eine Beziehung auf die zwischen einzelnen phönizischen Städten herrschenden Rangstreitigkeiten enthalten, von denen schon auf S. 86 die Rede gewesen ist. Dieser Eifersüchteleien gedenkt auch Strabon, indem er bei der Erwähnung von Sidon und Tyros hinzufügt: „Welche von beiden Städten aber Metropolis (Mutterstadt) der Phönizier zu heißen habe, darüber liegen beide miteinander in Streit." Aus den phönizischen Aufschriften verschiedener Münzen Sidons geht nun hervor, daß Sidon nicht allein den Anspruch erhob, die „Mutter," d. h. Mutterstadt, von Tyros zu sein, sondern daß sie sogar in der ganzen Reihe von Tochterstädten, die auf diesen Münzen hergezählt wird, Tyros bloß die letzte Stelle einräumte. Die mächtige Rivalin soll damit augenscheinlich aufs Empfindlichste zurückgesetzt werden, ihre Prätentionen werden geflissentlich ignorirt, als liege Sidon am wenigsten an der Ehre, auch Mutter gerade dieser Tochter zu sein. Tyros seinerseits pflegt auf den Münzen mit phönizischer

Münze von Sidon.
Originalgröße.

Legende, die es prägen ließ, sich häufig ebenfalls den Rang einer „Mutter" beizulegen, zählt dann aber keine Tochterstädte auf, sondern nennt sich schlechthin „Mutter der Sidonier," der Sidonim. Im Munde der Tyrier hat hier also „Mutter der Sidonier" geradezu denselben Sinn, den Strabon durch „Metropolis der Phönizier" ausdrückt. Dieselbe Bedeutung hat deshalb auch der Titel „Mutter in Kanaan" auf den wiederholt[1]) genannten Münzen der Stadt Laodikeia. Die Münzen, welche die urkundlichen Belege hierfür geben, datiren aus der Seleukidenzeit. Die Aufschrift ist für Leute bestimmt, denen nicht die griechischen, sondern nur die phönizischen Schriftzeichen verständlich sind, so gut wie ausschließlich also für die phönizische Bevölkerung des syrischen Gestadelandes. Daraus geht mithin hervor, daß damals in Phönizien selbst „Sidonier" die am meisten übliche Bezeichnung für den phönizischen Volksstamm war. Da dies selbst bei den Tyriern der Fall ist, obwohl damals Tyros an Wohlstand und Macht Sidon und zwar schon seit geraumer Zeit weit überlegen war, muß die Entstehung dieses Sprachgebrauchs in eine viel frühere Periode zurückgehen.[2])

Anstatt der Bezeichnung „Sidonier" wird für die Phönizier im Allgemeinen seit der Perserzeit gelegentlich an einzelnen Stellen der heiligen Schrift auch „Tyrier" gebraucht. Die phönizischen Fischhändler und Krämer, die zu Jerusalem ansässig waren, heißen z. B. im Buche Nehemia 13, 16 Tyrier; sie werden schwerlich aber sämmtlich bloß aus der Stadt Tyros gekommen sein. Bei den Griechen erhielt sich die allgemeine Bedeutung des Namens Sidonier in der nachhomerischen Zeit fast nur noch im rein dichterischen Sprachgebrauche. Es ist nur Nachahmung dieses Sprachgebrauches, daß auch römische Dichter vielfach in die Worte „Sidonier" und „sidonisch" den Sinn „Phönizier" und „phönizisch" hineinlegen. Dasselbe geschieht in nachhomerischen griechischen und in vielen römischen Dichterwerken mit den Worten „Tyrier" und „tyrisch." In dem letzteren Falle ist die Ursache dieselbe, welche die Juden veranlaßt, nachträglich mitunter dem Namen Tyrier eine derartige Bedeutung zu verleihen; es ist die Thatsache, daß längst nicht mehr Sidon, sondern Tyros die hervorragendste Stellung unter den Städten Phöniziens einnahm. Volksthümlich ist bei den Griechen und darum auch bei

---

1) Vergl. S. 74, S. 86 u. S. 98.
2) Vergl. hierzu De Vogüés Mémoire sur une nouvelle inscription phénicienne in den Mémoires présentés par divers savants à l'Académie des inscriptions et belles-lettres, Savants étrangers, 1. Série, Tome VI, 1. partie, S. 64—66; auch Movers, Die Phönizier, II, 1, S. 94—95. Da die Könige von Sidon sich König „der Sidonier" und nicht König „von Sidon" nannten, ist zweifelhaft, ob die auf Cypern gefundene sehr alte Inschrift Corpus Inscript. Semitic. I, Tomus I, Nr. 5 in der That — wie meist angenommen wird — der älteste urkundliche Beweis dafür ist, daß die Phönizier sich selbst als einer Nation den Namen Sidonier beizulegen pflegten. Doch darf das auch ohne diese Bestätigung bereits für diejenigen Zeiträume angenommen werden, in welche diese Inschrift selbst nach der frühesten Datirung, die für dieselbe überhaupt möglich ist, fallen würde.

den Römern diese Verwendung der Worte „Tyrier" und „tyrisch" augenscheinlich niemals geworden. Schon in den homerischen Dichtungen taucht die Bezeichnung „phoinikisch" als gleichwerthig mit „sidonisch" auf. Auch ist in der Odyssee bereits von Phoinike, Phönizien, wenn auch nur an einer Stelle die Rede. Diese Benennungen¹) haben dann die gewiß ursprünglicheren, von „Sidon" und den „Sidonim" hergenommenen in der Volkssprache völlig verdrängt. Schon Herodot versteht unter „Sidoniern" bloß noch Bewohner von Sidon, wie er unter „Tyriern" nur die von Tyros versteht. Inzwischen hatten die Griechen selbst eine viel genauere Kenntniß der verschiedenen Gestadeländer des Mittelmeeres erworben und ihre eigenen Wohnsitze durch Gründung von Kolonien weit ausgedehnt. Ihrem Gesichtskreise waren selbst die phönizischen Kolonien des westlichsten Abschnittes der Mittelmeerländer viel näher gerückt; sie hatten dadurch immer mehr aus eigener Anschauung eine deutlichere Vorstellung von der großen Verbreitung des phönizischen Volksstammes gewonnen. Auf Sizilien namentlich waren sie unmittelbare Nachbarn phönizischer Ansiedler, die theils hier längst eine zweite Heimath gefunden hatten, theils Karthago oder eine andere phönizische Pflanzstadt des gegenüber liegenden Küstengebietes Nordafrikas ihre Mutterstadt nannten. Wenn nicht die griechischen Bewohner Siziliens, so werden mithin doch griechische Seefahrer, die Reisen zu den Ländern des Westens unternahmen, die ersten gewesen sein, welche für den weit verbreiteten Volksstamm, zu dessen Kolonien sie in diesen Gegenden gelangten, die Benennung Phoiniker eingeführt haben. Die Vertreter desselben, die ihnen dort zu Gesicht kamen, nannten sich eben nicht Sidonier, wie es die ersten Angehörigen dieses Stammes, welche die Griechen selbst in ihrem eigenen Lande aufsuchten und den Bewohnern der griechischen Inseln und Küsten dadurch bekannt wurden, gethan hatten. Ihre Herkunft bezeichneten sie vielmehr mit ganz verschiedenen Namen, je nach der Stadt, in der sie zu Hause waren. Auf die Einwohner der phönizischen Hafenstädte Nordafrikas und Siziliens ließ sich die Bezeichnung Sidonier nicht übertragen und sie war vielleicht nicht einmal in ihrer allgemeinen Bedeutung denjenigen Griechen geläufig, welche mit diesen Gegenden zuerst in Verkehr traten. In diesem Verkehr wird daher der Name Phoiniker entstanden sein, ein Name, der nicht auf die Herkunft des Einzelnen eingeht, sondern den ganzen Volksstamm nach einem Merkmale seiner äußeren Erscheinung als einen Menschenschlag von dunkelröthlicher Hautfarbe kennzeichnen soll, so etwa, wie man die Indianerstämme Nordamerikas ohne Unterschied Rothhäute zu nennen pflegt.

Was gegen diese Ableitung sich einwenden läßt, läuft darauf hinaus, daß von allen übrigen Eigennamen, welche die Griechen angewendet haben, um für fremde Völkerstämme eine Bezeichnung zu besitzen, kaum ein einziger

---

1) Ueber Ursprung und Bedeutung der Worte Φοῖνιξ, Phönizier, und Φοίνιχη, Phönizien, sowie Poenus, Punier, vergl. S. 13, auch S. 121.

so klar seine etymologische Bedeutung verräth, und daß gerade die meisten griechischen, mit ix endigenden Völkernamen ihrer Etymologie nach vielleicht die am wenigsten verständlichen sind. Daß Phoinix, der „Phoiniker," seiner Form nach griechisch sei, und daß die Griechen, als sie dieses Wort bildeten, an eine Farbenbezeichnung, die ein dunkles Roth bedeutete, gedacht haben, wird meist eingeräumt. Doch gilt für möglich und wahrscheinlich, daß trotzdem dieser Eigenname nicht griechischen Ursprungs sei; er sei die Umformung und Umdeutung eines Fremdwortes; nur deshalb erscheine die etymologische Bedeutung so durchsichtig. Die Phönizier selbst besaßen zwar anerkanntermaßen keine Gesammtbezeichnung für ihren eigenen Volksstamm, der Phoinix nachgebildet sein könnte. Dagegen gebrauchen häufig die Aegypter als eine solche Gesammtbezeichnung das Wort Fenchu, eine Pluralform von dem Singular Fench. Fench-u und Phoinik-es, Fench und Phoinix hat man daher einander gleichgesetzt. Schon dies ist aus grammatischen Gründen nicht ganz unbedenklich. Die Griechen müßten dann aus dem letzten Consonanten des ägyptischen Wortes eine Endung gemacht haben, denn der Stamm von Phoinix lautet nicht Phoinik, sondern Phoin. In Poen-us, der „Punier," würde dann sogar derselbe Bestandtheil ganz fortgefallen sein. Man würde folglich annehmen müssen, daß die Gestalt, in welcher die Griechen das Fremdwort Fench, Fenchu sich mundgerecht gemacht haben, nur äußerlich ein echt griechisches Gepräge aufweist. Weil Völkernamen wie Kil-ix, Kil-ikes und Thre-ix, Thre-ikes den Griechen ganz geläufig waren, würden sie nach einer falschen Analogie auch Fench, Fench-u in Phoin-ix, Phoin-ikes umgewandelt haben. Wird das zugegeben — und es ist ja an sich durchaus nicht unmöglich —, so würde allerdings erklärlich sein, daß die echt griechische Form und die von den Griechen erst hineingetragene etymologische Bedeutung des Wortes den ausländischen Ursprung desselben völlig in Vergessenheit brachten. Die ägyptische Grundform würde in dieser Entstellung so unkenntlich sein, daß dann aus Phoin-ix eben auch das lateinische Poen-us entstehen konnte. Auch würde es dabei bleiben, daß Phoinike von Phoinix abgeleitet werden muß. Es würde bei dieser Frage ferner wenig ins Gewicht fallen, daß der Ursprung des Wortes Fenchu an sich noch ziemlich räthselhaft ist, und daß die Aegypter mit diesem Eigennamen wahrscheinlich Anfangs nicht die Phönizier bezeichnet, sondern ihn erst im Laufe der Geschichte auf den phönizischen Volksstamm übertragen haben. In den Zeiten, die in Betracht kommen, haben in der That die Phönizier bei den Aegyptern diesen Namen geführt. Undenkbar wäre es also nicht, daß die Griechen ihn in dieser Bedeutung entweder im Verkehre mit den Aegyptern, oder — was die Umformung des Namens um so wahrscheinlicher machen würde — aus dem Munde eines Volkes vernommen haben, welches mit dem Küstengebiete des Nildeltas und den dortigen Ansiedelungen der Phönizier in Verkehr stand und daher gewohnt war, die Phönizier mit demselben Namen zu benennen, den ihnen die Aegypter zu geben pflegten. Gegen die Ableitung aus dem Aegyptischen läßt sich also aus grammatischen Bedenken nicht ohne Weiteres Widerspruch erheben. Sie bleibt jedoch zweifelhaft, weil es sich nicht bloß um die Entstehung des griechischen Wortes Phoinix handelt, sondern zugleich um die des lateinischen Poenus. Beide stehen ihrem Ursprunge nach unbedingt in ganz engem geschichtlichen Zusammenhange. Liegt nicht näher, den Ursprung da zu suchen, wo die Griechen und die Italiker am frühesten miteinander in Berührung kamen, wo daher am einfachsten eine Benennung für den phönizischen Volksstamm sich bilden konnte, die ebenso in der lateinischen Sprache wie in der griechischen vertreten ist, statt ein Fremdwort von Aegypten durch Vermittelung der Griechen bis nach Latium wandern zu lassen?

7. Herkunft der Phönizier.

Wie aus der Betrachtung der verschiedenen Namen, welche im Laufe der Zeit den Phöniziern beigelegt wurden, sich ergiebt, sind die Phönizier als Volksstamm von den übrigen Kanaanäern, besonders von dem größeren Theile der vorisraelitischen Bevölkerungsschicht Palästinas nicht zu trennen. Ihre Geschichte ist nur die eines Theiles des kanaanäischen Volksstammes, die Geschichte desjenigen Theiles, welcher nicht im Binnenlande Palästinas, sondern am Saume des Meeres längs der Küste dieses Landstriches und in den nördlich daran angrenzenden, bis zum nordwestlichen Abhange des Libanons sich hinziehenden ebenen Abschnitten des Gestadelandes Syriens schon in den Zeiten, aus welchen die ältesten historischen Nachrichten über diese Gebiete herrühren, seine Wohnsitze aufgeschlagen hatte. Als eine Nation für sich hatten diejenigen Kanaanäer, welche diese Wohnsitze einnahmen, von ihren im palästinischen Binnenlande ansässigen Stammesgenossen sich nicht abgesondert. Sie bleiben vielmehr mit diesen in Gemeinschaft, bis das Binnenland in den Besitz des von Osten eindringenden ihnen ebenfalls stammverwandten Volkes Israel geräth, in einer Gemeinschaft, die allerdings nie zu einem politischen Verbande sich zu gestalten vermochte. Ebenso wenig ist eine solche durchgehende Einigung innerhalb der kanaanäischen Bevölkerung der Küstengebiete zu Stande gekommen. Die Lage der Wohnsitze mit allen Vortheilen und Nachtheilen, die sie mit sich brachte, erzeugte hier zwar manches Gleichartige in der Entwickelung des geschichtlichen Lebens. Aber nicht alle Abschnitte dieses Küstengebietes sind in gleichem Maße in der Geschichte zur Geltung gekommen. Verglichen mit der hohen geschichtlichen Bedeutung, zu der die kanaanäischen Ansiedelungen der nördlichen Küstenstrecken es gebracht haben, tritt vielmehr die Bedeutung der südlich von der „tyrischen Leiter" gelegenen Ansiedelungen so sehr in den Hintergrund, daß von diesem Gesichtspunkte aus gerechtfertigt ist, die Kanaanäer der Ebenen von Tyros, Sidon, Byblos und der im Norden sich anschließenden Niederlassungen als eine in der Geschichte für sich dastehende Abzweigung aufzufassen. Obwohl in Beziehung auf Abstammung zwischen ihnen und den übrigen Kanaanäern kein Unterschied sich wahrnehmen läßt,¹) darf die Geschichtswissenschaft sie doch als ein besonderes Volk betrachten. In diesem Sinne spricht man eben von ihnen als dem phönizischen Volksstamme, dem phönizischen Volke. Sie allein und die Bewohner der Kolonien, welche sie gegründet haben, haben Anrecht auf den Namen Phönizier.

Wie die Besiedelung des phönizischen Landes durch Kanaanäer einst vor sich gegangen ist, darüber lassen sich nur Vermuthungen äußern. Die Vorgänge, die später im Binnenlande Palästinas sich vollziehen, führen jedoch zu der Annahme, daß die Kanaanäer sich nicht von der Meeresküste aus verbreitet haben. Es ist nicht gut denkbar, daß sie Anfangs bloß diesen schmalen langgestreckten Streifen Landes in Besitz hatten und erst nachträglich von dort aus über diejenigen Theile des Westjordanlandes, die sie vor den Israeliten inne gehabt haben, ihre Ansiedelungen ausdehnten. Etwas derartiges haben zwar später die Philister von einem Abschnitte der Meeresküste aus ins Werk zu setzen unternommen. Als ein vorwiegend dem Kriegshandwerke ergebenes und in sich geeinigtes Volk durften die Philister allerdings an die Ausführung eines solchen Versuches sich wagen. Nach Allem aber, was über den Volkscharakter der Kanaanäer bekannt ist, wird man ihnen am wenigsten zutrauen können, daß sie so gleichsam gegen den Strom ankämpfend in das Binnenland eingedrungen sind. Denn da hier dem Binnenlande aus den im Osten und Süden angrenzenden, weniger von der Natur bevorzugten Gebieten fortwährend neue Bevölkerungselemente zugeführt wurden, hat, soweit sich erkennen läßt, von Alters her in der Bevölkerung des Binnenlandes das Bestreben geherrscht, den Niederungen der Gestadelandschaften sich zu nähern, deren fruchtbare Gefilde ohnehin viel verlockender waren, als die noch in israelitischer Zeit streckenweise mit Waldungen bedeckten Berg- und Hügellandschaften.

Dafür, daß die kanaanäischen Ansiedelungen, die es im Westjordanlande gab, mindestens ebenso alt, wenn nicht älter sind als die der Küstengebiete, spricht ferner der Umstand, daß längs der Meeresküste die Wohnsitze der Kanaanäer viel weiter nach Norden reichen als im Binnenlande, wo Dan (S. 102) die Grenze war. Die Hochebene, die zwischen dem Libanon und dem Antilibanon sich ausbreitet, wahrscheinlich sogar auch der größere Theil des Libanons selbst, hat in geschichtlicher Zeit eine Bevölkerung kanaanäischen Ursprungs nie gehabt. Eine andere Erklärung als die, daß die Kanaanäer vom Westjordanlande aus sich in die Niederungen der Gestadelandschaften begeben haben und in diesen immer weiter nach Norden vorgerückt sind, bis eine Art Gegenströmung, das Zusammentreffen mit der Völkerbewegung, die von Kleinasien und vom oberen Laufe des Euphrat her sich Syrien zuwendet, ihnen ein Ziel gesetzt hat, wird sich für diese Thatsache nicht finden lassen. Daß die Kanaanäer und daher auch die Phönizier gleich den Israeliten aus

---

¹) Es bezeichnet nicht einen Unterschied in der Abstammung, wenn im Deuteronomium (2, 23) und im Buche Josua (13, 3) die ehemaligen kanaanäischen Bewohner der philistäischen Ebene als ein besonderes Volk aufgefaßt und 'Awwiim (Awwäer, Euäer) genannt werden.

dem Ostjordanlande gekommen sind, soll damit keineswegs behauptet werden. Es soll nur darauf hingewiesen werden, daß man die Einwanderung der kanaanäischen Bevölkerungsschicht in das Binnenland Palästinas nicht später ansetzen darf, als die Gründung der kanaanäischen Ansiedelungen der Küstengebiete, weil man sonst genöthigt sein würde, die Verbreitung des kanaanäischen Volksstammes von Phönizien ausgehen zu lassen. Dies ist aber unmöglich, weil die nahe Verwandtschaft, die zwischen allen Kanaanäern und den Stämmen des Ostjordanlandes besteht, eine derartige Auffassung des Herganges der Dinge verbietet.

Ist demnach aus der gegen das Binnenland hin isolirten Lage, welche die kanaanäischen Ansiedelungen der nördlichen Hälfte Phöniziens haben, zu schließen, daß die kanaanäische Bevölkerung Phöniziens einmal eingewandert und zwar dorthin entweder von den südlicheren Strecken der syrischen Küste oder von dem nördlichen Theile des Binnenlandes Palästinas aus vorgedrungen ist, so wird immerhin diese Einwanderung nur als ein Vorgang gelten dürfen, der — mag er nun bald oder spät nach der Entstehung der binnenländischen kanaanäischen Ansiedelungen erfolgt sein — in einem geschichtlich so weit entlegenen Zeitraume sich vollzogen hat, daß eine bestimmte und treue Erinnerung an denselben bei den Phöniziern selbst sich schwerlich erhalten haben kann. Selbst auf die Möglichkeit, daß wenigstens in einzelnen Sagen eine dunkle Vorstellung von diesem Vorgange übrig geblieben sein mag, ist kaum zu rechnen. Alles, was sich erwarten läßt, ist vielmehr, daß jede wirkliche Kenntniß frühzeitig erlöschen mußte, daß frühzeitig die Phönizier in ihrer neuen Heimath in Folge der geschichtlichen Entwickelung, die sie hier durchlebten, angefangen haben müssen, sich als die Ureinwohner des Landes zu betrachten. In der That giebt es Nachrichten über angeblich phönizische Ueberlieferungen, deren Alter und zum Theil deren Echtheit sich allerdings nicht nachweisen läßt, aus denen hervorzugehen scheint, daß wenigstens in der hellenistischen Zeit und später noch die Phönizier diese Anschauung hegten. Die Geschichte ihrer Niederlassungen ließ sich nachträglich eben durch so ausgedehnte Zeitabschnitte verfolgen, daß sie einen Zeitraum, in welchem diese noch nicht vorhanden gewesen wären, sich nicht mehr vorzustellen vermochten. Aus diesem Grunde und weil in ihren Augen das Alter einer Ansiedelung den Bewohnern Ansehen verlieh, hatten die Einwohner der meisten namhaften Städte Phöniziens sich gewöhnt, der Schutzgottheit der Stadt die Gründung derselben zuzuschreiben. Da nicht verborgen blieb, daß Gottheiten gleichen oder ähnlichen Namens auch außerhalb Phöniziens und zwar dort ebenfalls als Schutzgottheit und Urheber einer einzelnen Stadt verehrt wurden, half man sich mit der Erklärung, dies gehe ganz mit rechten Dingen zu, die betreffende Gottheit sei in der Urzeit weit herumgezogen, um alle jene Städte zu errichten, sie sei aber bloß in der ihr vorzugsweise geweihten Stadt Phöniziens eigentlich zu Hause. War Phönizien das Land, in dem die Götter geweilt hatten, als sie noch leibhaftig auf Erden wandelten, so war nur eine nothwendige Consequenz, es — wie einzelne Nachrichten zeigen — auch für den Schauplatz zu halten, auf dem die ersten Menschen das Licht erblickten, vor Allem die Stammväter des phönizischen Volkes, die noch in persönlichem Verkehr mit den Gottheiten gelebt und aus diesem Umgange ihre Weisheit geschöpft haben sollten. Derartige Aussagen zu verwerthen, wie es Movers versucht hat, um damit die Hypothese zu erhärten, die Phönizier seien in dem Landstriche, der nach ihnen den Namen trägt, von Anfang an heimisch gewesen, ist mithin nicht gestattet. Für autochthon hält sich jedes Volk, sobald es über seine Herkunft nichts mehr weiß.

Andererseits giebt es auch Berichte, die von einer Einwanderung der Phönizier, und zwar von einer Einwanderung aus südlicher gelegenen Gegenden, erzählen. Der Erste, welcher dies erwähnt, ist Herodot. In der Einleitung seines Geschichtswerkes giebt er an, wie die „Geschichtskundigen unter den Persern" die ersten Anfänge der Zwistigkeiten darstellen, die den Gegensatz zwischen Morgen= und Abendland, der in den Perserkriegen zum Austrage gekommen sei, geschaffen haben sollen. Nach dieser Darstellung, sagt er, liege die Schuld an den Phöniziern. Nachdem diese von dem sogenannten Erythräischen Meere her an das Mittelländische gelangt waren und in dem Landstriche, den sie später bewohnten, sich niedergelassen hatten, hätten sie sofort weite Fahrten zur See unternommen, seien dabei auch nach Argos gekommen und hätten von dort Io, die Tochter des Inachos, entführt. Das Letztere ist es, worauf es an dieser Stelle Herodot am meisten ankommt. Wenn auch die Redewendung, mit welcher er diese Erzählung „geschichtskundigen Persern" in den Mund legt, schwerlich eine andere Bedeutung hat als die, vom Standpunkte der Perser aus müsse der Sachverhalt sich so darstellen, wie er geschildert wird, so will Herodot damit doch keineswegs gerade die Perser über die Herkunft der Phönizier vom Erythräischen Meere Zeugniß ablegen lassen. Denn in der Schilderung der Zusammensetzung des Heeres des Xerxes, die er im 7. Buche seines Werkes entwirft, sagt er nach der Erwähnung, daß dem Perserkönige die Phönizier zusammen mit den Syrern des Palästinischen Landes 300 Trieren gestellt hatten, und nach einer Beschreibung der Bewaffnung der phönizischen und syrischen Mannschaften: „Was die Phönizier betrifft, so wohnten sie ehedem, wie sie selber sagen, an dem Erythräischen Meere. Von dorther sind sie quer durch Syrien gezogen und wohnen nun daselbst am Meeresstrande. Dieser Landestheil Syriens und der ganze Landstrich bis nach Aegypten wird Palästina genannt." Aus diesem Zusatze hat Movers geschlossen, Herodot habe nicht behaupten wollen, die eigentlichen Phönizier seien in Syrien eingewandert, er habe nur die Bewohner des südlichsten Küstenabschnittes gemeint. Aus dem Zusammenhange geht aber hervor, daß Herodot unter Phöniziern hier nur die Bewohner derjenigen phönizischen Städte Syriens, welche Xerxes Schiffe geliefert hatten, also hauptsächlich die von Sidon, Tyros und Arados[1]) versteht, nicht aber etwa

---

1) Vergl. dazu Herodot VII, 98; 99; 100; 128.

die der philiſtäiſchen Küſtenlandſchaft, und daß er nur dem Namen Paläſtina
eine ſehr weite Bedeutung¹) beilegt. Zweifelhaft iſt dagegen, wo ſich Herodot
die urſprüngliche Heimath der Phönizier gedacht hat, ob am Rothen Meere
oder am Perſiſchen Meerbuſen. Denn nach ſeiner Vorſtellung iſt das ganze
Ländergebiet vom Nordende des Perſiſchen Meerbuſens bis zum Nordende
des Rothen Meeres einerſeits und der ſyriſchen Küſte des Mittelmeeres
andererſeits — mit Einſchluß Arabiens, deſſen Geſtalt und Ausdehnung ihm
unbekannt war — eine große Halbinſel, die wie Kleinaſien die Richtung von
Oſt nach Weſt hat, und an deren ſüdlicher Küſte parallel demjenigen Abſchnitte
des Mittelmeeres, welcher die ſyriſchen Geſtadelandſchaften abgrenzt, ein aus=
gedehntes Meer ſich hinzieht, das von der Mündung des Euphrat und Tigris
bis zum Südrande des Iſthmus von Sues reicht. Dieſes ſüdliche Meer, als
ein Ganzes betrachtet, nennt er das Erythräiſche. Wie Kleinaſien zwiſchen
einer Küſte des Pontos Euxeinos und einer Küſte des Mittelmeeres, ſo lag
auch nach ſeiner Vorſtellung Syrien zwiſchen der vom Golfe von Iſſos bis
nach Peluſion reichenden Küſte des Mittelmeeres und der Küſte des Erythräiſchen
Meeres eingeſchloſſen. „Quer durch Syrien" wanderte alſo nach ſeinen Be=
griffen Jeder, der von irgend einem Punkte des ſogenannten Erythräiſchen
Meeres ſich nach irgend einem Punkte der dem Mittelmeere zugekehrten Seite
des vermeintlich halbinſelartigen ſyriſchen Landkörpers begab. Sagt Herodot,
die Phönizier ſeien quer durch Syrien, oder wörtlicher aus dem an das
Erythräiſche Meer angrenzenden Theile Syriens herübergewandert, ſo zeigt
das mithin nicht etwa, daß er oder einer ſeiner Gewährsmänner die Heimath
dieſes Volkes gerade an dem entlegenſten Punkte der Erythräiſchen Geſtade,
alſo etwa an der Mündung des Euphrats und Tigris ſuchten. Er würde
ſich genau ebenſo ausgedrückt haben, auch wenn er minder entlegene Gebiete im
Sinne hatte. Auf eine beſtimmte Gegend deutet daher ſeine Ausſage nicht,
nur im Allgemeinen auf einen Theil der Länderſtrecke, die vom Golfe von
Sues bis zum Mündungsgebiete des Euphrats und Tigris ſich hinzieht.

Die meiſten anderen Nachrichten über die Herkunft der Phönizier vom
Erythräiſchen Meere, welche in den Schriften der Alten ſich finden, gehen von
dieſer Verſicherung Herodots aus. Die griechiſchen Gelehrten, vor Allem die
alexandriniſchen, hatten beſonderen Anlaß, mit dieſer Nachricht ſich zu be=
ſchäftigen, weil ſie zur Erklärung einer Stelle der Odyſſee (IV, 81—85) her=
halten mußte, an der Menelaos über ſeine Irrfahrten ſagt, er ſei vor ſeiner

---

1) Vergl. S. 16. Für die Richtigkeit ſeiner Auffaſſung beruft Movers ſich mit
Unrecht auf die Thatſache, daß Herodot auch die Bewohner der philiſtäiſchen Küſte als
Phönizier betrachtet (vergl. oben S. 87), und auf eine Notiz, die Stephanos von
Byzanz aufbewahrt hat: Azotos (Asdod) ſei von dem Anführer einer Schaar von Flücht=
lingen, die vom Erythräiſchen Meere herkam, gegründet worden, und er habe die Stadt
nach dem Namen ſeiner Frau Aza genannt. Liegt dieſer Notiz überhaupt irgend eine
einheimiſche Ueberlieferung zu Grunde, ſo wird es die ſein, daß die kanaanäiſche Be=
völkerung der Geſtade Paläſtinas ſich als eine aus dem Binnenlande eingewanderte
betrachtete. Vergl. auch S. 117.

Heimkehr nach Kypros, Phoinike und zu den Aegyptern verschlagen worden, sei zu den Aethiopen gelangt, den Sidoniern und den Erembern und auch nach Libyen. In der Ueberzeugung, der Dichter halte in dieser Aufzählung genau die Reihenfolge inne, in welcher Menelaos die betreffenden Länder und Völker besucht habe, auch könne der Dichter nicht etwas Unmögliches erzählen, ebenso wenig sich wiederholen, suchten viele Ausleger die Fahrt zu den Aethiopen sich dadurch verständlich zu machen, daß sie die Hypothese aufstellten, Menelaos sei auf irgend einem Wege zu Schiffe in den südlichen Ozean gerathen und sei dort zuerst zu dem Lande der Aethiopen, dann, in dem Erythräischen Meere weiter fahrend, zu den an dieser Stelle genannten Sidoniern und von diesen zu den Erembern gekommen. Die Erember, in deren Namen aller Wahrscheinlichkeit nach der Name der Aramäer enthalten ist, hielt man für einen arabischen Volksstamm. Die Sidonier hielt man für phönizische Bewohner einer Gestadelandschaft des Arabischen oder des Persischen Meerbusens und stritt darüber, ob Homer damit phönizische Ansiedler, die aus Sidon dorthin gezogen waren, oder die Vorfahren der am Mittelmeere ansässigen Phönizier gemeint habe. Als dann bekannt wurde, daß es in einer auf der arabischen Seite des Persischen Meerbusens liegenden Inselgruppe, welche gegenwärtig Bahrein genannt wird, eine Insel gab, deren Name den Griechen ähnlich wie Tylos oder — wie häufig geschrieben wurde — wie Tyros klang, und eine andere, deren Name griechisch durch Arados wiedergegeben wird, erblickten mehrere griechische Gelehrte darin eine endgültige Bestätigung der Vermuthung, die Urheimath der Phönizier sei am Ufer des Persischen Meerbusens zu suchen. Sogar die Behauptung, es gebe auf diesen Inseln Tempel, welche den phönizischen ähnlich sähen, und ihren Einwohnern sei auch noch bekannt, daß die phönizischen Städte Tyros und Arados ihre Colonien seien, fand gläubige Anerkennung.

Unabhängig von den Versuchen, jene Stelle der Odyssee zu erklären, und von der Aussage Herodots sind außer einzelnen Notizen, die hier mit Stillschweigen übergangen werden dürfen, nur die Angaben, die Justin in seinen Auszügen aus dem Geschichtswerke des Pompejus Trogus über die Herkunft der Phönizier macht. Was er berichtet, ist Folgendes. „Das Volk der Tyrier stammt von Phöniziern ab, welche, durch ein Erdbeben in Unruhe versetzt, ihre erste Heimath an dem syrischen Binnensee (ad Syrium stagnum) verließen, bald darauf am nächsten Gestade des Meeres sich ansiedelten und dort eine Stadt erbauten, welche sie wegen des Reichthums an Fischen Sidon benannten, denn der Fisch heißt bei den Phöniziern sidon." [1] Daß Sidon

---

[1] Justinus, XVIII, 3, 2—3. Statt ad Syrium stagnum boten früher die Ausgaben Assyrium stagnum. Man verstand daher die Stelle so, als sei das Assyrium stagnum nur eine Station auf dem Zuge der Phönizier, nicht aber der Ausgangspunkt gewesen, von dem sie durch ein Erdbeben vertrieben waren. Die beste Erklärung des Ausdruckes Assyrium stagnum war dann die, es sei damit der See von Bambyke nördlich von Thapsakos, auf dem Wege von Babylonien zum oberen

„Fisch" bedeuten soll, ist unrichtig, aber es hat doch wenigstens die Bedeutung „Fischfang." Der abflußlose See, das Syrium stagnum, von dem an dieser Stelle die Rede ist, soll nicht weit von dem syrischen Gestade liegen. Man hat daher an den See Genezareth gedacht, an das fischreiche galiläische Meer. Da aber stagnum ein Wasserbecken bezeichnet, dem es an Abfluß fehlt, ist diese Deutung wenig wahrscheinlich. Das Richtige scheint vielmehr Christian Carl Josias Bunsen getroffen zu haben, der die Meinung ausgesprochen hat, es sei das Todte Meer gemeint, und das Erdbeben, welches die Phönizier bewogen haben soll, das Ufer dieses Meeres zu verlassen, sei dasselbe, dem der Untergang der Städte Sodom und Gomorrha zugeschrieben wurde.¹) Der Erzählung vom Untergange dieser Städte liegt augenscheinlich die Vorstellung zu Grunde, daß in jener Gegend vor undenklichen Zeiten eine höhere Cultur bestand, als in geschichtlicher Zeit dort vorhanden war, und die anderen Volksstämmen angehörte als denjenigen, die in geschichtlicher Zeit dort wohnten. Je höher die Vorstellung war, welche man von dieser untergegangenen Cultur sich machte, um so weniger ließ sich das Verschwinden derselben ausschließlich auf etwas Zufälliges, auf das blinde Walten roher Naturkräfte zurückführen. Als Ursache wurde daher eine tiefe Entartung, eine zum Himmel schreiende Sündhaftigkeit angenommen, die ihren Lohn erhalten hatte. Gegen den Gedanken, daß ein blühendes Leben, daß Wohlstand und Glück zerstört und für immer vernichtet werden könne, ohne daß eine sittliche Verschuldung vorausgegangen sei, sträubt sich jede Faser des Gemüths. Blickt die Sage in die vorgeschichtliche Vergangenheit zurück, so betrachtet sie daher stets das Zugrundegehen des Schönen und Herrlichen als unbedingte Folge eines Frevels.²) Nach einer Andeutung, welche Vers 31 des 19. Kapitels der Genesis macht, muß es eine Auffassung gegeben haben, nach welcher die Zerstörung der Städte Sodom und Gomorrha zugleich als ein über das ganze Menschengeschlecht verhängtes Strafgericht galt, bei dem nur die Stammeltern

---

Euphrat, gemeint. Alfred von Gutschmid, der in seinen Beiträgen zur Geschichte des alten Orients (Leipzig 1858), S. 26, Anm. diese Erklärung aufstellte, hat sie jedoch selber nachträglich verworfen, weil die echte handschriftliche Ueberlieferung ad Syriam stagnum (lies ad Syrium stagnum) bietet (vergl. Neue Jahrbücher für Philologie und Pädagogik, CXXI, Leipzig 1880, S. 293).

1) Christian Carl Josias Bunsen, Aegyptens Stelle in der Weltgeschichte, IV, Gotha 1856, S. 292.

2) Es ist das beinahe der einzige Grund, weswegen bei allen Völkern die Sagen, welche von ihrer Vorgeschichte handeln, düstere Schilderungen entsetzlicher Unthaten entrollen. Ich erinnere an die Greuel, welche angeblich von Geschlecht zu Geschlecht in den meisten Herrscherhäusern des heroischen Zeitalters, von deren Untergang die Sagengeschichte der Griechen berichtet, verübt sein sollen und diese als doppelt und dreifach mit Fluch beladen darstellen. Eine Erzählung, die einfach von dem Untergange meldete, ohne den Zusammenhang mit einer entsprechend großen Schuld aufzudecken, würde eben niemals glaubwürdig geworden sein. Verwerfen wir doch einen Roman, dessen Ausgang die Gerechtigkeit, nach der wir im wirklichen Leben so oft vergeblich uns umsehen, vermissen läßt.

der später lebenden Menschheit verschont blieben. Da aber diese Andeutung zu dem Berichte gehört, in welchem erzählt wird, wie es zuging, daß von den Einzigen, welche jene Zerstörung überlebten, von Lot und dessen Töchtern Moab und Ammon, die beiden im Süden und Südosten des Todten Meeres ansässigen Volksstämme, ihren Ursprung abzuleiten haben, so steht nichts im Wege, die biblische Erzählung und die Nachricht, von welcher bei Justin die Rede ist, miteinander in Parallele zu setzen. Miteinander verglichen, lassen beide Darstellungen auf eine Ueberlieferung allgemeineren Inhalts schließen, in welcher die Trennung der Völker in verschiedene Stämme überhaupt erklärt und als Ursache derselben ein gewaltiges Naturereigniß, eine Erdumwälzung, die in einer Gegend am Rande des Todten Meeres stattgefunden haben sollte, aufgefaßt wurde.¹) In dem Berichte, der den Angaben Justins, oder besser der Quelle des Pompejus Trogus zu Grunde lag, begann mit dieser Katastrophe die Entstehungsgeschichte der Phönizier, also wohl überhaupt die Entstehungsgeschichte der verschiedenen Abzweigungen der kanaanäischen Menschheit. In der biblischen Erzählung dagegen ist dieselbe Ueberlieferung verwendet, um daran die Entstehung zweier in der Umgebung des Schauplatzes jener Katastrophe später wohnenden Stämme anzuknüpfen. Das Eigenartige dieser Katastrophe, der Umstand, daß gerade ein großes Erdbeben Anlaß zu einer neuen Gestaltung der Völkerverhältnisse giebt, führt zu dem Rückschlusse, daß die einheitliche Ueberlieferung, die nach beiden Darstellungen vorausgesetzt werden darf, ihrerseits wiederum auf eine Anschauung zurückgeht, die nicht im Norden Palästinas oder in dessen Küstengebieten, sondern nur unmittelbar in der Umgebung des Todten Meeres, angesichts der hier in beredter Sprache von der Einwirkung gewaltiger Naturkräfte zeugenden Spuren entstanden sein kann.²) Mit anderen Worten: eine Sage lokalen Ursprungs, welche das Vorhandensein des Todten Meeres einer mächtigen Erdumwälzung zuschrieb, ist der Anlaß gewesen, daß in einem Sagenkreise viel allgemeineren Inhalts — in einer Reihe von Sagen, welche den Untergang einer nicht mehr bestehenden zu hoher Ausbildung gelangten Cultur motiviren und andererseits die Ueberzeugung, daß zwar die Geschichte der Völker sich nicht bis zu ihrem ersten Ausgangspunkte, der Entstehung der ersten Menschen, zurückverfolgen läßt, daß trotzdem aber der Ursprung der Menschheit ein einheitlicher gewesen sein müsse, zum Ausdruck bringen sollten — daß in diesem Sagenkreise das Gebiet des Todten Meeres und ein Erdbeben, welches dort seine Wirkung ausgeübt haben sollte, die wesentlichste Rolle spielten.

Fragt man, bei welchem Volksstamme dieser Sagenkreis sich entwickelt hat, so leuchtet ein, daß man es hier mit einer Ueberlieferung zu thun hat, die kanaanäischen Ursprungs ist, und zwar kann sie nur unter denjenigen

---

1) Vergl. Alfred von Gutschmids Bemerkungen in den Neuen Jahrbüchern für Philologie und Pädagogik, CXXI, S. 293.
2) Vergl. J. Wellhausen, Prolegomena zur Geschichte Israels, Berlin 1883, S. 344.

Kanaanäern aufgekommen sein, die im Binnenlande, die in der Nähe des Todten Meeres ihre Wohnsitze hatten. Wann sie entstanden ist, das läßt sich naturgemäß nicht feststellen. Die biblische Darstellung rührt von dem sogenannten jahwistischen Erzähler her,[1]) der, wie man annimmt, um die Mitte des 9. Jahrhunderts v. Chr. geschrieben hat. Die Ueberlieferung, aus welcher dieser Erzähler schöpfte, ist jedoch ohne Zweifel viel älteren Ursprungs. Was an dieser Stelle hauptsächlich in Betracht kommt, ist die Frage, wie weit sie verbreitet gewesen ist, die Frage, ob aus der Erwähnung bei Justin folgt, daß sie auch den Phöniziern bekannt war. Ich bin der Ueberzeugung, daß sich das nicht erweisen läßt, und daß besondere Gründe gerade den Werth dieser Nachricht in sehr ungünstigem Lichte erscheinen lassen.

An die Erzählung von der Herkunft der Phönizier und der Gründung Sidons schließt sich nämlich bei Justin unmittelbar die Bemerkung an, „viele Jahre später" sei Sidon „von dem Könige der Askalonier erobert worden," die Phönizier hätten sich auf ihre Schiffe begeben und hätten da, wo sie wieder ans Land stiegen, die Stadt Tyros errichtet. Das Letztere, wird behauptet, sei ein Jahr vor der Zerstörung Trojas geschehen. Es folgt dann ein Bericht über Begebenheiten, die angeblich in die Perserzeit fallen. Was die Eroberung Sidons durch einen „König der Askalonier" zu bedeuten haben mag, soll hier nicht erörtert werden. Es ist wahrscheinlich, daß sich dies in der That auf eine geschichtliche Begebenheit bezieht, welche allerdings nicht die Gründung von Tyros zur Folge gehabt hat. Da Justin den Wortlaut seiner Vorlage nur in knappem Auszuge wiedergiebt, ist recht gut möglich, daß er gerade in diesem Abschnitte manche Einzelheiten fortgelassen hat. Legt er einer Sache besondere Wichtigkeit bei, so ist aber auch anzunehmen, daß deren Wichtigkeit annähernd in demselben Maße auch in der Vorlage mit Nachdruck hervorgehoben wurde. Befremdend und durchaus verdächtig ist mithin, daß in dieser Uebersicht über die Geschichte des phönizischen Volksstammes das Wesentlichste, was nach der Auswanderung der Phönizier aus dem Binnenlande und der Gründung von Sidon geschieht, als ein Eingreifen der Askalonier dargestellt wird. Daß in einer Darstellung, die in letzter Linie auf phönizische Ueberlieferungen zurückgänge, eine That, welche die Askalonier einmal vollbracht haben sollen, so im Vordergrunde stehen würde, ist nicht denkbar. So konnten höchstens die Bewohner von Askalon die Entstehung von Tyros schildern. Berichte, die während der hellenistischen Periode in Askalon selbst oder wenigstens im philistäischen Syrien in Umlauf waren, werden in der That einzig und allein die Quelle dieser ganzen Schilderung der Urgeschichte Phöniziens sein. Nichts verräth eine eingehende Bekanntschaft mit der Entwicklungsgeschichte der phönizischen Ansiedelungen. Arados, Berytos, Byblos werden gar nicht genannt; selbst von Sidon ist wie von einer bereits verschollenen

---

1) Vergl. J. Wellhausen in den Jahrbüchern für deutsche Theologie, XXI, S. 415—417.

Stadt die Rede. Mochten auch die Bewohner Sidons mit Vorliebe Tyros als eine emporgekommene Tochter Sidons betrachten, sie würden doch nie so weit gegangen sein, ihre eigene Stadt seit der Entstehung von Tyros ganz in den Hintergrund treten zu lassen. Von mäßiger Vertrautheit mit der phönizischen Sprache zeugt zudem die Behauptung, daß Sidon schlechthin Fisch bedeute. Ferner kann die Nachricht, daß Tyros seine Entstehung einem Kriegszuge der Askalonier gegen Sidon verdanke, nicht lediglich eine eingeschobene Notiz sein; sie bildete vielmehr den Mittelpunkt der Darstellung, welche Pompejus Trogus benutzt hat. Aus Sidon oder Tyros kann daher die ganze Erzählung schwerlich stammen. Wohl aber konnte, aus der Ferne betrachtet, vom Standpunkte der Bewohner der Küste Palästinas beurtheilt, die phönizische Urgeschichte diese Gestalt gewinnen. Löst man diese Erzählung in ihre Bestandtheile auf, so ergeben sich allerdings zwei Traditionen. Die eine ist geschichtlicher Art, ist eine Erinnerung daran, daß Sidon oder eine andere Stadt der „Sidonier" einmal von einer Abtheilung des philistäischen Volksstammes, welche wahrscheinlich erst nach diesem Ereignisse sich in Askalon niederließ, erobert worden ist. Aus dieser historischen Erinnerung hat sich eine zweite Tradition gebildet. Diese sollte augenscheinlich erklären, warum die Phönizier zuerst Sidonier, später aber Tyrier genannt wurden, und die Erklärung war: die Phönizier sind Kanaanäer, welche an dem Ufer des fischreichen Meeres ihren Wohnsitz aufgeschlagen haben; darum hießen sie Sidonier, bis die Askalonier kamen, ihre Niederlassung eroberten und die Phönizier zwangen, zu Tyros eine neue zu gründen; seitdem heißen sie Tyrier. Ist dies der eigentliche Inhalt der Berichte gewesen, welche für die Darstellung, der Pompejus Trogus sich angeschlossen hat, maßgebend waren, so kann diese Auffassung nicht vor derjenigen Zeit entstanden sein, in welcher für die Phönizier der Gesammtname Tyrier aufkam, d. h. nicht vor der Perserzeit. Abgesehen von der zuerst genannten rein historischen Tradition, lehnt diese Erzählung nur in einem Punkte an eine Ueberlieferung sich an, die augenscheinlich älteren Ursprungs ist, nämlich mit der Angabe, die ursprüngliche Heimath der Phönizier habe am Todten Meere gelegen, und sie seien wegen eines schrecklichen Erdbebens an die Küste geflüchtet. Es ist aber einleuchtend, daß der Zusammenhang, in dem diese Angabe vorkommt, zwar zu der Annahme verpflichtet, daß der Erzähler eine andere Herkunft und eine andere Ursache sich nicht zu denken vermochte, daß aber gerade deswegen ganz ungewiß bleibt, ob die Phönizier jemals eine ähnliche Ueberlieferung besessen haben. War unter den kanaanäischen Ansiedlern, welche die Grundbevölkerung des philistäischen Gestadelandes bildeten und in der persischen Periode die Bevölkerungselemente fremder Herkunft, welche die Einwanderung der Philister dorthin geführt hatte, längst sich amalgamirt hatten, auch die Ueberzeugung verbreitet, daß alle Kanaanäer aus dem Binnenlande stammten, so ist damit noch nicht erwiesen, daß der phönizische Volksstamm ihre Ueberzeugungen theilen mußte.

Es kommt noch in Frage, ob Herodots Aussagen nicht auf eine ähnliche

Erzählung, wie es die ist, die Justin mittheilt, zurückgeführt werden dürfen. Alfred von Gutschmid, der diese Meinung aufgestellt hat, weist[1]) darauf hin, „daß das weit im Innern in einem von der Küste aus schwer zugänglichen Lande gelegene Todte Meer den Griechen erst sehr spät bekannt geworden ist, und selbst noch bei Strabon die Kunde von demselben eine äußerst unvollkommene ist," als Urheimath der Phönizier sei Herodot wohl in Tyros das „Meer von Edom (des rothen Landes)" genannt worden, daß Herodot das Meer, welches ihm so bezeichnet wurde, für das Erythräische hielt, sei ein Mißverständniß. Es wird dabei aber viel vorausgesetzt. Erstlich, daß Herodot seine Nachrichten über die Herkunft der Phönizier erhielt, als er in Tyros war. Zweitens, daß die Tyrier das Todte Meer das Meer von Edom nannten. Drittens, daß Herodot so viel Phönizisch verstand, um zu wissen, daß edom die Bedeutung „roth" hat, aber nicht so viel, um zu merken, daß es sich um einen Volksnamen handelte. Lieber würde man sich doch zu der Annahme entschließen, daß Herodot nur von einem binnenwärts gelegenen Meere reden hörte und, da das Todte Meer ihm gänzlich unbekannt war, an das Erythräische denken mußte. Noch wahrscheinlicher ist aber, daß er seine Nachricht gar nicht aus erster Hand hatte. Dann mag sie allerdings ebenso wie die Nachricht Justins auf Traditionen zurückgehen, die in den südlichen Gestadelandschaften Syriens zu dieser Zeit verbreitet waren, und Herodot bei den Erkundigungen, die er über das Alter des Tempels der Aphrodite von Askalon eingezogen hat (S. 87), mitgetheilt worden sein. Zwar beruft er sich ausdrücklich auf eigene Angaben der Phönizier,[2]) er durfte dies aber sich gestatten, wenn seine Nachricht auch nur aus jenen Gegenden stammte, da er zwischen den Bewohnern derselben und den Phöniziern im engeren Sinne, wie seine Hypothese über die Verbreitungsgeschichte des Aphroditedienstes lehrt, keinen strengen Unterschied machte.

Im besten Falle haben also Herodots und Justins Nachrichten ihren Ursprung in einer kanaanäischen Sage, in welcher eine Gegend am Todten Meere als Ausgangspunkt einer Völkertrennung betrachtet wurde. Und zwar wurde der Ausgangspunkt dorthin verlegt, nicht weil geschichtlich feststand, daß von dort eine solche Völkerbewegung ausgegangen war, sondern umgekehrt, weil in Wirklichkeit der Ausgangspunkt unbekannt war, jene Gegend aber als Schauplatz einer gewaltigen Umgestaltung der Erdoberfläche galt, welche blühende Ansiedelungen der Vorzeit verschlungen und eine trostlose

---

1) Vergl. Neue Jahrbücher für Philologie und Pädagogik, CXXI, S. 293.

2) Der Meinung, die Movers ausgesprochen hat, gebe ich hiermit nicht Recht. Movers meint, Herodot habe eine Nachricht, welche bloß auf die Herkunft der kanaanäischen Bewohner des Gestadelandes Palästinas sich bezog, fälschlich auf die Herkunft der Bewohner Pöniziens ausgedehnt. Ich bin dagegen überzeugt, daß in diesem Falle Herodot die Nachricht, welche er erhielt, nicht falsch gedeutet hat. Sie bezog sich in Wirklichkeit ganz, wie Herodot angiebt, auf die Bewohner Pöniziens. Nur ahnte Herodot nicht, daß die Gewährsmänner nicht Phönizier waren.

Einöde an deren Stelle geschaffen haben sollte. Nur aus diesem Grunde war die Sage von der Völkertrennung dort lokalisirt. Wie in der Erzählung von der Zerstörung des großen Thurmbaues wird in ihr der Uebergang von der vorgeschichtlichen zu der geschichtlichen Zeit einer Katastrophe zugeschrieben, welche die Menschheit zwang, sich auf Erden auszubreiten und dadurch die Absonderung in Völker und Stämme erzeugte. Als kanaanäische Ueberlieferung über die Urgeschichte der Menschheit betrachtet, bildet diese Sage ein Gegenstück zu derjenigen Auffassung der Schöpfungsgeschichte,[1]) die im 2. und 3. Kapitel der Genesis vorliegt, einer Erzählung, die vermuthlich ebenso wie der Bericht über den Untergang Sodoms und Gomorrhas aus dem kanaanäischen Sagenkreise in den israelitischen übergegangen ist. Die Ueberzeugung, daß nicht von Anfang an dieselbe Vertheilung der Völker herrschte, die in geschichtlicher Zeit bestand, mag auch in den Anschauungen, welche die Phönizier über ihre eigene Urgeschichte sich gebildet haben werden, zum Ausdrucke gelangt sein. An sich ist also möglich und wahrscheinlich, daß sie ebenfalls Sagen besaßen, welche von ihrer Herkunft zu melden wußten. Aber weder aus den Erwähnungen bei Herodot, noch aus der Darstellung des Trogus Pompejus läßt das Vorhandensein solcher Sagen sich feststellen, geschweige denn sich bestimmen, wie diese Sagen gelautet haben mögen. Und selbst wenn es zur Zeit Herodots und schon vor seiner Zeit phönizische Sagen gegeben haben sollte, welche die Urheimath dieses Volkes an das Ufer des Todten Meeres verlegten, so würden diese Sagen bloß zum Ersatze für ein positives Wissen und im Anschlusse an Vorstellungen sich gebildet haben, die ihrer ganzen Art nach mit historischen Ueberlieferungen nichts gemein hatten, sondern auf leeren Voraussetzungen beruhten; sie würden aber nicht von irgend einem wirklichen Vorgange Zeugniß ablegen. Denn setzten die Phönizier voraus, daß die Trennung der Völker in einer Gegend des Todten Meeres begonnen habe, so mußten sie eben nothwendigerweise auch ihre eigene Geschichte dort und nirgend anderswo beginnen lassen. Die Echtheit der vermeintlich aus eigenen Angaben der Phönizier geschöpften Nachrichten ist jedoch, wie sich gezeigt hat, nicht einmal so weit über allen Zweifel erhaben, daß man daraus überhaupt Rückschlüsse auf Vorstellungen der Phönizier machen dürfte. Um so weniger dürfen sie daher zum Beweise für Theorien über die muthmaßliche Herkunft dieses Volksstammes herbeigezogen werden.[2])

Bis in die neueste Zeit hat man jedoch dies häufig zu thun versucht und hat in den erwähnten Angaben der Alten eine Fülle vermeintlicher Thatsachen bestätigt zu finden geglaubt. Mit besonderer Vorliebe sind diese Angaben verwerthet worden, um die Phönizier und übrigen Kanaanäer von den semitischen Völkern trennen und sie der sogenannten kuschitischen Völker-

---

1) Vergl. über diese J. Wellhausen, Prolegomena zur Geschichte Israels, Berlin 1883, S. 324.
2) Vergl. Eduard Meyer, Geschichte des Alterthums I, Anmerkung zu § 178.

gruppe einreihen zu dürfen. Man vermochte so sich wenigstens vorzustellen, daß die Völker, welche man zu dieser Familie rechnete, einmal beisammen gehaust haben konnten. Dies gelang um so leichter, als das Erythräische Meer als geographischer Begriff eine so wenig begrenzte Bedeutung hat, daß möglich wurde, die Urheimath der Phönizier ganz nach Belieben bald unmittelbar in der Nähe Babyloniens, bald an dem arabischen Theile der Küste Bab el-Mandeb unterzubringen, je nachdem mehr Werth auf den Zusammenhang mit den angeblichen Kuschiten Babyloniens und auf uralte Beziehungen zu den Bewohnern Indiens oder mehr Werth auf die Verwandtschaft mit den kuschitischen Afrikanern gelegt wurde. So hat sich denn allmählich eine Hypothese gebildet, welche die Phönizier vom Norden des Persischens Meerbusens aus rings um die Küsten Arabiens bis Bab el-Mandeb und von dort am arabischen Gestade des Rothen Meeres wieder nach Norden herumwandern läßt. Als selbstverständlich betont man dabei, daß sie als das „erste Schiffer- und Handelsvolk der ältesten Welt" alle diese Küsten und sogar noch viel mehr, auch die indischen „bis nach Ceylon hinab" beherrschten und zugleich „durch ihren Handel und ihre zahlreichen Niederlassungen in den verschiedensten für ihre Zwecke wohlgelegenen Ländern nicht nur die Producte der Südwelt mit dem Norden, sondern auch die Bildungselemente an Technik, Kunst und Wissen, die sie in den von ihnen besuchten Ländern kennen lernten, vermittelten." Als ebenso selbstverständlich gilt ferner, daß von der ehemaligen Existenz und dem Treiben dieser bildungsbeflissenen Handelspolitiker der Urzeit in geschichtlicher Zeit so gut wie gar nichts mehr zu spüren ist. Sie sollen das Unglück gehabt haben, fast überall, wo sie sich niedergelassen haben, auf Semiten zu stoßen, und wie es chemische Wahlverwandtschaften giebt, so zwang sie dann ein ethnologisches Gesetz, mit den Semiten sich zu vermischen, deren Sprache anzunehmen und sich von denselben vollständig absorbiren zu lassen. So „gaben sie den besten Theil ihrer Selbständigkeit auf, ohne darum die übrigen nationalen Eigenschaften ihres Stammes zu verlieren."

Um diese Hypothese nicht ganz als das, was sie ist, als ein romantisches Phantasiegemälde erscheinen zu lassen, wird meist angeführt, daß noch in historischer Zeit an einem Abschnitte der arabischen Küste des Rothen Meeres ein Theil des phönizischen Volkes seinen Wohnsitz gehabt habe, und daß der Name, welchen die Aegypter zur Bezeichnung für die dort ansässigen Phönizier zu gebrauchen pflegten, die Urform des griechischen Namens Phoinix und des lateinischen Poenus sei. Eine bessere Bestätigung würde man sich allerdings nicht wünschen können. Leider ist es aber mit der Richtigkeit dieser Behauptung sehr schwach bestellt. Das ägyptische Wort, um welches es sich handelt, ist zwar ein Volksname, aber nur insofern, als es die Bewohner eines Landstriches bezeichnet. Es ist von einem Ländernamen abgeleitet, ist nicht die Benennung eines bestimmten Menschenschlages oder Stammes. Es bezeichnete die Bewohner derjenigen Gebiete der Westküste Arabiens, in welchen der Weihrauchbaum heimisch ist, aber auch, wie es scheint,¹) die gegenüberliegende Strecke der afrikanischen Küste. Der Name, welchen die Aegypter diesen Ländern beizulegen pflegen, lautet in der Wiedergabe der hieroglyphischen Schriftzeichen, welche in der Aegyptologie die am meisten gebräuchliche ist, Punt und der Name der Bewohner im Singular Punti oder, wie man bis vor Kurzem irrthümlicherweise schrieb, Puna. Diese Wiedergabe ist aber eine unvollkommene, ein conventioneller Nothbehelf. In Wirklichkeit bekannt ist nur, wie die Consonanten des Wortstammes und der Endungen (-t, -tj) gelautet haben; ihr Lautwerth ist ursprünglich Pwn-t und Pwn-tj gewesen. Ferner ist falsch, den Wortstamm als eine Silbe (Pun-) bildend zu betrachten; er muß vielmehr ursprünglich zwei Silben (P-w-n) gehabt haben; er wäre sonst anders geschrieben worden.²) Der Uebergang zu den Formen Phoin-ix und Poen-us ist also kein so einfacher, wie es nach der Transcriptionsweise Punt und Punti den Anschein hat. Selbst wenn man alles dies für unwesentlich ausgeben wollte, so würde doch noch mehr als räthselhaft bleiben, wie es überhaupt zugegangen und denkbar sein soll, daß die Griechen und Römer die Phönizier mit einem Namen bezeichnen konnten, welchen diese selbst erwiesenermaßen sich niemals gegeben und welchen die Aegypter zwar den Bewohnern Jemens, niemals aber den Bewohnern Phöniziens beigelegt haben. Sollen etwa bloß die Griechen den Phöniziern angemerkt haben, daß diese mit der Bevölkerung des Landes „Punt" von ganz gleicher Abstammung waren, soll dagegen den Aegyptern, die doch viel ältere und nähere Beziehungen zu diesem Lande sowohl wie zu Phönizien hatten, die Identität ein Geheimniß geblieben sein? Ferner beruft man sich auf die Abbildungen von Leuten aus „Punt," die auf altägyptischen Denkmälern vorkommen: die Gesichtszüge und die Körpergestalt, findet man, sollen ebenso wie der Name von der Identität mit den Phöniziern Zeugniß ablegen. Wenn aber die Letzteren auf den Darstellungen, welche die ägyptischen Künstler uns entwerfen, den Bewohnern von „Punt" viel mehr ähnlich sehen als den Nubiern oder gar den Negern des ägyptischen Sudan, so darf das nicht im Geringsten überraschen und fordert gar keine besondere Erklärung. Denn daß ein Verwandtschaftsverhältniß zwischen den Phöniziern und den Bewohnern der arabischen Halbinsel bestand, wird Niemand in Abrede stellen wollen. Nur war die verwandtschaftliche Beziehung zu den Bewohnern des Landstriches „Punt," den Vorfahren der späteren Sabäer, keine so überaus nahe, wie man zu behaupten beliebt. Sie beschränkte sich auf die Zugehörigkeit zur semitischen Völkerfamilie. In „Punt" hat man außerdem noch Pût wiederfinden wollen, den Namen, welchen die Völkertafel einem von den Söhnen des Kusch beilegt. Er kommt auch an einigen anderen Stellen des Alten Testaments vor, die

---

1) Vergl. 1. Hauptabtheilung der Allgemeinen Geschichte, 1. Theil, S. 120 u. 234.
2) Vergl. A. Erman, Aegypten und ägyptisches Leben im Alterthum II (Tübingen), S. 607, Anm. 2.

aus der Zeit des Exils stammen, und bezeichnet dort Söldner von aus=
ländischer, uns unbekannter Herkunft, auf keinen Fall also einen Volksstamm
vom Schlage der Phönizier. Ueberdies ist aus sprachlichen Gründen unmöglich,
Pūṭ und Punt für ein und dasselbe Wort zu halten. Keine grammatische
Kunst reicht aus, um zu erklären, wie aus dem Wortstamme Pun das n ver=
schwunden, wie dafür das t der Endung in den Wortstamm aufgenommen
sein und dabei sich in einen ganz anders gearteten Sprachlaut, in ṭ ver=
wandelt haben soll.

Wie man sich vorstellt, daß die Phönizier von Bab el-Mandeb aus auf
der arabischen Seite des Rothen Meeres längs der Küste desselben nach
Norden vordrangen, so nimmt man auch an, daß sie nicht unterlassen haben
werden, die afrikanische Seite gleichfalls zu besuchen. Auch hier hat daher
ein im Uebrigen hochverdienter norwegischer Gelehrter eine Ansiedelung dieser
erythräischen Phönizier, der „Bun-Pun," wie er sie betitelt, nachzuweisen
versucht.¹) Er nennt sie „Bun," weil er der Meinung ist, sie unter diesem
Namen auf einer ägyptischen Inschrift²) der Steinbrüche von Hammamat,
welche aus der Zeit des Königs Pepi I., eines Herrschers der 6. Dynastie,
herrührt, erwähnt gefunden zu haben, und zwar als Leute, die im Begriff
sind, von einer Hafenstadt am ägyptischen Ufer des Rothen Meeres, von
Hammamat aus, eine Reise in das Nilthal auszuführen, und dabei auf der
halbwegs von der Küste gelegenen Zwischenstation Hammamat³) gerastet haben.
Leider beruht diese Auffassung lediglich auf einem Mißverständnisse. Die be=
treffende Inschrift enthält gerade umgekehrt die Namen von Aegyptern, welche
vom Nilthale aus nach Rehanu oder, wie man gegenwärtig sagt, in das
Wadi Hammamat auf Befehl König Pepis sich begeben haben, um dort die
Aufsicht über den Betrieb der Steinbrüche zu führen.⁴) Von durchreisenden
Fremdlingen ist darin überhaupt mit keiner Silbe die Rede.

1) J. Lieblein, Handel und Schifffahrt auf dem Rothen Meere in alten Zeiten,
nach ägyptischen Quellen (Christiania 1886), S. 14—16.
2) Lepsius, Denkmäler, II, 115e.
3) Vergl. die Karte in J. Dümichens Geschichte des alten Aegyptens, S. 118.
4) Die Inschrift erwähnt den Schatzmeister Acha oder, wie der Name richtiger
zu umschreiben ist, Eche und dessen Begleiter, Personen, die lauter echt ägyptische Namen
tragen. Es folgt dann der Zusatz: „Dies sind meine sabennu, die mit mir gekommen
sind." Eche bezeichnet damit die übrigen Personen als Unterbeamten. Die Zeichen,
mit denen sabennu geschrieben ist, trennt Lieblein voneinander und macht daraus
zwei Worte, sab und bennu. Außerdem macht er noch eine Ergänzung, die seiner
Ansicht nach selbstverständlich ist, und übersetzt dann jenen Satz: „Diese Schakale sind
Bennu=Leute, die heruntersteigen, da, wo ich nach Hause zurückkehre." Diese „Bennu=
Leute" erklärt er für Bewohner von „Punt" und schließt daraus, im Aegyptischen müsse
es für „Punt" eine dialektische Nebenform gegeben haben, die auf die Form „Bun"
zurückzuführen sei. Die Beweise, welche dafür nach seiner Meinung sich beibringen
lassen, hier zu widerlegen, ist nicht erforderlich, da von „Bennu=Leuten" eben die In=
schrift gar nichts erwähnt. Wie es zugeht, daß Eche gerade diese vermeintlichen Agenten
der Civilisation als Schakale bezeichnen soll, erklärt Lieblein nicht. Vergl. auch Adolf

Fast ebenso wenig stichhaltig sind die Beweise, welche man für das Treiben der Pun-Phönizier im Osten der arabischen Halbinsel zu besitzen glaubt. Den Beweis für die Identität mit den Kuschiten, welchen man den Ursprung der babylonischen Cultur zuschreiben will, pflegt man einer Erzählung zu entnehmen, die Berosos überliefert hat. Im Anfange, berichtet er, gab es in Babylonien zwar eine starke Bevölkerung, bestehend aus mancherlei Stämmen; die Menschen lebten hier aber noch regellos wie ein Rudel von Thieren. Dies wurde erst anders, als plötzlich eines Tages aus dem Erythräischen Meere, da, wo es an Babylonien angrenzt, ein Fischmensch Namens Oannes auftauchte, ein seltsam gestaltetes Wesen, ein Fisch, der auf Menschenbeinen ging und unterhalb des Fischkopfes noch einen Menschenkopf hatte, welcher sprechen konnte. Dieses Wesen führte den Tag über Gespräche mit den Menschen, ohne Nahrung zu sich zu nehmen, und belehrte die Menschen über Alles, was ihnen noth that, um ein gesitteteres Leben beginnen zu können. Mit Sonnenuntergang aber zog es sich in das Meer zurück und übernachtete im Schooße der See, „denn es war eine Amphibie," d. h. es war ihm einerlei, ob es auf dem Lande oder im Wasser lebte. Nach dem Erscheinen des ersten Oannes sollen noch wiederholt Bildungsapostel desselben Namens und derselben Gestalt aus dem Meere aufgetaucht sein, um die Unterweisung wieder ins Gedächtniß zu bringen und fortzusetzen. Die Erklärung, welche man dieser Erzählung zu geben pflegt, daß es sich um factische Begebenheiten, nur nicht um Fisch-, sondern um Schiffmenschen, um die Verbreitung der Cultur durch Seefahrer handele, welche vom Persischen Meerbusen aus gelandet seien, hat nicht mehr Werth, als die rationalistische Deutung einer Fabel überhaupt hat. Sie sucht in der Fabel etwas ihr Incongruentes, eine Art von Inhalt, welchen die Fabel als solche gerade nicht besitzen kann, nämlich geschichtlichen Gehalt. Schrieben in der That die Babylonier den Ursprung ihrer Cultur den Lehren wunderbarer Wesen zu, welche eines Tages aus dem Meere hervorkamen und in demselben wieder verschwanden, so ist dies nicht anders zu beurtheilen wie die bei vielen anderen Völkern vorkommenden Sagen, welche den ersten Wohlthäter der Menschheit oder göttlichen Urheber der Gesittung eines Volkes auf dem Schauplatze seines Wirkens plötzlich erscheinen und dann wieder in eine verborgene geheimnißvolle Welt zurücktreten lassen. Statt geschichtliche Erinnerungen durchblicken zu lassen, verrathen diese Sagen immer das Gegentheil, ein Nachdenken, welchem die Gesammtheit der Errungenschaften der ererbten Cultur als ein großes Räthsel erscheint, als ein Streben nach Zielen, die so hoch sind, daß es Menschen nicht möglich gewesen sein kann, aus eigenem Antriebe in diese Bahnen einzulenken. Durchgehend herrscht darin zugleich die Vorstellung, daß das Erreichte nicht ganz vollkommen, daß das göttliche Gebot trotz wiederholter Einschärfung nicht immer heilig gehalten, kurz, daß

Ermans Aegypten und ägyptisches Leben im Alterthum, II, S. 627, und G. Masperos Aufsatz über die ägyptischen Geschichtsdenkmäler des Thales Hammamat in der Revue orientale et américaine, nouvelle série I (Paris 1877), S. 331.

die Gebrechen der menschlichen Natur nicht überwunden seien; der Urheber der Lehren, auf deren Autorität die Gesammtheit der bestehenden Einrichtungen zurückgeführt wird, habe bloß die Menschheit auf den richtigen Weg geleitet und sie dann sich selber überlassen. Von dem Einflusse eines fremden Volkes auf die Entstehung der babylonischen Cultur ist in der Sage von Oannes also auf keinen Fall die Rede. Aber auch noch weiter im Osten hat man Spuren der erythräischen Phönizier und sogar ihren Namen wiederfinden wollen, nämlich in Indien und in dem Sanskrit-Worte paṇi. Obwohl dieses Wort, dessen eigentliche Bedeutung „Händler," „Tauscher" war, niemals zur Bezeichnung für einen Volksstamm gebraucht wird, vielmehr meist nur Menschen von knauserigem, Ausgaben und daher auch die Kosten für Opfer scheuendem Charakter und hartherzigem Gemüth bezeichnet, so hat man doch annehmen zu dürfen geglaubt, daß es ursprünglich nicht der Name eines Gewerbes, sondern der eines fremden Volkes, eines Handelsvolkes gewesen sein müsse, und daß damit nur Phönizier gemeint sein konnten.¹) Verbindet sich aber mit paṇi gelegentlich der Begriff des nicht zum eigenen Volksstamme Gehörigen, des Fremden, was noch nicht einmal feststeht, so würde das ganz in der Ordnung sein, weil eben Gegenstand des Handels vor Allem ausländische Erzeugnisse und die Händler selbst daher meist Ausländer oder wenigstens nicht Ortseinheimische sind. Das Wort selbst ist aber deswegen noch nicht als Fremdwort oder als Umdeutung des problematischen Volksnamens zu betrachten.

Wie die Angaben der Alten über die Herkunft der Phönizier an sich wenig Vertrauen zu erwecken vermögen, so sind mithin auch die Versuche, aus ihnen durch Combinationen historische Thatsachen zu erschließen, für gescheitert anzusehen. Schon die Voraussetzung, die bei diesen Versuchen stets stillschweigend gemacht wird, daß es möglich sei, über den Thatbestand eines Vorganges, der, wenn er stattgefunden hat, in vorgeschichtliche Zeiträume fallen muß, genaue Ermittelungen anzustellen, ist ja äußerst anfechtbar. Daß bei näherer Betrachtung eine schöne Reihe umfassender Perspectiven in Luft und Nebel sich verflüchtigen muß, wird eher für einen Gewinn als für einen Verlust gelten dürfen. Die Grenzen des Wissens treten klarer hervor; zu bedauern ist höchstens, daß immer von Neuem eine Fülle von Scharfsinn und Gelehrsamkeit fruchtlos aufgeboten wird, um die Brauchbarkeit jener Angaben für die historische Forschung zu verfechten, wie das meist zu geschehen pflegt, wenn schlecht beglaubigte Nachrichten etwas objectiv Richtiges anzudeuten scheinen. In dem vorliegenden Falle wird überdies bei diesen Bemühungen die Tragweite der vermeintlich gewonnenen Ergebnisse meist bedeutend überschätzt. Die frühzeitige Ausbildung der Schifffahrt in Phönizien, die Entwickelung des phönizischen Volksstammes zu einem seefahrenden Handelsvolke, den internationalen Zug in ihrem Thun und Lassen, kurz Alles in der Eigenart

---

1) J. Lieblein, Handel und Schifffahrt auf dem Rothen Meere, S. 86—90.

des geschichtlichen Auftretens dieses Volkes, was von vornherein einer Erklärung bedarf, ist man bereit, dem ehemaligen Aufenthalte am Ufer des Erythräischen Meeres zuzuschreiben. Denn nicht etwa im Zustande der Uncultur, sondern als geschulte Seeleute, als erfahrene Händler, vertraut mit allen Errungenschaften der Gesittung südlicherer Breiten, in jeder Beziehung fertig, sollen die Phönizier eines Tages aus irgend einem nicht näher aufgeklärten Anlasse ihre Wohnsitze gewechselt und die mittelländische Küste Syriens aufgesucht haben. Obgleich niemals behauptet worden ist, daß dieser Vorgang noch der geschichtlichen Zeit angehören könne, verlegt man damit die Erklärung geschichtlicher Probleme, welche, soweit sie überhaupt zulässig ist, sich aus der Beschaffenheit und Lage der phönizischen Ansiedelungen am syrischen Gestade hinreichend und ohne willkürliche Voraussetzungen ergiebt, völlig in das Unbekannte. In Wahrheit sind gerade diejenigen Gegenden, welche man sich besonders als Urheimath der Phönizier gedacht hat, die babylonischen und die westlich daran angrenzenden Küstengebiete des Persischen Meerbusens, wegen des Mangels an tauglichen Hölzern so wenig geeignet, die Entstehung der Seeschifffahrt gefördert zu haben, daß, wie Aristobulos[1]) berichtet, noch Alexander der Große, als er den Plan faßte, die Gestadelandschaften des östlichen Arabiens unter seine Herrschaft zu bringen, Seeleute sowohl als auch zerlegbare fertig gezimmerte Schiffe aus Phönizien nach Babylon kommen lassen mußte, und zwar geschah das in der ausgesprochenen Absicht, aus Babylonien erst etwas zu machen, was es bis dahin niemals gewesen war, „ein zweites Phönizien."

Beweiskraft besitzen also weder diejenigen Nachrichten, welche die Phönizier als Urbewohner ihres Landes, noch diejenigen, welche sie als Einwanderer hinstellen. Daß sie ursprünglich nicht in Phönizien, sondern weiter im Süden und zwar im Binnenlande Palästinas zu Hause gewesen sind, ist an sich allerdings sehr wahrscheinlich, aber nicht weil es Nachrichten giebt, welche dies aussagen, sondern lediglich wegen der vorgeschobenen, das nördlichste Verbreitungsgebiet der Kanaanäer repräsentirenden Lage ihrer Ansiedelungen. Unter den Völkern des Alterthums sind die Phönizier ja nicht das einzige, welches man für ein autochthones nicht halten darf, obwohl alle Berichte, welche wir über die Einwanderung haben, unglaubwürdiger Art sind. Meist lassen sich ja überhaupt keine Vermuthungen darüber aufstellen, auf welchem Wege dieses oder jenes Volk in seine Wohnsitze gelangt ist. Es gehört zu den Ausnahmen, daß bei den Phöniziern dies möglich ist. Sie können nur von Süden in ihre Wohnsitze gekommen sein, und was sie vorwärts gedrängt hat, wird, wie schon oben hervorgehoben wurde, dieselbe Völkerbewegung gewesen sein, welche, von den nördlichen Gebieten Arabiens ausgehend, im Süden Palästinas stets ihre Wirkung ausgeübt hat.

---

1) Arrian, Anabasis, VII, 19, 3—4.

Zweiter Abschnitt.

1. Anfänge der Geschichte und Cultur Phöniziens.

Bereits in einer durchaus prähistorischen Periode, geraume Zeiten vor dem ersten Auftreten der Phönizier soll nach dem Dafürhalten namhafter Geologen Phönizien ein von Menschen bewohntes Land gewesen sein. Schädel oder sonstige Skeletttheile prähistorischer Ureinwohner hat man dort allerdings bis jetzt noch nicht zu entdecken vermocht. Auf dem Boden einzelner von den Höhlen, an denen die westlichen Abhänge des Libanons reich sind,¹) lagern jedoch Schichten, die aus Resten von Brandkohle und Asche, aus Topfscherben, aus Splittern von Thierknochen und aus Feuersteinfragmenten von verschiedener Gestalt zusammengesetzt sind. Das Ganze ist durch Kalksinter zu einer brecienartigen steinharten Masse wie mit einem Kitt verbunden. Die Thierknochen hat man als Knochen nicht mehr lebender Arten bestimmt; doch weisen sie keine Spuren von Bearbeitung auf. Für Erzeugnisse, die sicher ein Werk der Menschenhand sind, erklärt man dagegen die Feuersteinsplitter, die in großer Menge vorkommen. Wenigstens haben Kenner, welche auf diesem Forschungsgebiete sehr bewandert sind, die Ueberzeugung ausgesprochen, daß Formen von solcher Gestalt, wie sie vorliegen, nicht auf anderem Wege, etwa durch Felsstürze oder gelegentliche Zersplitterung von Feuersteinknollen, hätten zu Stande

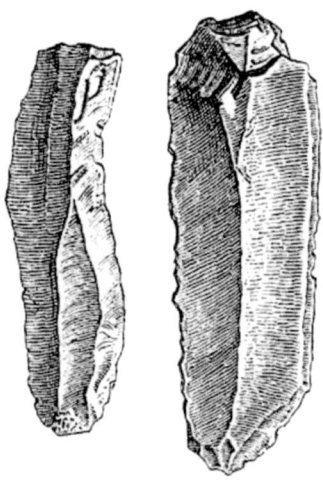

Feuersteinmesser aus Grotten in der Nähe des Nahr el-Kelb.

---

1) Die Fundstätten sind hauptsächlich Höhlen in der Nähe der Quellen des Nahr el-Kelb (S. 48). Doch hat Louis Lartet Feuersteinsplitter gemengt mit fossilen Thierknochen auch in einer Grotte bei Adlun (S. 60) gefunden. Vergleiche besonders Oscar Fraas, Drei Monate am Libanon, S. 26 und S. 66, sowie dessen Abhandlung: Geologisches aus dem Libanon, in den Württembergischen naturwissenschaftlichen Jahresheften XXXIV (Stuttgart 1878), S. 364—379, und des Herzogs von Luynes Voyage d'exploration à la mer morte, I, S. 12 und 23 und III, S. 216—224.

kommen können. Leider handelt es sich aber nur um eine Kategorie von Formen, über deren Entstehung Zweifel und Bedenken erlaubt sind. Es ist kein Stück darunter, welches unbedingt das Gepräge eines Werkzeuges, sichere Zeichen einer Glättung oder sorgsamen Umgestaltung zur Schau trüge. Auch hat es den Anschein, als seien in keinem Falle die Ablagerungen auf dem Boden derjenigen Grotten, welche hauptsächlich zur Untersuchung gekommen sind, vorher unberührt geblieben. Weitere Bestätigungen sind daher abzuwarten, bevor die Existenz einer im geologischen Sinne prähistorischen Bevölkerung in Phönizien als eine erwiesene Thatsache gelten darf. Eine unermeßliche Kluft würde ohnehin dasjenige Menschengeschlecht, welches ausschließlich mit Werkzeugen von so roher Beschaffenheit, wie es jene Feuersteinsplitter allenfalls sein würden, sich beholfen hätte, von den später in demselben Lande ansässigen Geschlechtern trennen.

Daß die Phönizier, als sie die Niederungen auf der Westseite der Libanonkette zu ihrem Wohnsitze wählten, einen Landstrich in Besitz nahmen, der überhaupt noch keine Bevölkerung hatte, ist keineswegs wahrscheinlich. Auf welcher Culturstufe jedoch die Vorgänger, welche sie dort antrafen, sich befanden und von welcher Abstammung diese waren, darüber läßt sich nicht das Geringste vermuthen. Einzelne Gelehrte haben freilich die Frage, warum gerade in Phönizien frühzeitig eine viel höhere Culturentfaltung eingetreten ist als in den meisten übrigen von Angehörigen der semitischen Völkerfamilie bewohnten Ländern, mit Hilfe der Hypothese beantworten wollen, die Abzweigung der Semiten, welche dorthin einwanderte, habe ebenso wie diejenige, welche in Babylonien sich niederließ, eine Bevölkerung von durchaus anders gearteter Veranlagung und Abstammung vorgefunden, welche längst im Besitze einer vielseitigen Gesittung gewesen sei; sie habe mit derselben sich vermischt und aus der völligen Verschmelzung sei erst der Menschenschlag hervorgegangen, welcher in der Geschichte den Namen Phönizier führt. Einen anderen Grund als die Meinung, man müsse sonst einem semitischen Volksstamme Eigenschaften beilegen, welche der semitischen Völkerfamilie als solcher versagt seien, hat diese Hypothese nicht. Solange es üblich war, das nichtsemitische Element in der Bevölkerung Babyloniens, welchem man, wie es scheint, aus triftigen Gründen, den größten Antheil an der Entstehung der Cultur Babyloniens zuschreibt, mit dem Namen Kuschiten zu bezeichnen, haben auch die Anhänger der erwähnten Theorie die ursprüngliche Grundbevölkerung Phöniziens für Kuschiten erklärt. Selbstverständlich ist aber diese Auffassung ebenso willkürlich und ebenso wenig geeignet, irgend etwas zu erklären, wie es die Annahme einer besonderen kuschitischen Völkerfamilie überhaupt ist. Da gegenwärtig die Mehrzahl der Assyriologen zu der Ueberzeugung neigt, die altbabylonische Cultur verdanke ihren Ursprung einem Volksstamme, welcher seiner Sprache nach zu den Turkvölkern in naher verwandtschaftlicher Beziehung stehe, sind auch Versuche, in Phönizien dasselbe Volk nachzuweisen, wie sich erwarten ließ, nicht ausgeblieben. Bequeme Anknüpfungspunkte boten dafür zunächst einzelne

Götternamen, die sowohl in Phönizien und in anderen syrischen Landestheilen als auch in Babylonien und Assyrien vorkommen; jedoch selbst vor der Erklärung phönizischer Ortsnamen aus dem nichtsemitischen Idiom Babyloniens und den sogenannten turanischen Sprachen ist man nicht zurückgeschreckt.[1]) Vorläufig sind aber die Ergebnisse dieser Bemühungen wenig überzeugend ausgefallen. Selbst wenn man als nicht völlig undenkbar und unmöglich zugiebt, daß — wie die neueste Formel lautet — in der Urzeit eine große Völkerschaft, die weder arischer noch semitischer Abstammung war, Medien, Kleinasien und die dazwischen sich ausdehnende Länderstrecke, ferner ganz Syrien vom oberen Laufe des Euphrats bis über die Grenzen Aegyptens hinaus und andererseits auch das ganze Ländergebiet des Euphrats und des Tigris bis zum Persischen Meerbusen inne gehabt hat, bevor die semitischen Stämme sich auszubreiten begannen und die Bevölkerung vieler Theile dieses Ländergebietes in Semiten umwandelten, so verfügt doch die Geschichtswissenschaft bis jetzt über keine Methode, mit deren Hilfe gelingen könnte, für ein Axiom dieser Gattung unanfechtbare Beweise beizubringen.

Unbekannt ist ferner, auf welcher Culturstufe die ersten kanaanäischen Ansiedler, die in Phönizien sich niederließen, bei ihrer Ankunft gestanden haben mögen. Da aber, wie schon erwähnt wurde, gerade eine Ansiedelung, welche die schlichte Bezeichnung „Fischplatz" führt, die erste gewesen ist, welche zu so hoher Bedeutung sich entwickelt hat, daß nach ihrem Namen die ganze in Phönizien ansässige Abzweigung der Kanaanäer benannt wurde, so darf man wohl annehmen, daß Anfangs kaum eine andere Berufsart verbreiteter gewesen sein wird als die Beschäftigung mit dem Fischfange. Etwas sehr Anspruchsloses und Einfaches haben auch die meisten übrigen Ortsnamen Phöniziens an sich, soweit sich deren Sinn erkennen läßt. Neben „Fischfang" haben wir „Fels," „Berg," „Brunnen" als Namen gerade der Hauptstädte. Spricht sich darin nicht aus, daß diese Städte sämmtlich aus kleinen dürftigen Niederlassungen hervorgegangen sein müssen? Es können doch ursprünglich nur Ortschaften gewesen sein, die sich durch nichts weiter auszeichneten und kennzeichnen ließen als durch ihre Lage; ebenso die Städte, welche „Höhe" und „Umschau" hießen. Bezeichnungen dagegen, welche Eigenschaften eines Orts, die vor Allem im Kriegsfalle zur Geltung kommen, mit Nachdruck hervorheben, Bezeichnungen wie „Starke" oder die „Festung" sind, wie es scheint, unter den Ortsnamen, welche es im eigentlichen Phönizien gab, gar nicht vertreten. Es ist das um so wesentlicher, da Namen, welche diese Bedeutungen haben, unter den Namen der ursprünglich kanaanäischen Städte der philistäischen Ebene ja vorkommen. Die Umwandelung Phöniziens in einen kanaanäischen

---

1) Vergl. Claude Regnier Conder Syrian Stone Lore; or, The Monumental History of Palestine (London 1886), S. 59 und besonders dessen Aufsatz The Pre-Semitic Element in Phoenicia in der Archaeological Review, I (London 1888), S. 91—101.

Landstrich wird man sich daher nur als einen friedlichen Vorgang, nicht als die Ueberwindung einer widerstrebenden Einwohnerschaft vorstellen dürfen.

Durch Rechnung ermitteln läßt sich jedenfalls, wie schon erwähnt wurde, der Zeitpunkt nicht, in welchem dort der Volksstamm der Phönizier seine Heimathsrechte erworben hat. Es ist das noch mehr unmöglich, als zu den Unmöglichkeiten gehört, selbst den ersten Anfang zu geschichtlicher Entwickelung in Aegypten und in Babylonien zu bestimmen, weil es in Phönizien durchaus an Denkmälern fehlt, die uns auch nur annähernd einen Rückblick auf ähnlich weit entlegene Fernen der Vergangenheit eröffnen, wie es die frühesten Denkmäler ägyptischen und babylonischen Ursprunges thun. Als feststehend darf jedoch betrachtet werden, daß eine in sich zusammenhängende, die Vorbereitung historisch bekannter Ergebnisse bildende Entwickelung in Phönizien viel später begonnen hat als im Nilthale und in dem Mündungsgebiete des Euphrats und des Tigris. Nach dem Muster der Babylonier und der Aegypter haben auch die Phönizier nachträglich sich nicht nehmen lassen, ein unabsehbar lange Zeiträume umfassendes chronologisches System ihrer eigenen Geschichte zu entwerfen. Wenigstens erwähnt Julius Africanus, ein christlicher Chronograph, der im ersten Viertel des dritten Jahrhunderts n. Chr. schrieb, beiläufig, daß es Darstellungen der phönizischen Geschichte gab, in welchen diese sich auf nicht weniger als 30000 Jahre zurückerstreckte. Es ist das noch eine bescheidene Gesammtsumme, wenn man bedenkt, daß die Babylonier ihre Rechnung bis auf 480000 Jahre gebracht zu haben behauptet haben sollen. Auf welchem Wege die ungeheure Zahl von 30000 Jahren gewonnen ist, läßt sich vermuthen. Eine verschwindend kleine Spanne Zeit werden die historischen Begebenheiten, die Regentenlisten ausgefüllt haben. Für die Vorgeschichte im eigentlichen Sinne hingegen, wenn man will, etwa für den Aufenthalt des phönizischen Volkes in seiner ersten und ursprünglichen Heimath, ist wahrscheinlich nicht das Geringste in Anschlag gebracht worden. Der Löwenantheil ist vielmehr aller Wahrscheinlichkeit nach den Göttern zugefallen, dem chronologischen Schema, das ersonnen war, um die Lehre von der Herrschaft der Götter auf Erden und speciell in Phönizien in den Rahmen einer ordentlichen Zeitrechnung zu bringen. Eines solchen Schemas bedurfte man, weil die Regentenlisten sich nicht auf die Aufzählung historischer Persönlichkeiten beschränkten, sondern mit mythischen Gestalten und mit Göttern begannen. Der Hauptsache nach steckt also in jener hohen Ziffer, wenn sie richtig überliefert ist, nichts weiter als eine Chronologie der phönizischen Kosmogonie und Göttergeschichte.

Viel älteren Ursprungs und sachlich von großem Werthe ist dagegen eine andere Zeitangabe, von der Herodot Mittheilung macht. Bei seiner Anwesenheit in Tyros, die ungefähr in das Jahr 450 v. Chr. zu setzen ist, haben ihm nämlich, wie er versichert, Priester des dort befindlichen dem Gotte Herakles, d. i. Melkart, geweihten Heiligthums auf die Frage, wie lange es her sei, daß der Tempel bestehe, erwidert, jener Tempel sei errichtet worden, als die Stadt gegründet wurde, und das sei vor 2300 Jahren geschehen. Demnach würde die Gründung von Tyros ungefähr in das Jahr 2750 v. Chr. fallen. Ueber die Glaubwürdigkeit der Gewährsmänner, welchen Herodot diese Nachricht verdankt, hat noch B. G. Niebuhr[1]) sich sehr skeptisch geäußert. Mag aber auch ihre Angabe nicht ganz genau zu nehmen und nicht vollständig aus Aufzeichnungen über die Gründung des Tempels geschöpft sein, mag auch selbst dahingestellt bleiben, ob Herodot nicht bloß derjenige Zeitabschnitt bezeichnet wurde, mit welchem nach einer damals in Phönizien allgemein verbreiteten Annahme die Gründung der ältesten Städte dieses Landes begann, so ist doch an sich gegen die Richtigkeit dieser Angabe als einer im großen Ganzen annähernd zutreffenden Zeitbestimmung sehr wenig einzuwenden. Daß im Interesse der Priesterschaft jenes Tempels aus praktischen Gründen lag, übertriebene Vorstellungen von dem Alter desselben in Umlauf zu bringen, ist selbstverständlich. Doch hatten sie allen Anlaß, sich dabei, da sie auf das notorische Alter der Stadt sich ausdrücklich beriefen, an die Grenzen dessen zu halten, was überhaupt für möglich galt. Ihre Angabe wird daher höchstens das früheste Datum sein, an welches die damaligen Bewohner Phöniziens ihre geschichtlichen Erinnerungen überhaupt anknüpfen zu dürfen glaubten. Es ist nicht eine Jahreszahl, wie sie lediglich aus Lust zum Fabuliren ersunden wird; man würde sonst höher gegriffen haben. Bereits um die Mitte des dritten Jahrtausends v. Chr. werden in der That die Kanaanäer in Phönizien ihre Wohnsitze aufgeschlagen haben.

Der Vervollständigung halber sei noch erwähnt, daß auch in späteren Nachrichten von dem hohen Alter der phönizischen Tempel die Rede ist. So betont z. B. der Verfasser einer Schrift „über die syrische Göttin," die unter Lukians Namen geht, allerdings bloß in der Absicht, für die rationalistische religionsgeschichtliche Hypothese, daß die Verehrung der Gottheiten aus Aegypten stamme, Beweise zu liefern, es gebe in Syrien Heiligthümer, die fast ebenso alt seien, wie die ägyptischen. In erster Linie behauptet auch er dies von dem Herakles-Tempel zu Tyros, freilich mit einer Redewendung, die deutlich verräth, daß Herodots Aussagen ihm bekannt waren.[2]) Für die ältesten und bedeutendsten Heiligthümer Phöniziens erklärt er ferner einen Tempel zu Sidon, welcher der Astarte geweiht war, und den großen Tempel der „byblischen Aphrodite," d. i. der Astarte zu Byblos. Auch will er sich durch den Augenschein überzeugt haben, daß noch ein anderer Tempel der Aphrodite, der östlich von Byblos im Libanon in der Nähe des Adonisflusses lag und den mythischen Kinyras zum Stifter haben sollte, sehr frühen Ursprungs sein

---

1) B. G. Niebuhr, Vorträge über alte Geschichte, I, S. 94. Vergl. auch John Kenrick, Phoenicia, S. 57—58.

2) Ausdrücklich beruft sich auf Herodots Ermittelungen über das Alter des Herakles-Cultus Arrian (Anabasis, II, 16), der ja ebenfalls behauptet, der Herakles-Tempel zu Tyros sei das älteste diesem Gotte geweihte Heiligthum, das bekannt sei (vergl. auch S. 70).

müsse. Der zuletzt genannte Tempel ist jedenfalls wohl der von Aska. Als unmittelbare Bestätigungen der Nachrichten, welche Herodot zu Tyros erhielt, dürfen diese und ähnliche Angaben mehr nicht betrachtet werden. Sie bestätigen bloß, daß die Phönizier gewohnt waren, die Stiftung der Tempel in den Anfang der Geschichte ihres Volkes zu verlegen. Sie vermochten nicht sich eine Stadt anders als unter dem besonderen Schutze einer Gottheit stehend zu denken, und zur Verehrung einer solchen Schutzgottheit gehörte unumgänglich eine Cultusstätte, eine Tempelanlage. Mit dem Begriffe der Städtegründung verband sich bei ihnen als selbstverständlich der Begriff der Einrichtung eines Cultus für eine Stadtgottheit als eines ersten Erfordernisses. Um die vorhandenen Cultusstätten concentrirten sich daher auch die geschichtlichen Erinnerungen der Städte. Den Melkart-Tempel von Tyros hat Herodot ziemlich ausführlich beschrieben; nicht auf dasjenige Bauwerk, welches er vor Augen hatte, wird sich jedoch die Mittheilung der tyrischen Priester bezogen haben, sondern nur auf den Zeitraum, der verflossen war, seit überhaupt diese Stelle der Verehrung jenes Gottes geweiht wurde. Aehnlich sind auch die Nachrichten aufzufassen, welche das Alter der Tempel anderer Städte Phöniziens betrafen. Speciell von dem Melkart-Tempel zu Tyros ist bekannt, daß wenigstens ein Theil der Baulichkeiten lange vor der Zeit Herodots erneuert und umgebaut worden ist. Monumentale Prachtbauten sind auch schwerlich die Anfangs errichteten Tempel gewesen; an dauerhaftem Baumaterial war ja ohnehin in Phönizien kein Ueberfluß; es hat sogar den Anschein, als habe man sich dort Anfangs begnügt, die Hauptbestandtheile der Tempel in Holz auszuführen. Auf Urkunden, welche der Errichtung des ältesten Herakles-Heiligthums von Tyros gleichzeitig waren, wird mithin die Zeitbestimmung der tyrischen Priester zwar keineswegs zurückgehen, wohl aber auf Inschriften, die zum Gedächtniß an spätere Umgestaltungen des Tempels verfaßt waren und Angaben über das Alter der früher an derselben Stelle stehenden Baulichkeiten enthielten — Angaben, die allerdings sehr nach Gutdünken bestimmt sein mochten, die jedoch den Zeitabschnitt, bis auf welchen die geschichtlichen Erinnerungen vermeintlich zurückgingen, in der Hauptsache richtig bezeichnet haben werden.

Das wirkliche Alter von Tyros ist also den Gewährsmännern Herodots ebenso unbekannt gewesen wie das von Sidon oder irgend einer anderen von den frühesten Städten Phöniziens, in Wahrheit wird jedoch ihre Schätzung auf festen Anhaltspunkten beruht haben und nicht übermäßig zu hoch ausgefallen sein. Es leuchtet ein, daß dann die Nachricht, die Justin überliefert, Tyros sei ein Jahr vor der Einnahme Trojas gegründet (vergl. S. 117), falsch und unbrauchbar sein muß. In ihr ist nicht von einer Uebersiedelung der Sidonier in eine bereits vorhandene phönizische Niederlassung die Rede, sondern überhaupt von der ersten Gründung der Stadt durch Flüchtlinge phönizischer Abstammung. Dieses Ereigniß wird um ein Jahr früher datirt, als nach irgend einer griechischen Rechnung die Zerstörung Trojas anzusetzen war. Es giebt aber kein griechisches chronologisches System, nach welchem Trojas Zerstörung in das Jahr 2750 oder 2700 v. Chr. fallen würde. F. C. Movers, der mit Fug und Recht voraussetzt, daß die Zeitbestimmung, welche wir durch Herodot erfahren, den Vorwurf gänzlicher Unglaubwürdigkeit durchaus nicht verdient, hat mit großer Gelehrsamkeit und glänzendem Scharfsinn den Beweis zu führen versucht, daß trotzdem die Nachricht Justins in ihrer Art ebenso richtig sei; sie beziehe sich nur nicht auf die erste und ursprünglichste Gründung von Tyros. Er nimmt eine doppelte Gründung an. In der ältesten Zeit habe es auf der Insel Tyros nur den Herakles-Tempel und Waarenlager gegeben, auf dem gegenüber liegenden Festlande hingegen eine große Stadt von weitem Umfange, das nachmalige Alttyros. Von der Entstehung dieser Ansiedelungen spreche Herodot, Justin aber spreche von einer viel jüngeren auf der Insel errichteten Stadt, die eben eine Colonie Sidons gewesen und seitens der Sidonier daher auf ihren Münzen auch als solche bezeichnet worden sei. Der Weg, den Movers bei seiner Beweisführung einschlägt, macht seiner Combinationsgabe alle Ehre. Es ist folgender. Er geht von dem Axiom aus, daß die Erwähnung der Aera der Zerstörung Trojas bei Justin aus derselben Quelle stammen müsse, aus welcher bei demselben Autor (XVIII, 6, 9) angeführt wird, Karthago sei 72 Jahre vor Rom erbaut. Die Gründung Karthagos setzt er dementsprechend in das Jahr 826—825 v. Chr. Nun giebt Josephos an, daß zwischen dem Jahre der Gründung Karthagos und dem der Erbauung des salomonischen Tempels zu Jerusalem, dem 12. Regierungsjahre des tyrischen Königs Hirom, 143 Jahre und 8 Monate liegen; seit der Gründung von Tyros bis zum Jahre des Tempelbaues seien dagegen 240 Jahre verflossen. Diese Angaben verbindet Movers miteinander und findet so von dem Jahre 826—825 als dem Gründungsjahre Karthagos ausgehend für den Tempelbau das Jahr 969 und für die Gründung von Tyros das Jahr 1209 v. Chr. Eine bessere Bestätigung für die Nachricht Justins, Tyros sei ein Jahr früher erbaut, als Troja zerstört wurde, läßt sich allerdings nicht wünschen, denn in das Jahr 1208 v. Chr. würde in der That nach derjenigen Berechnungsweise, welche bei den Griechen lange am meisten Anklang gefunden hat, die Einnahme Trojas zu setzen sein.[1]

Welcher Art können jedoch überhaupt die Schlußfolgerungen sein, die man aus dieser Uebereinstimmung ziehen darf? Sie fallen gewiß doch nur in das Gebiet der Literaturgeschichte. Denn was Movers gezeigt hat, ist nur, daß Josephos' Behauptung, Tyros sei 240 Jahre vor der Errichtung des salomonischen Tempels gegründet worden, aller Wahrscheinlichkeit nach mit der bei Justin vorkommenden Behauptung, es sei ein Jahr vor Trojas Zerstörung gegründet, sich deckt, daß in beiden Fällen eine und dieselbe chrono-

---

[1] Vgl. Movers, Die Phönizier, II, 2, S. 137—165 und dazu A. von Gutschmid, Beiträge zur Geschichte des Alten Orients, S. 15—18.

logische Hypothese vorliegt — aber nichts weiter. Eine an sich im höchsten Maße unwahrscheinliche Behauptung wird aber nicht dadurch richtiger, wenn zwei Schriftsteller sie wiederholen. Das unverdiente Ansehen, welches trotzdem jene Hypothese in Movers' Augen und mancher späteren Historiker genossen hat, gründet sich vor Allem auf die Thatsachen, daß in dem von Justin im Auszuge bearbeiteten Werke des Pompejus Trogus gute Nachrichten über die Geschichte Karthagos enthalten sind, und daß Josephos in seinen Schriften mehrfach höchst brauchbare Nachrichten aus Menanders Darstellung der tyrischen Geschichte mittheilt. Was die letzteren anlangt, so ist dem redlichen Movers nicht entgangen, daß Josephos seine Angabe über das Alter von Tyros schwerlich aus dem Werke Menanders geschöpft haben kann. Man muß aber sogar bestreiten, daß Josephos von Menanders Hand überhaupt mehr gekannt haben wird, als gerade diejenigen Stellen, welche er wörtlich citirt. Die Auswahl und Beschaffenheit dieser Stellen machen den Eindruck, daß es bereits Auszüge sind, welche Josephos in einem anderen Schriftsteller, den er ausschrieb, ohne ihn dabei als Gewährsmann anzuführen, fertig vorgefunden hat. Sie rühren augenscheinlich von einem jüdisch-hellenistischen Autor her, welcher sie zur Ausstaffirung einer zu Gunsten der Juden abgefaßten apologetischen Tendenzschrift verwerthet hatte, ebenso wie sie nachträglich Josephos ausgenutzt hat. Aus einem literarischen Machwerke dieser unsoliden Richtung, nicht aber aus Menanders Bearbeitung der tyrischen Königsannalen, stammen jedenfalls die beiden Jahressummen, mit denen Josephos das Datum der Errichtung des Tempels nach Jahren seit der Erbauung von Tyros und nach Jahren vor der Erbauung Karthagos bestimmt. Auch sieht man, daß in Josephos' Quelle nur die Berechnung des zuletzt genannten Zeitabstandes genau und zwar auf Grund der Geschichtsdarstellung Menanders ausgeführt gewesen ist; es ist das der Grund, weshalb Josephos in der Lage ist, Menanders Nachrichten über die tyrischen Könige von Hirom abwärts mit Ausführlichkeit wiederzugeben. Mit Hilfe dieser Nachrichten hat eben sein Gewährsmann zu ermitteln versucht, wie viele Zeit von Hirom bis zur Gründung Karthagos verflossen war, um damit einen festen Ausgangspunkt für die Datirung des Tempelbaues zu gewinnen. Das Resultat, der Betrag von 143 Jahren 8 Monaten, zeigt auch deutlich, daß diese Zeitbestimmung durch Zusammenzählen von Regierungszeiten festgestellt ist. Der anderen Zeitbestimmung dagegen, der Zahl von 6×40 Jahren für die Zeit von der Gründung der Stadt Tyros bis zur Errichtung des Tempels, sieht man an, daß sie nicht durch Zusammenzählen, sondern bloß nach ganz willkürlicher Schätzung, vermuthlich im Hinblick auf irgend einen biblischen vermeintlichen Synchronismus und auf eine als geschichtlich geltende Begebenheit herausgebracht ist. Man wird nicht fehlgreifen, wenn man dabei zunächst an die angebliche Eroberung Sidons durch die Askalonier denkt. Wie schief aber die Auffassung ist, daß dieses Ereigniß die Entstehung von Tyros herbeigeführt haben soll, glaube ich schon auf S. 118 nachgewiesen zu haben. Ein

Versuch, der nichts bezweckt, als den Zeitpunkt eines so sagenhaften Vorganges wegen einer Wirkung, welche demselben ganz fälschlich beigelegt wurde, datiren und noch dazu nach Jahren vor der Erbauung des salomonischen Tempels datiren zu wollen, hat selbstverständlich nicht den geringsten objectiven Werth. Da der Urheber dieses seltsamen Unternehmens für Nichtjuden schrieb, mußte er zugleich einen Synchronismus aus der griechischen Geschichte herbeiziehen, um an Bekanntes anknüpfen zu können, wie er vorher von der Aera der Gründung Karthagos ausgegangen war, und nur dieser Nöthigung verdankt die Vergleichung mit einem vermeintlichen Datum der Zerstörung Trojas, die verschrobene Angabe, daß Tyros genau ein Jahr früher erbaut sei, als Troja erobert wurde, ihre Entstehung. Man hat also keineswegs, wie Movers meint, zuerst aus Nachrichten von zuverlässiger Beschaffenheit herausgerechnet, daß Tyros im Jahre 1209 so gut wie völlig neu gegründet wurde, und damit die Entdeckung gemacht, daß gerade 240 Jahre später Salomo mit der Errichtung des Tempels begann, sondern hat umgekehrt erst das Datum der Entstehung von Tyros willkürlich auf 240 Jahre vor Errichtung des Tempels angesetzt und dann zugesehen, wie diese Zahl zu dem Anfangsdatum der troischen Aera sich verhielt. Die übrigen Bestätigungen, welche Movers für seine Theorie einer doppelten Gründung von Tyros gefunden zu haben glaubt, dürfen hier übergangen werden. Sie erledigen sich zum großen Theil schon aus dem, was oben über die Anwendung der Namen Sidonier und Sidon in dem Sinne, in welchem sie Synonyma für Phönizier und Phönizien waren, gesagt worden ist.[1])

So wenig sich entscheiden läßt, ob Sidon thatsächlich eine ältere Stadt

---

[1]) Im Kanon des Eusebios (II, S. 50 der Ausgabe Alfred Schoene's) wird angeführt, daß Philistos behauptet habe, Karthago sei von den Tyriern Azoros und Karchedon oder, wie Hieronymus diese Namen wiedergiebt, von Zorus und Karthago im Jahre 1213 oder, wie eine der Handschriften angiebt, im Jahre 1209 v. Chr. gegründet worden. Da Zoros augenscheinlich nichts Anderes als Sor, der Name der Stadt Tyros, ist, also schwerlich etwas Anderes als den Gründer von Tyros bedeuten kann, ebenso wie sicher Karchedon nur den Heros Eponymos von Karthago vorstellt, hat A. von Gutschmid (in dem Artikel Phoenicia) die Schlußfolgerung gezogen, Philistos habe, ohne es zu wissen, das Anfangsjahr der Aera der Stadt Tyros angegeben. Eine Bestätigung für diese Auffassung findet er in der Philistos entlehnten Angabe Appians (Punica, 1), die Gründung Karthagos durch Zoros und Karchedon sei 50 Jahre vor dem Falle Trojas anzusetzen. Nimmt man nämlich an, daß Philistos Trojas Fall in das Jahr 1160 v. Chr. verlegte, worin er vermuthlich dann Demokritos sich angeschlossen haben würde, so fällt allerdings die Gründung, welche Zoros und Karchedon zum Urheber haben soll, um 1209—10 v. Chr. Der Widerspruch mit der ausdrücklichen Versicherung Herodots, daß die Zeitrechnung der tyrischen Priester bis in die dem Jahre 2750 v. Chr. entsprechende Zeit zurückreiche, bleibt auch bei dieser scharfsinnigen Combination unaufgeklärt. Und was soll man von dem geschichtlichen Werth einer Nachricht halten, in der als Gründer Karthagos Männer Namens „Karthager" und „Tyrier" auftreten, ja der Gründer von Tyros als Zeitgenosse des Gründers von Karthago hingestellt wird? Läßt sich in ihr überhaupt etwas Anderes als eine Geschichtsconstruction der willkürlichsten Art voraussetzen?

war als Tyros, so wenig läßt sich auch das Altersverhältniß der übrigen Hauptstädte Phöniziens zu Sidon bestimmen. Alle Nachrichten, welche es darüber etwa geben mochte, sind sicher bereits in früher Zeit durch den parteiisch geführten Streit um den Nachweis der Priorität verdunkelt und entstellt worden. Im Allgemeinen läßt sich jedoch aus der Möglichkeit, daß Streitfragen dieser Art entstehen konnten, der Schluß ziehen, daß wenig oder gar keine offenkundigen Thatsachen vorlagen. Alles, was über die einander gegenüber stehenden Meinungen bekannt ist, macht bloß den Eindruck, als seien historische Probleme überhaupt nicht zur Verhandlung gekommen. Eine unerwiesene Behauptung wurde vielmehr gegen die andere ausgespielt. Die Zeitunterschiede, über die man uneinig war, lagen eben in den verschwommenen Regionen einer erträumten Vorgeschichte, und das wesentlichste Beweismittel waren nicht urkundliche Aufzeichnungen, sondern kühne Aussagen über die Altersfolge der Schutzgottheiten der Städte. Stehen nach den Fragmenten des Sanchuniathon nicht Sidon oder Tyros, sondern Byblos und Berytos im Vordergrunde der Darstellung der frühesten Geschichte des Landes, so liegt das an nichts Anderem, als daß der Verfasser des pseudepigraphen Werkes, aus welchem diese Berichte stammen, Philon Herennios, in Byblos geboren und daher gewohnt war, seine Vaterstadt als die älteste unter den Städten, und den Gott El als den ältesten unter den Landesgöttern Phöniziens zu betrachten. Gerade das Umgekehrte würde er mit derselben Zuversicht als ein gesichertes Ergebniß der Erforschung heiliger Dokumente der Urzeit verkündet haben, wenn er beispielsweise in Sidon zu Hause gewesen wäre. Daß es möglich war, Sidon für die Mutterstadt von Tyros auszugeben, daran hat neben dem Sprachgebrauche, der allen Phöniziern den Namen Sidonier beilegte, wohl nichts einen größeren Antheil als die Idee, der Stadtgott von Tyros habe in eigener Person noch eine Reihe der phönizischen Kolonien in der westlichen Hälfte der Mittelmeerländer ins Leben gerufen, die Entstehung von Tyros, die ebenfalls für sein Werk galt, müsse folglich einem viel späteren Zeitraume angehören als die von Sidon.

Wie alles das voraussetzen läßt, daß es keine geschichtlichen Nachrichten gab, welche freien Erfindungen über das Alter der Städte im Wege standen, so darf es auch zur Bestätigung der Voraussetzung dienen, daß die Entstehung der Städte Phöniziens nicht unter dem Einflusse gewaltiger geschichtlicher Begebenheiten erfolgt und daß bereits äußerst frühzeitig in der Entwickelung der einzelnen Landestheile die eine Isolirung derselben begünstigende Beschaffenheit der Bodengestalt des ganzen Landstriches zur Geltung gelangt ist. Es ist das, wie schon hervorgehoben wurde, um so eher zu erwarten, weil auch die übrigen Kanaanäer nur geringes Bestreben zu nationaler Einigung an den Tag gelegt haben, ein Mangel, der vielleicht sich daraus erklären läßt, daß wahrscheinlich einmal auch ihre ursprüngliche Heimath die Grenzgebiete des Culturlandes Syriens und daß vermuthlich die Verhältnisse, unter denen der Uebergang zu einer an feste Wohnsitze gebundenen Lebensweise sich vollzog, nicht mächtig genug gewesen sind, um alle Reste der Sinnesart des Nomaden zu beseitigen. Noch zur Zeit der Einwanderung der israelitischen Stämme ist das Westjordanland allem Anscheine nach nicht stark bevölkert gewesen, und wenn auch von vornherein längs der syrischen Küste eine größere Dichtigkeit der Bevölkerung geherrscht haben wird, so werden doch auch selbst in Phönizien die ersten verstreuten Ansiedelungen bis zur Ausbildung eines regen Schifffahrtsverkehrs, welcher immer neue Theile der Bevölkerung der Niederungen in die Nähe der Landungsplätze zog, von stadtartigen Niederlassungen wenig an sich gehabt haben. Gerade deshalb ist jedoch aus der Thatsache, daß nachträglich beinahe jeder einzelne Abschnitt des phönizischen Landes sich lediglich als Zubehör und Herrschaftsgebiet je einer großen Küstenstadt kennzeichnet, nicht der Schluß zu ziehen, daß diese Gliederung einer ursprünglichen Scheidung des phönizischen Volksstammes in besondere Abzweigungen entspreche. Was in dieser Erscheinung zum Ausdrucke kommt, ist vielmehr, wie schon auf S. 33 auseinandergesetzt wurde, hauptsächlich ein geschichtliches, aus der geographischen Veranlagung Phöniziens entspringendes Ergebniß. Mag auch nicht überall, namentlich nicht in den nördlichen Districten, die Bevölkerung ganz rein phönizischen Ursprungs gewesen sein — sie hat ja augenscheinlich andauernd aus den Libanongebieten und dem südlich an diese sich anschließenden Binnenlande Zufluß erhalten —, so ist doch nicht einzuräumen, daß Stammesunterschiede auf die Wahl der Niederlassungsgebiete von Einfluß gewesen sind. Man hat diese Hypothese in der That aufgestellt, würde aber niemals darauf verfallen sein, wenn man nicht, wie so häufig, geglaubt hätte, daß die vermeintliche Autorität der Völkertafel der Genesis dazu nöthige. In dieser werden nämlich neben „Sidon" als Söhne Kena'ans unter anderen aufgezählt ein „Arkäer," ein „Aradier," ein „Simyräer," d. h. Repräsentanten, Personificationen der Städte Arke, Arados, Simyra. Schon diese Bezeichnungsweise allein zeigt hinlänglich, daß es irgend welche den Benennungen entsprechende Stammeinheiten in Wirklichkeit nicht gegeben haben kann. Lediglich aus den Namen vorhandener Städte sind diese Benennungen abgeleitet. Um den angeblichen Stammvater der Einwohner zu bezeichnen, hat sicher kein anderer Name zur Verfügung gestanden als derjenige, welchen ohnehin jeder Einwohner der betreffenden Stadt als solcher führt. Dazu kommt, daß, wie schon auf S. 103 erwähnt wurde, die Stelle der Völkertafel, welche diese Aufzählung der Söhne Kena'ans enthält, ursprünglich in dem Abschnitte, der von Kena'an handelt, nicht gestanden hat, sondern nichts als eine Einschaltung ist, die wahrscheinlich nur aus Versehen von einem Abschreiber in den Text aufgenommen wurde, weil er eine Randbemerkung seiner Vorlage für einen in den Text gehörenden Nachtrag hielt, wie das so überaus oft vorgekommen ist. Ohne Zweifel rührt der Zusatz von einem Leser her, dem der Text nicht zu erwähnen schien, daß auch die nördlich von dem eigentlich phönizischen Landstriche in zerstreuten Ansiedelungen wohnenden Phönizier zu den Kanaanäern zu rechnen seien.

Man hat großes Gewicht darauf gelegt, daß dort weder Tyros noch Byblos und Berytos zur Erwähnung kommen. Dieser Umstand beweist jedoch nur, daß der Urheber jenes Zusatzes an dieser Stelle Sidon richtig als den Repräsentanten der Bewohner des ganzen Phöniziens aufgefaßt hat. Er hat Byblos, Berytos Tyros daher nicht vermißt, sondern nur die alten kanaanäischen Niederlassungen, die in der Umgebung der Bucht Djun Akkar lagen. Die Theorie, mit der man die Richtigkeit der Angaben dieses Zusatzes, weil man ihn für einen echten und uralten Bestandtheil der Völkertafel ansah, hat begründen wollen: es sei ja auch in der Völkertafel gesagt, daß die Söhne Kena'ans weit auseinander ihre Wohnsitze aufgeschlagen hätten, damit sei gemeint, der „Aradier" sei hingegangen und habe Arados, der „Simyräer" habe ebenso von Phönizien, seiner Heimath, aus Simyra gegründet u. s. w. — diese Erklärung beweist nicht, daß jene Städte Gründungen ursprünglich gesonderter Stämme gewesen sind, denn gerade an derselben Stelle ist auch gesagt, das Verbreitungsgebiet der Kanaanäer und zwar nicht das ursprüngliche, sondern das spätere, reiche nach Norden über die Grenzen Phöniziens nicht hinaus. Diese Argumente zwingen also keineswegs, einen in der Abstammung bestehenden Unterschied zwischen Aradiern, Simyräern, Arkäern, Bybliern, Berytiern und Sidoniern anzuerkennen.

Eine Sonderstellung ist man geneigt gewesen vor Allem den Bybliern und Berytiern anzuweisen. Die Gründe, welche gerade hierzu bewogen haben, sind jedoch ebenfalls von geringer Beweiskraft. Daß in der Völkertafel von den Bewohnern dieser beiden Städte nicht die Rede ist, erklärt sich, wie schon angedeutet wurde, aus der Allgemeinheit des Begriffes Sidonier. An einer anderen Stelle des Alten Testaments (Josua 13, 5) werden allerdings dem Anscheine nach die Byblier unter den Gesammtnamen Sidonier nicht mit einbegriffen. Ist aber überhaupt der Wortlaut dieser Stelle nicht durch mehrfache Interpolationen verunstaltet, was sich kaum zugeben läßt,[1]) so wird damit doch eher ein Ergebniß der Geschichte, die selbständige und eigenartige Bedeutung von Byblos, als etwas Vorgeschichtliches, wie es die Gründung der Stadt durch einen Stamm von nichtphönizischer Abkunft wäre, hervorgehoben sein. Wer, wie es dort geschieht, seinen Stammesgenossen Landstriche bezeichnen will, die sie ihrer Macht unterwerfen sollen, kümmert sich mehr um staatliche und politische Einheiten, als um ethnologische Probleme. Aus einzelnen Darstellungen der sagengeschichtlichen und mythischen Vergangenheit von Byblos und Berytos hat man ferner die Auffassung begründen wollen, daß die Grundbevölkerung beider Städte und ihrer Umgebung Anfangs aramäischer Abstammung gewesen sei. Aehnliches hat man auch in Bezug auf Tyros herauszuerkennen geglaubt. Am deutlichsten trete es bei Berytos hervor. Mehr

---

1) Vergleiche Eduard Meyer in der Zeitschrift für die alttestamentliche Wissenschaft, I, S. 126. Der Septuaginta-Text des Lukianos (Librorum Veteris Testamenti canonicorum pars prior graece Pauli de Lagarde studio et sumptibus edita, Göttingen 1883) hat an dieser Stelle Γαζα Φιλιστιιμ.

als eine gewagte Deutung unzuverlässiger Nachrichten enthält jedoch diese Hypothese nicht. In der großen phönizischen Inschrift, welche 1869 zu Byblos entdeckt wurde, lassen allerdings, wie es den Anschein hat, einige sprachliche Eigenthümlichkeiten sich nachweisen, doch würden gerade diese eine noch viel genauere Uebereinstimmung mit dem Hebräischen zeigen,[1] als sie ohnehin schon in den Denkmälern der phönizischen Sprache sich kundzugeben pflegt. Vorzüglich die Byblier würde man danach für Phönizier reinster Abstammung ansehen dürfen. An sich ist ja nicht undenkbar, daß ebenso, wie die israelitischen Stämme, welche im Hinterlande ihre Wohnsitze aufschlugen, zum großen Theile den Phöniziern sich völlig amalgamirt haben, auch in den nördlichen Grenzgebieten ansässige aramäische Stämme in der Berührung und Verschmelzung mit den Phöniziern sich gänzlich umgewandelt haben können; aber weder für ihr Vorhandensein noch für einen derartigen Vorgang liegen thatsächliche Beweise vor. Es ist nicht einmal geboten, nur eine Mischung mit Aramäern für die einzige Möglichkeit zu halten; man hat ebenso viel Grund, auch an Stämme ganz anderen Ursprungs zu denken.[2] Gerade die Völkerverhältnisse des nördlichen Syriens kennzeichnen sich durch so große Mannigfaltigkeit, daß zur Zeit es noch eine unlösbare Aufgabe ist, die ethnologischen Elemente voneinander zu sondern. Versetzt man sich vollends in die Zeiträume zurück, in welchen Berytos, Byblos, Tyros gegründet sein werden, so muß man eingestehen, daß es kühn wäre, bestimmte für diese Zeiten gültige Merkmale dem Begriffe Aramäer unterlegen zu wollen; höchstens ließe sich sagen, daß es ein den Kanaanäern sehr nahe verwandter, von Nordosten her sich in Syrien ausbreitender semitischer Volksstamm war. Weder wie weit damals die Uebereinstimmung ging, noch viel weniger aber welcher Art damals die etwaigen Verschiedenheiten waren, ließe sich in eine Definition bringen.[3] Für das Verständniß der geschichtlichen Thatsachen kann daher von gar keinem Nutzen sein, einen ethnologischen Begriff, der so hart an das völlig Undefinirbare streift, zur Begründung irgend einer Auffassung der ersten Entwickelung geschichtlichen Lebens in Phönizien zu verwerthen. Was im Besonderen Byblos anlangt, so muß man sich doch nur die Frage vorlegen, ob es als eine nicht von Phöniziern gegründete Stadt das hätte werden können, was es geworden ist: ein vorzugsweise heiliger Ort, ein Mittelpunkt für das religiöse Dichten und Trachten, wie dieser Landstrich keinen zweiten aufzuweisen hatte, das Mekka der Phönizier. Kaddischat, d. i. die „Heilige,“ und Gebal galten

---

[1] Corpus Inscriptionum Semiticarum, Pars prima, I, S. 6.

[2] Vergleiche G. Steindorff in der Zeitschrift der Deutschen Morgenländischen Gesellschaft XLI (1887, S. 745).

[3] Ueber das Verhältniß, das zwischen den beiden Volksstämmen besteht, bemerkt Eduard Meyer in seiner Geschichte des Alterthums (I, § 176, Anm.): „Trotz der entgegenstehenden Ansichten der meisten Assyriologen muß ich daran festhalten, daß die Kanaanäer und Aramäer sich nicht nur geschichtlich, sondern auch sprachlich weit näher stehen als irgend einem anderen semitischen Stamm."

ihnen, wie die Münzen dieser Stadt veranschaulichen, als identische Namen. Hier wurde nicht allein El oder, wie die Griechen sagten, Kronos, dem höchsten Gottesbegriffe der Theologie der Phönizier eine besondere Verehrung gezollt. Hier gewann auch der Dienst der „Herrin" der Stadt, der Astarte, mit der ganzen Entfesselung sinnlicher Ursprünglichkeit, welche der Vorstellung von einer Göttin der Liebe und der Lebenskräfte innewohnt, eine ausgeprägtere und wirksamere Gestalt als im übrigen Phönizien. Im Gebiete von Byblos lagen auch die Stätten, an denen einst Liebe die Göttin mit dem jugendlichen „Gebieter," mit Adonis, dem schönsten der Götter vereint, an denen ihr Liebling auf Anstiften einer eifersüchtigen lebensfeindlichen Gottheit, vom Zahne eines Ebers getroffen, den frühen Tod gefunden haben sollte.

Die Vermuthungen über die verschiedenartige Abstammung der ursprünglichen Bewohner der Städte Phöniziens verlieren noch mehr an Bedeutung, weil, wie Syrien überhaupt, so auch Phönizien zum Schauplatze geschichtlicher Ereignisse erst im Zusammenhange mit der Entwickelung anderer Ländergebiete

Münzen von Byblos.   Originalgröße.

wird und es schon lange vordem augenscheinlich fremden Einflüssen ausgesetzt gewesen ist. Schon eines der allerältesten Denkmäler der Weltgeschichte eine Reliefdarstellung, welche der ägyptische König Snofru auf einer Felswand im Wadi Maghara anbringen ließ,[1]) zeigt uns die Aegypter etwa um das Jahr 2800 v. Chr. als Ueberwinder der Mentiu, der Nomadenstämme des Sinai-Gebirges. Geraume Zeit jedoch vor diesem Kriegszuge, mit welchem sie den Besitz der Kupfererze führenden Strecken dieser unwirthsamen Gebirgsgegenden sich erkämpften, scheinen bereits zwischen den Bewohnern des Nilthales und den Völkerschaften Vorderasiens mancherlei Beziehungen eingetreten zu sein, Beziehungen, die vor Allem auf Waarenaustausch beruhten. Ohne Zweifel ist beispielsweise die Ausbeute jener Kupfergruben zuerst als ein Gegenstand des Handelsverkehrs in Aegypten bekannt geworden. Erst als diese Bezugsquelle zu versiegen drohte, hat das wenig kriegerisch gesinnte Volk sich entschlossen, durch Unterwerfung der räuberischen Gebirgsbewohner eine regelmäßige Zufuhr des unschätzbaren, in Aegypten nicht vorkommenden Erzes sich zu sichern. Ob die Wirkung der friedlichen Annäherungen eine so durch-

---

1) Vergleiche Johannes Dümichen, Geschichte des alten Aegyptens, S. 174; Eduard Meyer, Geschichte des alten Aegyptens, S. 103.

greifende gewesen ist, daß selbst, wie man annimmt, in den ältesten Statuen Babyloniens ein Einfluß der altägyptischen Kunst sich verspüren läßt, muß freilich dahingestellt bleiben. Das schematische Gepräge der Formen, welches als ein solches Anzeichen aufgefaßt wird, erklärt sich wohl besser aus der Härte des Materials, in welchem diese Arbeiten, um alle Zeiten überdauern zu können, ausgeführt sind, und aus der Mangelhaftigkeit der verfügbaren Werkzeuge. Dagegen liegt schon in der Behandlung einzelner Körpertheile mehr Nachdruck auf dem Herauskehren der inneren, die äußere Erscheinung bedingenden Structur, mehr Hinweis auf das Plastische, als mit der formalen, die Wiedergabe der Umrisse bevorzugenden Durchführungsart, welche der ägyptischen Kunst eigen ist, sich verträgt — der Anfang zu einer Richtung, welche gerade die Sculptur der Babylonier und Assyrer besonders kennzeichnet. In dem Aegypten der Pyramidenzeit selbst deutet jedenfalls sehr Vieles auf sehr frühe geregelte Verkehrsbeziehungen zu den semitischen Ländern hin. Die ägyptischen Bezeichnungen für eine große Anzahl von Gegenständen, deren Herstellung zu den ersten Erfordernissen einer mehr als ganz primitiven Lebensweise gehört, klingen, als seien es semitische Lehnworte; ein Eindruck, den selbst manche Bezeichnungen für Handlungen und Thätigkeiten der einfachsten Art machen.[1]) Nachgewiesen ist beispielsweise daß kamḥ, der Name einer Brotart, die in religiösen ägyptischen Formeln uralten Ursprungs bereits als eine Speise der Götter erwähnt wird, ein aus den semitischen Sprachen entnommenes Wort ist.[2]) Die Grundbedeutung des Wortes bezeichnet Korn, insofern es als Nahrungsmittel gebraucht wird, besonders Weizen. Selbst das Mehl, das zu dem feinen Gebäck diente, welches auf der Tafel der Reichen ein Luxusartikel war und deshalb den Göttern vorgesetzt wurde, werden daher Anfangs die Aegypter häufig aus Syrien erhalten haben. Daß aber zum Entgelt dafür und für manche nothwendigere Bedürfnisse zahlreiche Erzeugnisse Aegyptens, vor Allem Erzeugnisse des Gewerbfleißes, zu den semitischen Stämmen gewandert sind, die Vorderasien bewohnten, ist selbstverständlich. Die ganze Tragweite dieser Einwirkung läßt sich zur Zeit noch nicht feststellen.

Ungleich höher ist jedenfalls der Einfluß anzuschlagen, den die Cultur Babyloniens auf die Völkerschaften Syriens ausgeübt hat, bevor die dort obwaltenden geschichtlich zur Erscheinung tretenden Verhältnisse sich übersichtlich zu gestalten beginnen. Wenn er auch später als der von Aegypten ausgehende

---

1) Es sind hierbei allerdings nur Worte in Betracht zu ziehen, die zu dem Wortschatze, der sich aus den Inschriften der Pyramidenzeit belegen läßt, gehören. Eingehende lexikalische Untersuchungen sind in dieser Richtung bis jetzt noch nicht vorgenommen. Doch ist vorauszusehen, daß sich in dem Wortschatze der Sprache der ältesten ägyptischen Denkmäler ein ansehnlicher Bestand von Bezeichnungen ergeben wird, die mit den in den semitischen Sprachen vorkommenden Worten von gleicher Bedeutung lautlich völlig übereinstimmen.

2) Vergleiche A. Erman, Aegypten und ägyptisches Leben im Alterthum, I, S. 266; G. Maspero im Recueil de travaux relatifs à la philologie et à l'archéologie égyptiennes et assyriennes V (Paris 1884), S. 10, Anm. 1.

angefangen haben wird sich geltend zu machen, so ist dieser Einfluß doch von vornherein nachhaltiger und durchgreifender gewesen. Zwei Verbreitungswege führen die Cultur Babyloniens den Ländern des Westens zu. Der eine geht den Stromlauf des Euphrats hinauf und mündet etwa in der Höhe der Bucht von Issos unmittelbar in das nordöstliche Binnenland Syriens ein. An den Euphrat grenzt hier das Land der Cheta oder, wie die Assyrer es nennen, das Hatti-Land. Von diesem Grenzgebiete, also erst vom äußersten Nord= westen Mesopotamiens aus, hält die babylonische und ebenso später die assyrisch= babylonische Cultur vorzugsweise ihren Einzug in Syrien und sie verbreitet sich dementsprechend in Syrien selbst hauptsächlich in der Richtung von Norden nach Süden. Der weite Umweg, den sie nimmt, ist dadurch bedingt, daß dort am oberen Laufe des Euphrats erst die große Syrische Wüste aufhört, die zwischen der Ostgrenze Palästinas und dem rechten Ufer des Euphrats sich ausdehnt.

Der andere Verbreitungsweg weicht ebenfalls dem großen Wüstengebiete aus und wendet sich in südwestlicher Richtung von dem Mündungslande der beiden Ströme dem nördlichen Arabien zu. Auch von hier aus erreicht also die babylonische Cultur Palästina und Syrien nur auf einem Umwege, der noch dazu durch Strecken führt, deren Naturbeschaffenheit ihren Bewohnern jeden Aufschwung zur Annahme einer hochgesteigerten Cultur verbietet. Dafür stellt jedoch dieser Verbreitungsweg eine directere Verbindung mit dem eigent= lichen Ausgangspunkte und Herde der Gesittung Babyloniens her. Seit jeher hat diese südliche Uebergangszone, die vom Euphratlande sich bis zum Ost= jordanlande und bis in den Süden Palästinas erstreckt, größtentheils Nomaden und Halbnomaden als Heimath gedient. In den östlichen Gegenden hat Babylonien in dem westlichen Palästina mit den syrischen Küstenebenen auf die unstäte Bewohnerschaft dieser Zone die größere Anziehungskraft ausgeübt. Die Lebensweise, auf welche die meisten der hier hausenden Stämme seit jeher angewiesen waren, die Lebensweise des Beduinen, läßt sich nur durchführen, solange dem einzelnen Stamme ein weiter Spielraum bleibt. Wie unter andauernder Insolation die über der Steppe lagernden Luftschichten zu Wolkenknäueln sich zusammenballen, die plötzlich in schweren Gewittern auf die umgebenden Strecken sich entladen, so tritt auch von Zeit zu Zeit, sobald die Dichtigkeit der Bevölkerung so weit angewachsen ist, daß diese Zone ihre Einwohner nicht mehr zu ernähren vermag, eine Bewegung ein, die ganze Stämme veranlaßt, in dem benachbarten Culturlande sich eine neue Heimath zu suchen, und dadurch für die zurückbleibenden wieder hinreichenden Raum schafft. Indem die Nomadenländer den Ueberschuß ihrer Bevölkerung abgeben, gelangen zugleich vorher mehr abseits hausende Stämme in die nächste Nähe der culturfähigen Landstriche und reifen hier ihrerseits wieder allmählich der Ausgleichung mit den Bewohnern der letzteren entgegen. Ebenso bringt auch diejenige Form des Daseins, welche im Bereiche jener nur für Nomaden und Halbnomaden bewohnbaren Zone die einzig mögliche war, von selber mit sich, daß für die Bevölkerung derselben die meisten Errungenschaften der Cultur fremder, glücklicher von der Natur veranlagter Länder seit jeher wenig verwerthbar blieben. So wenig wie irgend eine andere auf Theilung der Beschäftigung, auf Wohlstand und Ausbildung des Eigenthumsbegriffes beruhende Entwickelungsphase ließ hier die Cultur Babyloniens als Ganzes sich nachahmen. Derartige geregelte Zustände und Beschränkungen des Willens des Einzelnen, wie sie in Babylonien herrschten, werden ohnehin stets den ungebunden in den Tag hineinlebenden Bewohnern dieser Zone höchst unerquicklich und durchaus nicht erstrebenswerth vorgekommen sein, wie noch gegenwärtig den meisten Bewohnern Arabiens die Zustände Europas erscheinen. Kunstvolle Erzeugnisse des Gewerbebetriebes haben sie gewiß als begehrenswerthe Kostbarkeiten und Prunkstücke betrachtet und sich zu verschaffen gesucht, ohne auf Möglichkeiten zu sinnen, derartige Dinge selber herstellen zu lernen. Wirklich sich zu eigen gemacht haben sie nur einfache und praktische Erfindungen, deren Nutzen ihnen einleuchtete und deren Anwendung selbst die primitive Lebensweise zuließ, die sie geführt haben, ferner aber auch eine ganze Reihe religiöser Vorstellungen, in denen sie eine wichtige Bereicherung und Erweiterung ihrer eigenen Kenntnisse zu erblicken vermeinten. Allen Entlehnungen, die überhaupt in Aufnahme kommen, gewährt dagegen das Hin- und Herwogen der Stämme, das hier herrscht, eine rasche und allgemeine Verbreitung.

Da aber allem Anscheine nach in der westlichen Hälfte dieser Uebergangszone die Kanaanäer ihre Wohnsitze gehabt haben, bevor sie in das Westjordanland, in die Ebenen Palästinas und nach Phönizien übersiedelten, darf man wohl annehmen, daß viele von den Erscheinungen in ihrer Cultur und in ihren religiösen Anschauungen, welche einen Zusammenhang mit Babylonien verrathen, aus Anregungen hervorgegangen sind, die sie in ihrer früheren Heimath bereits empfangen hatten. Es ergiebt sich zugleich aus dem Erwähnten, daß man dies vermuthen darf, ohne weiter daraus folgern zu müssen, daß sie ursprünglich gerade in der unmittelbaren Nähe Babyloniens und in der Nähe des Persischen Meerbusens zu Hause gewesen seien. Die Aehnlichkeiten, welche sich herausstellen, machen nicht den Eindruck, als beruhten sie auf Entlehnung aus erster Hand. Wie man angenommen hat, daß im Wesentlichen durch Vermittelung dazwischen wohnender Stämme die Cultur Babyloniens auf die Entstehung der ehemaligen südarabischen, der sabäischen, einen maßgebenden Einfluß ausgeübt hat, so ist auch nicht zu kühn, ein Gleiches hinsichtlich der kanaanäischen vorauszusetzen.

Die Einwirkung Babyloniens auf die Entstehung der Cultur Syriens würde demnach, soweit dabei die Einwanderung der Kanaanäer und als Uebergangsgebiet die Länder im Süden der großen Syrischen Wüste in Betracht kommen, zuerst sich auf einige wenige Grundlagen eingeschränkt haben. Wohl ebenso alt und ungleich vollständiger ist hingegen der Einfluß, welchen in Syrien von Norden her dieselbe Cultur vermöge ihrer frühzeitigen Verbreitung in den Ländern am oberen Laufe des Euphrats gewonnen hat. Als Mittel-

glied mag daran der Volksstamm der Cheta, über dessen Herkunft und Ab=
stammung allerdings nichts bekannt ist, sich besonders betheiligt haben. Es
ist aber unsicher, zu welcher Zeit dessen Anwesenheit in Syrien beginnt. Was
die Völker Syriens für die babylonische Cultur in hohem Grade empfänglich
gemacht hat, ist jedenfalls, daß sie vorwiegend ihrer Abstammung und Sprache
nach zu den Semiten gehören. Denn wenn auch wahrscheinlich die Gesittung
Babyloniens ursprünglich nicht das Erzeugniß eines semitischen Volksstammes
gewesen ist, so hatten doch in Babylonien selbst einzelne Stämme semitischen
Ursprungs bereits in einem Zeitraume, der noch der vorgeschichtlichen Periode
angehört, diese Gesittung sich angeeignet und dieselbe gleichsam ins Semitische
übersetzt. Noch mehr hatten die Culturelemente, welche aus den nördlichen
Euphratgebieten nach Syrien eindrangen, eine Umwandelung und Anpassung
durchgemacht und das den Semiten Fremdartige abgestreift. Schon aus diesen
Gründen leuchtet ein, daß die Entlehnungen wenig specifisch babylonische
Färbung behalten konnten. Alles, was in Syrien diese Färbung in ganz aus=
gesprochenem Maße zu besitzen scheint, beruht gerade darum, weil dies noch
deutlich zu Tage tritt, vielleicht nicht auf Entlehnung in den ältesten Zeiten,
sondern, da die Beziehungen zu den Assyrern Jahrhunderte lang anhielten,
und im Nordosten zwischen Syrien und den Euphratländern überhaupt keine
geographische Abgrenzung besteht, mit großer Wahrscheinlichkeit auf nachträg=
licher Einbürgerung, im besten Falle auf einer Wiederbelebung und Auf=
frischung, die von dem echt syrischen Gepräge, wo inzwischen ein solches erzielt
war, wenig übrig gelassen haben wird. Wie die Assyrer sich alle erdenkliche
Mühe gegeben haben, die Babylonier möglichst genau zu copiren, so haben
das auch, soweit der Einfluß der Assyrer reichte, die noch viel weniger selb=
ständig gesinnten Völker Syriens gethan. Auch haben sie schon viele Jahr=
hunderte, bevor die Macht der Assyrer sich so weit entfaltete, daß sie zu ihr
Stellung zu nehmen gezwungen waren, Alles, was wir Bildung nennen, aus
den Culturkreisen Babyloniens bezogen.

Vor Allem werden dadurch die religiösen Vorstellungen der Völker Syriens
wiederholentlich umgemodelt sein. Die meisten Versuche, die den Zweck hatten,
die einheimische Glaubenswelt in ein System zu bringen, werden lediglich nach=
träglich durch das allmähliche Bekanntwerden babylonisch=assyrischer Muster
erzeugt sein. Aber nicht allein die Auslegungsweise des vorhandenen Cultus
und Glaubens, nicht allein die Theologie, auch die Benennung und künstlerische
Darstellung der Göttergestalten wird an babylonisch=assyrische Vorbilder im
Laufe der Zeiten sich immer näher angeschlossen haben. Es liegt z. B.
die Nachricht vor,[1]) daß in den Städten der philistäischen Ebene ein Gott

---

1) Vergl. 1. Regum 5; Richter 16, 23; 1. Chron. 10, 10; 1. Makkab. 10, 83.
Bezeugt ist der Cultus des Dagon für Gaza und Aschdod. Auch lag bei Joppe ein
Ort Namens Bet Dagon = „Dagons=Tempel" und ein anderer desselben Namens
östlich von Sichem. Auch gab es ein „Dagon=Dorf," Kaphar=Dagon. Vergl. K. B.
Stark, Gaza und die philistäische Küste, S. 248. A. H. Sayce (Lectures on the

Namens Dagon besonders hohe Verehrung genossen hat. Er wird auf Münzen häufig abgebildet, bärtig mit langen geflochtenen Haupthaar, in jeder Hand einen Fisch haltend; die untere Hälfte des Körpers läuft in einen schuppigen, mit Flossen versehenen Fischleib aus.¹) Sowohl der Name als auch die Darstellungsweise weisen deutlich auf einen Zusammenhang mit Babylonien hin. Dabei handelt es sich aber allem Anscheine nach nicht um einen Gott, dessen Verehrung erst die Philistäer eingeführt haben, sondern um eine altkanaanäische Gottheit. Sie ist auch von den Kanaanäern des Binnenlandes angebetet worden. Darf man den Angaben Philons trauen, so wurde in den phönizischen Berichten über die Anfänge der menschlichen Gesittung gerade Dagon die Entdeckung der Nährkraft des Getreides und die Erfindung des Pfluges zugeschrieben.²) Nun gehört auch zu den Göttern Babyloniens ein Gott Namens Dagan oder Dakan, der in mehreren Inschriften als Urheber der Gesetze betrachtet wird, und es ist auch bekannt, daß es babylonische Sagen gegeben hat, welche die erste Regelung der menschlichen Lebensverhältnisse auf die Lehren zurückführten, welche Wesen, die halb Mensch und halb Fisch waren, ertheilt haben sollten (vergl. S. 124). Ferner kommen in der babylonischen und in der assyrischen Kunst häufig sowohl derartige Zwittergebilde vor als

Dagon auf einer phöniz. Münze, vermuthlich von Arados.

Origin and Growth of Religion as illustrated by the Religion of the Ancient Babylonians, London 1887, S. 188) giebt an, daß auch ganz im Nordosten Syriens, in Harran, Dagon angebetet sei. Doch steht dies nicht in der Inschrift Sargons (Eberhard Schrader, Keilinschriften und Geschichtsforschung, Gießen 1878, S. 536), welcher Sayce diesen Sinn beilegt.

1) In dem Dagon-Tempel zu Aschdod soll, als darin die von den Philistern erbeutete Bundeslade der Israeliten aufgestellt war, über Nacht die Statue des Gottes von ihrem Sockel heruntergestürzt und in Stücke zerbrochen sein. In dem hebräischen Texte dieser Erzählung, 1. Reg. 5, 4, werden unter den Theilen, die abbrachen, nicht bloß der Kopf, sondern auch die beiden Hände angeführt. Augenscheinlich schwebt dem Erzähler ein deutliches Bild der herkömmlichen Darstellungsweise vor, bei der die Hände freistanden, weil der Gott damit Fische hielt. In dem Texte der Septuaginta (vergl. P. de Lagardes Ausgabe) wird außerdem erwähnt, daß auch die beiden Füße an ihren Ansätzen (τὰ ἴχνη τῶν ποδῶν αὐτοῦ) abgebrochen seien. Wie schon Johannes Selden (De Diis Syris syntagma II, Kap. 3), so hat auch K. B. Stark (Gaza, S. 250) die Vermuthung ausgesprochen, daß sich dies auf eine Darstellung beziehe, bei welcher Dagon gleich analogen babylonischen Gebilden vollständig den Leib eines Menschen besaß, und nur der Rücken in einen Fischleib auslief. Es kann jedoch ebenso gut die Angabe, welche der Septuaginta-Text enthält, bloß ein Zusatz sein, den Jemand gemacht hat, weil ihm auffiel, daß gesagt war, der Rumpf habe am Boden gelegen, daß dagegen vom Abbrechen der Füße nicht die Rede war.

2) Nach Philons Angabe wurde dieser Wohlthäter der Menschheit dann als Zeus Arotrios verehrt. Diese Angabe verräth, daß es einen Gott Namens Ba'al Dâgân, einen „Herrn der Feldfrucht," gegeben hat. Es ist völlig erklärlich, daß man dem Gotte, der als Beschützer des Ackerbaues verehrt wurde, auch die Erfindung desselben zuschrieb. Gewiß hat das nicht erst Philon zu ersinnen brauchen. Ueber den Namen Dâgôn, der nur die phönizische Aussprache des Wortes dâgân = „Getreide" wiedergiebt, vergl. besonders Paul Schröder, die Phönizische Sprache, S. 124, Anm. 1.

auch Menschengestalten, die gleichsam als Fisch verkleidet sind, Figuren, auf deren Haupte der Kopf einer Fischhaut liegt, welche den Rücken hinabhängt.¹) Was diese Figuren bedeuten sollten und welchen Namen sie führten, darüber giebt es bis jetzt freilich keinen Aufschluß. Immerhin wird jedoch zu der Darstellungsweise, die für Dagon bei den Kanaanäern üblich gewesen ist, ein Vorbild dieser Art die Anregung geboten haben. Galt er als ein Gott, der den Ackerbau und dessen Normen geschaffen hatte, so konnte er auch dieser Gestalt sich anbequemen. Auf jeden Fall läßt also in dieser Gestalt ein Einfluß Babyloniens sich constatiren. Was den Namen anlangt, so ist sehr wahrscheinlich, daß er zwar semitischen Ursprungs, aber durch Uebertragung aus Babylonien ebenso wie der Begriff des Gottes der Feldbestellung, den er bezeichnet hat, zu den Kanaanäern gelangt ist, und es mag das sogar schon geschehen sein, als diese noch nicht in Palästina ihre Wohnsitze aufgeschlagen hatten. Was aber die bildliche Darstellung betrifft, so ist im höchsten Maße unwahrscheinlich, daß ein Volk, welches im Wesentlichen im Binnenlande zu Hause ist, den göttlichen Schutzherrn und Förderer des Ackerbaues sich von vornherein als einen Fischmenschen und mit Fischen in den Händen gedacht haben soll. Erst nachdem die Kanaanäer schon lange in Palästina ansässig waren, werden sie auf diese seltsame Darstellungsweise verfallen sein, weil Götterwesen von dieser Gestalt auf zahlreichen aus Babylonien importirten Bildwerken ihnen bekannt wurden und zwischen diesen Götterwesen und Dagon ihnen kein wesentlicher Begriffsunterschied zu bestehen schien. Den vermuthlich am meisten Ausschlag gebenden Anknüpfungspunkt bot der Name Dagon selbst. Etymologisch bedeutete er zwar nichts Anderes als einen Gott des „Getreides," des dāgān, er klang aber zugleich an das Wort dāg an, welches „Fisch" bedeutete, und so ließ sich in ihn mit Leichtigkeit ein Doppelsinn hineinlegen, der die nachträglich adoptirte Abbildung unmittelbar aus dem Namen der Gottheit rechtfertigte und erklärte.

In anderen Fällen scheinen selbst babylonische Götternamen die ursprünglichen Namen syrischer Gottheiten verdrängt zu haben. Dies wird z. B. einem Gotte widerfahren sein, der in Harran, einer Stadt im nordöstlichsten Grenzgebiete Syriens, angebetet wurde. Die Assyrer betrachteten ihn als identisch mit dem babylonischen Mondgotte Sin. Ohne Zweifel hat er auch in den Zeiten, aus welchen die betreffenden assyrischen Inschriften stammen, im siebenten und wahrscheinlich im achten Jahrhunderte v. Chr. in dieser Stadt selbst keinen anderen Namen mehr geführt, wie Sin als Name einer Gottheit ja selbst in Jemen vorkommt. Es ist sogar anzunehmen, daß er von seinen Verehrern schon viele Jahrhunderte früher unter dem Einflusse babylonischer Lehren für den Mondgott Sin ausgegeben worden ist. Aber

---

1) Eine Uebersicht über diese Darstellungen giebt J. Menants Aufsatz: Le Mythe de Dagon in der Revue de l'histoire des religions (Band XI, Paris 1885, S. 295—301), der auch im zweiten Bande seines Werkes: Glyptique orientale (Paris 1886) abgedruckt ist.

schwerlich, weil sein Cultus aus Babylonien nach Harran verpflanzt war, sondern nur, weil das zu göttlichen Functionen paßte, die seit Alters her ihm zugeschrieben wurden, und weil man in Harran zu der Ueberzeugung gekommen war, daß die Babylonier wie überhaupt in theologischen Dingen, so auch besonders in der richtigen Namengebung, einer für die erfolgreiche Anrufung außerordentlich wichtigen Angelegenheit, am trefflichsten Bescheid wußten. Augenscheinlich sehr spät ist in Syrien erst der babylonische Name Tammuz eingeführt worden, mit welchem zuerst Ezechiel[1]) den Gott bezeichnet, den die Weiber Jerusalems am nördlichen Thore des Tempels sitzend beweinten.

Aehnlich steht es aber auch mit den ägyptischen Einflüssen, die von Süden her in Syrien, besonders in dessen Gestadelandschaften eindringend, sich dort mit den babylonischen und assyrischen kreuzten. Auch über ihr Alter läßt sich aus den Spuren, in welchen ihre Einwirkung zu Tage tritt, mit Sicherheit nur sehr wenig ermitteln, weil sie ebenfalls nicht allein geraume Zeiten hindurch sich geltend gemacht, sondern auch wiederholentlich sich erneuert haben. Am stärksten äußern sie sich auf Denkmälern der phönizischen Kunst, welche eine gänzliche Hingabe an ägyptische Vorbilder verrathen. Doch sind nur wenige Denkmäler darunter, die vor der Perserzeit entstanden sein können. An sich betrachtet, sind die Spuren der ägyptischen Einflüsse als solche viel leichter und bestimmter kenntlich als die der babylonisch-assyrischen. Meist heben sie auf den ersten Blick sich als etwas durchaus Fremdartiges ab und sind wenig umgestaltet. Darf man aus dieser Aneignungsweise einen Schluß ziehen, so ist vorauszusetzen, daß die Phönizier an den Entlehnungen, welche sie aus den semitischen Ländergebieten machten, noch weniger Umgestaltungen vorgenommen haben werden.

Dabei ist nicht zu verkennen, daß die Cultur der Völker Syriens nicht bloß mit Entlehnungen sich begnügt hat. In ihren Anfängen war es zwar keine selbständige und einheitliche Schöpfung; ihr hat jedoch sowohl die Verschiedenartigkeit der einzelnen Landstriche etwas sehr Mannigfaltiges, als auch die Veranlagung der einzelnen Volksstämme etwas sehr Eigenartiges verliehen. Es ist anzunehmen, daß zuerst die Cultur der mit den Euphratländern zusammenhängenden Landstriche des nordsyrischen Binnenlandes eine bedeutende Höhe erreicht hat, und daß erst dieser Entwickelung die übrigen Landstriche Syriens in verschiedenen Abstufungen gefolgt sind. In einigen Einzelheiten verräth sich noch bei den Phöniziern eine Einwirkung der frühesten nordsyrischen Cultur oder wenigstens ein besonderer Zusammenhang mit derselben. Wie wäre sonst beispielsweise erklärlich, daß man ein Gegenstück zu dem phönizischen Adonis-Mythos — die Erzählung, daß Zeus den schönen Knaben Attis, den Geliebten der Göttermutter, von einem Eber habe umbringen lassen — gerade in Lydien findet und daß dort der jugendliche

---

1) Ezechiel 8, 14.

Gott unverkennbar den Namen einer nordsyrischen Gottheit, des Ate,[1]) führt? Aus dem nördlichen Syrien werden auch die Phönizier die erste Anleitung in der Kunst des Erzgusses und in der Metallarbeit erhalten haben — nicht aus erster Hand von den Babyloniern, die, wie es scheint, in diesen Fertigkeiten es am frühesten zu hoher Vollendung gebracht haben. Ferner haben augenscheinlich jene nördlichen und nordöstlichen Gebiete dem übrigen Syrien für die Anlage und Befestigungsart der Burgen und Städte die ersten maßgebenden Vorbilder geboten. Ebenso stammt aus jenen Gegenden die Art der Bewaffnung und Kriegführung, mit welcher die Bewohner Syriens nach den Berichten der Aegypter den Heerschaaren der Pharaonen entgegengetreten und an der die Aegypter des neuen Reiches ihrerseits sich ein Muster genommen haben. Die Vornehmen unter den Kriegern fahren auf Streitwagen in die Feldschlacht, mit Pfeil und Bogen gerüstet. Dem Kämpfenden zur Seite steht auf dem Zweigespann ein Schildträger, der mit seinem Schilde die feindlichen Geschosse auffängt. Bei den Cheta standen sogar auf jedem Streitwagen drei Personen, ein Kämpfender, ein Schildträger und ein Rosselenker. Die Aegypter brauchen häufig zur Bezeichnung für syrische Adlige das Wort Marna. Es bedeutet „unser Herr" und ist ohne Zweifel die Anrede, welcher der hörige Bauer und das niedrige Volk im Verkehr mit den Vornehmen sich bediente. Den Aegyptern ist dieses Wort so geläufig, daß jene Anrede wie eine Art Titel (etwa „der Monseigneur") einmal in den meisten Theilen Syriens verbreitet gewesen sein muß, und doch ist es aller Wahrscheinlichkeit nach nordsyrischen Ursprungs. Marna, „unser Herr," war auch der Name des Stadtgottes von Gaza. Doch mag der Cultus dieses Gottes erst von den Philistern in Gaza eingeführt sein.[2])

Dasselbe gilt auch vielleicht von dem Dienste der nordsyrischen Göttin Atargatis, die in Askalon als Stadtgöttin verehrt wurde. Ihr Name, den die Griechen durch Derketo wiedergegeben haben, trägt das Gepräge des Aramäischen noch ganz unverändert zur Schau. Attar ist die aramäische Form des Namens der Göttin Aschtoret (= Astarte), und Ate ist, wie erwähnt, ein nordsyrischer Gott; Attar-Ate, Atargatis, bedeutet die „Attar des Ate." Befremdend ist nur, daß dieselbe Göttin auch zu Joppe verehrt worden sein soll, also auch außerhalb des philistäischen Gebiets, ja nach

---

1) Ate findet sich auch in einem phönizischen Eigennamen auf einer Inschrift von Jdalion auf Cypern (Corpus Inscriptionum Semiticarum, I, 1, Nr. 93) in der Form Gad'ate = „Glück des Ate;" ein Name, der auch in Palmyra vorkommt (vergl. Eduard Meyer in der Zeitschrift der Deutschen Morgenländischen Gesellschaft, XXXI, S. 731; Friedrich Baethgen, Beiträge zur semitischen Religionsgesch., S. 62) und deshalb wohl nicht, wie Nöldeke (Zeitschrift der Deutschen Morgenländischen Gesellschaft, LII, S. 471) vorgeschlagen hat, mit den arabischen Namen Gud'ân, Gud'âat u. s. w. zusammengestellt werden kann.

2) Auf einer von Cesnola auf Cypern gefundenen phönizischen Inschrift scheint als Eigenname eines Mannes Abd-Marna vorzukommen, doch ist die Lesung dieses Namens sehr zweifelhaft. Vergl. Corpus Inscriptionum Semiticarum, I, 1, Nr. 16.

einigen Nachrichten auch im eigentlichen Phönizien und zwar in einer dem jedenfalls kanaanäischen Gotte Dagon ähnlichen Gestalt, während ausdrücklich überliefert ist, daß in Nordsyrien nicht üblich war, die Atargatis so abzubilden. Plinius erwähnt nämlich von Joppe, es sei die Verehrungsstätte der fabulosa Ceto, und wenn er auch wohl sicher so und nicht Derceto geschrieben hat, so ist doch nicht zu bezweifeln, daß mit dieser „sagenreichen Ceto" Derketo gemeint war. Auch berichtet Lukian, „in Phönizien" Bilder der Derketo gesehen zu haben, welche sie zur oberen Hälfte als Weib und von den Hüften abwärts als Fisch darstellten.¹) Es ist also die Möglichkeit nicht ganz ausgeschlossen, daß bereits lange vor Einwanderung der Philister nach Palästina diese Göttin nicht allein zu Askalon, sondern wohl in allen kanaanäischen Küstengebieten angebetet wurde. Daß es sich dabei um eine Entlehnung aus dem nördlichen Syrien und um dieselbe Göttin, welche dort den Namen Attar-Ate führte, handelt, würde bestehen bleiben. Doch würde dann wohl anzunehmen sein, daß die Benennung Derketo nicht unmittelbar durch Entstellung des Wortes Attar-Ate entstanden ist; sondern diese griechische Benennung würde vermuthlich die Wiedergabe einer kanaanäischen Zwischenform jenes nordsyrischen Namens sein.²)

Aegyptische Darstellung der Göttin Anat.

Sehr frühzeitig scheinen aus Nordsyrien die Götter Anat und Reschuf zu den Phöniziern gekommen zu sein. Zwar ist bis jetzt nur bezeugt, daß sie von den auf Cypern ansässigen phönizischen Kolonisten verehrt wurden.

---

1) Nach Diodor hatte die Derketo von Askalon einen Frauenkopf und im Uebrigen ganz den Körper eines Fisches. Ein Gefäß von dieser Gestalt aus gebranntem Thon befindet sich in der Sammlung phönizischer Alterthümer des Louvre (Nr. 260 des Verzeichnisses von E. Ledrain).

2) Attar kommt übrigens auch in phönizischen Eigennamen vor, nämlich in Atarbas = 'Attâr-Ba'al, (Diener der) „Attar des Baal" und, wie Eduard Meyer (Zeitschrift der D. Morgenländ. Gesellsch., XXXI, S. 732, Anm. 1) schon angeführt hat, in 'Attar'azû, „Attar ist stark." Bezeichnend ist, daß Attar ebenso wie Ate zugleich zu den Göttern gehört, die auch den Lydern bekannt waren. Ist Gadate (vergl. Anm. 1, S. 148) als Gegenstück zu Attar-Ate aufzufassen? Als Personenname würde dann Gadate den Diener der „Tyche des Ate," der Göttin „Glück des Ate" bedeuten. Ueber Gad = Tyche vergleiche P. de Lagarde, Gesammelte Abhandlungen, S. 16 und J. H. Mordtmann in der Zeitschrift der D. Morgenl. Gesellsch., XXXI, S. 99—101.

Doch kommt der Name Anat in mehreren Ortsnamen des heiligen Landes vor (in Bet Anat und vielleicht auch in Anatot), und eine Spur des Namens Reschuf ist in dem Namen des Küstenortes Arsuf noch erkennbar.¹) Abbildungen dieser Gottheiten liefern die Denkmäler der Aegypter, die im Verkehre mit Syrien diese Gottheiten sich ebenfalls zu eigen gemacht haben. Anat (ʿAnat) wird auf ihnen als eine Göttin des Kampfes und Krieges durch die Bewaffnung mit Helm, Schild, Lanze und Streitaxt gekennzeichnet. Der griechische Text einer phönizisch und griechisch abgefaßten Inschrift auf einer Felswand bei Larnax Lapithu auf Cypern hat „Athena Soteira Nike" als Wiedergabe der phönizischen Benennung der Göttin: „Anat, Kraft des

Aegyptische Darstellungen des Gottes Reschuf.

Lebens." Was sie mit der griechischen Athene gemein hat, ist lediglich das Streitbare und Wehrhafte ihres Wesens, nicht, wie man für möglich gehalten hat, der Name. Auch hat hiermit wohl nichts zu schaffen, daß in einer ägyptischen Zauberformel Anat und Astarte „die großen Göttinnen, die empfangen und nicht gebären," genannt werden. Reschuf oder, wie die Aegypter schreiben, Reschpu (Rschpn) wird von ihnen als bärtiger Mann dargestellt. Seine Brust ist häufig mit dem panzerartigen Rocke der ägyptischen Soldaten bekleidet. In der Rechten führt er einen Speer, auf dem Haupte trägt er die helmartige spitz in die Höhe steigende Krone Oberägyptens, vielleicht eine Umbildung der hohen spitzen Kopfbedeckung der Chetafürsten, und vor der Stirn als Abzeichen statt der Uräusschlange, die den Stirnschmuck der ägyptischen Gottheiten bildet, den Kopf einer Gazelle. Mitunter

---

1) Vergleiche oben S. 81.

hält er auch in der Linken Schild und Speer, schwingt mit der Rechten den Streitkolben und trägt auf dem Rücken einen Köcher, der mit Pfeilen gefüllt ist. Auf einem Siegel=Cylinder, welcher dem Sidonier Annipi (? Anub), dem Sohne des Abdum, gehört hat, wie die in Keilschriftzeichen eingegrabene Inschrift besagt, stehen drei Gottheiten in ägyptischer Darstellungsweise abgebildet, und in der einen dieser Gestalten, welche in dem erhobenen Arm den Streitkolben trägt, vor sich aber einen Schild hält, der nur skizzenhaft und flüchtig dargestellt ist, darf man wohl Reschuf erblicken; die beiden anderen Gestalten sind die echt ägyptischen Götter Set und Hor.[1]) Ebenso dargestellt ist auch Reschuf auf einem Siegel=Cylinder zu sehen, der ebenfalls eine Inschrift in Keilschriftzeichen trägt und nach der Uebersetzung von Julius Oppert[2]) dem „Abdum, einem Manne aus der festen Stadt Sidon," jedenfalls also wohl dem Vater jenes Annipi, als „persönliches Petschaft" gedient hat. Hier steht der Eigenthümer des Petschafts in anbetender Haltung vor Set und hinter ihm Reschuf. Die Zusammenstellung mit Set ist bezeichnend, denn auch dieser galt bei den Aegyptern als ein Kriegsgott.

Siegel=Cylinder mit Darstellungen des Gottes Reschuf.

Die phönizischen Inschriften erwähnen niemals Reschuf ohne Zusatz, sondern immer nur Reschuf=Hes (Hes) oder Reschuf=Mikal als Gottesnamen. Der kyprische Paralleltext einer Inschrift von Idalion stellt dem phönizischen Reschuf=Mikal als gleichwerthigen griechischen Ausdruck einen Apollon Amyklos oder — wie eine griechische Inschrift den Gott nennt — Apollon Amyklaios gegenüber. Was der Gott Mikal, der hier in Zusammensetzung mit Reschuf vorkommt, zu bedeuten hat, ist völlig unbekannt; selbst die Aussprache des Namens ist zweifelhaft, sie ist nur aus Amyklaios erschlossen.[3]) Der Name

---

1) Vergl. Collection De Clercq, Catalogue méthodique et raisonné: Antiquités assyriennes, cylindres orientaux, cachets, briques, bronzes, bas-reliefs etc., publié par M. De Clercq avec la collaboration de M. J. Menant, 1, Cylindres orientaux, Texte, Paris 1888, S. 217.

2) Vergl. Julius Oppert in den Comptes rendus der Académie des Inscriptions et belles-lettres, 4e série, XI (1883), S. 180—184.

3) Man hat den Namen daher auch Mukâl transscribirt. Euting zieht die Lesung Mekil vor und erklärt den Namen durch der „Beschützer." Es kommt nur die Zusammensetzung mit Reschuf vor, nicht M-k-l als selbständiger Gottesname. Wahrscheinlich ist jedoch Mikal nur die phönizische Form des Ortsnamens Amyklai, Reschuf=Mikal also nicht ein Apollon Amyklos, sondern, wie zuerst H. L. Ahrens (im Philologus, XXXV, S. 79—80) gesehen hat, der Apollon des Ortes Amyklai. Lediglich

Reschuf steht etymologisch in Zusammenhang mit dem Worte reschef, der „Blitz."¹) Reschuf scheint, danach zu urtheilen, nicht nur als Kriegsgott, sondern auch als eine im Gewitter ihre Macht kundgebende Gottheit aufgefaßt zu sein. Dafür, daß Reschuf sowohl als auch Anat aus dem Pantheon der nördlichen Theile Syriens in die Götterwelt der Phönizier aufgenommen worden sind, spricht der Umstand, daß die Aegypter gern beide Gottheiten zusammen mit der Stadtgöttin von Kadesch am Orontes abbilden. Aus dem Schlußpassus eines Vertrages, den Ramses II. mit den Cheta geschlossen hat, scheint sogar hervorzugehen, daß Anat im Chetareiche an sehr vielen Orten verehrt wurde.

Entwickelungsgang der Religion der Phönizier.

Trotz dieser und zahlreicher anderer Entlehnungen,²) welche in der phönizischen Religion sich eingebürgert haben, überwiegt nicht in ihr das Nachgeahmte und Erborgte. Ihrem Wesen nach beruht sie vielmehr auf selbständiger Ausbildung und Fortentwickelung der allen semitischen Religionen ursprünglich gemeinsamen Grundanschauungen und Auffassungsweisen. Als ein Erbtheil, welches alle semitischen Völker in ihre nachmaligen Wohnsitze mitgenommen haben, sind diese Grundanschauungen uralten Ursprungs und selbst in den höchsten Steigerungen der Entwickelung und Ausbildung, zu welcher sie gelangen, bewahren sie daher das Kennzeichen ihrer frühen Entstehung. Die Vorstellungen, welche in ihnen das religiöse Empfinden leiten und beseelen, verleugnen nie, daß sie auf der ersten Stufe, die erreicht wurde, das Erzeugniß der Denkweise von Völkern gewesen sind, die in einer wenig mannigfaltigen und an natürlichen Hilfsquellen armen Umgebung, in Steppen, Wüsten und deren Grenzgebieten, nur durch Sprache und Abstammung miteinander verbunden, in zahlreiche Stämme gegliedert, ein anspruchloses, bloß durch das allerschlichteste Herkommen geregeltes Hirtendasein geführt haben.

Bezeichnungen eines Ortes, an dem Reschuf verehrt wurde, sind sicher die Beiworte Elijjat und Alahijotas, kyprisch Heleitas und Alasiotas, die Reschuf-Apollon auf zwei aus Tamassos auf Cypern stammenden phönizischen Inschriften mit kyprischem Paralleltexte führt (vergl. Julius Euting in den Sitzungsberichten der Akademie der Wissenschaften zu Berlin, 1887, I, S. 115—123).

1) Euting hat für diesen Namen die Lesung Rischschâf oder Raschschâf = der „Blitzer," der „Blitzende" vorgeschlagen.

2) Hier sind nur einzelne der aus den Religionen Nordsyriens entlehnten Götterwesen aufgeführt, weil doch eine Geschichte dieser Entlehnungen sich nicht entwerfen läßt. Erwähnt könnte z. B. außer manchem Anderen noch werden, daß auf einem Siegelsteine in phönizischer Schrift (Revue d'assyriologie et d'archéologie orientale, I, Paris 1886, S. 115) als Name des ehemaligen Besitzers Abd-Hadad, „Diener des Hadad," zu lesen ist, obwohl Hadad vorzugsweise ein aramäischer Gott war. Auch kommt bei Philon von Byblos Adodos als Göttername vor. Ueber die Entlehnungen aus der ägyptischen Religion vergl. auch § 2 des Zweiten Abschnitts.

Die Probleme, welche bei den semitischen Völkern die ersten religiösen Stimmungen erregt und zur Bethätigung in bestimmter Richtung gebracht haben, sind dieselben, welche auch sonst auf religiösem Gebiete das Denken und Handeln beschäftigen. Der handgreifliche Gegensatz zwischen dem Starren, Unwandelbaren, Unbeseelten in der Natur und dem auf Werden und Vergehen nach einer besonderen Gesetzmäßigkeit beruhenden und in sich abgeschlossen verlaufenden Daseinsprocesse der Pflanze, des Thieres, des Menschen hat das Phänomen des Lebens als solches unterscheiden und es als etwas Geheimnißvolles und Räthselhaftes erkennen gelehrt: überall, wo es auftritt, offenbaren sich selbständige verborgene Kräfte. Zu dieser Erkenntniß von lebenerzeugenden Ursachen, die mit Scheu betrachtet werden, gesellt sich die Erkenntniß, daß der Vorgang des Lebens nicht lediglich durch innewohnende Kräfte zu Stande kommt, daß er von allerlei äußeren günstigen oder ungünstigen Bedingungen beständig abhängig bleibt. So entsteht die Anschauung, daß auch in diesen Bedingungen wiederum verborgene Kräfte ihre Macht offenbaren, und da diese Bedingungen nicht bloß solche sind, welche das Bestehen des Lebendigen schädigen und seiner Entwickelung den Garaus machen, sondern auch Bedingungen, welche das Gedeihen des Lebendigen vorbereiten und fördern, werden die Kräfte höherer Ordnung, deren Wirken im Eintreten dieser Bedingungen erkennbar erscheint, ebenfalls als lebendige oder wenigstens nicht als unbelebte aufgefaßt. Auch dem Bewußtsein des Einzelnen vergegenwärtigen die Erlebnisse beständig die Abhängigkeit des eigenen Lebens und der eigenen Person von unsichtbaren Einflüssen und Mächten. Die ungestümen Triebe der eigenen Seele, das Erwachen der Leidenschaft, die Mann und Weib aneinander fesselt und ihr Recht gebieterisch geltend macht, das unerwartete Eintreten von Krankheiten, der schreckenhafte Anblick des Todes, Verzagtheit, die den sonst Beherzten in Augenblicken der Gefahr überkommt, unverhofftes Entrinnen aus Bedrängnissen, aus denen keine Rettung möglich erschien — sie alle lehren eindringlich, daß der Mensch niemals ganz der Herr seines eigenen Ichs, daß verborgenen Mächten Gewalt über ihn gegeben ist. Und wie der Einzelne unzählige Male Anlaß erhält, dies anzuerkennen, so drängt unablässig der Gemeinschaft von Individuen, der er angehört, dem Stamme, dem Volke, als Ergebniß der Erlebnisse die Ueberzeugung sich auf, daß ihr Wohl und Wehe in der Gunst oder Ungunst höherer Mächte seinen Ursprung hat.

Diese Reihen von Wahrnehmungen und Erkenntnissen führen vermöge des nachhaltigen Eindruckes, den sie auf das Gemüth machen, zur Frömmigkeit. Unmittelbar an die Gewinnung jener ältesten Weltanschauung haben daher überall weniger Versuche zu einer verstandesmäßigen Erforschung der Probleme als zahlreiche fromme Handlungsweisen sich angeschlossen — Handlungsweisen, die ebenso sehr einem Gebote der Klugheit wie der religiösen Gesinnung Gehör gaben und theils eingeführt worden sind, um durch ihre Ausübung gegenüber den in verschiedenen Erscheinungsformen der belebten Natur erkannten Lebenskräften das richtige Verhalten zu beobachten, und theils, um zwischen dem Menschen und denjenigen Kräften, welchen der Glaube die Herrschaft über einzelne Gebiete des Lebens und Macht über das Schicksal des Einzelnen oder der Gesammtheit zugeschrieben hatte, ein Verhältniß anzubahnen, ihnen gegenüber in geeigneter und wirksamer Form die Frömmigkeit zum Ausdrucke zu bringen und damit das Gelingen aller Unternehmungen, die Erfüllung aller Wünsche sicher zu stellen. Vorschriften über religiöses Thun und Lassen, nicht Lehren über den inneren Zusammenhang der Erscheinungswelt, sondern praktische Mittel, sich vor Schaden und Unglück, sei es im Leben, sei es nach dem Tode, zu bewahren, bilden mehr oder minder in allen Religionen der Vorzeit und so auch in den semitischen den Grundbestand. Religiöse Gewohnheiten und Bräuche, nicht die Vorstellungen, aus denen diese hervorgegangen waren, sind in ihnen zuerst zum Gegenstande einer Ueberlieferung gemacht worden. Nur was unbedingt zur Ausübung der religiösen Handlungen erforderlich war, so besonders die Kenntniß der Namen einzelner von den Kräften, an welche diese Handlungen ursprünglich gerichtet waren, ist mit zur Ueberlieferung gebracht worden. Je weiter die Zeiten zurücktraten, aus welchen die Mehrzahl der Ueberlieferungen stammte, um so weniger ist von den Anfangs herrschenden Auffassungen bekannt geblieben; frühzeitig sind ohnehin überall neue Auffassungen an die Stelle veralteter Meinungen getreten und Auslegungen überlieferter Satzungen — da jegliche Nachricht über deren eigentliche Entstehungsgeschichte fehlte und sie an sich viel Befremdendes hatten — nothwendig erschienen und versucht worden. In den Geist vergangener Zeiten hat man sich, weder zurückversetzen können, noch hat man das gewollt; absichtlich oder unbewußt hat man bei der Deutung vielmehr stets nachträglich erworbene Anschauungen zu Hilfe genommen. Ererbte religiöse Vorschriften abzuändern und wesentlich umzugestalten, hielt dagegen sehr schwer, weil sie selbst als etwas Uraltes und Bewährtes ein Object religiöser Ehrfurcht wurden und weil sie Tag für Tag, jahraus jahrein zur Anwendung kamen, auch weil in ihrer Beobachtung etwas lag, das ähnlich wie die gemeinsame Muttersprache die Zugehörigkeit des Einzelnen zu einem Gemeinde- oder Stammesverbande, die Zugehörigkeit der Gemeinde oder des Stammes zu einer Nation bekundete.

Seit jeher hat ferner ein ungeschultes Denken mit Vorliebe Vorgänge, die einen seltsamen, für den Menschen wichtigen, nützlichen oder folgenschweren Verlauf nahmen, sobald dabei ein Zusammenhang mit einem zufällig ins Spiel kommenden concreten Gegenstande constatirt zu sein schien, auf diesen einzelnen Gegenstand als die bewirkende Ursache zurückführen zu müssen geglaubt und dem entsprechende, über die sonst erfahrungsmäßig Steinen, Stöcken, Knochen, Pfählen und dergleichen leblosen Dingen zukommenden Eigenschaften hinausgehende besondere Kräfte einem einzelnen Steine, Stocke, Knochen, Pfahle u. s. w. zugeschrieben. In den meisten Fällen sind diese vermeintlichen Wahrnehmungen immer nur als erfahrungsmäßig festgestellte Thatsachen betrachtet und ohne weiteres Nachdenken über das Wesen des Vorganges als willkommene Bereicherung der Erfahrung hingenommen worden. Es hat sich ganz nach der Art der angeblich wahrgenommenen Wirkung, nach der Tragweite des thatsächlichen Ausganges der einzelnen Begebenheit gerichtet, ob dabei eine Regung von religiöser Scheu sich einmischte oder nicht. Dem Objecte, welches als Ursache einer derartigen Wirkung galt, ist dann diese Regung zu gute gekommen, es ist mit größerer Vorsicht, ja mit Ehrfurcht behandelt worden. Es war eine nothwendige Consequenz, dann nicht bloß diejenigen vereinzelten Objecte, von welchen nachweislich eine Wunder bewirkende Kraft auszugehen schien, sondern sämmtliche leblosen Gegenstände, die vermöge einer eigenartigen und außergewöhnlichen Gestalt zu verrathen schienen, daß außergewöhnliche Kräfte in ihnen schlummerten, gebührend in Ehren zu halten. Der nächste Schritt ist dann gewesen, Mittel zu ersinnen, um die Zahl der auf geheimnißvollem Wege Beistand gewährenden und glückbringenden Gegenstände zu vermehren, von sachkundiger Hand leblose Substanzen in geheimnißvoll wirksame umformen zu lassen. Frühzeitig hat zugleich auf diesen ganzen Kreis von Vorstellungen die Auffassung, welche im Wehen des Sturmes, im Toben der Gewitter, in der Helle des Tages, in dem Dunkel der Nacht, in dem Glanze der Gestirne, im Fluthen des Wassers und vielen anderen Naturerscheinungen die Thätigkeit belebter Kräfte erblickte, ihren Einfluß ausgeübt. Es ist dieser Auffassung parallel auch jene Wirkungsart unbelebter Gegenstände und eigens angefertigter Gebilde als Aeußerungsweise einer belebten Kraft aufgefaßt worden, welche in dem bestimmten Objecte dauernd oder vorübergehend anwesend war. Andererseits haben aber auch von vornherein die Gebräuche und Vorschriften, welche der Glaube an die wunderbare Wirkungsfähigkeit concreter Dinge erzeugt hatte, einen außerordentlich nachhaltigen Einfluß auf die Verehrungsweise der belebt und beseelt gedachten Kräfte allgemeinerer Naturerscheinungen, der höheren Wesen, der Gottheiten gewonnen. Weil als möglich galt und üblich genug war, aus dürftigstem Material, aus Lehm, aus Holz oder Stein ein Unterpfand für übernatürliche Wirkungen herzustellen, hat auch als möglich gelten dürfen und müssen, unsichtbare Wesen höherer Ordnung in Gebilde der Menschenhand hineinzubannen; und sicher sind lediglich aus dieser plumpen Absicht, nicht aber aus reiner Lust am künstlerischen Darstellen, die ersten Götterbilder entstanden, die es gegeben hat. Sie haben ursprünglich keinen anderen Zweck gehabt, als den beständigen Verkehr mit Wesen zu ermöglichen, die sonst nur zeitweilig sich offenbarten. Galt andererseits für ausgemacht, daß an auffälliger Stelle stehende oder wunderlich gestaltete Felsblöcke Dämonen in sich zu beherbergen vermochten, so konnte mit gleichem Rechte ein solcher Felsblock auch ausgesucht werden, das höchste denkbare Wesen zu verkörpern, wenn es dem Gläubigen darauf ankam, diesem mit Gaben und Bitten sich zu nahen.

Dies ist im Allgemeinen die logische Gliederung der Begriffe, welche in den meisten Religionen des Alterthums und besonders in derjenigen Gruppe

der semitischen Religionen, welcher die phönizische angehört, Form und Richtung
der religiösen Denk- und Handlungsweise zu Anfang bestimmt haben. Die
Uebereinstimmung, welche hierin sich zeigt, beruht nicht auf einem historischen
Zusammenhange, sondern auf Analogie in der Entstehungsweise, auf der Gleichartigkeit, welche überall in primitiven Anfangsstadien, durchdrungen und getrieben von religiösen Empfindungen die ersten Ergebnisse des Denkens und
ersten Ziele des Handelns mit genetischer Nothwendigkeit haben gewinnen
müssen. Mit ähnlicher Gesetzmäßigkeit haben sich ja auch auf dem Gebiete
der Technik, der Kunst und des Rechtes aus Anlaß der Gleichartigkeit primi-
tiver Regungen, Bedürfnisse und Zustände an weit auseinanderliegenden Orten
und bei Völkern, die in keinerlei geschichtlicher Berührung miteinander lebten,
zahlreiche überraschende Analogien in der Auffassung und Ausübung völlig
spontan gebildet. Es sind gleichsam morphologische Nothwendigkeiten, welche
diese Analogien erzeugt haben. Selbst für die semitischen Religionen läßt sich
aus den vorhandenen Nachrichten nicht das Material gewinnen, um für sie
einen Stammbaum zu entwerfen, der auf eine ehemalige allgemein-semitische
Religion als auf die Wurzel zurückreichen würde. Allerdings tritt in der
Veranlagung und Entwickelungsart der meisten semitischen Religionen eine
typische Zusammengehörigkeit hervor; sie nehmen daher unter den heidnischen
Religionen des Alterthums eine besondere Stellung für sich ein. Was sich
darin geltend macht, ist aber eben nur das Eigenartige des semitischen Volksgeistes und die überaus nahe Verwandtschaft, die zwischen den einzelnen semitischen Völkerschaften und Sprachen besteht.

Dagegen beruht unzweifelhaft die Religion der Phönizier und der übrigen
Kanaanäer ursprünglich auf einer und derselben geschichtlichen Grundlage.
Sie hat sich aus einer Anzahl von Glaubensansichten und Gebräuchen entwickelt, welche die Kanaanäer, als sie in ihre nachmaligen Wohnsitze übersiedelten, bereits mitgebracht haben müssen. Denn sie theilen das Wesentliche
ihrer Religion mit den meisten nordsemitischen Volksstämmen. Schon in der
ursprünglichen Heimath der Kanaanäer muß ihre Religion ein selbständiges
Gepräge angenommen haben. Gerade ihren am meisten charakteristischen Zügen
haftet noch Manches an, was eine Art Beduinen-Religion, übertragen in die
Verhältnisse der an feste Wohnsitze gebundenen Lebensweise, durchblicken läßt.
Ihrer Beschaffenheit nach mag sie zu Anfang mit dem Glauben der Araber,[1]
wie dieser vor Einführung des Islams war, eine große Aehnlichkeit gehabt
haben. Ihrem Inhalte nach ist sie allerdings mit diesem nicht identisch gewesen; aber es war wohl ziemlich die gleiche Art und Weise von Religiosität,
in der Form der Bethätigung sehr ähnlich und auf gleiche Zwecke gerichtet.
An theologischer Durchbildung der Ideen hat es gewiß zu Anfang gänzlich
gefehlt, einen festen Bestand von religiösen Vorstellungen, Sitten und Lebens-

---

[1] Vergl. über diesen jetzt J. Wellhausen, Skizzen und Vorarbeiten, 3. Heft:
Reste arabischen Heidenthumes, Berlin 1887.

regeln läßt jedoch die geschichtliche Gestaltung der Religion der Kanaanäer als ein ursprüngliches Gemeingut aller Angehörigen des kanaanäischen Volksstammes und zugleich der ihm verwandten Stämme des nördlichen Syriens voraussetzen. Nicht aus den Consequenzen durchdachter Lehren geschöpft, sondern im Herkömmlichen begründet und wurzelnd, haben diese ursprünglichen Vorstellungen, Sitten und Lebensregeln schon vor der Einwanderung der Kanaanäer in das Westjordanland und in die Küstenniederungen Palästinas und Phöniziens allerlei locale Modificirungen zugelassen, noch zahlreicher sind jedoch die Abweichungen und Veränderungen geworden, welche seit dem Uebergange zum Leben in festen Ansiedelungen bei der herrschenden Trennung der Nation in lauter kleine Gemeinwesen sich herausgestaltet und eingeschlichen haben. Anschauungen, die zuvor bloß in mehr abergläubischen als frommen Gebräuchen zur Geltung kamen, sind in Folge dieser gründlichen Umwandlung aller Lebensformen allmählich stark in den Vordergrund getreten, andere sind dafür beinahe abgestorben. Alle Vorstellungen beispielsweise, welche die im Wachsen und Gedeihen der Pflanzen geheimnißvoll wirksamen Kräfte betrafen, gewannen für Bevölkerungskreise, die ihren Lebensunterhalt vorwiegend dem Ertrage der Kornfelder, der Reben- und Fruchtgärten verdankten, eine ungleich höhere Bedeutung, als sie zuvor besessen hatten. Die verschiedenen Bestandtheile der ursprünglichen kanaanäischen Religion haben dementsprechend an verschiedenen Orten eine sehr verschiedenartige Entwickelung durchgemacht, durch welche die Disharmonie, die von vornherein in vielen Einzelheiten herrschte, verewigt worden ist. Eine einheitliche Weiterbildung konnte nicht zu Stande kommen, weil es an den dazu nöthigen Vorbedingungen fehlte. Es gab weder nationale noch religiöse Bestrebungen, die allen Kanaanäern gemeinsam waren. So wenig wie die politische ist die religiöse Sonderstellung der einzelnen Gemeinwesen als etwas Unvollkommenes empfunden worden; beide haben vielmehr einander wechselseitig Dauer und Halt verliehen. Und wie es nur die Folgen einer besonderen geschichtlichen Entwickelung sind, welche die Phönizier als Nation von den übrigen Kanaanäern trennen, die Phönizier selber jedoch dadurch nicht zu nationaler Einigung gelangten, so hat auch ihre Religion ursprünglich weder etwas besonders Unterscheidendes noch etwas durchaus Einheitliches besessen. Auch in ihr giebt es wiederum gesonderte einander parallele Entwickelungen, deren Ergebnisse niemals endgültig aufgehoben und ausgeglichen worden sind.

Was wir an Nachrichten über die Religion der Phönizier besitzen, gewährt nur einen sehr lückenhaften Ueberblick und meist sehr unsichere Auskunft. Es fehlt fast ganz an authentischen Quellen. Viele Einzelheiten lassen sich zwar den phönizischen Inschriften entnehmen, doch beschränkt sich das hauptsächlich auf Namen von Gottheiten. Selbst die Aussprache der Namen bleibt in vielen Fällen höchst problematisch, ebenso die Bedeutung mancher auf jene Gottheiten sich beziehender, in formelhafter Ausdrucksweise wiederkehrender Redewendungen; noch mehr bleibt meist unbekannt, wie die Verehrer das Wesen der Gottheiten sich vorgestellt haben. „Was wüßten wir wohl von Artemis oder Hephaistos — um nicht gerade die allervornehmsten Götter zu nennen —, wenn wir bloß auf Namen wie Artemidoros, Artemisia, Hephaistion oder höchstens die Erwähnung eines Tempels dieser Gottheiten oder eines ihnen dargebrachten Opfers oder Weihgeschenks angewiesen wären? So aber steht es mit fast allen phönizischen Göttern." [1]) Da ferner fast sämmtliche Inschriften aus den letzten Abschnitten der phönizischen Geschichte stammen, läßt in ihnen der Entwickelungsgang der Religion sich so gut wie gar nicht verfolgen. Ebenso späten Ursprungs sind die Abbildungen von Gottheiten, die auf Denkmälern und Münzen vorkommen. Fast durchgängig zeigen die Letzteren Darstellungen, die Schöpfungen griechischer Künstler sind, so die hellenische Tyche, den hellenischen Herakles, den hellenischen Poseidon — selbst die eigenartigsten Gebilde der phönizischen Religion erscheinen auf ihnen meist in griechischer Verkleidung. Besonders fühlbar macht sich der Mangel an zuverlässigen Nachrichten über theologische Lehren und über Mythen. Die Angaben, welche die Griechen und Römer über mythische Vorgänge machen, die in Phönizien sich abspielen, lassen sich nur mit großer Vorsicht verwerthen. Zum Theil sind sie allerdings aus echten Ueberlieferungen geschöpft, selten tritt jedoch in der Fassung, die sie erhalten haben, der ursprüngliche Inhalt noch deutlich hervor, noch seltener sind die Ueberlieferungen besonders charakteristische und wirklich früh entstandene. Dazu stammt die Mehrzahl dieser Angaben erst aus zweiter und dritter Hand. Am interessantesten ist auch den Griechen an den Religionen fremder Völker zunächst gewesen, scheinbare Uebereinstimmungen mit den eigenen Anschauungen und Ebenbilder der eigenen Götter herauszufinden. Erst in der letzten Periode des Heidenthums, als bereits überall eine Hellenisirung und ein Verfall eingetreten war, haben sie angefangen, eingehender um das Unterscheidende sich zu kümmern. Vorher war das Ergebniß ihrer Versuche, mit dem fremden Glauben sich bekannt zu machen, immer mehr eine entstellende Umdeutung und willkürliche Auslegung als eine positive Kenntniß, und dieser Auslegungsweise haben auch die eingeborenen Bewohner der Städte Phöniziens und Syriens unter dem Einflusse der culturgeschichtlichen Entwickelung, welche diese Städte zu hellenistischen machte, selber immer mehr sich anbequemt. Bestätigen z. B. die Worte einer griechischen Dichtung, deren Verfasser in einer dieser Städte zu Hause war, Aussagen anderer griechischer Schriftsteller, so ist das daher keineswegs immer ein vollgültiges Zeugniß. Begonnen hat das Eindringen hellenischer Anschauungen in Phönizien mit der Seleukidenzeit und sie haben dort bald eine große Verbreitung und willige Aufnahme gefunden. Nur die Formen des Cultus scheinen von ihnen sich lange unberührt erhalten zu haben.

Zwar ist vorauszusehen, daß einerseits aus einer tieferen Erforschung

---

1) Th. Nöldeke in der Zeitschrift der Deutschen Morgenländischen Gesellschaft, XLII, S. 471.

Mangel an religionsgeschichtlichen Nachrichten. 159

der Religion Babyloniens, andererseits aus den noch zu erwartenden Entdeckungen phönizischer Inschriften etwas mehr Licht auf die Religion der Phönizier fallen wird, doch ist zu bezweifeln, ob jemals möglich sein wird, die bekannten Thatsachen in den Rahmen eines entwickelungsgeschichtlichen Zusammenhanges zu bringen. Das Frühere von dem Späteren in einer Volks-

Grabrelief späten, griechisch-römischen Stils aus Tyros.
Original, Muschelkalk, hoch 27½ Ctm., breit 19½ Ctm., im Kgl. Museum zu Berlin.

religion dieser Gattung zu sondern, ist unausführbar, auch wenn ein reichhaltigeres Material zur Beurtheilung vorliegt. In das Werden einer solchen Religion vermögen historische Documente überhaupt nur einen nothdürftigen Einblick zu gewähren, weil sie in die Anfangszeiten niemals zurückreichen. Der Satz, mit dem man sich zu behelfen pflegt, wo historische Nachrichten anfangen ihren Dienst zu versagen, der Satz, das Rohere und Unvollkommenere sei naturgemäß das Frühere und Ursprünglichere, hat zwar im Allgemeinen Gültigkeit, läßt sich aber gerade auf diesem Gebiete nicht immer auf den einzelnen Fall mit schematischer Sicherheit anwenden. Wie ein Zusammenleben von Menschen ohne irgendwelche regelnde Formen sich nicht denken läßt, so ist auch eine Gemeinschaft von Menschen undenkbar, in der noch nicht irgendwelche Einigung hinsichtlich der Beobachtung religiöser Gebräuche bestände. Wie aber in den Zuständen, welche die ersten historischen Nachrichten veranschaulichen, nicht alle Bestrebungen zu politischer Organisation, die vorangegangen sind, sondern nur diejenigen klar sich offenbaren, welche vorläufig die Herrschaft errungen haben, so verrathen auch die religiösen Gebräuche nur zum Theil noch die Vorgeschichte des religiösen Denkens, und so sehr auch an ihrer Entstehung individuelles Denken Antheil gehabt haben mag, so sind sie doch nur aus solchen Anschauungen hervorgegangen, die in ihrem Verbreitungskreise so mächtig gewesen sind, daß eine ganze Gemeinschaft von Menschen sie anerkannt und sie zum Ausdruck gebracht hat. Kurz, das, was wir die Religion eines Volkes zu nennen gewohnt sind, ist bereits in den vorgeschichtlichen Anfangsstadien ein Ergebniß herrschender Meinungen, das Erzeugniß von Compromissen, und hat schon während der vorgeschichtlichen Vergangenheit, aus der es als ein Erbtheil in die geschichtliche Fortentwickelung des Volkes hinübergenommen wird, niemals die ganze Summe der vorhandenen Resultate des religiösen Denkens und deren wirklichen Präsenzbestand wiedergegeben. Noch weniger bleiben die religiösen Ueberlieferungen eines Volkes und die jeweiligen Phasen der geistigen Entwickelung im Verlaufe der Geschichte einander congruent. Wo ein Einblick in das geistige Leben ausgeschlossen ist, wo lediglich religiöse Urkunden oder sogar nur vereinzelte Nachrichten über Gebräuche und Gottesdienste die Grundlage der Erforschung bilden, muß daher das Verständniß einer Volksreligion immer lückenhaft ausfallen. Denn nichts ist charakteristischer und für die Beurtheilung wichtiger als das Verhältniß, das innerhalb einer und derselben Religion zwischen den höchsten Resultaten des Denkens und der zu fester Satzung gewordenen Ueberlieferung besteht.

In den meisten religionsgeschichtlichen Compendien ist üblich, die verschiedenen Volksreligionen in Kategorien unterzubringen, jede für sich als Repräsentantin einer besonderen Phase des menschlichen Denkens, als ein Erzeugniß sei es nun des Fetischismus, oder des Animismus, der Ahnenverehrung, oder des Monotheismus, des Dualismus u. s. w. aufzufassen und zu erklären. Unter den Volksreligionen, über deren Geschichte etwas bekannt ist, giebt es aber keine, welche die Einzwängung in eine derartige Schablone verträgt. Völker, die ausschließlich und zu allen Zeiten aus Individuen zusammengesetzt waren, welche lediglich mit dem blöden Glauben an die Kraft des plumpen Fetisch und rohen Zaubermittels sich begnügten, hat es so wenig gegeben, wie es jemals ein ganzes Volk gegeben hat, das den Herrn lediglich im Geist und in der Wahrheit anbetete. Wo es möglich ist, die geschichtliche Entwickelung zurückzuverfolgen, zeigt sich vielmehr, daß es von Anfang an bei allen Völkern neben Individuen, die gedankenlos und geistig bedürfnißarm mit dem Absurdesten sich zufrieden gaben, andere Individuen gegeben hat, die

Befähigung, Neigung und Anlaß zu eingehendem Nachdenken über religiöse Probleme besaßen. In welchem Maße aber die Ergebnisse des Nachdenkens befähigter Naturen Einfluß auf die religiösen Vorstellungen und Handlungsweisen der Gesammtheit gewinnen und zu der Gestaltung der Volksreligion beizutragen vermocht haben, das hängt überall von sehr verschiedenen Bedingungen ab und hat stets davon abgehangen: von dem Grade, bis zu welchem diese Ergebnisse mit herrschenden Meinungen und Gewohnheiten, mit materiellen und nationalen Interessen in Einklang stehen oder sich aussöhnen lassen, und von der geistigen Empfänglichkeit und Reife der Gesammtheit für die Beschäftigung mit religiösen Problemen. Und wenn auch seit jeher auf keinem Gebiete die Ueberzeugungen Einzelner sich so mächtig erwiesen haben wie im Bereiche des Glaubens, so richtet sich doch durchschnittlich die Weite des Gesichtskreises der nachdenkenden Persönlichkeit nach der Summe von Anregungen, welche die geistige Umgebung gewährt, und nach den Schranken, welche diese erzeugt. Die Resultate des höheren religiösen Denkens schließen sich daher meist unwillkürlich an herrschende Meinungen an, sie verbreiten sich nicht in der Gesammtheit, ohne Umgestaltungen zu erleiden, und werden sie zu Ueberzeugungen der Gesammtheit, so bestehen sie meist als Vorstellungen und Auffassungen fort, auf deren Richtigkeit und Wahrheit die Mehrzahl der Volksangehörigen wenig Gewicht legt. Erst im Laufe der Geschichte werden gewöhnlich daraus die logischen Consequenzen gezogen, aber auch dann werden selten danach bestehende Gewohnheiten geändert oder neue Gegenstände der Anbetung eingeführt. Dem im engsten Kreise der Sorgen und Wünsche der Alltäglichkeit befangenen Sinne der Mehrzahl erscheinen Begriffe, wie es die Vorstellung von dem Dasein einer höchsten über allem Irdischen thronenden Gottheit ist, zwar nicht unfaßbar und eigenschaftslos, statt aber unmittelbar an diese erhabenste Gottheit mit seinen Anliegen sich zu wenden, folgt man lieber dem Brauche, den schon die Vorfahren erprobt haben, und trägt seine Bitten demjenigen Gotte vor, welchem die Gesammtheit dient, oder nimmt seine Zuflucht zu bestimmten anderen allgemein als praktisch geltenden Handlungen.

Gleich den übrigen semitischen Volksreligionen, die nicht unter dem mächtigen Einflusse einer hervorragenden Persönlichkeit eine läuternde Reform durchgemacht haben, steht die phönizische durchschnittlich auf keiner besonders hohen Stufe. Doch ist nicht zu verkennen, daß auch diese Religion von vornherein neben vielem Rohen und höchst Unvollkommenen, neben Zügen, die einen äußerst widerwärtigen und abstoßenden Eindruck machen, Spuren einer abstracten Gedankenrichtung bereits aufzuweisen hatte. Daß den semitischen Völkern von Haus aus eine Befähigung zu abstrahirendem, die Eigenschaften der Dinge und das Wesen von Handlungen in Begriffen zusammenfassendem Denken in besonderem Grade verliehen war, beweist ja auch die Veranlagung der semitischen Sprachen. Zu verwundern ist daher nicht, daß auch auf religiösem Gebiete diese Richtung sich ausprägt, eher würde befremden können, daß sie in der phönizischen Religion sich nicht freier Bahn gebrochen hat.

Besonderer Hang zum Ergründen der Probleme durch beschauliches Grübeln und Sinnen ist augenscheinlich bei den Phöniziern wenig vorhanden gewesen. Ihr religiöses Leben dreht sich um die nächstliegenden Anlässe und Zwecke des irdischen Daseins, und die Verwirklichung irdischer Hoffnungen und Wünsche hat ihnen daher mehr am Herzen gelegen als die Ermittelung von Glaubenssätzen und ewigen Wahrheiten. Mit der Fähigkeit zu abstrahirendem Denken verbündet sich bei ihnen nicht das Walten der Phantasie; sie idealisiren nicht. Zwar bevölkert ihr Glaube die Welt mit zahllosen geheimnißvollen Mächten, aber sie mühen nicht, wie die Griechen es gethan haben, sich ab, gestaltungsfroh und erfinderisch diese Mächte als menschlich empfindende Wesen von Fleisch und Blut, als traulich die Natur beseelende Genossen des Menschen sich vorzustellen. In ihrem Gemüth lähmt vielmehr das Bewußtsein, in Abhängigkeit von verborgenen Mächten zu leben, alle übrigen Regungen außer dem Bestreben, die Erfüllung aller Wünsche dennoch sich zu sichern, die Abhängigkeit durch bedingungslose Hingabe des eigenen Ichs anzuerkennen, allen Anforderungen, welche aus dieser Abhängigkeit entspringen, sich zu unterwerfen. Düsterer, grausiger Ernst schwebt über dem Verhältnisse, in welchem der Mensch gegenüber den höheren Mächten sich befindet. Bei Allem, was er unternimmt, muß er ihrer Hilfe sich vergewissern, überall umlauert ihn die Gefahr, unwissentlich gegen eine dieser Mächte einen Verstoß zu begehen, und unabwendbar folgt auf den Fehltritt, wenn er nicht rechtzeitig gesühnt wird, die Rache. Denn an sich sind diese Mächte keineswegs von lauter Güte und Gnade beseelt, eher launisch, herrisch, schwer zu besänftigen und voll Willkür. Eifersüchtig wachen sie über ihren Rechten und des Menschen Wohl fördern sie nur, wenn nichts unterblieben ist, um sie mild und gnädig zu stimmen. Daher erschöpft sich die Religiosität der Phönizier in der Kundgebung knechtischer Ehrfurcht und unermüdlicher Dienstbarkeit. Das Joch, welches sie damit sich auferlegten, wird meistens nicht als ein besonders drückendes empfunden sein. Denn augenscheinlich verharrten sie den höheren Mächten gegenüber im Allgemeinen auf dem Standpunkte nüchterner, aber gewissenhafter Abrechnung. Ebenso unerschütterlich wie die Ueberzeugung von dem Vorhandensein jener Mächte war auch der Glaube an die Wirksamkeit der Beobachtung der üblichen religiösen Vorschriften und die Ueberzeugung, daß für gewöhnlich die Erfüllung einer geringen Anzahl von Verpflichtungen ausreiche, um nicht allein vor Unglück sich zu schützen, sondern sogar durch sein correctes Verhalten die höheren Mächte zu Gunsterweisungen geradezu zu zwingen. Wohl aber war bei ihnen zu Zeiten diese Gläubigkeit einer unbegrenzten Steigerung fähig, und bei besonderen Anlässen und einzelnen Individuen hat daher der Wunsch, einen derartigen Zwang ausüben zu können, Handlungsweisen hervorgerufen, in denen eine Rohheit des Empfindens und Brutalität der Anschauungen zum Ausbruche kommt, wie sie einem Volke natürlich sein mußte, das von fremden Nationen in materiellen Dingen eine Fülle von Cultur sich angeeignet hatte, nach wie vor jedoch die unverfälschte Barbarei im Herzen trug.

Resultat eines abstrahirenden Denkens ist zunächst die Unterscheidung zwischen Belebtem und Unbelebtem gerade in der weitgehenden Bedeutung, welche dieselbe für die Religion der Phönizier gewonnen hat. Die Anschauungen, welche zu Grunde liegen, vermag man sich auch in dieser Hinsicht allerdings nur ganz hypothetisch aus wenigen Einzelheiten zu reconstruiren. Doch darf man, wie es scheint, mit Sicherheit annehmen, daß auf die religiöse Gedankenwelt der Phönizier von Anfang an kaum etwas Anderes einen so maßgebenden Einfluß ausgeübt hat wie diese an sich rein theoretische aus der Betrachtung des Verhaltens der Dinge geschöpfte Unterscheidung. Da sie von dem Gegensatze ausgeht, in welchem der Mensch als ein sich innerlich selbständig fühlendes, sich seines Wollens und Könnens bewußtes Wesen dem Unbelebten gegenüber steht, hat der Gedanke nicht aufkommen können, daß in der Natur überhaupt irgend eine Art von Belebtsein möglich sei, die weiter nichts als, wie wir es nennen, einen organischen Vorgang darstelle. In Allem, was den Eindruck des Belebtseins gemacht hat, mußte daher das Leben selbst nicht bloß als etwas sich organisch Gestaltendes, sondern als etwas neben den Lebensäußerungen, die zur Erscheinung kommen, für sich Bestehendes, von dem übrigen Substanziellen Verschiedenes aufgefaßt werden. Als eine solche besondere, das Belebtsein des Menschen und der Thiere bewirkende, durch Fortpflanzung von Generation zu Generation übermittelte und dadurch sich beständig erhaltende Lebenssubstanz hat augenscheinlich den Phöniziern wie den übrigen semitischen und vielen anderen Völkern ursprünglich das Blut gegolten. Im Blut ist ihnen die Lebensäußerungen erzeugende Kraft concret und rein körperlich vorhanden erschienen, weil schon beim Schlachten des Hausthieres und Erlegen des Wildes die tägliche Wahrnehmung lehrte, daß mit dem Blute den Körper das Leben verläßt. Zugleich hat bei den semitischen Völkern ursprünglich die Meinung geherrscht, daß nicht allein bei der Zeugung das Blut des Erzeugers dasjenige sei, was Zeugung bewirkt und übertragen wird, sondern daß auch aus Blut die Muttermilch bestehe. Bei einer Menge von Völkern hat die grob materialistische Auffassung, welche im Blute den Leben verleihenden Bestandtheil des Körpers erblickte, unmittelbar zu der Idee des Opfers geführt und die Ueberzeugung erweckt, daß Schlachten von Opfern ein Mittel sei, um den Schatten der Verstorbenen Leben einzuflößen, und daß auch Opferblut die Nahrung sei, von der die Götter ihr Dasein fristen. Es ist nicht unmöglich, daß ähnliche Ueberzeugungen auch bei den Semiten den Begriff des Opferns stark beeinflußt, wenn nicht überhaupt zur Entstehung gebracht haben. Die Sitte der heidnischen Araber, heilige Steine mit Opferblut zu bestreichen, die Sitte der Phönizier, es vor solchen Steinen als Spende hinzugießen, und andere Gewohnheiten mehr machen ganz diesen Eindruck. Nicht als ob die Absicht vorgelegen hätte, dem Steine selber dadurch die Lebenskraft des Blutes mitzutheilen, sondern weil Blut Leben enthält, ist das körperlose Wesen, welches in dem heiligen Steine seinen Aufenthalt zu nehmen vermag, begierig nach

Blut. Nicht dauernd verweilt es in oder bei seinem Steine, nicht immer ist es gleich gegenwärtig und nah, angelockt und geködert durch die Blutnahrung, deren es bei seiner körperlosen Beschaffenheit bedarf, kommt es aber gern herbei, sobald ihm die erwünschte Labe gespendet wird, und gewöhnt sich so an die Cultusstätte wie das Hausthier an die Krippe. Als eines Lockmittels bedienen sich auch des eigenen Blutes die Baalspriester nach der Erzählung von dem Opfer, das Elias zur Regierungszeit Ahabs auf dem Berge Karmel veranstaltet haben soll. Als ihr Gott zögert, seine Gegenwart und Macht durch ein Wunder kundzuthun, und ihr Schreien nach ihm erfolglos bleibt, da greifen sie „in ihrer Weise" zu Messern und Pfriemen und zerschlitzen damit sich die Haut, so daß das Blut über den Körper herabrinnt. Nicht allzu häufig, sondern nur wenn die Hilfe der Gottheit dringend ersehnt wurde und alles Flehen umsonst war, wird man freilich zu diesem heroischen Mittel der Beschwörung sich entschlossen haben. In jener Erzählung handelt es sich ja für die als Vertreter des phönizisch-kanaanäischen Glaubens Elias gegenüber stehenden Priester nicht bloß um eine einfache Gebetserhörung, Leib und Leben steht für sie auf dem Spiel, wenn ihr Gott sie diesmal im Stich läßt, und es gilt außerdem, das Land von einer in Folge anhaltender Dürre eingetretenen Hungersnoth zu befreien. In solchen Fällen war eben ein raffinirter Auswerg, die Lüsternheit der Gottheit nach dem Lebenselement, nach Blut und vornehmlich nach Menschenblut, auszunutzen, um sie trotz ihres Widerstrebens zu zwingen, den Bitten, welche an sie gerichtet wurden, Gehör zu geben.[1]

Mehr als die Vorstellung, daß Blut eine schattenhaften oder körperlosen Wesen willkommene Gabe sei, tritt jedoch in der Anwendung des Opfers, wie sie sich bei den semitischen Völkern gestaltet hat, ein Gedanke hervor, der mehr ins Abstracte geht. Er muß sehr früh neben jener ziemlich rohen Vorstellung bestanden haben, ohne diese zu verdrängen, und ließ sich auch mit ihr in Einklang bringen. Es ist der Gedanke, daß Opfer bestimmten körperlosen Wesen von Rechtswegen zukommen, weil ihnen sonst entzogen würde, was ihr Eigenthum ist. Nicht Alles, dessen der Mensch zu seiner Nahrung bedarf, darf er ohne Weiteres sich aneignen und in Gebrauch nehmen. Was ihm als Nahrung dient, das Fleisch des geschlachteten Hausthieres, des erlegten Wildes, die Baumfrucht, die Feldfrucht, das hat theils sichtlich belebten Wesen angehört, theils ist es Erzeugniß der Lebenskraft, die

---

[1] Ungleich häufiger scheint dasselbe Verfahren bei den syrischen Priestern und bei den Priestern der Gottheiten verschiedener Völkerschaften Kleinasiens vorgekommen zu sein. Sie schnitten sich mit zweischneidigen Messern besonders das Fleisch der Arme blutig und zergeißelten sich die Haut des Rückens. In den letzten Zeiten des Heidenthums ist allerdings in Vergessenheit gerathen, daß ursprünglich das vergossene Blut bestimmt war, der Gottheit selber dargeboten zu werden, um dadurch deren Gegenwart zu erzwingen, und es ist dann diese Handlungsweise als eine Form bußfertiger Kasteiung betrachtet worden, die ebenfalls den Zweck hatte, die Gegenwart der Gottheit zu bewirken.

im Pflanzendasein sich offenbart. Belebtsein aber entspringt nicht ausschließlich aus der dem Belebten eigenen Lebenskraft, es giebt geheimnißvolle Mächte, welche nach Gutdünken zulassen oder verhindern können, daß es sich erzeugt und fortbesteht. Bleibt zur rechten Zeit der Regen aus, so sterben die Geschöpfe, die von Halmen sich nähren, den Hungertod und die Saaten verdorren, und wie würde sonst zu erklären sein, daß nicht immer in gleichem Maße die Herden sich mehren, daß so häufig, bevor noch die Frucht zur Reife gelangt, die Pflanze elend hinsiecht, wenn nicht unsichtbare Wesen die Lebenskräfte im Keime zu ersticken vermöchten? Obwohl sie in so Verderben bringender Weise zu wirken vermögen, werden doch von den semitischen Völkern diese Wesen nicht als unbedingt dem Leben feindliche Mächte betrachtet, deren teuflische Zerstörungslust bloß zu besänftigen wäre, es wird vielmehr vorausgesetzt, daß sie diese vernichtende Macht nicht auszuüben vermöchten, wenn nicht zugleich ebenso sehr in ihrer Macht läge, umgekehrt sich wirksam zu erweisen, Leben zu fördern und Belebtsein hervorzurufen. Es ist der Wille eines und desselben Wesens, der in der einen oder in der anderen Richtung sich äußert, je nachdem es in gnädiger oder in übelwollender Stimmung ist. An die Existenz einzelner lediglich auf Schaden sinnenden und nichts als Unheil anrichtenden unsichtbaren Wesen mag man allerdings ursprünglich ebenfalls geglaubt haben, ein Cultus ist ihnen jedoch nicht erwiesen worden; dazu war die Vorstellung von der Machtvollkommenheit der Wesen, die als Urheber der belebten Natur galten, eine zu hohe. Ueber ihre Geschöpfe, über Alles, was ihnen das Dasein verdankt, besitzen diese eine Machtvollkommenheit, die keine Schranken hat. Ihnen, nicht dem Menschen, gehört daher in vollstem Sinne Alles, was sie beleben. Nimmt der Mensch zum Zwecke der Ernährung in Gebrauch, was ihrer Wirkungssphäre entstammt, so darf er dies nicht thun, ohne in Gestalt von Opfern ihnen daran einen Antheil zu gewähren, sie mitgenießen zu lassen. Ihr Recht geht vor, daher gebühren ihnen vor Allem Erstlingserzeugnisse, die Erstlinge des Viehs, die Erstlinge der Feldfrucht.

Es wird dabei vorausgesetzt, daß die Wesen, welche die belebte Natur geschaffen haben und erhalten, dies nicht lediglich in der uneigennützigen Absicht thun, um dadurch bloß dem Menschen zu Nahrung zu verhelfen. So abstract auch die Art ihrer Wirksamkeit und so wenig körperhaft die Art ihrer Existenz erscheinen mag, wenn man diese mit den heutigen Begriffen zu definiren versucht, so wird ihnen doch die Fähigkeit zugeschrieben, selber, wenn auch nur in bestimmten Formen, Nahrung zu sich zu nehmen. Die reiche Fülle von Erzeugnissen ihrer lebenspendenden Kraft haben sie dem Menschen zur Verfügung gestellt vor Allem, damit dieser ihnen aus diesem Vorrathe in derjenigen Weise, welche ihnen genehm ist, die ihnen zukommende Nahrung zu Theil werden lassen soll. Nur auf diesem Wege vermögen sie eigentlich zu derselben zu gelangen.

Das einfachste Mittel, etwas den unsichtbaren Wesen, welche darauf Anspruch hatten, zur beliebigen Verfügung preiszugeben, war, es völlig unangerührt zu lassen. Wo beispielsweise mitten in unfruchtbarer Umgebung es eine Stelle gab, an welcher Bäume und Sträucher eine auffällig üppige Pracht entfalteten, da schien auch ein unsichtbares Wesen seine Machtfülle zu offenbaren, da wagte man den wuchernden Pflanzenwuchs nicht zu stören und ließ auch das Wild und sonstiges Gethier, welches an solchen Orten sein Dasein führte, unbehelligt. Nicht minder erblickte man in einzelnen besonders schön entwickelten, auf einsamen Höhen oder wasserarmen Strecken emporragenden Bäumen sichtliche Kundgebungen Leben erzeugender Kräfte, hielt sie für Erzeugnisse eines unsichtbaren Wesens, welches gerade an dem Gedeihen dieses einen Exemplars sein besonderes Wohlgefallen fand, für etwas Unverletzliches. Das Haupterkennungszeichen, ob ein Baum zu diesen bevorzugten Exemplaren seiner Gattung gehörte oder nicht, wird freilich ursprünglich gewesen sein, wenn nicht bloß sein Gedeihen den Eindruck des Wunderbaren machte, sondern auch wunderbare Wirkungen von ihm auszugehen schienen. . Der Glaube, daß in einem einzelnen Falle eine derartige Wirkung constatirt sei, hat sicher ebenso oft den Erfolg gehabt, den betreffenden Baum, obwohl er sich weder durch Schönheit noch sonst irgendwie auszeichnete, in den Augen des Gläubigen zu etwas Unversehrbarem zu machen.

Vorwiegend spricht jedoch in den Mitteln, welche die Phönizier gewählt haben, um den Gottheiten einen Genuß von einer Sache zu gewähren, die Ueberzeugung sich aus, daß die unsichtbaren Wesen auf eine andere und höhere Art Nahrung zu sich nehmen, als es der Mensch vermag. Was ihnen zur Nahrung dient, ist gleichsam die Quintessenz des Nahrungsmittels. Gleich dem Menschen verlangen sie nach Speise und Trank, sie essen und trinken aber nicht auf körperliche Art und eignen von Speise und Trank sich nur unsichtbare Bestandtheile an. Zum großen Theile werden daher als Opfer ihnen Substanzen dargebracht, die geeignet sind, sich zu verflüchtigen, die an der Luft vollständig oder wenigstens bis auf geringe Reste verdunsten. Das Blut des erlegten Wildes wird hingegossen, weil so am meisten davon sich verflüchtigt und der Gottheit zu gute kommen kann. Durch Ausgießen spendet man ferner als Trankopfer Wasser und Wein, weil auf diese Weise am schnellsten und vollständigsten das Verdunsten des gespendeten Trankes erzielt wird. Die heiligen Steine ferner salbt man mit Oel ein, weil man sich einbildet, mit der sich langsam verflüchtigenden Oelung dem unsichtbaren Wesen, welches den betreffenden Stein zu seinem Aufenthaltsorte erkoren hat, einen besonderen lange vorhaltenden Schmaus zu bereiten.

Einen ähnlichen Zweck wie das Salben geweihter Steine hat ursprünglich auch das Brandopfer, das Opfern durch Verbrennen. Es hat als das wirksamste Verfahren gegolten, weil die Flamme buchstäblich das ihr überantwortete Opfer verzehrt, und schon dieser Anblick die Ueberzeugung erweckt, daß die Gottheit die ihr zugedachte Gabe thatsächlich entgegennimmt. Vorzugsweise sind aber auch durch Verbrennen Gaben dargebracht worden, die gerade hierbei einen Geruch erzeugten, welcher den Eindruck des Nahrhaften und Lieblichen machte und deshalb als eine jenen unsichtbaren Wesen besonders angemessene und erfreuliche Erquickung betrachtet wurde. Als ein solcher ihr volles Behagen erregender nahrhafter Wohlgeruch gilt besonders das Duften verbrennenden Fettes von geschlachteten Thieren. Aber auch der würzige Geruch verbrennender Harze, des kostbaren Weihrauchs, versetzt sie in eine den Wünschen des Menschen geneigtere Stimmung und ladet sie ein, an der Cultusstätte zugegen zu sein.

Aus der Ueberzeugung, daß Alles, was die Opferflamme verzehrt hat der Gottheit, welcher es geopfert wurde, zugeführt ist, hat sich die Vorstellung entwickelt, daß Gaben, die vollständig verbrannt werden, dadurch auch vollständig und gleichsam mit Leib und Seele in den Besitz der betreffenden Gottheit gerathen. Es knüpft das zunächst an die Anschauung an, daß alles Belebte eine Art Seele hat und daß daher die Opferflamme mit dem substanziellen Substrate auch die innere Lebenskraft verzehrt. Zur Sühne für begangenes Unrecht opfert daher der Schuldbewußte der Gottheit, welcher er Leib und Leben verwirkt zu haben glaubt, um die Strafe abzuwenden, in Stellvertretung der eigenen Person den Leib eines Thieres durch Verbrennen desselben. In demselben Sinne galt für erforderlich, ähnliche Opfer darzubringen oder zu geloben, sobald man sich in Lebenslagen befand, welche einzelnen Gottheiten eine besondere Macht einzuräumen schienen. Selbst in das Dankopfer kam so etwas von dem Begriffe der Stellvertretung. Nicht immer jedoch begnügten sich die höheren Gottheiten mit Thieropfern und den sonstigen Gaben. In ihren Augen blieb es nach der Meinung der Phönizier häufig nur ein dürftiger Ersatz für das Menschenopfer, bei welchem ja nicht bloß der Flamme ein Leib überantwortet wurde, sondern zugleich der Gottheit eine Menschenseele als Beute zufiel. Besonders wenn aus sicheren Anzeichen unzweifelhaft erschien, daß eine Gottheit es auf den Untergang einer Stadt, auf Vernichtung ihrer Einwohner, auf das Verderben des Landes oder Staatswesens abgesehen hatte, durfte nicht gesäumt werden, Menschenleben ihr preiszugeben, ihren ganzen Ingrimm und den Fluch ihres Zornes so auf das Haupt einiger Wenigen zu entladen und von der Gesammtheit abzulenken. Und selbst bei diesem Entschlusse wurde auf Erfolg nur gerechnet, wenn geopfert wurde, was wirklich als eine Art Aequivalent für das Ganze betrachtet werden durfte, wenn dabei die Erstgeborenen der vornehmsten Familien für die Stadtgemeinde hingegeben wurden, oder wenn für den König der erstgeborene oder gar der einzige Sohn desselben als Opfer eintrat. Ja, mit allen Abzeichen königlicher Machtvollkommenheit angethan ist in solchen Fällen der erstgeborene Königssohn an Stelle des Vaters dem Opfertode geweiht worden, sodaß es fast aussieht, es sei dabei vorausgesetzt worden, von blinder Wuth erfüllt werde das gereizte göttliche Wesen den Gegenstand seines Zornes verwechseln und den Unterschied erst merken, wenn es an diesem Opfer sich gesättigt und dadurch die höchste Erregung bereits gestillt habe. Mit heroischer Selbverleugnung hat sogar bisweilen ein Einzelner die eigene Person freiwillig zur Rettung des Staates den zürnenden Göttern als Opfer dargebracht. Vergleichbar jenem Marcus Curtius, von dem die römische Sage zu berichten wußte, daß er sich einst in ähnlicher Absicht heldenmüthig in einen Erdspalt gestürzt habe, der auf dem Forum sich aufgethan hatte, ist, heißt es, als in der Schlacht bei Himera (480 v. Chr.) die Niederlage des karthagischen Heeres unabwendbar erschien, der punische Feldherr Hamilkar, Sohn des Hanno, um seinem Vaterlande den Sieg zu erkaufen, selber in die lodernden Flammen des Opferfeuers gesprungen und hat darin seinen Tod gefunden.[1]

Aber nicht allein bei selten eintretenden besonders zwingenden Anlässen, nicht allein, wenn Seuchen, Zeiten anhaltender Dürre, Unglücksfälle im Kriege sie zur Verzweiflung trieben, haben die Phönizier bereitwillig zu Menschenopfern sich entschlossen und dann, um den Werth des Opfers zu erhöhen, harten Herzens das Liebste und Theuerste, was sie besaßen, das Leben des eigenen Kindes nicht geschont, auch bei alljährlich wiederkehrenden Festen scheinen sie bestimmten Gottheiten wenigstens an einzelnen Orten Menschen als Opfer geschlachtet zu haben. Mit der Vorstellung, daß kein anderes Opfer mehr jene Götter erfreue und besänftige als gerade dieses verband sich auch hierbei die Idee des Loskaufens. Alle Uebertretungen und Missethaten, welche seit Jahresfrist das Mißfallen der Gottheiten erregt haben mochten, sollten von der opfernden Gemeinschaft auf eine einzelne Person übertragen werden und durch den Tod des Opfers gesühnt sein. Auch war es Sitte, bei gewagten und einer besonders ungewissen Zukunft entgegengehenden Unternehmungen Menschenopfer anzuwenden, um einerseits sich die Götter im Voraus aufs Höchste zu verpflichten und andererseits allen etwa in diesen unerforschlichen Wesen vorhandenen Groll rechtzeitig von dem Gemeinwesen abzulenken. So geschah es bei der Anlage von Colonien, bei der Gründung von Städten, vor Allem aber bei der Eröffnung oder an wichtigen Wendepunkten eines Feldzuges. Und war man überzeugt, die Götter dadurch auf seine Seite gebracht, mit ihrer Hülfe drohende Kriegsgefahren überstanden, Siege erkämpft und entscheidende Schlachten gewonnen zu haben, so mußten ihnen wiederum als Entgelt für die unverdiente Mäßigung, welche sie sichtlich ihrer verderbenbringenden Machtvollkommenheit auferlegt hatten, und als Lohn für die bewiesene Gnade Schaaren von erbeuteten Kriegsgefangenen zum Opfer fallen, als hätten sie ihre Gunst dem Sieger blos zu dem eigennützigen Zwecke zugewendet, die Altäre mit dem ihnen zufallenden Beuteantheil in Hülle und Fülle zu versorgen. Nach einem Siege, welchen die Karthager über den Syrakusaner Agathokles davongetragen hatten, wählten sie unter den Gefangenen, welche ihnen dabei in die Hände gefallen waren, sogleich die stattlichsten Leute aus. Unmittelbar vor dem heiligen Zelte, in

---

[1] Vergl. jedoch hierüber den Schluß dieses Kapitels.

welchem augenscheinlich das Heer ein Götterbild mit sich führte, schürten sie noch in selbiger Nacht ein mächtiges Opferfeuer an und übergaben den Flammen desselben diesen auserlesensten Ertrag ihres Sieges;¹) — eine Scene, die lebhaft an Bernal Diaz del Castillos Schilderung der noche triste erinnert, an jene „traurige Nacht", in welcher die Azteken zu Ehren ihrer nicht minder von finsterer unersättlicher Blutgier beseelten Götter die in Gefangenschaft gerathenen Gefährten des Cortez abschlachteten.²)

Solche unmenschlichen Aeußerungen eines aufs Höchste gesteigerten Abhängigkeitsgefühls erscheinen uns zwar im Lichte von Verirrungen der allergrausigsten Art; aber sie gerade kennzeichnen am besten den Geist der phönizischen Religion, den Ursprung und die Beschaffenheit der Vorstellungen, welche dieses Volk sich von dem Wesen gerade derjenigen Gottheiten machte, welchen es am meisten gedient hat. Es sind lediglich Consequenzen der Art und Entstehungsweise des Cultus, welchen sie ihren vornehmsten und ältesten Gottheiten erwiesen haben. Um diese Consequenzen zu verstehen, muß man auf die Vorbedingungen zurückgehen, welche eine Verehrung dieser Gottheiten erzeugt haben.

Es ist unverkennbar, daß diese Gottheiten nicht aus dem Reiche des Mythos entnommene Gestalten sind. Die Ursachen, die zur Entstehung des ihnen erwiesenen Cultus geführt haben, können nicht darin bestanden haben, daß es vor der Entstehung des Cultus eine Mythenwelt gab, in welcher diesen Gottheiten Handlungen und Eigenschaften angedichtet waren, die allmählich zur Verehrung ihrer Macht herausforderten. In ungleich höherem Maße als die Göttermythen anderer Völker verrathen ja die phönizischen meist, daß sie erst im Anschlusse an eine bereits feststehende Verehrungsweise bestimmter Gottheiten, und häufig auch, daß sie bloß in der Umgebung einer einzelnen Cultusstätte sich gebildet haben. Die Anfänge der Mythenbildung reichen

---

1) Diodor XX, 65. Beachtenswerth ist, daß auch in diesem Falle zum Opfer das Beste ausgesucht wird. Die wählerische Gottheit würde das Minderwerthige verschmähen. Nahm man dagegen tadellos gewachsene Personen, so verzichtete man zugleich zu Gunsten der Gottheit auf den hohen Gewinn, der aus dem Verkaufe gerade dieser Gefangenen zu erzielen gewesen wäre.

2) Als Alexander der Große Tyros belagerte, haben die Tyrier einige seiner Soldaten, welche sie zu Gefangenen gemacht hatten, auf die Stadtmauer geführt, dort angesichts des feindlichen Heeres zerstückelt und die zerstückelten Gliedmaßen in die See hinabgeworfen. Auch in dieser Handlungsweise ist wohl nicht lediglich zwecklose Grausamkeit zu erblicken. Es ist überliefert, daß ein karthagischer Feldherr Namens Himilkar, bevor er mit seiner Flotte aufbrach, Opferthiere, die den Meergöttern zugedacht waren, hat in die Tiefe der See versenken lassen; die Tyrier mögen daher beabsichtigt haben, in diesem Falle die Gottheit des Meeres durch Darbringen von Menschenfleisch gerade an diese feindlichen Angriffen am meisten ausgesetzte Stelle des Inselufers zu bannen und zur Vereitelung der Eroberungsgelüste Alexanders zu bewegen. Auch mag dabei eine Ansicht obgewaltet haben, die man bei zahlreichen Völkern noch gegenwärtig vorfindet, die Ansicht, der Opfernde gewinne über die Seele des Opfers eine Herrschaft und ein qualenvoller Tod verwandele die Seele des Menschen in einen Rachegeist, der gezwungen werde, seine Erbitterung an den Gegnern des Opfernden auszulassen.

zwar auch bei den Phöniziern bis in die Entstehungszeit des Cultus zurück. Aber Gebilde, die aus mythischen Schilderungen von Naturvorgängen, aus im ganzen Volke verbreiteten Erzählungen mythenhaften Inhaltes stammen, sind jene Gottheiten nicht. Was ihr Wesen besonders charakterisirt, ist sogar ein auffälliger Mangel an der ausgeprägt verschiedenartigen Individualität, welche Gottheiten eigen zu sein pflegt, die in volksthümlichen Mythen frühzeitig eine Rolle gespielt haben. Statt zu Persönlichkeiten von mannigfacher der einzelnen Gottheit besondere Eigenart und ein unterscheidendes Gepräge verleihender Beschaffenheit sich ausgestaltet zu haben, sind es Gottheiten, die in ihrer Beschaffenheit einander auffällig gleichen.

Dies liegt daran, daß mit und aus dem Cultus einiger weniger Gottheiten die religiösen Begriffe, welche die Phönizier in vorgeschichtlichen Zeiträumen erworben hatten, sich fortentwickelt und ausgebildet haben. In jedem der vielen voneinander unabhängigen, zunächst aus Stammesgenossenschaften hervorgegangenen Verbände, in welche schon vor dem Uebergange zum Leben in festen Niederlassungen die phönizische Nation sich gliederte, hat zwar der Glaube an das Dasein einer Menge göttlicher Wesen bestanden, hat aber nur eine bestimmte Gottheit vor allen anderen als diejenige gegolten, von deren Willen alles Glück oder Unglück, welches der einzelnen Gemeinschaft widerfuhr, lediglich abhing. Diese Ueberzeugung ergiebt sich von selbst aus der Vorstellung, daß alles Belebte unsichtbaren Mächten, die über dessen Schicksal verfügen, seine Entstehung und sein Dasein verdankt. Als noch die primitivsten Zustände herrschten, als noch die Vorfahren der Phönizier den Besitz von Heerden als einzige Quelle des Wohlstandes betrachten mußten, hat offenbar schon in jeder dieser Hirtengemeinden sich der Glaube an ein göttliches Wesen befestigt, welchem das Gedeihen gerade dieses werthvollsten Besitzes zugeschrieben wurde. Wie dieses Wesen Macht hatte, den Heerdenreichthum zu vermehren, so besaß es aber auch Macht, denselben nach Gutdünken zu verringern, ja durch Zulassen von verheerenden Seuchen den ganzen Heerdenbestand auszurotten und damit die Existenz des einzelnen Hirtenstammes vollständig zu vernichten. Um solcher Gefahr zu entgehen, blieb der einzelnen Gemeinschaft nichts übrig, als sich gänzlich unter die Herrschaft dieser einen wichtigsten Gottheit zu stellen, sie zu ihrer Stammesgottheit zu machen,[1]) stets

---

[1]) Auf die Hypothese, der Ursprung des Glaubens an eine Stammesgottheit liege in der Vorstellung, daß er der Urahn des Stammes sei, welcher den Nachkommen, wenn diese durch Darbringen von Gaben für die Seele ihres Vorfahren sorgen, Reichthum an Heerden verleihe und in allen Lebenslagen ihnen beistehe, besonders gegen andere feindselig gesinnte Seelen abgeschiedener Menschen, vermag ich hier nicht ausführlich einzugehen. Diese Hypothese erklärt in der That zahlreiche Einzelheiten besser als jede andere, vor Allem die Entstehung vieler sonst unverständlichen eigenthümlichen Züge des Cultus. Jene Vorstellung ist jedoch schwerlich die einzige gewesen, die zur Annahme der Existenz eines unsichtbaren Wesens, welches besonders durch Gewährung großen Heerdenreichthums der Stammesgemeinschaft sich hülfreich erweise, geführt hat. Gerade bei den Kanaanäern muß sie, wenn sie neben vielen anderen Vorstellungen ein-

darauf bedacht zu sein, bei den wenigen festlichen Gelegenheiten, an welchen
Vieh geschlachtet wurde, durch Darbringen eines Antheils, durch Opfer, ihr
stets einen Tribut zu entrichten, der sie verpflichtete, immer von Neuem für
das Zunehmen und Gedeihen der Heerden zu sorgen. Auch durfte voraus=
gesetzt werden, daß eine Gottheit, die durch ihr Wohlwollen für das haupt=
sächlichste Subsistenzmittel des Stammes zu sorgen vermochte, dadurch daß sie
dies that, gewissermaßen eine Zugehörigkeit zu demselben an den Tag legte.
Ihren Verehrern mußte daher sehr bald dieser Begriff der Zugehörigkeit zu
dem Stamme die Hauptsache werden, und nachdem einmal eine Gottheit als
Stammesgottheit galt, mußten sie derselben auch die Fähigkeit zutrauen, gerade
ihnen auch in allen anderen Dingen Hülfe zu gewähren.

Ferner mußte in ihren Augen die Machtsphäre der betreffenden Gottheit
sich frühzeitig sehr erweitern, weil Alles als ihr Werk galt, was zum Ge=
deihen der Heerden erforderlich war, weil dazu nicht nur das Zunehmen des
Bestandes durch Vermehrung, sondern auch das Abwehren von Raubthieren
und Seuchen und zugleich Schutz vor Nahrungsmangel durch Beförderung
des Wachsens der Gräser und Futterkräuter gehörte. Bei der Einfachheit der
Lebensbedingungen, auf welchen das Dasein eines Hirtenstammes beruht, geht
ihn im Uebrigen wenig an, was sonst in der Natur vorgeht, nur das Be=
dürfniß nach Nahrung für seine Heerden macht ihn einigermaßen davon
abhängig. Die Macht, die erforderliche Nahrung zu gewähren und zu ver=
sagen, sie sprießen und verdorren zu lassen, scheinen die Vorfahren der
Phönizier aber ebenfalls denjenigen Gottheiten beigelegt zu haben, unter deren
Obhut das Gedeihen der Heerden überhaupt stand, und zwar, wie schon
erwähnt wurde, weil dies in ihren Augen etwas viel Geringeres war als die
Herrschaft über Entstehen und Vergehen, über Leben und Tod eines belebten
Wesens. Als Götter, denen selbst die versengende Glut der Sonne und die
befruchtende Kraft des Regens als Mittel zur Vollstreckung ihres Willens zu
Gebote standen, mußten daher die betreffenden Stammesgottheiten vollends,
eine jede für ihre Verehrer, die Bedeutung einer mit unbegrenzten Machtvoll=
kommenheiten ausgerüsteten Gottheit gewinnen.

Da alle Stämme an ihre besondere Gottheit die gleichen Anforderungen
stellten, und kein Stamm umhin konnte, seiner eigenen Gottheit die höchste
Macht zuzutrauen, konnte nicht ausbleiben, daß bei jedem Stamme alle denk=
bare göttliche Machtfülle auf eine einzelne Gottheit übertragen wurde, und
daß auf diesem Wege jede Stammesgottheit schließlich alle den ganzen Gat=
tungsbegriff Gottheit ausmachenden Eigenschaften in sich vereinigte. Was man
ihr dabei zuschrieb, war aber nur die Fähigkeit, zu Gunsten und Ungunsten

mal bestanden hat, was an sich höchst wahrscheinlich ist, schon sehr früh erloschen sein.
Sie konnte sich nur in den geschlossenen Kreisen der einzelnen Familien= und Stammes=
verbände lebendig erhalten. Diese haben sich aber gerade bei den Kanaanäern bereits
in grauer Vorzeit aufgelöst, als bei ihnen das Leben in dorf= und stadtartigen An=
siedelungen begann.

des Stammes sämmtlicher göttlichen Machtmittel sich bedienen zu können. Daß die Schutzgottheiten der übrigen Stämme eine, wenn auch ihr vielleicht an Macht nicht gleiche, so doch ebenfalls wirklich vorhandene analoge Machtfülle ausübende Wesen seien, wurde durchaus nicht in Zweifel gezogen. So wenig wie die Existenz des einen Stammes die des anderen, so wenig schloß auch die Existenz der einen Stammesgottheit die der anderen aus. Es hatte sich eben nicht die Vorstellung von dem Dasein eines allmächtigen Gottes zu dem Begriffe einer Stammesgottheit spezialisirt, sondern es hatte umgekehrt der Begriff der Stammesgottheit seinen Inhalt zu dem Begriffe einer Gottheit von ganz allgemeinen Machtbefugnissen ausgedehnt.

Um so weniger vermochten dagegen diese Stammesgottheiten individuelle Eigenschaften zu erwerben. Eher haben sie daran bei der zunehmenden Steigerung des Machtbegriffes Einbuße erlitten. Der Hauptunterschied, den es zwischen ihnen gab, scheint gewesen zu sein, daß einzelnen Gemeinschaften ihre Stammesgottheit für ein männliches Wesen, anderen hingegen die ihrige für ein weibliches Wesen galt. Ein zwar nicht ganz so alter, an sich jedoch viel urwüchsigerer Zug ist gewesen, daß einzelne dieser Gottheiten nicht als männliche oder weibliche Personen, sondern als ein bestimmtes Wesen aus dem Thierreiche aufgefaßt wurden. Ganz ohne Zuthun einer noch roh gearteten Phantasie waren eben diese Göttergebilde nicht zu Stande gekommen. Gerade an den Ueberresten von solchen unbeholfenen Vorstellungen, welche in die Religion der nachmaligen Phönizier und übrigen Kanaanäer übergegangen sind, ist noch erkennbar, in wie hohem Maße ursprünglich die Bedeutung jener Stammesgötter auf eine Macht über den werthvollsten Besitz der einzelnen Hirtengemeinde, auf eine Macht über die Heerden hinauslief. Nach ganz verschiedenen Richtungen hin prägten darin die mannigfachen Bethätigungsarten dieser Macht sich einseitig aus. Wie der zeugungskräftige, wehrhafte, kampfesmuthige Stier der Herr, Beschützer und Vermehrer der Rinderheerde ist, so hat als Urheber und Beschützer des Heerdenreichthums die Gottheit in der Phantasie ihrer Verehrer Wesen und Gestalt eines Stieres angenommen. Und wie die Kuh vermöge ihrer Fruchtbarkeit der Heerde Zuwachs, mit ihrer Milch dem jungen Zuwachse die erste Nahrung und dem Menschen ein begehrtes Nahrungsmittel spendet, ist ebenso oft die Kuh das Vorbild geworden, nach welchem die Phantasie das Bild der Gottheit als Beförderin der Fruchtbarkeit sich gestaltet hat. Nicht stets und überall haben aber diese wohlthätigen Seiten der göttlichen Machtvollkommenheit auf die Phantasie die lebhafteste Anregung ausgeübt. Dieselbe Gottheit, von der das Gedeihen der Heerden ausging, vermochte ja auch, die Heerden Raubthieren oder Seuchen als Beute zu überantworten, sie nahm das Leben des Thieres als Opfer an und vernichtete in ihrem Zorn auch das Leben des Menschen, stillte ihren Durst mit dessen Blute. In dieser höchsten, am eindringlichsten die Wehrlosigkeit und Niedrigkeit der Geschöpfe lehrenden Entfaltung ihrer Macht hat sie nichts dem Menschen oder dem Wesen des Heerdenthieres Verwandtes, gleicht sie höchstens dem gefährlichsten Widersacher des Menschen und seiner Heerden, dem stärksten und blutgierigsten unter den Raubthieren Syriens, dem Löwen. Wo unter den Eigenschaften der Gottheit vor Allem herausgekehrt wurde, daß sie es ist, die Tod und Verderben zu senden vermag, war daher ihr Ebenbild besonders der Löwe, der „Starke", der „Fresser", wie ihn Simsons Gleichniß bezeichnet. Denn auch das Hinsiechen an Krankheiten, den Untergang durch Hungersnoth und Seuchen, jähe Todesarten, die Ausrottung ganzer Familien und Gemein= wesen durch das Schwert des Feindes und ebenso auch das Verwelken des Grases und Krautes unter der versengenden Glut der Sonne malte sich der Sprachgebrauch vorzugsweise als ein Verzehr= und Verschlungenwerden aus. Die Auffassung, welche das Wesen der Gottheiten dem Wesen des Raub= thieres gleichsetzte, kennzeichnete zugleich die Kundgebungen ihrer Macht als plötzlich eintretende, unwiderstehliche, sicher das Ziel ereilende. Noch mehr tritt dieses Kennzeichen in einer Auffassung hervor, die weniger verbreitet gewesen zu sein scheint. In dieser war das Ebenbild der Gottheiten der

Münze von Byblos. Originalgröße.
Meerschiff mit drei Hopliten; darunter geflügelter Hippokamp. Revers: Verendeter Steinbock, vertieft eingeprägt; auf diesem ein Geier.

Raubvogel, der mit raschem Flügelschlage seiner ahnungslosen Beute sich zu bemächtigen versteht, vor Allem der Geier, dem Leichengeruch ein Wohlbehagen und das verwesende Fleisch des gefallenen Viehs, des verendeten Wildes, des unbeerdigt gebliebenen Leichnames der im Kriege erschlagenen oder in der Wüste verschmachteten Menschen seine Lieblingsnahrung gewährt. So schienen ja auch zu Zeiten die Gottheiten an dem Sterben schuldloser Heerden ein besonderes Gefallen zu finden und eine Art Behagen und grausame Genug= thuung schien ihnen auch zu verschaffen, über den Menschen Todesarten zu verhängen, welche die Möglichkeit der Bestattung ausschlossen, den Leichnam der Verwesung unter freiem Himmel, oder Hunden und Raubvögeln als Speise und damit die Seele dem schrecklichsten Schicksale preisgaben, das ihr nach menschlichen Begriffen überhaupt widerfahren konnte. Diese Liebhaberei am Zerstören des Lebens ließ freilich die Gottheit an der Gemeinde ihrer Ver= ehrer nur aus, wenn sie von ihr schwer gekränkt oder vernachlässigt war; um so bereitwilliger gab sie jedoch dieser Leidenschaft sich hin, sobald es darauf ankam, ihren Verehrern beizustehen. Schicksale, die man von sich abzuwenden und fernzuhalten eifrigst bemüht war, gönnte man eben in vollstem Maße seinen Widersachern, und in diesem Sinne freute man sich, gerade eine Gottheit zu besitzen, die zu schonungsloser Anwendung ihrer verderblichen Macht jederzeit aufgelegt war.

Aus Gleichnissen und Allegorieen sind diese Auffassungen nicht hervorgegangen, wenn sie auch im Laufe der Zeit dazu geworden sind. Sie sind aus lebensvollen Vorstellungen entsprungen und haben eine große Nachwirkung gehabt. Da jedoch in diesen Auffassungsweisen immer nur eine Seite der göttlichen Eigenschaften zum Ausdrucke kam, waren sie an sich sehr wandelbar. Ueberdieß aber vertrugen sie sich schlecht mit den Grundbegriffen des Cultus, welche ja die Voraussetzung in sich schlossen, die Gottheiten seien im Stande, dieselben Speisen zu sich zu nehmen, die dem Menschen als Nahrungsmittel dienten. Da diese Voraussetzung es hauptsächlich gewesen ist, die einen Cultus möglich erscheinen ließ, muß diejenige Auffassung, welche in den Gottheiten menschenähnliche Wesen erblickte, die frühere sein. Vermöge der zunehmenden Bedeutung des Cultus hat sie sich endgültig behauptet und die übrigen Auffassungsweisen wieder in den Schatten gestellt.

Auch denjenigen Stammesgottheiten, welche als menschenartige Wesen galten, sind in einzelnen Fällen frühzeitig nicht bloß die allgemeinen Eigenschaften beigelegt worden, welche sie entweder als eine männliche oder als eine weibliche Gottheit charakterisirten; auch in den Begriff ihrer Persönlichkeit sind bisweilen einzelne Vorstellungen, welche über die besondere Art und Weise ihres Waltens sich gebildet hatten, hineingetragen, und die Persönlichkeit einzelner Gottheiten hat dadurch einzelne individuelle Züge erhalten. Besonders scheint bei einzelnen Stammesverbänden die Vorstellung, daß die Gottheit, welche das Gedeihen der Heerden zu befördern vermöge, zum Schutze der Heerden und ihrer Eigenthümer auch die Abwehr der Raubthiere übernehme, die Phantasie angeregt und vielfach beschäftigt zu haben, und es hat auch hierbei zu dieser Vorstellung sich die Auffassung gesellt, daß die Abwehr der Krankheiten, der Seuchen und der Dürre ebenfalls der Abwehr der Raubthiere gleiche. Die abwehrende Thätigkeit der betreffenden Gottheit ist daher meist als ein ganz persönliches Einschreiten gedacht worden. Mit Behagen hat man bis in die Details sich ausgemalt, wie leicht es ihr wird, die gefürchtetsten Widersacher ihrer Schutzbefohlenen zu bändigen und zu beseitigen, mit welcher Sicherheit ihre kräftige Faust die ergrimmte Bestie zu packen, den sich sträubenden Löwen auf den ersten Griff in Stücke zu zerreißen oder ihm das tödtliche Schwert ins Herz zu stoßen versteht, welche Lust es ihr gewähren muß, so gleichsam spielend in Wundern, in allen möglichen Beweisen ihrer unvergleichlichen Kraft sich zu ergehen. Einzelnen Gottheiten hat man dementsprechend dann besondere Neigung zum Waidwerk angedichtet, einen inneren Hang zum Ausrotten von Raubthieren und Ungethümen, eine ihnen eigene Vorliebe für reckenhafte Abenteuer.

Andere dagegen sind ihren Verehrern oder wenigstens einzelnen derselben allmählich zu erhaben vorgekommen, als daß man ihnen noch hätte zumuthen

dürfen, selber Hand an so niedere Geschöpfe zu legen, wie es in ihren Augen
die Raubthiere sein mußten. Folgsam schmiegte sich der Löwe ihnen zu
Füßen, dienstbar trug er sie auf seinem Rücken, so unbedingt war ihre Herr=
schaft über alles Belebte. Noch ganz andere, ungleich stärkere Wesen, als es
der Löwe war, standen diesen Gottheiten zur Vollstreckung ihrer Befehle

Darstellungen auf einer Silberschale von Kurion auf Cypern.
In der Mitte El (Kronos) den Löwen tödtend. Durchmesser 20 Centim.
New=York, Metropolitan=Museum.

gehorsam zur Verfügung, Wesen, die mit der Stärke des Löwen die Schnellig=
keit des Raubvogels vereinigten, Greise von mannigfaltiger Gestalt. Ursprüng=
lich galten sie wohl für dämonische, ebenso gefährliche wie ruchlose Ungethüme,
die in der Nähe einsamer Bäume, in der entlegenen Wildniß, vor Allem aber
an den Höhen unzugänglicher Berge hausten und von dort aus ihre Lieb=
lingsbeute, Rinder und Hirsche, heimtückisch überfielen, um sie zu zerfleischen.
Denn es hat auch die Vorstellung gegeben, daß diese geflügelten Vierfüßler

gerade zu denjenigen Wesen gehörten, welche von einzelnen Göttern abgewehrt und bekämpft wurden. Auch wird in einem ägyptischen Papyrus das unheilvolle Thun und Treiben eines Wesens dieser Gattung, des Seref¹), an dessen Existenz die Aegypter augenscheinlich im Verkehr mit den Bewohnern Syriens glauben gelernt haben und das von ihnen auch in einem Königsgrabe bei Theben abgebildet worden ist, ziemlich ausführlich geschildert, um daraus die Nutzanwendung zu ziehen, wer dem Seref an Macht gleiche, brauche auch gleich ihm um Recht oder Unrecht sich nicht zu kümmern, da Niemand da sei, der ihn zur Verantwortung zu ziehen vermöge.²) Es ist nicht unmöglich, daß in dem Glauben an das Vorkommen derartiger Unholde allerlei Ueberbleibsel von sehr alterthümlichen Anschauungen ihr letztes Dasein gefristet haben, da die Vorstellungen von der körperlichen Beschaffenheit derselben sehr mannigfache Deutungen zulassen. Außer allerlei Fabelgebilden, die nichts als müßige Erfindungen waren, mögen in ihnen nicht nur veraltete Auffassungen der Thätigkeit einzelner Gottheiten, sondern auch Erklärungen, die ehedem ersonnen waren, um einzelnen die Phantasie besonders beschäftigenden, am Himmelszelte sich abspielenden Naturvorgängen ein Verständniß abzugewinnen, ferner auch veraltete Vorstellungen von der Gestalt der Krankheiten erzeugenden Plagegeister und von der Form, in welcher den Seelen der Verstorbenen fortzubestehen vergönnt war³), sich vereinigt und erhalten haben. Jedenfalls ist für die Entwickelung des Begriffes der den Stammesgottheiten eigenen Macht zu einem Alles umfassenden Machtbegriffe bezeichnend, daß selbst diese monströsen Geschöpfe, deren Gattungsname Kerub, in der Mehrzahl Kerubim⁴) gewesen zu sein scheint, in die Reihe der dienstbaren Wesen eingeordnet worden sind. Aus reißenden Ungeheuern, die nach Art der Drachen bei Bäumen

---

1) Die Vocalisation dieses Namens beruht lediglich auf hypothetischer Ergänzung; das Wort kann daher ebensogut ganz andere Vocale gehabt und z. B. Saraf gelautet haben. In der Wiedergabe, der oben erwähnten altägyptischen Darstellung dieses Fabelwesens, die Champollion und Rosellini nach einer und derselben Zeichnung veröffentlicht haben, ist der Name des dargestellten Gegenstandes mit den Hieroglyphenzeichen für S—f—r angegeben; wahrscheinlich ist durch ein Versehen des Zeichners die Reihenfolge verwechselt, und es ist S—r—f zu lesen. Sârâf ist im Hebräischen der Name einer Giftschlange, aber auch der geflügelten in der Einöde hausenden Schlangen, von denen bei Jesaias (14, 29; 30, 6) die Rede ist, und im Plural (Seräfim) der Name geflügelter Gestalten, welche am Throne Jahwes stehen. Die Grundbedeutung des Wortes scheint den Begriff des Glühenden und Brennenden zu enthalten; in dieser Bedeutung haben auch die Aegypter denselben Wortstamm, den sie aus einem semitischen Dialecte entlehnt haben müssen, sehr allgemein gebraucht.

2) Vergl. die Literaturangaben in meiner Bearbeitung von Perrot-Chipiez, Aegypten S. 863.

3) Als eine von den Gestalten, welche die Seelen der Verstorbenen anzunehmen vermochten, galt wenigstens bei den Aegyptern eine Art von Greifen.

4) Unzweifelhaft stammt von diesem Worte die griechische Bezeichnung γρύψ, von der wiederum unser „Greif" herkommt. Es ist daher im höchsten Maße wahrscheinlich, daß dieses Wort auch bei den Phöniziern die übliche Bezeichnung für die ganze Gattung gewesen ist.

Fabelwesen.

und an Gebirgspfaden auf Beute lauerten, sind sie in dieser Auffassung zu frommen Geistern, zu einer Art von Engeln, geworden, die in unmittelbarer Nähe der Gottheiten sich aufhalten. Besonders hat man sie sich als Behüter und Pfleger der geweihten Bäume gedacht, in diesen lebten und webten ja göttliche Wesen.¹) Sehr häufig werden daher in späteren Zeiten von den Phöniziern diese geflügelten Gestalten zu beiden Seiten eines geweihten Baumes oder eines pflanzenartigen ornamentalen Gebildes dargestellt. Vor Allem liebt man sie abzubilden, wie sie paarweise mit emporgerecktem Kopfe aufgerichtet dastehen, um die von der Blätterkrone und den Blüthen ausströmende beseelte Lebenskraft einzuschnaufen. In so reine und ätherische Geschöpfe haben sie

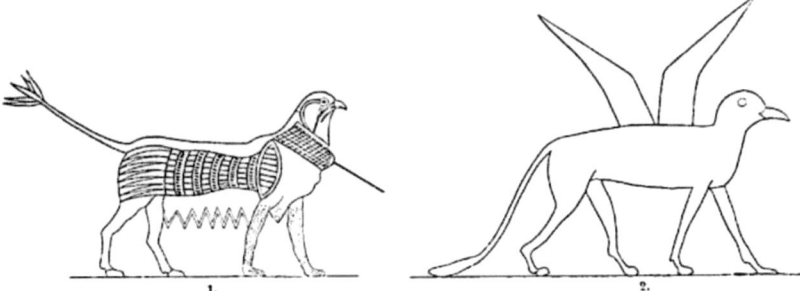

1. Sag. weiblicher Greif; Darstellung in einem altägyptischen Grabe.
Auf dem Bilde, welchem diese Darstellung entnommen ist, war vermuthlich, wie das Halsband und der von demselben ausgehende Strick lehrt, das Fabelwesen als eine Art Höllenwächter angebunden vor dem Berge der Grabesregion dargestellt. Einen Schakal, so angebunden, zeigt eine Vignette zum 90. Kap. des ägypt. Todtenbuches bei Ed. Naville, I, Taf. 102

2. Sefer oder Seref. Greif. Darstellung in einem altägyptischen Grabe.

sich verwandelt, daß ihnen genügt, den nährenden Odem der Gottheit in ihre Nüstern einzuziehen.²)

---

1) Die ältere Meinung scheint gewesen zu sein, daß die Gottheit selbst in der Nähe des Baumes in Gestalt eines drachenartigen Wesens Wache halte, um über jeden herzufallen, der die Frucht zu brechen sich erkühnen sollte. Wundergeschichten über die Herkunft kostbarer Naturerzeugnisse ferner Länder, in denen berichtet wurde, daß wer diese Schätze sich aneignen wolle, die in jenen Gegenden hausenden Ungeheuer, welche ihren Besitz eifersüchtig hüteten, zuvor mit Lebensgefahr darum betrügen müsse, werden mit zur Entstehung jener früheren Auffassung beigetragen haben. Doch scheint darin auch noch etwas von dem Glauben zu liegen, daß einzelne Bäume vorkämen, an denen man sich nicht vergreifen dürfe, ohne daß den Frevler sofort die Rache des in dem Baume hausenden Geistes ereile, und zuerst diesen zürnenden Geistern scheint man wegen der Schnelligkeit, mit welcher sie, wie man glaubte, den Uebertreter zur Verantwortung zogen, jene aus dem Körper des Vogels und des vierfüßigen Raubthieres zusammen= gesetzte Gestalt beigelegt zu haben.

2) Es ist nicht unmöglich, daß man bei diesem Bilde oft auch an die Seelen der Verstorbenen gedacht hat, und daß ursprünglich einmal neben vielen andern Meinungen über die Art und Weise ihres Fortbestehens auch die Ansicht vorhanden war, sie schwebten

178 Zweiter Abschnitt. 1. Anfänge der Geschichte u. Cultur Phöniziens.

An der Ausbildung, wenn nicht an der Entstehung vieler der bis jetzt erwähnten Anschauungen von der besonderen Gestalt und Persönlichkeit einzelner Gottheiten werden mehr, als sich das zur Zeit nachweisen läßt, religiöse Vorstellungen einen Antheil haben, die von anderen Völkern entlehnt waren, und deren Heimath besonders in Babylonien zu suchen ist. Zu diesen Entlehnungen aus einer fremden, früher zu einem fertigen Abschlusse gelangten Glaubenswelt kann es auch gehören, daß einige Stämme, wie es scheint, ihre Gottheit selbst als eine mit mächtigen Schwingen ausgerüstete Menschengestalt sich gedacht haben. So vermochte sie, auch fern von der Cultusstätte, ihren Verehrern jederzeit zur Hülfe zu kommen, dem fliehenden Löwen nachzusetzen, kurz in der Ausübung ihrer Macht die größte Schnelligkeit zu entfalten.

Relief aus Ruad (Arados) in weißem Marmor.

Geflügelte, zu beiden Seiten des heiligen Baumes sich aufrichtend. Die phönizische Palmette als Flächen füllendes Ornament und als Bestandtheil des heiligen Baumes. Original 50 Centimeter hoch.

Paris: Louvre-Museum.

Späteren Ursprungs als diese Annahme ist jedenfalls eine Auffassung, in der sie auch hierzu zu erhaben zu sein schien, und die Ausführung ihrer Beschlüsse Geschöpfen überlassen war, welche die Einsicht des Menschen mit der Schnelligkeit eines Vogels und der Stärke des Raubthiers vereinigten. Es waren Raubthiere aus dem Katzengeschlechte, die zugleich Flügel und einen zweiten eigens zum verständigen Denken eingerichteten Kopf, den Kopf eines Menschen, besaßen. Ein unzweideutiger Beweis dafür, daß selbst der Glaube an die Existenz dieser Art von Wesen in eine sehr frühe Zeit zurückgeht, hat sich durch einen Zufall erhalten. Um das Jahr 2100 v. Chr., also schon vor der Hyksosherrschaft, hat ein ägyptischer Nomarch, derselbe Chnemhotep, welcher eine Familie asiatischer Einwanderer in seinem Grabe zu Beni Hassan

in der Nähe von Bäumen umher, um von dem Dufte der Früchte und Blüthen ihr Dasein zu fristen. — Als Pfleger geweihter Bäume treten Flügelgestalten, die auf dem Leibe eines Menschen den Kopf eines Adlers tragen, besonders in der assyrischen Kunst auf. Sie stehen auch hier meist paarweise zu beiden Seiten des Baumes und halten in der einen Hand ein Wassergefäß, mit der andern strecken sie der Krone des Baumes die Spitze einer Frucht entgegen, als solle aus derselben eine unsichtbare Kraft in die Krone des Baumes überströmen. Unzweifelhaft hat auch diese Bewegung keine andere Bedeutung enthalten sollen, als daß diese Wesen es sind, welche dem Baume die Fähigkeit Früchte zu tragen verleihen, während andererseits das Wassergefäß, das sie mit sich führen, bedeutet, daß sie ebenfalls es sind, welche die Wurzeln des Baumes auf geheimnißvolle Art mit Nahrung versorgen. Als Leben spendende und daher an sich wohlthätige Mächte sind diese Wesen dann auch einzeln dargestellt worden, ohne daß dabei ein Baum abgebildet wurde.

in Mittel-Aegypten abbilden ließ¹), auf einer Wand dieses Grabes auch eine
Schilderung der Jagd auf Thiere der Wildniß darstellen lassen, bei der man
an einer Stelle, welche den entlegensten Hintergrund vorführen soll, auf einer
Anhöhe einen Gepard stehen sieht, welchem auf dem Rücken zwischen zwei
Flügeln ein Menschenhaupt herauswächst. Augenscheinlich hat der jeglicher
Art von Sport ergebene Nomarch den lebhaften Wunsch gehegt, daß ihm vergönnt sein möge, in dieser oder in jener Welt einmal auch diese seltene Sorte
von Wild zu erlegen; er hat es offenbar für ein mitunter wirklich vorkommen-
des und jagdbares Raubthier gehalten. Der Darstellungsweise, die von dem
bei den Aegyptern üblichen Modus der künstlerischen Durchführung gänzlich
absticht, merkt man jedoch an, daß der Zeichner in der Wiedergabe gerade
dieses Phantasiegebildes wenig Routine hatte. Aller Wahrscheinlichkeit nach

Gepard, der auf dem Rücken ein Menschenhaupt zwischen einem Flügelpaare trägt.
Im Chnemhotep-Grabe zu Beni Hassan in Aegypten.

hat er Darstellungen ähnlicher Wesen auf syrischen nach Aegypten importirten
Industrieerzeugnissen vorgefunden, und er oder sein Auftraggeber haben daraus
geschlossen, daß es Abbildungen von Geschöpfen seien, die in fernen Einöden
leibhaftig herumschweiften.

Derselben Klasse von Wesen gehören ferner organischer gestaltete Geschöpfe
an, die gleichfalls Flügel besitzen und auf dem Leibe eines Löwen den Kopf
eines Menschen tragen. Ebenso wie die vogelköpfigen Greife werden sie häufig
abgebildet, wie sie paarweise zur Seite eines baumartigen Pflanzenornaments
aufgerichtet dastehen und bemüht sind, an der Krone des Blattwerks oder den
Blüthen zu riechen. Ebenso wie jene andere Gattung Keruben sieht man sie
aber auch als Ueberwältiger des Menschen dargestellt, wie sie ihn nieder-

---

1) Vergl. Eduard Meyer, Geschichte des alten Aegyptens S. 159; B. Stade,
Geschichte des Volkes Israel I, S. 129.

geworfen haben und auf ihm stehend die Tatze auf sein Haupt legen, als
harrten sie des Winkes der Gottheit, der sie ermächtigen soll, ihrer Beute das
Leben zu nehmen.¹) In dieser Haltung veranschaulichen sie, daß der Macht
der Gottheit nichts gleichkommt, daß es eine höchste Entscheidung über Leben
und Tod giebt, die allein den Gottheiten zusteht, aber auch daß unter dem
Schutze ihrer Gnade der Mensch seines Daseins sicher ist.

Einen Menschenkopf statt des Löwenhauptes scheint jedoch diese Art von
Keruben bei den Phöniziern erst nachträglich nach dem Vorbilde der ägyp=
tischen Sphinxe erhalten zu haben. Sie sind nur unter dem Einflusse der
ägyptischen Kunst entstandene Umgestaltungen jener älteren Species, die Flügel
und Menschenkopf wie ein Anhängsel mitten auf dem Rücken des Raubthieres
trug. In anderen Auffassungen, auf deren künstlerische Wiedergabe ebenfalls
erst ägyptische Muster gestaltend eingewirkt haben, ist mehr Gewicht auf die
Aehnlichkeit gelegt worden, welche diese den Gottheiten unterthänigen Zwitter=
wesen mit der Beschaffenheit des Vogels hatten. Ein Menschenantlitz mit
ein Paar Armen daran, umrahmt von einem mächtigen Flügelpaare, das ist
ihre ganze Gestalt. Besonders helfend eingreifende, den Menschen drohenden
Gefahren entziehende Sendboten der Gottheiten scheint man als Wesen von
dieser schematischen Gestalt sich gedacht zu haben, die hauptsächlich nach der
Schablone der ägyptischen geflügelten Sonnenscheibe geformt ist. Doch hat
auch bereits in denjenigen Zeiträumen, in welchen die Phönizier mit den
Aegyptern zuerst in nachhaltige Berührung gekommen sind, die religiöse Kunst
der Aegypter Menschenarme als eine begriffsergänzende Zuthat an menschen=
köpfigen Vogelgestalten verwendet, und diese bereits selbst an einigen mit
prägnanter Bedeutung in der Ausübung einer magischen Thätigkeit aufgefaßten
Hieroglyphenzeichen angebracht.

Aelteren Ursprungs ist möglicherweise eine Anschauung, nach welcher die
Gottheiten die Verwirklichung ihrer Absichten auch Wesen übertrugen, die nach
Belieben Menschengestalt anzunehmen vermochten. Etwa in derselben Weise
wie in Träumen Geister von Verstorbenen und die Gottheiten selber dem
Schlafenden in Gestalt eines Menschen erschienen und zu ihm sprachen, vor=
übergehend also das Aeußere des Erdenbürgers anzunehmen im Stande waren,
so mußten auch dem Wachenden gegenüber, glaubte man, die Gottheiten und
ihre Sendboten, zu bestimmten Zwecken, besonders wenn es nur galt, als
Mensch zum Menschen zu sprechen, als Seinesgleichen auftreten können.
Hauptsächlich in Berichten über wunderbare Begebenheiten der Vorzeit wird
zuerst die Möglichkeit dieser schlichten Art des Eingreifens in die Angelegen=
heiten der Menschen häufig vorausgesetzt worden sein. Immer mußten aber
die Abgesandten der Gottheiten, selbst wenn sie als solche unerkannt an einer
Stätte plötzlich sich gezeigt haben sollten und nach erfülltem Vorhaben ebenso

---

1) Vergl. z. B. die mittlere Zone der auf Seite 189 abgebildeten Schaale von
Idalion.

Votivstein aus Karthago.

Unten das aus der ägyptischen Hieroglyphe für „Leben" zurechtgeformte Tempelidol zwischen zwei Tauben. Darüber die Inschrift: „Der Herrin, der Tanit-Pene-Baal und dem Gebieter, dem Baal Hammon, wie es gelobt hat Abdeschmun, Sohn des Schafer." Darüber unter einem Kreisbogen, der das Himmelsgewölbe vorstellen soll, die Göttin mit dem Bilde des Mondes in den Händen. Zu beiden Seiten die Stützen des Himmels nach dem Muster ägyptischer Stelen, nur daß hier als solche die Krummstäbe dargestellt sind, die bei rituellen Handlungen gebraucht wurden. Zu oberst eine Hand.
38 Centimeter hoch; oben 20 Centimeter, unten 18 Centimeter breit

plötzlich wieder verschwunden waren, nicht gewöhnliche Mittel der Art sich fortzubewegen stets in Bereitschaft haben. Die Vorstellung, daß Geister überhaupt nicht auf dem Erdboden gehen, daß sie darüber hinschweben, gab die gesuchte Erklärung. Auch in der Eigenschaft als sonst durchaus menschenähnliche Sendboten von Gottheiten besaßen sie Flügel. Als es sich nachträglich um die Abbildung auch dieser den Gottheiten dienstbaren Art von Wesen handelte, haben die Phönizier, wie es scheint, zuerst wiederum künstlerische Gebilde benutzt, die aus dem Vorstellungskreise fremder Nationen stammen, vor Allem die Flügelgestalten mit Menschenkörper, welche die Aegypter den Gottheiten ihres Landes verliehen hatten. Im Laufe der weiteren Entwickelung wurden gerade aus diesen Engeln völlig überirdische Wesen. Es wurde ja nicht mehr wahrgenommen, daß sie, wie einst in der Vorzeit, mit den Menschen leibhaftig in Verkehr traten. Nach wie vor weilten sie hauptsächlich in unmittelbarster Nähe der Gottheit, und da aus Gründen, die an einer anderen Stelle erörtert werden sollen, als der eigentliche Wohnsitz wenigstens der vornehmsten Gottheiten immer mehr die Behausungen des Himmels galten, so wurde einerseits besonders untergeordneten Gottheiten, die gleichsam den himmlischen Hofstaat höherer Mächte bildeten, jene Engelsgestalt zugeschrieben, und andererseits auch die Regelung des Ganges der Gestirne als eine Hauptaufgabe engelartiger Wesen gedacht. Der wechselnde Anblick, mit dem die verschiedenen Phasen des Mondes beständig das Schauspiel einer regelmäßig wiederkehrenden Erneuerung der größten unter den Lichtquellen des Nachthimmels gewährten, ist vor Allem als eine Kundgebung des unermüdlichen Waltens dienstbarer Himmelsgeister aufgefaßt worden. Als Gottheiten, denen ein Cultus zu erweisen wäre, hat man aber diese Wesen ursprünglich schwerlich betrachtet.[1])

Wie groß und verschiedenartig die Menge der unsichtbaren Wesen war, an deren Vorhandensein die Phönizier geglaubt haben, lehrt am besten eine in griechischer Uebersetzung von Polybios[2]) mitgetheilte Eidesformel, mit der Hannibal den Abschluß eines Bündnisses bekräftigt hat, welches zwischen ihm und dem Abgesandten des Königs Philippos von Makedonien im Jahre 216 v. Chr. vereinbart wurde. Er schwört „bei der Schutzgottheit der Karthager[3]) sowie Herakles und Jolaos, bei Ares, Triton, Poseidon, bei den mit zu Felde gezogenen Göttern[4]) sowie Sonne und Mond und Erde, bei den Flüssen

---

1) Vergl. Schluß dieses Kapitels.
2) Polybios, VII, 9, 1—2.
3) ἐναντίον δαίμονος Καρχηδονίων. Eine deutlichere Benennung ist hier vermuthlich aus religiösen Bedenken vor dem Aussprechen des eigentlichen Namens unterblieben. Vielleicht mag jedoch an dieser Stelle δαίμων Uebersetzung des Wortes Baal sein und Hannibal „den Baal Karthagos" als höchsten Zeugen angerufen haben. Philippe Berger vermuthet in diesem „Genius der Karthager" die karthagische Göttin Tanit Pene-Baal.
4) Gemeint sind wohl die Gottheiten des heiligen Zeltes, das die punischen Heere mit sich ins Feld nahmen; vergl. S. 168—169.

und Triften und Wässern, bei sämmtlichen Göttern, so viele ihrer über Karthago walten, bei sämmtlichen Göttern, so viele ihrer über Makedonien und dem übrigen Hellas walten, bei sämmtlichen dem Feldzuge beiwohnenden Göttern, so viele ihrer gerade bei diesem Eidschwure gegenwärtig sind." Deutlich tritt zugleich in dieser Formel die Ueberzeugung hervor, daß der Karthager als solcher anderen Göttern unterthan ist als der Hellene. In fremder Umgebung erkennt er die Macht der göttlichen Wesen an, welche dort zu Hause sind, er kann die Götter des Auslandes mit zu Zeugen anrufen und kann auch, wie es Plautus den Punier Hanno thun läßt, die dort weilenden ihm unbekannten „Götter und Göttinnen" bitten, bei seinem Vorhaben ihm beizustehen. Aber auch dort befindet der Phönizier sich vor allem in der Hand seiner heimischen Gottheiten. Auf ihre Hülfe bleibt er in erster Linie angewiesen, wohin er sich begeben mag. Die Auswanderer nehmen den Cultus der ehemaligen Ortsgottheiten ihrer Vaterstadt in ihre neuen Wohnsitze mit. Tyrier stellen aus Anlaß eines Gelübdes in einem Hafenorte Maltas dem Herakles Archegetes oder, wie die phönizische Inschrift besagt, die der griechischen beigefügt ist, „unserem Herrn, dem Melkart, dem Baal von Tyros" ein Säulenpaar auf.

Auch in der Benennung, mit welcher die Gottheiten von ihren Verehrern bezeichnet werden, kommt sehr häufig noch die Vorstellung eigens zum Ausdrucke, daß das Wesen der göttlichen Macht eine Herrschaft über die einzelne Person bedeutet. Für den Begriff „Gott" haben zwar die Phönizier in ihrer Sprache das altsemitische Wort el[1]) und die von demselben Wortstamme gebildeten Pluralformen alonim und elim. Auch war, wie schon erwähnt (S. 140), El der Name einer Gottheit, die zu Byblos als die oberste des ganzen Pantheons betrachtet wurde,[2]) und im Gebiete von Tyros ist eine Gottheit nachzuweisen, welche den Namen El Hammon geführt hat.

---

1) Ueber die Etymologie vergleiche P. de Lagarde, Orientalia, II (Göttingen 1880), S. 3—10 und dessen Mittheilungen, II (Göttingen 1884), S. 94—111.

2) Es ist bezeichnend, daß El, welchem die Phönizier den Kronos der griechischen Mythologie gleichsetzten, als ein Gott der frühesten Vorzeit betrachtet wird. Ihm schrieb man die Gründung von Byblos und Berytos, wie es scheint, auch die mehrerer anderer Städte zu, eine euhemeristische Umdeutung der Anschauung, daß die Schutzgottheiten dieser Orte ihm untergeordnete Wesen seien. Daß er trotzdem nicht als Schutzgott der betreffenden Städte verehrt wurde, erklärte man damit, daß er die Herrschaft anderer Gottheiten freiwillig abgetreten habe. Als Nachfolger des Kronos, der auch Ilos d. i. El heiße, bezeichnet Philon von Byblos einmal „Astarte die Größte, Zeus Demarus und den Götterkönig Adodos", an einer anderen Stelle sagt er hingegen, Kronos habe Byblos der Göttin Baaltis (Baalat) und der Dione, Berytos aber dem „Poseidon und den Kabiren, den Ackersleuten und den Fischern" geschenkt. Offenbar hat er diese Angaben zwei verschiedenen theologischen Tractaten entnommen. Kronos wird auch als ein Gott der Karthager erwähnt. Der punische Feldherr Himilko opferte ihm vor Agrigent, als eine Pest in seinem Lager ausbrach (406 v. Chr.), zur Abwendung derselben einen Knaben. Ob unter dem Kronos der Karthager El oder etwa El Hammon zu verstehen ist, muß dahingestellt bleiben.

Dieses Wort oder das Wort für „Göttin" dem Namen der einzelnen Gottheit voranzusetzen, ist nicht bei den Phöniziern Sitte gewesen. Geben sie dem Götternamen überhaupt ein Beiwort, so reden sie nicht von dem „Gotte" oder der „Göttin N. N.", sondern von dem „Adon", dem Herrn und Gebieter, oder von der „Rabbat", der hohen Frau, der Herrin, also mit denselben Beiworten, mit denen im gewöhnlichen Leben der Niedrigere den Namen des Höherstehenden zu nennen pflegte.¹) Unter den phönizischen Personennamen ferner kommt nichts häufiger vor als Bezeichnungen wie Abdmelkart, „Knecht des Melkart", Abdeschmun, „Knecht des Eschmun", Adonibaal oder Jdnibaal, „Mein Adon (ist der) Baal", Gersakon, „Höriger des (Gottes) Sakon", Gerostratos, „Höriger der Astarte", Amatmelkart, „Magd des Melkart", Amatbaal, „Magd des Baal", u. s. w. Etwas Aehnliches drücken auf sehr drastische Art die Personennamen Kalbelim und Kalbalonim aus, die buchstäblich „Hund Gottes" oder „Hund der Götter" bedeuten, ebenso Kalbo, was entweder eine abgekürzte Form jener Namen war, oder „Sein Hund", nämlich der des Gottes, zu übersetzen ist.²)

Manche von den Personennamen dieser Gattung werden noch aus Zeiten stammen, in welchen eine einzelne Gruppe der Phönizier derjenigen Gottheit, deren Name darin vorkommt, noch ausschließlich gedient hat, oder wenigstens noch aus den Zeiten, in welchen der Uebergang zur Cultur Verehrer der verschiedensten Gottheiten zusammenführte. Ueberhaupt begegnet man in den sogenannten theophoren, d. h. durch Zusammensetzung aus einem Götternamen gebildeten Personennamen einer so großen Anzahl von Gottheiten, für die sich keine Cultusstätte mehr nachweisen läßt, und die auch in Votivinschriften nicht genannt werden, daß die Vermuthung nahe liegt, die Mehrzahl dieser Personennamen habe zuerst zugleich zur Hervorhebung der religiösen Traditionen einzelner Stämme oder Familien dienen sollen, und einige derselben seien daher in bestimmten Familien noch üblich geblieben und beibehalten worden, auch, nachdem man längst der betreffenden Gottheit eine besondere Verehrung nicht mehr erwies.

Bezeichnend ist ferner, daß an den meisten Orten derjenige Gott, welcher dort den höchsten Rang einnahm oder vorzugsweise daselbst angebetet wurde, den Namen Baal (Ba'al) führte, der ursprünglich eine Person bezeichnet, die eine Macht und Herrschaft ausübt, den Anspruch darauf hat und ein Besitzrecht zur Geltung bringt. In diesem Sinne hat Baal ebenfalls die Bedeutung der „Herr".³) Ungeachtet der gleichlautenden Benennung galten alle diese Baale von Hause aus für lauter von einander verschiedene Wesen. Zur

---

1) Elim, die Pluralform von el, welche, wie elohim im Hebräischen, die Bedeutung des Singulars „Gott" hat, wird stellenweise allerdings dem Götternamen vorangesetzt.
2) Vergl. Revue d'assyriologie et d'archéologie orientale, I, S. 87, Anm. 2. Ueber den Nebensinn, welchen diese Namen vielleicht haben, vergl. weiter unten.
3) Vergl. auch die Bedeutung des Götternamens Marna (S. 148).

Unterscheidung wird häufig nichts weiter beigefügt als der Name des Ortes, an welchem der betreffende Gott angebetet wurde, so spricht man von dem Baal von Sidon, dem Baal von Tarsos u. s. w. als besonderen Gottheiten. Byblos war nicht einem Gotte, sondern einer Göttin geweiht und diese nannte man dort officiell die Baʻalat, die „Herrin" schlechthin.[1]) Die Grundvorstellung, die hierin sich kundgiebt, daß zu jeder Ortschaft, zu jedem Gemeinwesen, eine Gottheit gehört, der alle Bewohner der betreffenden Ortschaft, alle Mitglieder des Gemeinwesens, in gleicher Weise zur Unterthänigkeit verpflichtet sind, muß aus Zeiten herübergenommen sein, in denen noch jede Abzweigung des phönizisch-kanaanäischen Volksstammes sich zu dem ausschließlichen Dienste einer besonderen Gottheit bekannt hat.

Mitunter aber durchaus nicht immer hat der Orts-Baal einen Eigennamen. Der Baal von Tyros z. B. hatte außerdem noch den Namen Malkart (Melkart), der „Stadtkönig". So wenigstens haben die Tyrier selber in griechischer Zeit diesen Namen aufgefaßt; sie geben ihn mit dem griechischen Worte Archegetes wieder. Die Worte Melk, Milk, Malk bedeuten im Phönizischen König, sind aber auch in ganz ähnlichem Sinne wie Baal verwendet worden. Als Personennamen findet man nicht allein ʻAzebaʻal, „Stark (ist der) Baal," sondern auch ʻAzemilk, Azemilkos, „Stark (ist der) Milk," nicht allein Baʻaljaton, Baliatho, Balithon, „Baal hat gegeben," sondern auch Malkjaton, Milchathon, „Malk hat gegeben," nämlich den Sohn, der so benannt wurde. Es ist in diesen Personennamen dasselbe Wort als Göttername enthalten, welches dem Leser in der entstellten Form Moloch (Molech) aus der Bibel bekannt ist. Wie Baalat so gab es auch Milkat, die „Königin", als Namen einer Göttin. Daß Namen von dieser Bedeutung in historischer Zeit Eigennamen bestimmter Gottheiten sind, zeigt wohl, daß Zeiten vorausgegangen waren, in denen einzelne Abzweigungen der Phönizier sich gewöhnt hatten, ihre Specialgottheit ihren „König" oder ihre „Königin" zu betiteln. Ebenso ist wohl auch aufzufassen, daß das Wort Alat (? Elat), die „Göttin", als Name einer besonderen Gottheit vorkommt. Es wird eine Gottheit sein, deren Cultus die Sonderexistenz der Gemeinschaft von Verehrern, welche unter diesem Namen zuerst ihr huldigte, überlebt hat.

Als höchste Gottheit wird an vielen Orten ein weibliches Wesen verehrt, vielfach auch neben einem Baal; es führt den aus Babylonien stammenden Eigennamen Astarte. Aus Scheu vor dem Aussprechen eines Götzennamens ist in dem masoretischen Texte der hebräischen Bücher des Alten Testaments Aschtoret geschrieben, wie Molech statt Malk oder Melech. Die Phönizier

---

1) Auch zu Karthago ist eine Baalat verehrt worden. Welchen Rang sie dort einnahm, ist nicht bekannt. Da Baalat wie ein Eigenname gebraucht wurde, ließ sich der Cultus einer Göttin dieses Namens auch da beibehalten, wo sie nicht mehr die Bedeutung einer Hauptgöttin bewahrt hatte. Die Griechen geben Baʻalat mit Baaltis, Beltis und Blatta wieder. Mit „Gebähren", wie A. Pott meinte, hat das Wort Blatta nichts zu thun.

haben das Wort wohl Astarit ausgesprochen, vielleicht aber auch Aschtarit. Augenscheinlich hat dieser Name, der Name der babylonischen Istar, frühzeitig den Namen Baalat verdrängt, wohl weil man in den einzelnen Baalat die Istar wiederzuerkennen glaubte und es an einem significanten Eigennamen für die Baalat fehlte. Wo der Cultus einer Baalat dem Cultus eines Baal untergeordnet wurde, konnte sie eben nicht mehr die „Herrin" als solche bleiben.¹) Es kann daher nicht befremden, daß es nach der Anschauungsweise der Phönizier im Grunde ebenso viele Wesen Namens Astarte giebt, als Cultusstätten einer Astarte vorhanden sind. Zu Sidon gab es sogar nicht bloß eine „Astarte von Sidon," sondern daneben noch eine Astarte, welche den Beinamen Schem-Baal führt. Welchen Sinn dieses Beiwort hat, das wörtlich „Name des Baal" bedeutet, ist noch nicht aufgeklärt.²) Vielleicht ist es bei irgend einer Cultusverschmelzung entstanden, deren Ergebniß war, daß eine Astarte an die Stelle einer Baal trat.

Wenn auch diese Deutung keineswegs als sicher hingestellt werden darf, so hat es doch viel Wahrscheinlichkeit für sich, daß aus Cultusverschmelzungen, die zum Theil, allerdings aber auch nur zum Theil noch in vorgeschichtlichen Zeitabschnitten sich vollzogen haben mögen, manche andere Götternamen zu erklären sein werden, nämlich Namen wie Malk-Baal,³) Malk-Astart, EschmunAstart, Eschmun-Melkart, Sid-Tanit, Sid-Melkart auch Malk-Osir. Doppelwesen, welche z. B. die Eigenschaften des Malk mit denen der Astarte in sich vereinigen, sind damit offenbar keineswegs gemeint. Der Malk-Baal muß vielmehr eine Gottheit sein, die diesen Namen einmal erhalten hat, weil sie irgendwo mit einem Baal zusammen verehrt wurde, Malk-Astart eine Gottheit Namens Malk, die im Unterschiede zu dem Malk-Baal einmal zu einer Astarte gehört hat. In demselben Sinne ist Eschmun-Melkart ein „MelkartsEschmun", Sid-Melkart ein „Melkarts-Sid", Eschmun-Astart der Eschmun einer Astarte, Sid-Tanit der Sid einer Tanit gewesen.⁴) Ueber das Rangverhältniß, in welchem etwa der Malk zu dem Baal oder zu der Astarte, der Eschmun zu dem Melkart u. s. w. steht, ist in diesen Benennungen an sich nichts aus

---

1) Daß gerade zu Byblos die Benennung Baalat für die dort verehrte Stadtgöttin sich bis in späte Zeiten erhalten hat, spricht daher durchaus für den rein kanaanäischen Ursprung der Byblier. (Vergl. oben S. 139—140.)

2) Auf die verschiedenen Erläuterungsversuche hier einzugehen, fehlt es an Raum. Man findet sie besprochen in Dillmanns Abhandlung über Baal mit dem weiblichen Artikel (Monatsberichte der Akademie der Wissenschaften zu Berlin aus dem J. 1881, S. 606—608).

3) Malk-Baal ist auch der Name eines Gottes der zu Palmyra verehrt wurde. Griechisch wird er Malachbelos, lateinisch Malagbelus genannt.

4) Wie die Aschtor-Kamosch der Söhne Moabs die Astarte ihres Gottes Kamosch war, und wie Attar = Ate die „Attar des Ate," Attar-Baal die „Attar des Baal" bedeutet (vergl. S. 148—149).

gesagt. Der Cultus hat aus den so benannten Gottheiten selbständige Begriffe gemacht. Den ersten Anlaß, einen Malk nach einem Baal oder nach einer Astarte, einen Eschmun nach einem Melkart oder einer Astarte zu benennen, wird aber die Vereinigung zweier ursprünglich getrennter Culte gegeben haben. Malk-Baal und Malk-Astart [1]) werden unter diesen Bezeichnungen die ältesten sein; jüngsten Ursprungs ist vielleicht Malk-Osir, der „Malk des Osiris."

In der irrigen Voraussetzung, daß sämmtliche Baale und Astarten gleichsam nur durch Multiplication aus einem älteren Glauben an das Dasein eines einzigen Baal und einer einzigen Astarte abgeleitet seien, haben manche Geschichtsforscher und Mythologen sich große Mühe gegeben, herauszubringen, was Baal und was Astarte ursprünglich eigentlich bedeutet haben.[2]) Daß es höchst schwankende Begriffe sind, wird erst neuerdings von einigen Gelehrten zugegeben. Läßt man die Voraussetzungen gelten, die oben dargelegt worden sind, so ist erklärlich, daß mythologische Definitionen sich nicht aufstellen lassen. Baal war dann ursprünglich nur einer von den vielen Namen, die bezeichnen sollten, daß der Gott, der ihn führte, eine unbedingte Macht über seine Anbeter hatte. Jeder Baal aber war ein Wesen für sich, so gut wie seine Anhänger eine besondere Gemeinschaft für sich bildeten. Hatte er einen Beinamen erhalten, wie z. B. Baal-Schamem, der „Himmelsherr", so blieb er ein selbständiger Gott, auch nachdem die Gemeinschaft, die anfangs ihm als ihrem besonderen Gotte diente, sich aufgelöst hatte. Ebenso hat auch Astarte da, wo eine solche als Baalat eines Stammverbandes und später einer Ortschaft oder eines Gemeinwesens angebetet worden ist, ursprünglich Alles bedeutet, was eine Gottheit, die als Urheber des ganzen Wohl und Wehe ihrer Untergebenen betrachtet wird, überhaupt bei dieser Begrenzung ihres Herrschaftsgebietes zu bedeuten vermocht hat.

Ebenso vielseitig und nur durch den Begriff der Zugehörigkeit zu einem bestimmten Kreise angestammter Verehrer eingeschränkt, ist gewiß ursprünglich

---

1) Nach einer zu Umm el-Awamid entdeckten Inschrift (Corpus Inscr. Semit., I, 1, Nr. 8) zu urtheilen, ist Malk-Astart auch als Beiwort gebraucht worden und zwar für einen Gott, der im Gebiete von Tyros mehrfach verehrt wurde und El-Hammon hieß. Einen Tempel des Malk-Astart gab es zu Karthago (Corp. Inscr. Semit., I, 1, Nr. 250). Auf einer Inschrift, die neuerdings im Gebiete von Tyros bei Ma'asub zwischen Akko und Umm el-Awamid gefunden ist, heißt der Gott Baal-Hammon, der Diener des Malk-Astart. Man sieht hieraus, daß Malk-Astart dort für eine Gottheit von hohem Range galt, und auch, daß El-Hammon und Baal-Hammon als ganz verschiedene Gottheiten betrachtet wurden; (vergl. Revue archéologique, 3ᵉ sér., V, S. 380—384 und Annales du Musée Guimet, X, Paris 1887, S. 503—508).

2) In alten Plautus-Ausgaben ist in dem Stücke Mercator (IV, 6) eine lange Anrufung an Astarte eingeschaltet, welche mit den Worten „Göttliche Astarte, Kraft, Leben, Heil der Götter und Menschen" beginnt. Obgleich längst nachgewiesen ist, daß diese Anrufung gefälscht ist, wird sie immer von neuem als beste Auskunft über die Grundbedeutung der Astarte citirt.

auch die Bedeutung nicht bloß des Malk, der Milkat und der Alat, sondern auch der meisten übrigen Gottheiten gewesen, welche die Phönizier in historischer Zeit anbeten. An Einzelheiten läßt sich das noch wahrnehmen. Eschmun z. B. galt in griechischer Zeit in Phönizien, namentlich zu Berytos in so speciellem Sinne als ein Gott, dessen Hauptobliegenheit war, die Heilung von Krankheiten herbeizuführen; daß er als der phönizische Doppelgänger des griechischen Asklepios betrachtet wurde, und doch wird allem Anscheine nach diese Thätigkeit nur eine von den vielen Arten göttlicher Machtkundgebungen sein, die ursprünglich ihm zukamen. Höchst wahrscheinlich ist er, wie schon Movers erkannt hat, identisch mit dem phönizischen Gotte, den die Griechen Jolaos bezeichnen, und der unter diesem Namen neben Herakles in Hannibals Eidschwure an so hoher Stelle genannt wird. In den Ruf eines bewährten Heilkünstlers mag er nur gekommen sein, weil in einem Mythos, den ein griechischer Schriftsteller noch erwähnt, erzählt wurde, Jolaos, d. i. Eschmun, habe den Herakles, den Sohn der Asteria (? Astarte) und des Zeus (? Baal),[1]) als dieser auf einem Zuge nach Libyen getödtet war, wieder zum Leben erweckt, indem er ihm eine Wachtel unter die Nase hielt, deren Geruch den bereits Entseelten neu belebte.[2]) Daß Jolaos-Eschmun als Gefährte des Herakles betrachtet wurde und darum gerade ihm jene Wunderkur zugeschrieben wurde, hat aber offenbar keinen anderen Grund als den, daß den Phöniziern beide Götter zu einander zu passen schienen. Beide schilderte die Ueberlieferung, den ältesten Vorstellungen vom schirmenden Walten der Stammesgottheiten entsprechend, als Bekämpfer reißender Thiere und Jagdliebhaber, und die Sage hat daher aus ihnen Freunde und treue Waffenbrüder gemacht.[3]) Die ortseinheimische Tradition von Berytos berichtete noch im Anfang der christlichen Zeit, Eschmun, ein Jüngling von wunderbarer Schönheit, habe in den Jagdgründen der Umgegend dem Waidwerk obgelegen, er habe das Herz der Göttin Astronoe, d. i. der Astart-Naʿama, der „huldreichen" Astarte, die seiner ansichtig wurde, zu leidenschaftlicher Liebe entflammt; ihrer Werbung widerstrebend, habe er mit einem Beile sich eigenhändig entmannt; dies sei sein Tod gewesen, die Göttin jedoch habe ihm neues Leben eingeflößt und ihn unter die Götter versetzt.

---

1) Ob diese Genealogie echt phönizisch ist oder nur die Angabe eines Griechen, der dadurch den betreffenden Herakles von dem griechischen unterscheiden wollte, muß dahingestellt bleiben.

2) Ueber die Bedeutung dieses Mythos vergleiche P. de Lagarde, Rudimenta mythologiae semiticae, S. 29 und dessen Deutsche Schriften, Ausgabe letzter Hand, S. 293.

3) Wird auch Eschmun von den Griechen Jolaos genannt, so braucht doch nicht die hellenische Sage von der Waffenbrüderschaft, die zwischen dem hellenischen Herakles und einem Heros Jolaos bestand, phönizischen Ursprungs zu sein. In phönizischen Inschriften läßt sich bis jetzt ein lautlich dem Namen Jolaos entsprechendes Wort noch nicht mit Sicherheit nachweisen (vergl. Zeitschrift der Deutschen Morgenländischen Gesellschaft, XLII, S. 471).

Auf mehreren Silberschalen von kyprischer Arbeit ist neben einem untersetzt gebauten bärtigen Heros, der ohne Zweifel den phönizischen Herakles vorstellen soll, ein schlanker leichtgeschürzter Jüngling zu sehen, der einen Greif, welcher auf einem Bergabhange liegt, gepackt hält und ihm den Todesstoß versetzt. Mit diesem jugendlichen Drachentödter ist wohl kein anderer als Eschmun gemeint, und, was diese Scene vorführen sollte, ist wohl eine Heldenthat, die ein Mythos, in welchem noch ein Nachklang von der ursprünglichen Bedeutung Eschmuns sich erhalten hatte, ihm als einem besonders kampfesfrohen Gotte nachsagte. Als Bändiger der Ungethüme ist auch Eschmun zu Askalon eigens unter dem Namen Asklepios Leontuchos, der „löwenhaltende" Asklepios, noch in später Zeit verehrt worden.

Schrieb man auch den Göttern von Hause aus eine unbegrenzte Macht über die Schaar ihrer Untergebenen zu, so waren es doch in ihren Augen keineswegs lauter verklärte in Erhabenheit thronende Wesen; zum nicht geringen Theil galten sie vielmehr für dämonische Unholde von geradezu abschreckendem Aussehen und gnomenhaft verkrüppelter Mißgestalt. Als ein Riese mit den Körperformen eines Zwerges ist selbst der phönizische Herakles gelegentlich abgebildet worden. Aehnliche Gestalt werden die Phönizier auch dem Gotte Pumai zugeschrieben haben, der vorzugsweise auf Cypern verehrt wurde. Die Griechen leiten diesen Namen von pygmē, dem griechischen Worte für Faust, ab, und nach ihrer Aussage war es Adonis, der auf Cypern Pygmaios, der „Pygmäe" hieß.¹) Daß trotz ihrer Machtvollkommenheit einzelne Götter als derartige Wesen aufgefaßt werden konnten, beruht wohl auf dem Fortbestehen von Anschauungen, die noch aus Zeiten stammen, in welchen kleine und unterdrückte Stammesverbände, überzeugt, daß die besondere Gottheit, der sie gerade unterthan waren, mit jeder anderen es aufzunehmen vermöge, ihrer Specialgottheit, um das Mißverhältniß, in welchem dieselbe sichtlich zu den Gottheiten mächtiger Stammesverbände stand, auszugleichen, vor allem diejenigen Eigenschaften beilegten, die selbst dem Schwachen zum Siege über den Stärkeren die Mittel verleihen konnten, nämlich ausnehmende Verschlagenheit und erfindungsreiche Tücke. Nur Gottheiten, denen eine gläubige Zuversicht das höchste Maß von Arglist, Trug und Zauberei zugetraut hat, wird zuerst die körperliche Gebrechlichkeit angedichtet sein, und zwar wird das zuerst geschehen sein einerseits, weil diese Beschaffenheit den damit behafteten Menschen zwingt, durch Anwendung seiner intellectuellen Fähigkeiten und Erwerbung besonderer Kunstfertigkeiten den Nachtheil auszugleichen, in dem er physisch sich befindet, und andererseits, weil derartige überlegene Fähigkeiten und Begabungen, wenn sie ein unscheinbares krüppelhaftes Individuum an den Tag legt, leicht an sich den Eindruck des Dämonischen machen.

---

1) Der phönizische Personenname Pumaijaton, „Pumai hat gegeben", wird griechisch durch Pygmalion wiedergegeben.

Darstellungen auf einer Schale in vergoldetem Silber.

Paris, Louvre-Museum; Fundort Idalion auf Cypern, nach anderen Angaben Kition (Larnaka).
Die Darstellungen der äußeren Zone, vielleicht auch das Mittelbild, beziehen sich auf den Mythos des
Herakles und Jolaos. Der untersetzte bärtige Kämpfer ist Herakles, der jugendliche Drachentödter Jolaos.
Der Strauß, den Herakles (erste Zone links) eingefangen hat, stellt vermuthlich einen Dämon vor. Einen
Dämon in Gestalt eines schwarzen Straußes kennt der arabische Volksaberglaube der älteren Zeit.
Original im Durchmesser 18½ Centim.

190 Zweiter Abschnitt. 1. Anfänge der Geschichte u. Cultur Phöniziens.

Für ein Wesen von dämonischer Zwerggestalt werden ursprünglich nicht wenige Stammesverbände ihre Gottheit gehalten haben. Nur einzelnen von den Gottheiten, auf welche im Laufe der Zeit der Cultus sich hauptsächlich concentrirt hat, haftet noch etwas von dieser Beschaffenheit an. Pygmäen scheinen auch die Kabiren, die „Großen", die „Mächtigen", gewesen zu sein, deren acht zu Berytos als ein Göttercollegium verehrt wurden; zu ihnen wurde angeblich als der achte Eschmun gerechnet. Manche Gottheit, der die Ueberlieferung Pygmäengestalt nachsagte, ist augenscheinlich deshalb zur Schutzgottheit einer Berufsart umgedeutet worden, deren Ausübung besondere Schulung, Gewandtheit und Einsicht erforderte. Die erste Kunst, welche eines solchen Schutzpatrons sich zu erfreuen hatte, mag die der Metallarbeit und des Schmiedens gewesen sein. Zu Herodots Zeit trugen die phönizischen Trieren auf ihrem Bug als Gallionsschmuck die Figur eines Patäken, d. h. eine monströse Götterfigur mit rachitisch verkümmerten Gliedmaßen und einem unverhältnißmäßig großem Kopfe. Ursprünglich sind diese Figuren am Vordertheil der Schiffe wohl nur als Schreckbilder, als ein Apotropaion, angebracht worden. Doch erwähnt Philon von Byblos eine Auffassung, nach der die Kabiren auch für Erfinder der Seefahrt galten.

Zur Rechtfertigung der Annahme, daß der Cultus von Stammesgottheiten, deren jede die absolute Gewalt über ihre Untergebenen in sich verkörperte, den Glauben an die Existenz der Wesen erzeugt hat, welchen die Phönizier als ihren Hauptgottheiten huldigen, ist hier auch hervorzuheben, daß in ihren Augen die Götter der Meersluth und der Schiffahrt nur eine untergeordnete Stellung einnehmen. Bei einem Volke, das seine welthistorische Bedeutung vor allem der See zu verdanken hat, sollte man gerade das Gegentheil erwarten. Aber selbst zu Karthago gingen, wie Hannibals Eidesformel bezeugt, die Schutzgottheit der Stadt, Herakles, Jolaos und Ares dem Triton und Poseidon voran,[1]) so sehr auch die karthagischen Seefahrer die Gunst der letzteren in Anspruch zu nehmen gewöhnt sein mochten. Den Cultus der Seegottheiten haben zwar die Phönizier keineswegs vernachlässigt.[2]) Mit Vorliebe lassen sogar einzelne Städte Phöniziens seit der Diadochenzeit auf ihren Münzen den Meeresgott abbilden.[3]) Aber kein Gemeinwesen war augenscheinlich seinem Schutze eigens unterstellt. Ihrer Bedeutung nach haben die Schutzgottheiten der phönizischen Küstenstädte nichts, was sie von den Gottheiten der benachbarten semitischen Völkerschaften des

Münze von Berytos. Meergott mit Seepferden vor seinem Wagen. Originalgröße. Berlin, königl. Münz-Cabinet.

---

1) Es ist sogar zweifelhaft, ob unter Triton überhaupt eine Meeresgottheit zu verstehen ist und nicht bloß eine Gottheit, die in Fischgestalt abgebildet wurde.
2) Vergl. auch S. 169, Anm. 2.
3) Vergl. auch die laodikeischen Münzen auf S. 74.

Binnenlandes wesentlich unterscheidet.¹) Es sind eben Gottesbegriffe, die noch aus einer anderen Umgebung und aus einem früheren Culturstadium stammen. Es waren lauter Wesen, denen ursprünglich der Glaube die Macht zugestand, zu Gunsten oder Ungunsten ihrer Verehrer Himmel und Erde in Bewegung setzen zu können. Ihnen vermochten daher nachträglich die Meeresgottheiten nicht mehr den Rang streitig zu machen.

Ebenso alterthümlich wie das Gepräge der Gottesbegriffe ist die Art des Cultus. Die Nachrichten, die hinsichtlich der Cultusformen und der Gebräuche, welche in Beziehung zum Cultus stehen, noch vorliegen, sind zwar ebenfalls äußerst unvollständig. Zu erkennen ist jedoch noch, daß die Vorstellungen von der Beschaffenheit der göttlichen Wesen, welche der Cultus zur Voraussetzung hat, ursprünglich sehr primitive und naturwüchsige gewesen sein müssen, daß die Cultusgebräuche und gottesdienstlichen Einrichtungen aus sehr schlichten Anfängen sich entwickelt und herausgestaltet haben, und daß auf das Zustandekommen vieler religiöser Satzungen eine ehemalige Absonderung in Stammesverbände großen Einfluß ausgeübt haben muß.

Mancherlei Anzeichen weisen darauf hin, daß die Entstehung der Cultusgebräuche in Zeiten fällt, in denen nicht bloß der Glaube an das Fortleben der Seele nach dem Tode noch lebhaft die Phantasie beschäftigte, sondern auch noch den Seelen der Abgeschiedenen eine große Macht eingeräumt wurde. Zum großen Theil haben diese Gebräuche gerade als gottesdienstliche Satzungen etwas so Befremdendes, daß ihre Anwendung im Gottesdienste sich nur erklärt, wenn es Entlehnungen aus einem Herkommen sind, welches der Glaube an Geister und an die Macht derselben erzeugt hatte. Dem Göttercultus wenn auch nicht dem Glauben an die Existenz der Gottheiten muß ein Manen- und Geisterdienst vorausgegangen sein. Ungeläuterte Auffassungen des Wesens der Gottheiten haben im Cultus die Ueberzeugung zum Ausdrucke gelangen lassen, diese unsichtbaren Mächte seien in ihrer Beschaffenheit, in ihren Bedürfnissen und Gewohnheiten den Seelen der Verstorbenen ähnlich. So lange noch der Glaube an eine unmittelbare Einwirkung der Seelen Verstorbener auf das Schicksal der Lebenden bestand, konnte auch die Unterscheidung zwischen Gottheiten, Geistern und Seelen nicht anders als schwankend und unbestimmt bleiben. Außer Stande, ein Dasein ohne leibliches Substrat, ein von Leidenschaften freies Wollen und Empfinden sich vorzustellen, hat man der Anschauung Raum gegeben, den Gottheiten müsse dasselbe dämonische Begehren nach Speise und Trank und nach einem körperhaften Unterpfande ihres Daseins eigen sein wie den Seelen der Abgeschiedenen. Weil diese für unzufrieden, reizbar und rachsüchtig galten, hat man das gleiche Maß von Reizbarkeit und Rachegefühlen auch den Gottheiten zugetraut. Und was man anfangs den Manen

---

1) Die Sagen, welche einzelnen phönizischen Gottheiten, z. B. dem Herakles, große Wanderungen zur See zuschrieben, werden erst entstanden sein, nachdem es jenseits des Meeres Colonien gab.

schuldig zu sein glaubte, hat man frühzeitig sich bemüht, in noch höherem Maße den höheren Mächten zuzuwenden.¹)

Bis ins Einzelne lassen die Belege für diesen Vorgang sich nicht mehr beibringen. Es ist das auch nicht zu erwarten. Die Anschauungen über die Art des Fortbestehens nach dem Tode werden gewiß im Laufe der Zeit sich noch viel mehr umgewandelt haben als die Ansichten vom Wesen der Gottheiten. Wurde das Herkommen des Todtencultus frühzeitig dem Cultus der Gottheiten angepaßt, so hat es auch viel von seiner ursprünglichen Bedeutung einbüßen und in ganz verändertem Sinne sich fortentwickeln müssen. Der Göttercultus mußte den Manendienst, der Glaube an die Macht der Gottheiten den Glauben an die Macht der Geister immer mehr in den Hintergrund drängen. Aber hätte es nicht zu Anfang einen ausgebildeten Todtencultus und Geisterglauben gegeben, so würden zahlreiche Thatsachen ohne jede Erklärung dastehen.

Erwiesen ist, daß die Phönizier den Glauben an eine dem irdischen Dasein in vieler Hinsicht ähnliche Fortsetzung des Lebens nach dem Tode bis in späte Zeiten bewahrt haben, und daß nach ihrer Ansicht die Ruhe der Seele des Entschlafenen von der ungestörten Ruhe des Leichnams abhängig war. Für Erhaltung des Leichnams haben sie gesorgt, so gut sie es vermochten, obschon sie es in der Kunst der Conservirung nicht so weit gebracht haben wie die Aegypter,²) und sie haben häufig bei der Bestattung in Grüften, die im Felsboden ausgemeißelt waren, complicirte Vorrichtungen getroffen, um den Leichnam völlig in Sicherheit zu bringen. Daß man den Todten ein Bewußtsein zuschrieb, die Fähigkeit, Gesprochenes zu vernehmen, zeigen einzelne schwerlich aus früher Zeit stammende in Thon geformte Sarkophage, deren Deckel auf dem oberen Ende der Außenseite, welches eine Gesichtsmaske vorstellt, an der Stelle des Ohrs eigens eine Oeffnung aufweisen, die in den Innenraum hineingeht.³) Die Behausung des Leichnams, das

---

1) Die Begründung dieser Auffassung kann ich hier nicht ausführlich mittheilen; sie ergiebt sich nicht allein aus den Nachrichten, die man über die Religion der Phönizier noch besitzt, sondern auch aus der Vergleichung mit den Anschauungen anderer semitischer Völker. Reliongeschichtliche Parallelen hierzu findet man überdies bei vielen Völkern von ganz anderer Abstammung.

2) Vergl. E. Renan, Mission de Phénicie, S. 421 und 845; A. de Longpérier, Musée Napoléon III, Text zu Taf. 17; und besonders J. Hamdy-bey in der Revue archéologique, 3ᵉ sér., X., S. 147. In den Gräbern von Amrit findet man zur Conservirung der Leichen das Mittel angewendet, daß der mit Zeugstreifen umhüllte Körper vollständig in eine Gipsschicht eingebettet worden ist (Mission de Phénicie, S. 78). Nach der Weise der Aegypter hat man in Phönizien häufig auf den Augenhöhlen und übrigen Körperöffnungen des Leichnams Goldplättchen angebracht, die einen conservirenden Verschluß bilden sollten. Auch kommen goldene Todtenmasken vor.

3) A. de Longpérier, Musée Napoléon III, Text zu Tafel XVII; Perrot und Chipiez, Histoire de l'art, III, S. 139.

bêt 'ôlâm, das „ewige Haus", wie es gelegentlich genannt wird,¹) anzutasten, galt für eine schwere Versündigung. Wie sehr man vor dem Zustande sich fürchtete, in welchen die Seele durch diesen Frevel versetzt wurde, lehren die Verwünschungen, welche in der Aufschrift des Sarkophages Eschmunazars, eines Königs von Sidon, der zur Lagidenzeit gelebt hat, im Voraus gegen jeden etwaigen Ruhestörer gerichtet werden. „Die heiligen Götter" sollen Rache an ihm nehmen, daß von ihm nichts übrig bleibe „weder Wurzel abwärts noch Frucht oben noch Ehre bei den Lebenden unter der Sonne", d. h. er soll ausgerottet werden sammt seinem ganzen Geschlecht, mit Ascendenten und Descendenten, oder wie auf der Sarkophag-Inschrift Tabnits, des Vaters Eschmunazars, es ausgedrückt wird, er soll „weder Nachkommenschaft erhalten bei den Lebenden unter der Sonne noch eine Lagerstätte bei den Rephaim, d. i. bei den Schemen, den Manen." Welcher Art die Gefahren waren, welche der aus ihrer Ruhestätte aufgescheuchten Seele drohte, darüber giebt es keine bestimmte Auskunft. Jedenfalls herrschte aber wohl die Meinung, daß ihr, wenn sie nicht irgendwo wieder einen Schlupfwinkel finde, in dem sie sich verbergen könne, ein ähnliches Schicksal bevorstehe, wie es sie vor der Bestattung des Leichnams schon einmal bedroht hatte. Bereits an der Todtenbahre, wenn nicht schon in der Sterbestunde, lauerte, wie aus einer in barbarischem Griechisch abgefaßten, nothdürftig in Verse gebrachten Inschrift hervorgeht, welche auf dem Grabdenkmale eines aus Askalon gebürtigen, zu Athen beerdigten Phöniziers Namens Antipatros steht, ein entsetzlicher Dämon, dem die Gestalt des Vernichtung ausübenden Wesens, des Löwen, eigen war, und gelang es nicht rechtzeitig den Anverwandten oder Freunden des Sterbenden, diesen gespenstischen Unhold, den „Grimmlöwen",²) wie er genannt wird, von dem Kopfende der Bahre, wo er sich zu nahen pflegte, zu verjagen, so bemächtigte er sich der Seele und riß sie in Stücke.³) Hierin

---

1) Inschrift von Malta im Corpus Inscr. Semit. I, 1, Nr. 124. In dieser Inschrift ist von einer „Reinigung des ewigen Hauses" die Rede, augenscheinlich einer Einweihungs-Ceremonie, die der Beisetzung des Leichnams vorausging und den Zweck hatte, alles der Seele Widerwärtige und ihrem Fortleben Schädliche aus diesem Raume zu verbannen. — 2) εἰχθροίλων.

3) Vergleiche über diese Inschrift Hermann Useners Abhandlung De Iliadis carmine quodam Phocaico (Bonn 1875), S. 34—43; Ulrich Koehler im Corpus Inscriptionum Atticarum, Nr. 2836; Paul Wolters in den Mittheilungen des deutschen Archäologischen Instituts, Athenische Abtheilung, XIII (Athen 1888), S. 310 bis 316. Ein allerdings wenig Vertrauen erweckender Schriftsteller, Philostratos (in der Lebensbeschreibung des Apollonios von Tyana, V, 4), behauptet, Gades sei der einzige Ort, wo üblich sei, „dem Tode Paiane zu singen"; vielleicht bezieht sich das auf Lieder, die zur Beschwichtigung des die Seelen mit Vernichtung bedrohenden Dämons abgesungen wurden. Auch erwähnt Philon von Byblos, Muth, d. i. der „Tod", sei der Name eines phönizischen Gottes, den er als einen Sohn des Kronos, d. h. des El, bezeichnet. Er fügt hinzu, die Phönizier nennen ihn sowohl Thanatos (den Tod) als auch Pluton, d. h. Muth sei im Phönizischen nicht allein das Wort für „Tod", sondern zugleich der Name eines im Schattenreiche hausenden Dämons.

giebt sich nicht bloß die Auffassung kund, daß die Seele in der Todesstunde den Leichnam verläßt und von diesem getrennt fortbesteht; es verräth sich in dem Glauben an das Vorhandensein eines derartigen Dämons zugleich, daß den Phöniziern die Anschauung, obdachlose Seelen seien der Gefahr ausgesetzt, von anderen stärkeren Geistern vertilgt zu werden, einmal geläufig gewesen sein muß. Ohne Bedenken darf man daher voraussetzen, daß auf Grund derselben Anschauung sich die Ueberzeugung gebildet haben wird, Gottheiten, die man für Urheber der Tod und Lebensgefahren über die Sterblichen verhängenden Heimsuchungen ansah, wohne als geisterartigen dämonischen Wesen ebenfalls das Verlangen inne, Menschenseelen in ihre Gewalt zu bringen, wo nicht, an deren Vernichtung sich zu laben, und zur Besänftigung zürnender Gottheiten, aber auch zur Verhütung ihres Unwillens diene nichts besser als das Menschenopfer. Auch von diesem Gesichtspunkte aus hat man wohl den Göttern vorzugsweise jugendliche Personen geopfert, Individuen, die noch im Vollbesitze ihrer Seelenkräfte standen.[1])

Auch für die Ansicht, das Leben nach dem Tode bilde ein Gegenstück zu dem diesseitigen Leben, fehlt es nicht an Anzeichen. Dem Verstorbenen werden nicht bloß Amulette in die Gruft mitgegeben — dies mögen ja dieselben sein, die er schon bei Lebzeiten an seinem Körper trug — sondern auch mancherlei Geräthschaften, wie Löffel, Dolche, Salbfläschchen, Lampen, Schalen, auch Trinkgefäße, sogenannte Thränenkrüglein aus Glas und kleine Bilder schützender Gottheiten aus Terracotta. So soll auch wohl die Schüssel, welche auf dem im Besitze des Berliner Museums befindlichen Relief, das auf Seite 150 abgebildet ist, die dargestellte Person in der Hand hält, andeuten, daß die Verstorbene fortlebt und Gaben in Empfang nimmt.[2]) Daß die Fürsorge, die man dem Entschlafenen erwies, noch in historischer Zeit geradezu als eine Art von Cultus aufgefaßt wurde, zeigt ein aus einem Felsblocke geformter Sarkophag, den F. de Saulcy in der Gegend von Umm el-Awamid entdeckt hat. Auf einer der Schmalseiten desselben ist eigens ein Altar ausgearbeitet, der genau die Gestalt der in Phönizien üblichen Götteraltäre wiedergiebt. Wie Renan versichert, soll eine derartige Zuthat in dem Gebiete von Tyros nicht gerade ganz selten vorkommen.[3])

An eine Verpflichtung der Ueberlebenden, dauernd für das Wohlergehen der Verstorbenen nach Kräften zu sorgen, scheinen freilich die Phönizier von vornherein nur in sehr beschränktem Maße geglaubt zu haben. Es hätte das sonst zu einem ähnlichen Manendienste geführt, wie er beispielsweise bei den

---

1) Eine Analogie hierzu bieten die Menschenopfer des arabischen Heidenthums; vergl. über diese J. Wellhausen, Skizzen und Vorarbeiten, III, S. 112.

2) Dieses Relief stammt vermuthlich zwar erst aus der Zeit der römischen Kaiser; wenn auch sichtlich sehr späten Ursprungs, ist es jedoch, wie sowohl das Material als auch die Unbeholfenheit der Darstellung zeigen, sicher einheimische Arbeit.

3) E. Renan, Mission de Phénicie, S. 707; F. de Saulcy, Voyage autour de la mer morte et dans les terres bibliques (Paris 1853), Taf. 5.

Aegyptern geherrscht hat. Wie bei anderen semitischen Volksstämmen hat vielmehr allem Anscheine nach bei den Phöniziern Anfangs nur für die Hauptaufgabe gegolten, bei dem Leichenbegängnisse und während einer bestimmten Trauerzeit die Seele des Verstorbenen einerseits durch möglichst drastische Kundgebungen des Schmerzes mit ihrem harten Schicksale auszusöhnen und sie andererseits mit Hülfe besonderer Mittel, von denen man sich bleibenden Erfolg verhieß, ein für allemal zu einer hinreichenden Fristung ihres Daseins zu befähigen. Wie bei den Israeliten wird beispielsweise auch bei ihnen zu den Gebräuchen der Leichenbestattung ursprünglich gehört haben, daß die Hinterbliebenen an ihrem Körper sich durch Einschnitte verwundeten. Die Absicht, hierdurch sich als Trauernde zu kennzeichnen, sich das Merkmal des erlittenen Verlustes gleichsam aufzutätowiren,[1]) ist allerdings schwerlich der einzige und älteste Beweggrund gewesen. Als ein Ausdruck der Trauer kommt zwar dasselbe Verfahren auch im Cultus der „syrischen Göttin" vor,[2]) aber die Erzählung von dem Baals-Opfer auf dem Karmel läßt es die Baalspriester lediglich zur Verstärkung der an die zögernde Gottheit gerichteten Beschwörungen anwenden. Würde es im Gottesdienste als Beschwörungsmittel gebraucht sein, wenn es nicht zuerst als Bestattungsgebrauch den Zweck gehabt hätte, das frisch vergossene Blut der Seele des Verstorbenen zur Kräftigung darzubieten, und würden je die Phönizier das Blut der Jagdbeute als eine geeignete Opferspende für Gottheiten betrachten gelernt haben, wenn nicht die Ueberzeugung, daß die abgeschiedenen Seelen die im Blute enthaltene Lebenssubstanz sich anzueignen im Stande seien, einmal geherrscht hätte und wenn nicht im Anschlusse an diese Ueberzeugung die Idee, daß Gottheiten als geisterartigen Wesen an dem Blute der Jagdbeute etwas gelegen sein könne, sich gebildet hätte.

Es ist das ein Problem, welches keineswegs vereinzelt dasteht. Nicht minder vieldeutig ihrem Ursprunge nach ist die gottesdienstliche Verwendung der Haarschur. Lukian bezeugt, daß bei der Trauer um den Tod des Adonis, die alljährlich zu Byblos abgehalten wurde, die Theilnehmer sich den Kopf schoren, um dadurch ihren Kummer an den Tag zu legen. Dienstthuende Haarscheerer werden unter dem Personal des Astarte-Tempels von Kition aufgezählt, und auf karthagischen Votiv-Inschriften nennen sich einige Personen gallabelim, wörtlich „Gottscheerer", woraus hervorgeht, daß ihr Beruf war, Anderen zu religiösen Zwecken das Haar zu scheeren. Man hat die Vermuthung aufgestellt, daß sie an Leuten, die ein Gelübde abgelegt hatten, nach Erfüllung desselben eine rituelle Haarschur vollzogen. Bis jetzt fehlt es aber für diese Auffassung an einer unmittelbaren Bestätigung. Pflegten die Phönizier in der That die Erledigung eines Gelübdes durch Abscheeren des Haares oder

---

1) Es ist das die Auffassung von W. Robertson Smith (Kinship and Marriage in Early Arabia, Cambridge 1885, S. 214—215).
2) Vergleiche oben S. 164, Anm. 1.

eines Theiles desselben zu bezeichnen, so wäre das ebenfalls eine im Anschlusse an Bestattungsgebräuche entstandene Sitte.¹) Das Amt jener gallabelim genannten Personen mag aber auch bloß gewesen sein, Priestern das Haar zu scheeren. Der römische Dichter Silius Italicus erwähnt, daß zu Gades die Priester des phönizischen Herakles geschorenen Hauptes einhergingen.

Welches Aussehen die ältesten Grabstätten hatten, darüber vermögen die zahlreichen Gräber, die im eigentlichen Phönizien und in anderen ehemals von Phöniziern bewohnten Gebieten entdeckt worden sind, nicht mehr Auskunft zu geben. In Phönizien dienten als Gruft theils Grotten, die am Fuße der Felswände oder an Felsabhängen sich aufthun und künstliche Erweiterungen vorhandener Höhlen oder von Menschenhand eigens zu Bestattungszwecken ausgebrochen waren, theils unterirdische im Gestein des Erdbodens ausgearbeitete Räume und Gemächer, zu denen mitunter senkrechte Schachte, mitunter abschüssige schräge Stollen, mitunter auch Treppen hinabführen. Den Eingängen der Grottengräber hat man häufig die Gestalt eines Portals verliehen; die mehr in der Ebene gelegenen unterirdischen Grabstätten waren ehemals wohl alle mehr oder minder durch Aufbauten gekennzeichnet, von denen aber nur noch sehr wenige sich erhalten haben. Auch hat es in der Ebene Grabanlagen gegeben, die lediglich über dem Erdboden aus behauenem Stein hausartig aufgebaut waren.²) Beachtenswerth ist, daß die Grottengräber und unterirdischen

---

1) In der Sitte, dem Leichnam des Verstorbenen etwas von dem Haare der Anverwandten oder Freunde mitzugeben, vereinigt sich der Wunsch, dem Entschlafenen den Schmerz über sein Abscheiden zu beweisen, mit dem Glauben, daß der Haarsubstanz eine eigene Lebenskraft innewohne. Das Abschneiden der Haarlocken, welche dem Todten dargebracht werden, bildet naturgemäß den Schluß der Bestattungsceremonien. Wer dem Todten gegenüber noch eine Verpflichtung hatte, mußte diese Ceremonie bis zur Einlösung derselben aufschieben. Aus diesem Grunde schoren z. B. bei den heidnischen Arabern Personen, denen oblag, die Ermordung eines Angehörigen an dem Mörder zu rächen, ihr Haar nicht, bis sie Rache genommen hatten (J. Wellhausen, Skizzen und Vorarbeiten, III, S. 161; 166—167). So läßt auch die Ilias (XXIII, V. 140—151) Achilleus die Leichenfeier für Patroklos erst veranstalten, nachdem er den Tod seines Freundes gerächt hat; und erst bei dieser Feier schneidet er seine Locken ab und weiht sie dem Entschlafenen. Nur weil diejenigen Personen, welche nach dem Ableben eines Angehörigen die Haarschur unterließen, dadurch kundgaben, daß sie der Seele eines Verstorbenen gegenüber eine religiöse Verpflichtung hatten, ist das Unterlassen der Haarschur in ganz allgemeinem Sinne zum äußeren Merkmale der persönlichen Verpflichtung zur Ausführung eines Gelübdes oder religiösen Vorsatzes geworden. Als solches gilt es bei den Arabern und deswegen auch bei den Bekennern des Islam überhaupt noch heutzutage.

2) Zu Amrit steht noch ein Bauwerk dieser Gattung. Es führt den Namen Bordj el-Bezzak, der „Schneckenthurm". Es ist ein aus gut bearbeiteten Blöcken aufgeführtes würfelförmiges Gemäuer, in dessen Innerm zwei Gemächer über einander angebracht sind. Auf der Hinterwand dieser Gemächer und auf ihren Längsseiten sind schmale Nischen ausgespart, in welche die Leichen hineingeschoben worden sind. Nach der Beisetzung der Leichen wurden die beiden schmalen Einlässe, welche von der Außenseite in die Grabgemächer hineinführten, verschlossen. Das Bauwerk, welches

Bordj el-Bezzâk, „Schneckenthurm".
Grabdenkmal bei Amrit.
Mit Ergänzung der bekrönenden Pyramide nach Thobois.

Grüfte meist für mehrere Leichen eingerichtet sind. Zu ihrer Aufnahme dienten meist viereckige längliche Nischen, die auf den Seitenwänden der Gemächer ausgebrochen waren; mitunter sind sie kojenartig über einander angebracht.

gegenwärtig elf Meter hoch ist, scheint eine Bekrönung besessen zu haben, welche die Form einer vierseitigen Pyramide hatte. In der Veranlagung des Ganzen spricht sich, wie Perrot treffend hervorhebt, deutlich aus, daß diese Art von Gräbern eine unterirdische Gruft ersetzen soll. Aus vorgriechischer Zeit rührt dieses Denkmal schwerlich her.

Es überwiegt also die Familiengruft. Die Zusammengehörigkeit, die unter den Lebenden bestanden hat, vereinigt sie auch noch im Tode.

Zu Sidon lagen die Leichen, selbst wenn sie in Sarkophagen beigesetzt waren, augenscheinlich einem sehr alterthümlichen Brauche zu Folge, meist auf einem Brette, der Länge nach mit Zeugstreifen und Bändern festgeschnürt, welche durch Löcher oder durch Ringe, die am Rande des Brettes angebracht sind, gezogen wurden. Da die Bretter dem Vermodern ausgesetzt waren, findet man in vielen Grüften außer den Ueberresten von Gebeinen nur noch jene Ringe und die Niete, mit denen diese auf dem Brette angenagelt waren.[1]) Das ursprüngliche Verfahren war also wohl, daß man die Leiche in ausgestreckter Lage einwickelte und so auf einem Brette anband, auf welchem sie zur Grabstätte hinausgeschafft wurde.[2]) So wurde sie Anfangs entweder in der als Erbbegräbniß dienenden Höhle untergebracht, oder, wo es an Höhlen fehlte, im Erdboden zur Seite der früher verstorbenen Familien= und Stammesgenossen verscharrt. Erdhügel hat man über dem Grabe schwerlich aufgeworfen, dagegen wird man, wie es noch gegenwärtig bei einzelnen Beduinenstämmen üblich ist, um Hyänen und andere dem Leichname nachstellende Thiere der Wildniß zu hindern, das Grab aufzuwühlen, Steine darauf angehäuft haben. Um das einzelne Grab zu kennzeichnen, hat man allem Anscheine nach frühzeitig sich gewöhnt, einem aufrecht stehenden Stein darauf anzubringen.[3]) Als Marke haben außer Steinen wahrscheinlich zuerst auch Pfähle gedient. Grabsteine kommen in den Nekropolen von Sidon ziemlich häufig vor, auch auf Cypern an den dortigen phönizischen Begräbnißstätten und im punischen Nordafrika. Die gangbarste Form derselben ist die eines flach abgeschnittenen Säulenstumpfes.[4])

Wo Höhlen nicht vorhanden waren, scheint man zu Bestattungszwecken Anfangs besonders Oertlichkeiten benutzt zu haben, die von Natur ein Wahrzeichen besaßen: die Umgebung eines einsam aufragenden charakteristisch geformten Felsblockes, eines vereinzelt dastehenden Baumes oder Strauches oder einer Gruppe von Bäumen. Denn diese Gewohnheit wird es hauptsächlich gewesen sein, die im Bunde mit der Ueberzeugung, daß die vom Körper getrennte Seele auf der Oberwelt in der Nähe des Grabes sich ein Obdach suche und nicht bloß in dem am Grabe stehenden Stein oder Pfahle, sondern auch in benachbarten Felsen und Bäumen Unterkunft finde, den Glauben her-

---

1) Vergl. Mission de Phénicie, S. 866—867; Revue archéologique, 3º série, X, S. 147.

2) In Jemen verfährt man noch gegenwärtig in ähnlicher Weise; vergl. Renzo Manzoni, El Yèmen, tre anni nell' Arabia felice, Rom 1884, S. 213.

3) Weil seit Alters her ein aufrecht stehender Stein zum Zubehör des Grabes bildete, hat man schließlich einen Cippus gelegentlich auch an der Außenseite des Sarkophags ausgemeißelt. Vergl. S. 194 und Ledrain, Notice, S. 92, Nr. 193.

4) Einen viereckig gestalteten Cippus, dessen oberes Ende mit einem Conus abschließt, hat Renan zu Saida entdeckt (Mission de Phénicie, Taf. 43, Fig. 1).

vorgerufen hat, daß es Steine, Pfähle, Felsblöcke und Bäume gebe, in denen Geister, ja selbst Götter ihren Wohnsitz aufgeschlagen haben. Spuren von jener ursprünglich gewiß bei allen semitischen Völkern und nicht allein bei diesen herrschenden Ueberzeugung haben sich bis auf den heutigen Tag bei manchen Beduinenstämmen erhalten. Ihnen gilt noch für verboten und Schaden bringend, die Früchte der an einem Grabe oder in der Nähe ehemaliger Begräbnißstätten wachsenden Bäume oder Sträucher anzurühren oder die Zweige derselben abzubrechen. Sogar kommt bei ihnen noch vor, daß an solchen Stellen Kranke, die Genesung suchen, ein Schaf oder eine Ziege schlachten, das Blut des geschlachteten Thieres auf den Erdboden sprengen, das Fleisch kochen, ein Stück davon an einem Zweige des Baumes oder Strauches befestigen, wo man es hängen läßt, das übrige Fleisch gemeinsam mit ihren Genossen verzehren und dann unter dem Baume oder Strauche sich schlafen legen in der Hoffnung, im Schlummer werde ein Geist sich herabsenken und dem Kranken kundgeben, auf welche Art er seine Gesundheit wieder zu erlangen vermöge.[1]) Auf ähnliche Art mögen die Vorfahren der Phönizier Anfangs an Begräbnißstätten den Beistand der dort hausenden Geister sich auszuwirken versucht haben,[2]) und Begräbnißstätten werden die ersten Oertlichkeiten gewesen sein, die ihnen aus diesem Grunde im Lichte einer besonderen Weihe erschienen sind. In dem mehr oder minder ausgedehnten Gebiete, auf welchem der einzelne Nomadenstamm mit seinen Heerden jahraus jahrein seinen Aufenthalt wechselt, sind die Orte, an welchen er seine Todten begräbt, der einzige feste Punkt, der einzige Raum, der vermöge des Zweckes, dem er dient, von einer profanen Umgebung sich absondert. Bei der Leichtigkeit, mit welcher in der Vertheilung der Verbreitungsgebiete nomadisch lebender Stämme durchgreifende Veränderungen eintreten, wird frühzeitig die Umwandlung ehemaliger Begräbnißstätten in regelrechte Cultusstätten sich vollzogen haben. Das Herkommen, dort Geistern sich dienstbar zu erweisen, der Glaube an die Anwesenheit von Geistern blieb bestehen, auch nachdem längst die betreffenden Oertlichkeiten nicht mehr zu Begräbnißzwecken benutzt wurden und auch wenn sie in den Besitz ganz anderer Stämme geriethen. An die Stelle der Geister jedoch hat frühzeitig die Ueberzeugung von der Macht der Stammesgottheiten bestimmte Gottheiten gesetzt. Diesen wurden die geweihten Stätten mit allem ihrem Zubehör zugeeignet. Schon lange vor der Uebersiedelung in feste Wohnsitze werden die Phönizier hiermit begonnen haben. Fortentwickelt und ausgebildet hat sich daher bei ihnen nicht der Geistercultus, sondern die Grundanschauung, daß in bestimmten Bäumen und seltsam geformten Steinen unsichtbare Wesen ihre Macht kundzugeben vermögen, und andererseits

---

1) Die herabsteigenden Geister nennt man zwar gegenwärtig melaika, d. i. Engel, betrachtet sie trotzdem aber nicht als himmlische Wesen, sondern als die Geister von Personen, die in der Vorzeit an jener Stelle beerdigt wurden; vergl. Charles M. Doughty, Travels in Arabia Deserta (Cambridge 1888), I, S. 448—450.

2) Zuerst wohl in der Ansicht, daß es die Geister der eigenen Ahnen seien.

ist Vieles, was ursprünglich lediglich die Begräbnißstätte als solche charakterisirt hat, als etwas zur Ausstattung der Cultusstätte an sich Gehöriges und Erforderliches betrachtet worden.

Diesen Voraussetzungen entspricht zunächst die Veranlagung der phönizischen Cultusstätten. Sieht man von den Tempelbauten ab, welche die Phönizier ausländischen Mustern nachgebildet haben, und berücksichtigt nur Entwürfe von specifisch phönizischem Gepräge, so darf man als typisch eine Veranlagung betrachten, welche die Hauptcultusstätte der Stadt Byblos noch zur Zeit des römischen Kaisers Macrinus bewahrt hatte. Den Hauptbestandtheil bildete, wie Münzen, welche in dieser Zeit geprägt worden sind, veranschaulichen, nicht ein Gotteshaus, sondern ein von der profanen Umgebung nach außen abgesonderter unter freiem Himmel gelegener viereckiger Hofraum (A). Die Vorderseite der Umfassungsmauer ist zu einer Façade umgestaltet; vor ihr liegt eine Säulenhalle. Säulenhallen laufen auch an den Innenseiten der Umfassungsmauer entlang; der Hofraum erhält dadurch Aehnlichkeit mit dem Hofe einer Moschee. In der Mitte des Platzes (A) ragt auf einem viereckigen Piedestal, umgeben von einer gitterartigen Einfassung, deren vier Ecken am oberen Ende ähnlich den „Hörnern" eines Altars nach außen vorgebogen sind, eine hohe Spitzsäule empor. Seitwärts an den Hofraum (A) ist ein überdecktes Tempelchen (B) angebaut, das geschlossene Wände und eine offene Front hat, zu der wie zu dem Eingange des Hofraums eine Treppe hinanführt. Es ist, wie der Altar, der hier zu sehen ist, andeuten soll, der Opferraum. Der Hofraum dagegen mit seinen Colonnaden hat aller Wahrscheinlichkeit nach Weihgeschenke beherbergt. Er umschließt das Wahrzeichen der Anwesenheit der hier verehrten Gottheit als der eigentlich dieser Gottheit gewidmete Bezirk. Er ist nicht, wie es die Hofanlagen und Säulenhallen der altägyptischen Tempel sind, Vorraum eines Gotteshauses, sondern stellt selber das Hauptheiligthum vor. Der Opferraum ist nur Anhängsel.

Tempel von Byblos auf einer Münze aus der Zeit des Kaisers Macrinus.
Originalgröße. Berlin, königliches Münz-Cabinet.

Zu Amrit sind noch Ueberbleibsel zweier phönizischer Heiligthümer vorhanden. Das eine, gegenwärtig Maabed, d. i. der Tempel, genannt, war ein quadratisch abgemessener geebneter Platz, dessen Mittelpunkt ein kleines aus vier Steinblöcken zusammengefügtes Tabernakel einnahm, ein in Stein gearbeiteter auf drei Seiten geschlossener Schrein, dessen flache Decke auf der offenen Frontseite des Bauwerks in ägyptischem Geschmack mit einer Reihe von Uräusschlangen decorirt war. Innerhalb dieser Cella, deren Oeffnung verschließbar war, hatte man vermuthlich einen Fetischstein untergebracht, statt ihn unter freiem Himmel aufzustellen. Nicht unzutreffend hat man den Entwurf dieses Heiligthums mit der Kaaba Mekkas verglichen. Das andere Heiligthum liegt unweit des Maabed. Es war ähnlich veranlagt, besaß aber zwei in Stein ausgemeißelte Fetischschreine, deren Fronten einander zugekehrt waren. Sie sahen ebenso aus wie die eine Aedicula des Maabed. Doch ist nicht unwahrscheinlich, daß sie im Alterthume von einem künstlichen See umgeben waren,¹) zu dessen Herstellung die Quelle, nach welcher die Oertlichkeit heutzutage Ain el=Haijat, d. i. „Schlangenquell" heißt, das Wasser gab.²)

Das Aussehen des Tempels von Askalon veranschaulicht die Münze, von der auf Seite 87 bereits eine Abbildung gegeben ist. Die vier Portale, die auf dieser Darstellung eins in das andere eingezeichnet sind, stellen wohl

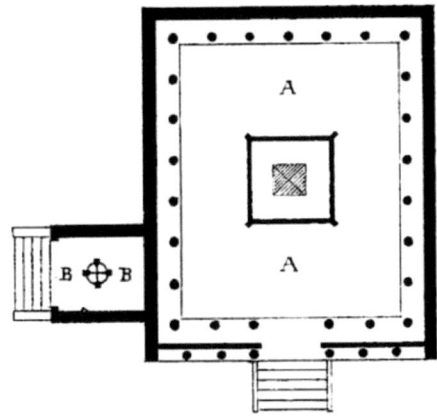

Grundriß des Tempels von Byblos, entworfen nach der Abbildung des Tempels.
A Das eigentliche Heiligthum, weiter von Säulengängen und Mauern eingefaßter Raum unter freiem Himmel, in der Mitte der Obelisk umgeben von altarähnlicher Umfriedigung.
B angebauter überdeckter Raum für Opfer.

die aus Holz aufgezimmerten Pforten von vier Gehegen vor, die einander umschlossen. Die Zacken, die auf der Oberkante dreier dieser Portale sich ab=

---

¹) In unmittelbarer Nähe des Tempels von Hierapolis in Syrien gab es einen heiligen See, in dessen Mitte, wie in dem Buche „über die syrische Göttin" beschrieben wird, ein steinerner Altar aufragte, der aussah, als ob er auf dem Wasser schwimme. Auf einen ähnlichen Eindruck war, wie es scheint, auch die Fundamentirung der beiden Steinschreine von Ain el=Haijat berechnet.

²) Vergl. E. Renan, Mission de Phénicie, S. 61—70; Taf. 8—10; Perrot und Chipiez, Histoire de l'art dans l'antiquité, III, S. 103 und 242—247. — Es ist nicht ausgeschlossen, daß in historischer Zeit auch einzelne Grotten in Phönizien zu Cultuszwecken dienten; doch läßt sich nicht feststellen, ob die cavernes à prostitution, die Renan gefunden zu haben glaubt, wirklich als solche gedient haben.

heben, darf man vielleicht als eine mißlungene Wiedergabe von Uräusschlangen betrachten.¹)

Während der Tempel von Byblos eine Anhöhe einnahm, liegen die Heiligthümer Cyperns, welchen man phönizischen Ursprung zuschreiben darf, fast durchweg in der Niederung. In der Nähe findet man meist Grabstätten. Ausgrabungen, die Max Ohnefalsch-Richter zu Voni bei Chytroi, zu Dali (Idalion) und zu Franchissa (Tamassos) angestellt hat, ergeben, daß in der Anordnung der Grundbestandtheile der dortigen Heiligthümer das Princip wahrzunehmen ist, daß an einen Hofraum, in dem Weihgeschenke vorgefunden werden, und dessen Umrisse ein nicht immer regelmäßiges Viereck darstellen, ein zweiter minder ausgedehnter Abschnitt, der Altar- oder Opferraum, sich anschließt, der ebenfalls nicht überdeckt gewesen zu sein scheint, und daß an beide Abschnitte eine überdachte Baulichkeit angrenzt, deren ehemalige Bestimmung kein äußeres Anzeichen mehr verräth. Zu Athieno hat der Grundriß des Raumes, in dem Weihgeschenke untergebracht waren, die Gestalt eines Rechtecks; im Innern desselben gab es Säulenhallen. Sehr wenig übersichtlich ist der Grundriß des Heiligthums von Paphos. Trotz der mangelhaften Erhaltung der einzelnen Theile und der Entstellung der ursprünglichen Veranlagung durch wiederholte Umbauten, Erweiterungen und nachträgliche Zuthaten läßt sich jedoch erkennen, daß für den Entwurf des Ganzen das Motiv maßgebend gewesen ist, die Umschließung eines viereckigen Platzes herzustellen. Zu den Wundern, in denen die Göttin von Paphos sich erging, gehörte, wie Plinius erzählt, daß in ihrem Heiligthume kein Regentropfen auf den Altar niederfiel. Ohne Zweifel hat also hier der Altar unter freiem Himmel gestanden. Auf der Nordseite und auf der Südseite lassen Colonnaden und Säulenhallen sich nachweisen. Die letzteren waren zum Theil von Gemächern umgeben. Auf der Ostseite, auf der sich der Haupteingang befand, liegen große Vorbauten, zwischen denen der Eingang hindurchführt. Sie sind zum Theil aus gewaltigen Blöcken aufgeführt. Sie gaben nicht allein eine Façade ab, sondern waren auch theils parallel der Front, theils in der Richtung des Einganges in Gemächer abgetheilt, über deren Zweck nichts bekannt ist. Mit dem Grundrisse dieser Vorbauten ist die Abbildung der Front des Tempels von Paphos, die auf einigen Münzen vorkommt, schwer in Einklang zu bringen.²)

---

1) Für Ueberreste eines phönizischen Tempels pflegt man auch die Säulen anzusehen, die zu Chirbet el-Bilat im Gebiete von Tyros erhalten sind. Der Grundriß jedoch, der im Survey of Western Palestine, Memoirs, I, S. 171 veröffentlicht ist, macht nicht diesen Eindruck. Auch läßt sich nicht mehr ermitteln, ob, wie Georges Colonna-Ceccaldi, Monuments antiques de Chypre, de Syrie et d'Egypte (Paris 1882), S. 36 annimmt, die in der unmittelbaren Nähe von Djuni bei dem Orte Sarba noch vorhandenen Mauerwerke, die E. Renan (Mission de Phénicie, S. 328–331) und Colonna-Ceccaldi (vergl. Revue archéologique, N.S., XXXV. u. S. 224–251 der Monuments antiques) beschrieben haben, einer Tempelanlage angehört haben.

2) Vergl. besonders den von R. Elsey Smith 1888 aufgenommenen Plan des Tempels von Paphos im Journal of Hellenic Studies, IX, S. 193.

Auf den Inseln Malta und Gozzo giebt es Trümmer von Baulichkeiten, die augenscheinlich Heiligthümer gewesen sind, und als deren Urheber man wohl mit Recht Phönizier annimmt. Gozzo hat ein größeres und ein kleineres Heiligthum aufzuweisen. Beide liegen dicht neben einander und stimmen in ihrem Grundrisse sowie in der Bauart fast vollständig überein. Hohe aus regellos geformten Steinblöcken aufgeschichtete Wände umschließen als Rahmen Räume, die unter freiem Himmel liegen, einen Vorderraum und einen Hinterraum. Der Vorderraum hat die Gestalt einer Ellipse. Ihn durchschneidet von dem schmalen Eingange aus ein Weg, der ihn in zwei Abschnitte zerlegt, die zur Rechten und zur Linken des Einganges in Gestalt einer Exedra sich aufthun. Dem Eingange des Vorderraumes gegenüber setzt dieser Weg in Gestalt eines schmalen Ganges sich fort und mündet in den Hinterraum, der ebenfalls nach rechts und links zu einer Exedra sich erweitert, zugleich aber auch in der Richtung der Längsaxe des Ganzen, also nach der Tiefe zu, nach Art einer Exedra im Halbkreise abgeschlossen ist, so daß er im Grundrisse einer Vierung mit drei daran anstoßenden Apsiden gleicht. Ueberdeckt scheinen nur der Haupteingang und der Verbindungsgang gewesen zu sein, deren aus mächtigen aufrecht stehenden Monolithen bestehende Seitenwände den Namen Torre tal Gigant und Giganteja, den die Ruinenstätte im Volksmunde führt, rechtfertigen. Im Hintergrunde der Exedra, welche die rechte Hälfte des Vorderraums des größeren Heiligthums einnimmt, war in einem Gehäuse, das aus zwei aufrecht stehenden Steinpfosten und einem darüber gelegten steinernen Deckbalken bestand, ein Fetischstein aufgestellt, ein Anzeichen, daß dieser Raum das Haupttheiligthum war. Der Stein hat sich noch vorgefunden; er ist ungefähr einen Meter hoch und hat die Gestalt eines Zuckerhutes. In dem Fußboden der rechten Seitenapsis des Hinterraumes ist in demselben Bauwerke dagegen eine kreisrunde Vertiefung zu sehen, die augenscheinlich einen Wasserbehälter vorstellt und darauf schließen läßt, daß hier geopfert worden ist.[1]) Die Tempelruine Maltas, die in der Nähe des Dorfes Casal Crendi liegt und Hagiar Kim genannt wird, hat in ihrem Entwurfe mit den Bauten der Giganteja manche Aehnlichkeit. Sie zerfällt ebenfalls in Räume von elliptischem Grundrisse, deren Umrahmung aus Steinblöcken aufgebaut ist. Doch sind hier sechs mit einander zusammenhängende Räume durch Ummauerung ihrer Außenwände zu einem Ganzen abgerundet.[2])

---

1) Vergl. Alb. la Marmora in den Nouvelles Annales publiées par la section française de l'Institut archéologique, I, Paris 1836, S. 1—33 (Grundriß, Aufriß und Details in den dazu gehörigen Monuments inédits, Taf. 1 u. 2); Perrot und Chipiez, Histoire de l'art, III, S. 297—300; eine Beschreibung gab auch George Percy Badger, Description of Malta and Gozzo, Malta 1838, S. 309 bis 317.

2) Eine ausführliche Schilderung geben Perrot und Chipiez (a. a. O., S. 300—305) hauptsächlich nach A. A. Caruana, Report on the Phenician and Roman Antiquities in the Group of the Islands of Malta (Malta 1881 und 1882).

Der Grundgedanke, daß die Gottheit an einem Platze unter freiem Himmel, der ihr Eigenthum ist, verehrt wird,¹) sprach am deutlichsten auf dem Berge Karmel sich aus, wo, wie Tacitus verwundert berichtet, weder ein Götterbild war noch ein Tempelbau, sondern „nur ein Altar und heilige Scheu". An Götterbildern hat es zwar den Phöniziern nicht gefehlt, doch haben sie an die bildliche Darstellung von Gottheiten sich erst gewagt, als die Bekanntschaft mit fremdländischen Mustern sie dazu anregte. Die ursprüngliche Gewohnheit, Steine, Pfähle und Bäume als Asyle der unsichtbaren Wesen zu betrachten, denen man diente, hat sich daher im Cultus behauptet. Astartefiguren z. B. sind zwar in Menge verfertigt worden und ihr Gepräge kennzeichnet sie hinreichend als das, was sie vorstellen sollen; meist sind es unbekleidete weibliche Gestalten von gemeiner Natürlichkeit, welche die Göttin vorführen, wie sie, als Ernährerin aufgefaßt, beide Hände gegen die Brüste preßt, um Milch zu spenden,²) oder wie sie, die Kraft der Fruchtbarkeit veranschaulichend, eine Hand auf dem Schooße ruhen läßt und die andere zur Brust schmiegt. Aber im Tempel zu Paphos stand als eigentliches Ebenbild der Göttin nicht eine Statue, sondern ein Steinpfeiler, der, an der Basis kreisrund, wie Tacitus

Goldschmuck aus der phönizischen Nekropole von Tharros auf Sardinien.
Weibliche Göttin als Lebensspenderin. Die Haartracht nach ägyptischem Muster, ebenso die Götterkrone (vergl. S. 275, Anm. 6.)
Aus Giovanni Spanos Sammlung.

sagt, „nach Art einer Meta" sich verjüngte. Wie ein anderer Berichterstatter, Maximos von Tyros, angiebt, war es eine Spitzsäule, weiß von Farbe und aus einem Material, das sonst nicht vorkam. Ein ähnliches Gebilde hat man in dem viereckig ummauerten Raume des Heiligthums von Athieno entdeckt, einen sorgfältig bearbeiteten Stein, im gegenwärtigen Zustande 65 Centimeter hoch, dessen kreisrunde Basis, um ihn stabiler zu machen, auf der Grundfläche wie der Boden einer Flasche ausgehöhlt ist, und der von dieser Basis aus, ringsum abgerundet, mit einer Einziehung sich verjüngt; die Spitze ist abgebrochen, hat aber wohl mit einer runden Kuppe geendigt.³) Ferner ist bezeugt, daß der Tempel des phönizischen Herakles zu Gades in seinem Innern kein Götterbild barg, und in dem Herakles-Tempel zu Tyros erschienen Herodot besonders bemerkenswerth

---

1) Der geweihte Bezirk der phönizischen Cultusstätten bedeutet also genau dasselbe wie das himâ des nordarabischen und das mahmâ des südarabischen Heidenthums. Noch zu Muhammeds Zeit kam es bei den heidnischen Arabern vor, daß in der Umgebung des Grabes eines Verstorbenen ein himâ in Gestalt eines viereckigen Raumes abgesteckt wurde (vergl. J. Goldziher, Muhammedanische Studien, I, Halle 1889, S. 235).
2) Vergl. die Astarte-Figur, welche in F. Justis Geschichte des alten Persien auf S. 94 abgebildet ist.
3) Vergl. G. Colonna-Ceccaldi, Monuments antiques de Chypre, S. 44.

„zwei Stelen, die eine aus lauterem Golde, die andere aus Smaragdstein, der bei Nacht mächtig leuchtete."

Gleich den soeben erwähnten cyprischen Aphrodite-Steinen und der Spitzsäule des Heiligthums von Byblos waren diese mit einem Ueberzuge aus Gold und aus einem smaragdfarbigen Email, dessen selbständige Leuchtkraft

Votivsteine von Hadrumetum.

Herodot schwerlich untersucht hat, bekleideten Stelen künstlich hergestellte Surrogate, ein Ersatz für die schlichten unbehauenen Steinpfeiler und Felsblöcke, die Anfangs zu den Wahrzeichen der Cultusstätten und deswegen zur traditionellen Ausstattung derselben gehörten.[1]) Daß gerade das Melkart-Heiligthum nicht bloß mit einer, sondern mit zwei derartigen Stelen versehen war, beruht wohl nur auf zufälligen Ursachen, die aber mancherlei Nach-

1) Ebenso der Conus der Giganteja; vergl. S. 203.

wirkungen gehabt haben. Als die Inselstadt gegründet wurde, wird es das einzige Heiligthum des ganzen Gemeinwesens gewesen sein und mindestens ebensoviele Steinfetische beherbergt haben, als dort Gottheiten angebetet wurden, darunter aber zwei von säulen- oder pfeilerartiger Gestalt. Einzelne phönizische Heiligthümer haben augenscheinlich eine viel größere Anzahl heiliger Steinmonumente besessen, die zum Theil recht schmucklos gewesen sind. Eine aus dem ehemaligen Hadrumetum herrührende Votivstele zeigt zwei von einander gesonderte Gruppen von Steinpfeilern, welche aus je drei vierkantigen nach oben sich etwas verjüngenden Steinblöcken bestehen, die auf einer und derselben Basis errichtet sind. In beiden Gruppen überragt die Spitze des mittleren Pfeilers etwas die ihm zur Seite sich anschließenden. Auf einer anderen Stele, die ebenfalls dorther stammt, erblickt man drei ebenso angeordnete Pfeilergruppen, doch stehen sie aneinandergereiht auf einer gemeinsamen Basis. Die Gruppirung hat offenbar eine theologische Spitzfindigkeit auszudrücken; sie erinnert an die triadenweise Aufzählung der Gottheiten in dem Eidschwure Hannibals. In einem besonderen Felde ist auf beiden Votivstelen eigens die künstliche Erhöhung abgebildet, auf der in Wirklichkeit die Pfeilergruppen emporragten.[1]

Außer den an geweihter Stätte prangenden Steinkegeln und Steinpfeilern besaßen manche, wenn nicht alle phönizischen Heiligthümer auch einen Vorrath von wunderthätigen Steinen, die wie Kleinodien gehütet und aufbewahrt und hauptsächlich zu Orakelzwecken benutzt wurden. Die Eigenschaften, welche man ihnen beilegte, leitete man von einer Art Beseeltsein ab. Sie führten deshalb den Namen bétél oder bétyl, „Gottesbehausung" oder wie Philon von Byblos dieses Wort, aus welchem die Griechen baitylos, baitylion und die Römer baetulus gemacht haben, frei übersetzt „beseelter Stein".[2] Ursprünglich bezeichnete diese uralte Benennung, wie aus der Erzählung von Jakobs Traume und dem Steine zu Bet-el hervorgeht, Steine, in deren Nähe und Umgebung irgend eine Gottheit sich kundgab, als Herbergen einer

---

1) Auf einer bei Marsala an der Stätte des ehemaligen Lilybaion entdeckten Votivstele ist über der Weihinschrift, die an Baal Hammon gerichtet ist, ein phönizischer Mann zu sehen, der in anbetender Haltung vor einem Weihrauchaltar steht. Neben dem Altar sind ein heiliger Conus und eine Aschera dargestellt, oberhalb dieser Reihe von Darstellungen aber drei auf einem Unterbau aufrecht dastehende, am oberen Ende abgestumpfte, sich etwas zuspitzende Pfeiler (vergl. Corpus Inscr. Semit., I, 1, Nr. 138; Philippe Berger in der Revue archéologique, 3ᵉ sér., III, S 209—214 und in der Gazette archéologique, IX, S. 83). Drei Steinpfeiler sind hier also das Wahrzeichen einer Gottheit, des Baal Hammon. So bilden auch, wie ein Denkmal mit nabatäischer Inschrift, das C. M. Doughty (Travels in Arabia Deserta, I, S. 121 u. 187) bekannt gemacht hat, lehrt, zu Medain Salih im Nordwesten Arabiens drei aufrechte Steinpfeiler die Moschee, die Mesgeda des Gottes Aera von Bostra.
2) Ueber die Betyle handelt am ausführlichsten François Lenormant in der Revue de l'histoire des religions, III, 31—53. — Wahrscheinlich ist bêtyl auch der Name der monumentaleren heiligen Steine gewesen, denen ja ebenfalls, wie aus Herodots Angaben hervorgeht, wunderbare Fähigkeiten angedichtet wurden.

göttlichen Kraft. Der Gedanke jedoch, daß in einem Steine ein unsichtbares Wesen Platz nehmen könne, muß den Vorstellungen vom Leben der Seele nach dem Tode seine Entstehung verdanken. Die Gewohnheit, auffällig aussehende Steine mit Oel zu salben, die in der Umgegend von Sidon bis in die Neuzeit sich erhalten hat,[1]) erklärt sich von demselben Gesichtspunkte aus. Die ersten Steine, die gesalbt wurden, sind die Grabsteine gewesen. Welchen Nutzen es nach der Meinung der Phönizier den Verstorbenen gewährte, wenn der Verstorbene mit Salböl versorgt wurde, das veranschaulichen nicht bloß die Oelfläschchen, welche den Todten ins Grab mitgegeben wurden, ein Salbfläschchen hält selbst die menschliche Figur in der Hand, welche als Abbild des Verstorbenen auf dem Deckel einzelner aus gebranntem Thon bestehender Sarkophage, die besonders bei Tortosa gefunden werden, und auf einem zu Selinunt gefundenen phönizischen Steinsarge dargestellt ist.

Vielen ihrer Gottheiten haben ferner die Phönizier aus Anlaß eines Gelübdes Steine eigens als Weihgeschenke dargebracht. Die Errichtung von Steinsäulen oder Steinpfeilern, die Aufstellung von Steinplatten wurde bestimmten Gottheiten als Gegenleistung für erbetene Hülfe versprochen. Die Widmung eines Steines gilt im Dienste mancher Gottheiten geradezu als Aequivalent für Erfüllung eines Wunsches. Offenbar hat einmal die Ueberzeugung geherrscht, der Stein, welchen man der Gottheit als Geschenk hinstellte, gewähre dieser ebenso hohen Nutzen wie dem Menschen der Beistand der Gottheit, eine Ueberzeugung, deren Entstehung wiederum auf einem Herkommen beruhen muß, das aus dem Glauben an eine Einwirkung auf das Schicksal der Lebenden, die nicht auf Gottheiten, sondern auf Geister zurückgeführt wurde, entsprungen ist. Denn die Entstehung der Ueberzeugung, daß irgend einer Gottheit an dem Besitzen eines Steines etwas gelegen sei, setzt nicht bloß eine noch sehr dürftige Vorstellung von der Beschaffenheit der Gottheiten voraus. Es muß auch, bevor sie aufkam, üblich gewesen sein, allerlei Dämone und Geister, besonders aber die Seelen verstorbener Menschen als Urheber erwünschter Schicksalswendungen zu betrachten und dem vermeintlich einer Unterkunft bedürftigen unbekannten Wohlthäter durch Gewährung eines Obdaches von derselben Art, die zur Behausung für Seelen auf den Grabstätten diente, also durch Aufstellen eines Steines sich dankbar zu erweisen. Die ursprüngliche und eigentliche Bedeutung der Votivsteine würde demnach die von Steinfetischen gewesen sein.

Nicht in dem Cultus aller phönizischen Gottheiten hat sich eine Nachwirkung dieses, wie man annehmen muß, ältesten, Anfangs zu dem Götterglauben in keiner Beziehung stehenden Herkommens erhalten. Frühzeitig hat

---

1) Zum Salben hat man sich hier schließlich seltsamer Weise den römischen Meilenstein ausgesucht, dessen Stelle auf dem Plane der Umgebung von Saida (S. 55) auf der Ostseite der heutigen Stadt (zwischen dieser und der Mühle von el-Merah) angegeben ist. In der Umgegend befinden sich ehemalige Grabstätten. (Vergl. E. Renan, **Mission de Phénicie**, S. 400).

augenscheinlich sich eine Tradition herausgebildet, welche das Darbringen von Votivsteinen auf die Verehrung einzelner Gottheiten beschränkt hat. Die gewohnheitsmäßige Verwendung im Göttercultus hat ferner viel von der ursprünglichen Bedeutung in Vergessenheit gebracht. Immer haben jedoch die Votivsteine nur zur Einlösung eines Gelübdes gedient, das in Privatangelegenheiten abgelegt worden war.[1]) Während ursprünglich gewiß gleichgültig war, welche Form der Stein besaß, wenn er nur stehen konnte, ist nachträglich üblich geworden, Steinen, die verschiedenen Gottheiten zugedacht waren, auch verschiedene Gestalt zu geben. Bald hat man viereckig zugestutzte längliche Blöcke besonders für geeignet gehalten, bald regelrecht behauene viereckige Pfeiler, deren Bekrönung überkragte und die Gestalt einer vierseitigen Pyramide besaß. Melkart, dem Baal von Tyros, gelobte man nicht einen einzelnen Steinpfeiler, sondern ein Säulenpaar. Offenbar meinte man, es gehöre sich das so, weil die ihm geweihten Tempelbezirke nach dem Vorbilde des Melkarttempels von Tyros ein Säulenpaar zum Wahrzeichen hatten. Andererseits nahmen aber auch zwei Gottheiten mit einem Steine vorlieb, jedenfalls weil ihnen zusammen eine und dieselbe Cultusstätte geweiht war. Unweit des Hügels, auf dem ehemals der Byrsa genannte Stadttheil Karthagos lag, sind mauerartig zu Haufen aufgestapelt Tausende von schmalen, am oberen Ende fast durchweg dreieckig zugestutzten Steinplatten gefunden worden, welche sowohl der Rabbat Tanit-Pene-Baal als auch dem Adon Baal Hammon gewidmet sind.[2]) Auch an anderen Orten des punischen Nordafrikas, z. B. bei dem ehemaligen Cirta und zu Hadrumetum hat man viele Votivstellen von demselben Aussehen entdeckt, deren Weiheschrift an dasselbe Götterpaar gerichtet ist, nur mit dem Unterschiede, daß auf ihnen Baal Hammon an erster, Tanit-Pene-Baal an zweiter Stelle genannt wird.

Den soeben erwähnten karthagischen Votivstelen sieht man an, daß sie theils mit dem unteren Ende ehemals im Erdboden befestigt, theils mit der

---

[1]) Einige karthagische Votivinschriften schließen allerdings mit dem Zusatze 'Am Karthadaśt, „das Gemeinwesen Karthago," mitunter auch mit einer Redewendung, die muthmaßlich „auf Beschluß des Gemeinwesens Karthago" bedeutet. Es handelt sich dabei aber wahrscheinlich bloß um die Genehmigung zur Aufstellung des Steines, höchstens um eine Deckung der Kosten. Das in religiösem Sinne Verdienstliche der Aufstellung des Steines soll dagegen nur einer einzelnen Person zugutekommen.

[2]) Von den zahlreichen Werken, in welchen die Inschriften dieser Stelen herausgegeben sind, nenne ich hier nur: Inscriptions in the Phoenician Character, now deposited in the British Museum, dicovered on the Site of Carthage, during Researches made by Nathan Davis, at the expense of Her Majestys Government, in the years 1856, 1857, and 1858. London 1863. — Punische Steine durch Julius Euting (Mémoires de l'Académie impér. des sciences de St.-Pétersbourg, 7e sér., XVII, No. 3). St. Petersburg 1871. — Sammlung der Carthagischen Inschriften, herausgegeben von Julius Euting, I, Straßburg 1883. — Corpus Inscr. Semit., I, 1, Nr. 180 u. flgde. — E. de Sainte-Marin, Mission à Carthage. Paris 1884. — Ueber die Aussprache des Namens Tanit und das Wesen dieser Göttin vergl. S. 215, Anm. 2 und S. 235, Anm. 1: Corp. Inser. Sem., I, 1, S. 287.

Rückseite auf einer Wand, der Innenwand der Umfassungsmauer des geweihten Bezirks, oder der in demselben stehenden Hallen angemauert waren.¹) Eine große Anzahl dieser Steinplatten trägt überhaupt keinerlei Inschrift, woraus allein schon hervorgeht, daß die Errichtung der Steinplatte an sich den Zweck erfüllte. Auf den Stelen, die eine Weihschrift tragen, sind außer den beiden Gottheiten die Personen genannt, die ihr Gelübde einlösen. Die Dedications= formel, die dabei angewendet wird, ist mit geringen Abweichungen eine und dieselbe. In der ausführlichsten Fassung lautet sie: „Der Rabbat, der Tanit= Pene=Baal und dem Adon, dem Baal Hammon, wie es gelobt hat N. N., Sohn des N. N., da sie seine Stimme erhört haben; mögen sie ihn segnen." Mitunter wird der Stein ausdrücklich als mattânâ, als ein „Geschenk," bezeichnet.²) Der Anlaß, der zur Ablegung des Gelübdes geführt hat, wird nicht angegeben. Auf keiner dieser Stelen ist mit einer Silbe die Rede davon, daß den beiden Gottheiten außer der Errichtung der Stele noch irgend etwas Anderes zugesagt worden wäre.³)

Der Mehrzahl nach sind diese karthagischen Stelen Arbeiten, die das Gepräge roher fabrikmäßig hergestellter Waare zur Schau tragen, die man bei Handwerkern fertig kaufen konnte und, wenn man wollte, dann noch mit einer Inschrift versehen ließ. Auf vielen sind bildliche Darstellungen ange= bracht. In manchen Darstellungen verräth sich noch eine Nachwirkung der Anschauung, daß die Gottheit in dem Steine sich aufhalten solle, daß er im Kleinen dasselbe bedeute, wie die Cultusstätte im Großen. Es wird darauf

---

1) Man nimmt an, daß, wenn es an Platz für die hinzukommenden Stelen fehlte, die älteren Jahrgänge aus dem geweihten Bezirke entfernt und an den Stellen auf= gespeichert wurden, an denen die Stelen gegenwärtig in so großen Mengen sich vor= finden. Doch ist möglich, daß sie erst zur Zeit der Einführung des Christenthums bei der Aufhebung des heidnischen Cultus dorthin geschafft worden sind. Philippe Berger (vergl. E. de Sainte=Marin, Fouilles de Carthage, S. 96) ist der Ansicht, daß die Steine nach der Zerstörung Karthagos durch die Römer zur Errichtung der Mauern eines Bauwerks haben herhalten müssen und daher mauerartig aufgehäuft daliegen. Für diese Ansicht spricht, daß die Züge der Inschriften noch nicht das Gepräge der sogenannten neupunischen Schriftgattung tragen.

2) Corpus Inscr. Semit., I, 1, Nr. 192; 381; 409; 410. Auch eine dem Baal Hammon und der Tanit=Pene=Baal geweihte Stele von Cirta (Recueil des notices et mémoires de la société archéologique du département de Constantine, XVIII, Constantine 1878, Taf. 4, Nr. 12) wird mattanat, „Geschenk," genannt.

3) Da zahlreiche Inschriften (vergl. z. B. oben S. 75, Anm. 1) lehren, daß nach der Einlösung von Gelübden anderer Art bei den Phöniziern zwar ebenfalls üblich war, der betreffenden Gottheit außerdem noch einen Stein zu weihen, daß auf der Inschrift dieser Steine dann aber ausdrücklich angegeben wurde, daß der Gottheit bei= spielsweise die Erbauung einer Tempelpforte versprochen worden war, ist man berechtigt anzunehmen, daß in allen Fällen, in denen auf den Inschriften der aus Anlaß eines Gelübdes phönizischen Gottheiten gewidmeten Stelen, Pfeilern oder Säulen von der Einlösung anderweitiger Versprechungen nicht die Rede ist, das Gelübde sich auch auf nichts Anderes erstreckt haben wird, als auf die Darbringung des Steines, den man vor Augen hat.

Votivstein von Hadrumetum.

z. B. ein Bauwerk abgebildet, welches aller Wahrscheinlichkeit nach das Heiligthum der Tanit-Pene-Baal vorstellen soll. Nicht selten nimmt den Hauptraum der Stele die Darstellung einer Capelle, eines Tabernakels oder heiligen Schreines ein, und bisweilen ist davor noch eigens der Urheber der Widmung in anbetender Haltung dastehend zu sehen. Eine aus Hadrumetum stammende Votivstele stellt ein auf Säulen ruhendes Baldachin als Behausung der Gottheit vor. Aehnlichen Sinn hat es offenbar, daß auf zwei ebenfalls aus Hadrumetum herrührenden Votivstelen, wie oben bereits erwähnt wurde (vergl. S. 205), und auf einer Stele, die bei Marsala auf Sicilien entdeckt worden ist, die dem wirklichen Heiligthume der Gottheit als Wahrzeichen dienenden Fetischsteine abgebildet sind. Auch sind manche von den bildlichen Darstellungen, die auf den karthagischen und anderen punischen Votivsteinen am häufigsten wiederkehren, eine Abbildung von allerlei Gegenständen und Geräthen, die zur Ausstattung phönizischer Heiligthümer gehörten. Die karthagische Stele, die als Vollbild zu S. 181 wiedergegeben ist, zeigt sogar die Göttin Tanit-Pene-Baal in derjenigen Gestalt, welche sie nach der Meinung ihrer Verehrer eigentlich besaß, in einer den Weltraum vorstellenden Abtheilung der Stele schwebend.

Doch sieht es aus, als ob den Karthagern bereits es Anlaß zum Nachdenken gegeben hat, was der Stein der Gottheit denn eigentlich zu nützen vermöge, und aus Bildern, die auf vielen Stelen vorkommen, ist zu schließen, daß eine sehr beliebte Erklärung war, der Stein vertrete die Stelle irgend eines anderen Geschenks. Die Gabe, welche er ersetzen sollte, hat man dann auf der Stele eigens abgebildet, so z. B. häufig Vasen und Krüge oder einen mit Früchten beladenen Palmbaum, gelegentlich auch einen Granatbaum, eine Tamariske. Die in Stein gehauene Abbildung des Wein oder Oel enthaltenden Gefäßes hat eine permanente Spendung des hinzugedachten Inhaltes bedeuten und dafür zum Ersatze dienen sollen — geisterartigen Wesen genügt das Bild statt des Gegenstandes —[1]) und der in Stein nachgebildete Baum erfüllt nicht minder seinen Zweck, als wenn ein wirklicher Baum der Gottheit zum Geschenk gemacht wäre, und er that das, so hat man vielleicht gemeint, sogar auf ungleich längere Zeit.

Andererseits scheint aber auch im Laufe der Zeit die Auffassung sich Bahn gebrochen zu haben, der Votivstein sei ein Gegenstand, auf den bei der Darbringung desselben die religiöse Verbindlichkeit und persönliche Haftbarkeit, welche das Gelübde hervorgerufen hatte, gleichsam abgewälzt werde und daß er daher als Stellvertreter derjenigen Person zu betrachten sei, die ihn weihte und von ihrem Gelöbnisse sich damit loskaufe. In diesem Sinne ist es wohl zu deuten, daß auf sehr vielen karthagischen Votivstelen Abzeichen derjenigen Berufsart dargestellt sind, welche der Person, die den Stein errichtet hat, ihren Lebensunterhalt gewährte, daß darauf beispielsweise ein Arzt medizinische Geräthschaften, ein Schreiner Axt und Klöpfel, ein Pflugtischler ein Erzeugniß seiner Kunst, einen aus Holz gezimmerten Pflug, hat abbilden lassen. Bei den Phöniziern Cyperns ist sogar, als dort die Kunst zu hoher Blüthe gelangte, Sitte geworden, einzelnen Gottheiten aus Anlaß eines Gelübdes statt eines Votivsteines ein Standbild der eigenen Person zu weihen und so die Erfüllung der durch Ablegung des Gelübdes übernommenen persönlichen religiösen Verpflichtung auszudrücken. Der Segen, welchen ein solches Weihgeschenk der dargestellten Person brachte, ist so hoch veranschlagt worden, daß schließlich in spätgriechischer und in römischer Zeit auch Gemeinwesen Standbilder von Personen, welche um das Wohl des Gemeinwesens sich verdient gemacht hatten oder besonders ausgezeichnet werden sollten, auf ihre Kosten in die Tempel gestiftet haben.

---

1) Auf einer der Stelen kauert in der Ecke eines kleinen Naos eine winzige Gestalt und eine vor dem Naos stehende Figur hält derselben ein Gefäß hin. Trotz des Islam hat, wie C. M. Doughty (Travels in Arabia Deserta, I, S. 450) berichtet, in der Nähe von Damaskus sich der Gebrauch erhalten, daß an zwei Orten, die als „Wunsch-Plätze" gelten, nämlich bei zwei Gruppen von Eichbäumen, Leute der Nachbarschaft, wenn in Erfüllung gegangen ist, was sie sich gewünscht haben, Töpferwaaren niederlegen und zwar bei der einen Baumgruppe heile Gefäße, bei der anderen zerbrochene. Das Zerbrechen bedeutet hier unstreitig ursprünglich, was in den Bestattungsgebräuchen sehr vieler Völker das Zerbrechen oder Verbrennen von Geräthen bedeutet hat, eine Beförderung ins Jenseits. Die Gefäße, welche auf jenen punischen Stelen abgebildet sind, mögen daher Abbildungen der Gefäße sein, welche man, nach einer aus dem Manendienste stammenden, in den Göttercultus übernommenen Sitte, Gottheiten nach Erfüllung eines Wunsches darzubringen pflegte.

Auf Malta sind zwei kleine Steinpfeiler gefunden worden, welche ein Phönizier, der den nicht selten bei den Phöniziern vorkommenden Namen Nahum führte, dem Baal Hammon errichtet hat. Die Inschriften, welche auf den Steinen angebracht sind, bezeichnen zugleich merkwürdiger Weise den einen Stein als „Neẓib" des Malk=Baal, den anderen als „Neẓib" des Malk=Osir.¹) Ein „Neẓib" Malk=Baals werden auch die Votivsteine, welche man dem Götterpaare Tanit=Pene=Baal und Baal Hammon zu Karthago darbringt, auf einzelnen Weihinschriften derselben genannt.²) Hieraus ist zu schließen, daß vor Allem Malk=Baal zu denjenigen Gottheiten gehört hat, in deren Cultus die Sitte, das Aufstellen von Votivsteinen zum Gegenstande eines Gelübdes zu machen, sich zu einer bleibenden Gewohnheit entwickelt hat, und daß daher einer ganzen Gattung von Votivsteinen, auch wenn sie anderen Gottheiten gewidmet wurden, die Bezeichnung Malk=Baal=Neẓib beigelegt wurde.³) An einem technischen Ausdrucke für die den Gottheiten bestimmten Votivsteine hat es augenscheinlich Anfangs gefehlt. Neẓib bedeutet eigentlich nur etwas Aufrechtstehendes. Es ist von demselben Wortstamme (n–ẓ–b) abzuleiten wie die arabischen Worte nuṣb, in der Mehrzahl anṣâb und manṣab. Nuṣb haben, was sehr zu beachten ist, die heidnischen Araber sowohl die Grabsteine als auch die Götzensteine⁴) genannt, und im Phönizischen ist maṣṣebat (auch manṣebat) ein Wort, das von demselben Wortstamme abgeleitet ist, wie im Hebräischen maṣṣêbâ sowohl eine Bezeichnung für Grabsteine⁵) als auch für eine Gattung von Votivstelen⁶). Daß nicht erst bei

---

1) Corp. Inscr. Semit., I, 1, Nr. 123.
2) Corp. Inscr. Semit., I, 1, Nr. 194; 195; 380. Dem Baal Hammon allein gewidmet ist ein Malk=Baal=Neẓib, das auf Sardinien gefunden ist (Corp. Inscr. Semit., I, 1, Nr. 147), während Hadrumetum zwei solche Malk=Baal=Neẓib geliefert hat (J. Euting, Punische Steine, Hadr. 9; Comptes rendus de l' Académie des inscriptions, 4ᵉ sér., II, S. 232). Vergl. auch Journal asiatique, 7ᵉ sér., VIII, 253–270. — Wie die Vocale des Wortes neṣib eigentlich gelautet haben, steht nicht fest. Die Aussprache Neẓib hat man gewählt, weil mit neẓib Genesis 19, 26 die Salzsäule bezeichnet wird, in die Lots Weib sich verwandelt hat.
3) Wie J. Euting (a. a. O., S. 27) mittheilt, hat Prof. Merx zuerst die Vermuthung ausgesprochen, es sei damit eine Stele gemeint, „wie sie für den Moloch=Baal gebräuchlich war."
4) J. Wellhausen, Skizzen und Vorarbeiten, III, S. 99 und 165; J. Goldziher, Muhammedanische Studien, I, S. 231–234.
5) Vergl. z. B. Corp. Inscr. Semit., I, 1, Nr. 116; 144; 159.
6) Die Inschrift einer kyprischen Maṣṣebe, deren Deutung allerdings problematisch ist, läßt sich sogar in dem Sinne auffassen, daß bisweilen einem Gotte eine Maṣṣebe errichtet wurde, um dadurch zugleich einem Verstorbenen einen Dienst zu erweisen. Ein Pfeiler von der Gestalt einer Maṣṣebe, auf dem ein Halbmond und darunter eine freisrunde Scheibe dargestellt war, hat in der phönizischen Nekropole von Tharros einem Grabe zum äußeren Wahrzeichen gedient (Bulletino archeologico sardo, II, Cagliari 1856, S. 36). Die Abbildung einer phönizischen Maṣṣebe findet der Leser in Stades Geschichte des Volkes Israel, I, S. 459; vergleiche auch: Zeitschrift der Deutschen Morgenländischen Gesellschaft, XXXIV, Taf. 2; Corp. Inscr. Semit., I, 1, Taf. 8, Nr. 44: Perrot und Chipiez, Histoire de l'art, III, S. 235.

den Puniern die Sitte aufgekommen ist, Gelübde, bei denen die Darbringung eines Steines versprochen wurde, besonders dem Baal Hammon abzulegen, ist daraus zu ersehen, daß die Steine, welche auf den heidnischen Cultus=
stätten standen, bei den Israeliten nicht bloß Maßeben heißen, sondern auch hammânîm, eine Benennung, die schon W. Gesenius richtig aus dem Namen jenes Gottes erklärt hat.¹)

Die Anschauung, daß Haine Lieblingsstätten von Gottheiten seien, und die Sitte, Cultusstätten derselben, wo es anging, in Haine zu verlegen,²) wird, wie schon angedeutet wurde, in letzter Linie nur auf einen Glauben zurückgehen, der den Geistern der Verstorbenen die Gewohnheit zuschrieb, in Bäumen sich niederzulassen, und aus demselben Glauben wird es entspringen, daß einzelne Bäume als ein Wohnsitz von Geistern betrachtet wurden, die dem Sterblichen, der ihnen huldigte, sich hülfreich erwiesen. Derartige Bäume nannte man eine Aschera, ein Name, den sie auch bei den Israeliten führten. Frühzeitig werden die Phönizier angefangen haben, unter dem Geiste, der die Aschera beseelte, eine ganz bestimmte Gottheit sich zu denken, die Ascheren=Verehrung mit dem Götterglauben in Einklang zu bringen. So hat es, wie aus einer Inschrift, die im Gebiete von Tyros ge=
funden worden ist, dort einen Ort gegeben, der die Ascherat des El Hammon hieß, und eine Astarte ist

Münze von Arados aus der Zeit Elagabals.
Löwe und Stier mit den Ab=
zeichen der Legionen einander gegenüber; zwischen ihnen heiliger Baum.
Originalgröße. Berlin, königliches Münz=Cabinet.

eigens nach dieser Ascherat des El Hammon benannt worden.³) In histo=
rischer Zeit werden jedoch den Namen Aschera meist künstliche Nachbildungen von Bäumen und heilige Pfähle geführt haben, die auf den Cultusstätten prangten.⁴) Denn als eine Art von Ascheren darf man wohl die aller=
dings nur noch gelegentlich einem Baume, meist jedoch einem mit Bändern ausgeputzten Mercurstabe ähnlich sehenden Pfähle betrachten, die, wie aus der

---

1) Leviticus 26, 30 übersetzen die Septuaginta das Wort geradezu mit „Stelen."
2) Vergl. oben S. 166 und J. Wellhausen, Skizzen und Vorarbeiten, III, S. 101—105. — Einen Hain des Asklepios, d. i. des Eschmun, gab es bei Berytos, und einen heiligen Hain hat auch die Cultusstätte von Aphaka im Libanon (vergl. oben S. 46) gehabt. Cypern war reich an Hainen der Aphrodite. Einem Haine zu Kurion, wo Reschuf=Apollon verehrt wurde, hat man die Eigenschaft angedichtet, daß kein Jagdhund sich getraue, dem Wild, das dorthin flüchtete, nachzusetzen, und man erzählte sich, daß deswegen Rudel von Hirschen nach Cypern hinüberzuschwimmen pflegten. Vergleiche auch die Notiz über die ähnliche Eigenschaft eines in Phönizien gelegenen Bezirks, die Ch. Clermont=Ganneau (in der Revue archéologique, nouv. sér., XXXIII, S. 30) aus dem arabischen Geographen Mukaddasi anführt.
3) Ob in der Inschrift Corp. Inscr. Semit., I, 1, Nr. 13 (Zeitschrift der Deut=
schen Morgenländischen Gesellschaft, XXXV, S. 424) mit P. Schröder אמה אשרת, „Mutter Aschera" oder mit den Herausgebern des Corpus אם האשרת (Em=Haazurot oder Em=Haozeret) zu lesen und was darunter zu verstehen ist, muß dahingestellt bleiben.
4) Vergl. B. Stades Geschichte des Volkes Israel, I, S. 458.

214 Zweiter Abschnitt. 1. Anfänge der Geschichte u. Cultur Phöniziens.

Darstellung auf manchen punischen Votivstelen hervorgeht, zur Ausstattung der Cultusstätten so gut wie die heiligen Steinkegel gehört haben. Eine Bestätigung für diese Vermuthung liefert eine von Cirta stammende Votivstele,[1]) auf der man in der Hand eines Idols, das fast auf allen aus Cirta herrührenden Stelen dargestellt wird, einen Baum erblickt, während es auf den übrigen Darstellungen jene Art von Caduceus schwingt. Daß es Sitte gewesen ist, ähnlich ausgeschmückte Stecken auch an Gräbern aufzupflanzen, scheint aus der Bemerkung Philons hervorzugehen, auf den Gräbern der

Abbild des Gottes Baal Hammon, den heiligen Baum in der Hand haltend.
Auf punischen Votivsteinen von Cirta (Constantine in Algier).

mythischen Culturheroen Hypsuranios und Usoos seien Stecken und Stelen angebracht, die als geweiht betrachtet und angebetet und durch alljährlich wieder-

---

1) Recueil des notices et mémoires de la société archéologique du département de Constantine, XVIII, Taf. 5, Nr. 14. — Die Aehnlichkeit mit dem Mercurstabe wird absichtlich hervorgehoben sein, denn allem Anscheine nach hat man in dem Baal Hammon denselben Gott erblickt wie Mercurius. Er ist der Mercurius Augustus der lateinischen Inschriften des punischen Nordafrikas. Vergl. besonders Corpus Inscriptionum Latinarum VIII, Nr. 2226, wo Mercurius zusammen mit der Caelestis unter den diis iuvantibus genannt wird, auch Nr. 51; 1000; 2643; 4674; 6044; 7962.

kehrende Feste geehrt wurden. Hieraus sieht man, daß die Phönizier selber, als sie über die Entstehung der bei ihnen herrschenden religiösen Gebräuche nachzudenken anfingen, den Steincultus und die Verehrung der heiligen Stäbe als Entlehnung aus dem Manendienste aufgefaßt haben. Die Vorstellung, daß Bäume gleichsam Vermittler in dem Verkehre zwischen Gottheiten und Sterblichen seien, hat in der syrischen Hierapolis bei der größten Festfeier, die dort abgehalten wurde, dem Frühlingsfeste, sich schließlich auf seltsame Art mit der Vorstellung verbunden, daß Brandopfer die wirksamste Art von Opfern seien. Es wurde dort alljährlich ein großer Baum gefällt, in dem geweihten Bezirke aufgestellt und behangen mit Opferthieren, mit Gewändern und allerlei Weihgeschenken, selbst goldenen und silbernen. Dann wurde das Ganze angezündet und auf einmal verbrannt.[1)]

Es war nur eine Verallgemeinerung des Geisterglaubens, daß man auch Berge, die eine imponirende oder auffällige Gestalt besaßen, als Hülle eines mächtigen Wesens aufgefaßt hat, so den Kasios, den Libanon, den Antilibanon, und, wie Philon sagt, auch Brathy. Welchen Berg er damit meint, ist zweifelhaft. Den Gott des Libanons nannten die Phönizier den Baal Libnan. Hierzu kommt noch der Karmel, auf dem, wie Tacitus mittheilt, ein Gott verehrt worden ist, der ebenso wie der Berg hieß, und auch der Name Theuprosopon (S. 45), der phönizisch Pnuel oder Puiel gelautet haben mag, deutet auf eine ehrfurchtsvolle Scheu vor dem characteristisch geformten Vorgebirge, das diesen Namen geführt hat.[2)]

Hauptsächlich wohl der Eindruck der selbständigen Kraft, den das Strömen der Flüsse, das periodische Versiegen und Wiederaufsteigen der Quellen machte, und die Begünstigung der Vegetation, die in der Nähe von strömenden Gewässern und Landseen sich kundgab, haben die Phönizier veranlaßt, das Dasein beseelter Wesen in Flüssen und Quellen vorauszusetzen und Cultusstätten mit Vorliebe an Weiher und Landseen zu verlegen. Hannibal schwört bei den Flüssen. Einer der Hauptflüsse Phöniziens führt noch gegenwärtig den Namen der „Heilige", Nahr Kadischa (S. 41), in dem

---

1) Als wunderthätige Bäume werden gegenwärtig einige Exemplare der Acacia albida betrachtet, die in der Nähe der ehemaligen Cultusstätte von Aphaka und bei Saida stehen. Der ansehnlichste der bei Saida befindlichen Bäume führt im Volksmunde den Namen Schadjaret es-sitt, der „Baum der Herrin." Vergl. Carlo Landberg, Proverbes et dictons du peuple arabe, I (Leiden, 1883), S. 39, Anm.; auch E. Renan, Mission de Phénicie, S. 400 und Lortet in Le Tour du Monde, 1882, II, S. 408. — Ueber Baumcultus bei Phöniziern und Syrern vergl. besonders Wolf W. Graf Baudissin, Studien zur semitischen Religionsgeschichte, II, Leipzig 1878, S. 192—221.

2) Halévys Ansicht, daß die zu Karthago verehrte Tanit ihren Beinamen Pene-Baal nach einer Cultusstätte, welche den Namen „Baals-Antlitz" trug, erhalten habe, ist recht ansprechend. Die Thatsache, daß zu Karthago die Cultusstätte der Göttin nicht auf einem Vorgebirge lag, schließt die Richtigkeit dieser Erklärung nicht aus. — Ein Vorgebirge Siciliens hat den Namen Rosch Melkart, „Melkarts-Haupt," geführt.

Götternamen Demarus, den Philon erwähnt, scheint der Name des Nahr Damur enthalten zu sein,¹) und besondere Kräfte scheint man den in der Nachbarschaft von Tyros emporsprudelnden Quellen beigelegt zu haben, welche der Dichter Nonnos von Panopolis Abarbarea, Kallirrhoe und Drosera betitelt. Unweit von Sidon gab es einen Asklepios-Fluß, also ein Gewässer, das man dem Eschmun zugeeignet hatte,²) wahrscheinlich um ein bestehendes Herkommen zu erklären, welches ursprünglich auf eine Verehrung der Flußgottheit hinauslief. Ebenso scheint ein altes Herkommen, welches vorschrieb, Opfergaben in einen nicht weit von Aphaka (S. 46) gelegenen See, welcher den Namen Boeth, d. i. wohl der „Abgrund," geführt haben soll, hineinzuwerfen und den Wunsch für erhört zu halten, wenn die Gabe nicht wieder zur Oberfläche auftauchte, zu dem Cultus der Göttin von Aphaka erst nachträglich in Beziehung gebracht worden zu sein. Da der Gebrauch voraussetzte, daß eine Gottheit in der Tiefe hause, wurde erzählt, zwar nicht die Göttin selber, jedoch deren Tochter, deren Name aber nicht erwähnt wird, habe in den See sich gestürzt und sei in einen Fisch verwandelt worden. In ähnlicher Weise hat an den Umstand, daß bei Askalon das Heiligthum der Atargatis an einem Teiche sich befand, der als geseit betrachtet wurde, der Mythos sich angeschlossen, in diesem Teiche habe Atargatis sich zu ertränken versucht, sei aber in einen Fisch umgewandelt. So erklärte man zugleich einerseits das Verbot, die in den heiligen Teichen und Seen lebenden Fische zu essen, andererseits aber auch die Fischgestalt der Atargatis (S. 149).³)

Das Darbringen von Votivsteinen, die Nebenstellung, welche in der Veranlagung der Heiligthümer der Opferplatz einnimmt, und andere Anzeichen mehr weisen darauf hin, daß im Göttercultus Anfangs Opfer, besonders Thieropfer und regelmäßig wiederkehrende Opferfeste schwerlich die Hauptrolle gespielt haben werden. Auskunft über das Opferwesen der Phönizier, wie in historischer Zeit es sich ausgestaltet hatte, giebt vor Allem eine Inschrift, die zu Marseille gefunden worden ist.⁴) Sie enthält eine Verordnung, welche die Suffeten der phönizischen Kolonie zu Massilia erlassen haben, um die

---

1) Vergl. S. 52. Wegen der Namensform Tamyras schließt Philippe Berger auf einen Baal Tamur, einen „Palmen-Baal."

2) Antoninus Martyr, herausgegeben von Tobler, S. 4.

3) Umdeutungen ähnlicher Art haben selbst noch in den Zeiten des Islam sich vollzogen. Etwas nördlich von Tripolis giebt es einen Bach, dessen Fische — sie gehören der Gattung Capoeta fratercula an — noch gegenwärtig nicht gegessen werden dürfen und von frommen Leuten eigens gefüttert werden. Als Grund dafür gilt gegenwärtig, daß sie unter dem Schutze des Schech el-Bedawi stehen, eines muhammedanischen Heiligen, dessen Grab in der Nähe verehrt wird. Vergl. C. Ritter, Erdkunde, XVII, 1, S. 620; J. Goldziher in der Revue de l'histoire des religions, II, S. 316 und H. B. Tristram, Fauna and Flora of Palestine (Survey of Western Palestine), S. 173. — Ueber Heilighaltung von Quellen, Flüssen und Seen bei den Phöniziern giebt die reichhaltigste Zusammenstellung Wolf W. Graf Baudissin, Studien zur semitischen Religionsgeschichte, II, S. 154—182.

4) Corp. Inscr. Semit., I, 1, Nr. 165.

Ansprüche auf Opfergebühren, welche den Priestern eines bestimmten Tempels zukommen, zu regeln. Ein Bruchstück einer Inschrift, welche eine analoge, kürzer abgefaßte Verordnung verewigen sollte, hat sich zu Karthago erhalten.[1]) Obwohl beide Erlasse in ihrer Ausdrucksweise und auch in Grundanschauungen — so in der Anschauung, daß es Unrecht sei, notorisch armen Personen für die vermittelnde Thätigkeit des Priesters etwas abzufordern — zum Theil völlige Uebereinstimmung zeigen, verrathen doch Einzelheiten, daß Unterschiede in dem Herkommen bestanden, welches an den verschiedenen Cultusstätten herrschte. So bekommt nach dem Gebühren=Verzeichnisse von Karthago die Haut des Opferthieres der Priester, nach dem von Massilia dagegen bleibt sie Eigenthum des ba'al haz-zebah, der Person, welche durch den Priester das Opfer darbringen läßt. Ungleich größere Abweichungen würden gewiß zu Tage treten, wenn es noch ausführliche Nachrichten über den regelmäßigen Opferdienst, der in den einzelnen Heiligthümern abgehalten wurde, und die von Gemeinwesen veranstalteten Opferfeierlichkeiten gäbe. Die Bestimmungen der beiden Verordnungen beziehen sich nur auf Opfer, die von Privatpersonen ausgehen und durch religiöse Verpflichtungen persönlicher Natur veranlaßt werden.

Es ist das diejenige Art von Opfern, die zuerst, als es weder Götter= tempel gab noch Gemeinwesen und Staatseigenthum, die allein übliche ge= wesen sein kann. In ihr hat daher sich am reinsten die Nachwirkung der auf Anthropomorphismus beruhenden Annahme erhalten, Alles, was der Mensch zu sich nehme, müsse auch ein der Gottheit willkommenes Geschenk sein, so Feldfrüchte, Kuchen, Brodsladen, Milch, Oel und Fett. Geschlachtet werden der Gottheit Stiere, Stierkälber, Widder, Böcke, Ziegen und Schafe,[2]) und Geflügel, auch wildes Geflügel, das letztere vielleicht jedoch nur zu Orakelzwecken. Das Fleisch des geopferten Viehes wird entweder als Kalil, als Vollopfer (holocaustum), dargebracht, oder es nimmt der Veranlasser des Opfers einen Theil desselben mit nach Hause, je nachdem das Opfer Bitt= opfer (phönizisch: Sau'at) oder Dankopfer (Schelem) sein soll. Das Dank= opfer braucht nicht immer Kalil zu sein, das Bittopfer muß es sein. Beim Bittopfer ist das Darbringen von Geflügel ausgeschlossen. Da ins Belieben der Person, die ein Dankopfer darbringen läßt, gestellt ist, ob sie etwas von dem Fleische für sich behalten will, ist wohl ursprünglich das Dankopfer lediglich als ein Festmahl aufgefaßt worden, an dem man die Gottheit theil= nehmen ließ.

Mit Ausnahme des wilden Geflügels erwähnen die beiden Tarife keiner= lei Jagdbeute. Wer ein Anliegen an eine Gottheit hat, oder ihr sich dank= bar erzeigen will, muß ihr eben etwas von seinem Eigenthume abtreten. Das Verzeichniß von Opferthieren, welches die Inschrift von Marseille giebt,

---

1) Corp. Inscr. Semit., I, 1, Nr. 167.
2) Die Erklärung der entsprechenden phönizischen Vocabeln ist zum Theil noch sehr zweifelhaft.

wird daher voraussichtlich alle Thierarten enthalten, welche in den Zeiten, in welchen die Phönizier anfingen, den Göttern Opferthiere zu schlachten, von ihnen gezüchtet wurden, und deren Fleisch damals als Speise diente. Auf die Zahl der Thierarten, welche damals bereits in Heerden gehalten wurden, hat also von Hause aus die Auswahl sich einschränken müssen; nachdem sie aber einmal getroffen war, hat sie als ein Gegenstand religiöser Ueberlieferung einen maßgebenden Einfluß auf das Opferwesen überhaupt ausgeübt und im Wesentlichen die Norm gebildet, nach der entschieden wurde, was zum Opfern geeignet sei und was nicht. Schon bei der ersten Auswahl haben jedoch sowohl religiöse als auch abergläubige Gesichtspunkte mitgesprochen. Thiere, deren Fleisch man Anfangs aus abergläubiger Scheu nicht genoß, hat man auch nicht gewagt, zu Opfern zu nehmen. Andererseits hat nachträglich aber auch, wie es scheint, die schlichte Thatsache, daß nicht üblich geworden war, diese oder jene Thierart zu Opfern zu nehmen, in manchen Fällen, in welchen dies lediglich davon herrührte, daß Anfangs die betreffende Thierart überhaupt nicht in Frage kommen konnte, einen hinreichenden Grund abgegeben, um gegen den Genuß des Fleisches religiöse Bedenken und im Anschlusse daran auch eine religiöse Motivirung für die Enthaltung vom Genusse desselben zu erzeugen. Denn den meisten, wenn nicht allen Völkerschaften semitischen Ursprungs ist von Hause aus die Anschauung eigen, daß zwischen Personen, die mit einander ein Mahl einnehmen, eine der Blutsverwandtschaft analoge Beziehung entsteht, daß aber andererseits auch der Angehörige eines Stammesverbandes (später: einer durch den Cultus einer besonderen Gottheit verbundenen Gemeinschaft) welcher genießt, was zu genießen die Mitglieder desselben für verboten halten, damit die Zugehörigkeit zu seinem Stammesverbande verwirkt. Bis eine Sühnung eingetreten ist, bleibt er von der Theilnahme an einem gemeinsamen Mahle ausgeschlossen, aber auch von der Theilnahme am Cultus, da auch zu dieser Anfangs die Zugehörigkeit zu einem Stammesverbande (nachträglich: die Zugehörigkeit zu einem Gemeinwesen, einer Nation) erforderlich ist.

So hat, da Anfangs Jeder, der aus religiösen Gründen zum Schlachten eines Thieres sich entschloß, ein Stück aus dem Heerdenbestande nahm, den er gerade besaß, das Wildschwein als Opferthier gar nicht in Frage kommen können. Die Ländergebiete aber, in denen der phönizische Volksstamm allem Anscheine nach vor seiner Uebersiedelung nach Phönizien gehaust hat, waren am wenigsten die Stätte, wo das Hausschwein sich züchten ließ. Bei Bitt- und Dankopfern hat es daher nicht Verwendung gefunden, auch als es später den Phöniziern zur Verfügung stand. Den Grund hierfür hat man dann in einer diesem Geschöpfe anhaftenden Unheiligkeit gesucht, eine Auffassung, die bei der wenig wählerischen Ernährungsweise und selbst die eigenen Jungen nicht schonenden Gefräßigkeit desselben einem Volksstamme, der geraume Zeiten hindurch nur Heerdenthiere gehalten hatte, die von Vegetabilien sich nährten, besonders nahe liegen mußte. Auf ganz ähnliche Weise, in letzter Ursache also aus dem Aufenthalte in einem Lande, in welchem das Hausschwein heerdenweise nicht vorkam, theils auch aus später Verbreitung der Zucht dieses Hausthieres, wird überhaupt das Verbot, Schweinefleisch zu essen, bei den vielen Völkern, bei denen es im Alterthum geherrscht hat, zu erklären sein. Bei den Syrern von Hierapolis z. B. war es so wenig in religiösen Satzungen begründet, daß zu Lukians Zeit dort sogar darüber disputirt wurde, ob es auf einer Heiligkeit oder Unheiligkeit des Borstenviehes beruhe. Die Phönizier dagegen und übrigen Kanaanäer sind frühzeitig genöthigt gewesen, es als ein durchaus unreines Geschöpf zu betrachten, weil, wie Paul de Lagarde hervorgehoben hat, nach dem Mythos von Byblos es ein Eber gewesen war, der Adonis getödtet hatte. Auf Cypern ist sogar Sitte geworden, alljährlich an dem Tage, der für den Todestag des Adonis galt, Schweine zu opfern, um so Rache für die Unthat zu nehmen, die einst ein Eber verübt haben sollte.[1]) Es ist jedoch nicht bekannt, ob in Phö= nizien das Gleiche geschah, auch nicht, ob diese kyprische Sitte wirklich phönizischen Ursprungs ist.

Ebenso sehr wie Schweinefleisch soll den Phöniziern Kuhfleisch verpönt gewesen sein. Eher würde ein Phönizier wohl Menschenfleisch genossen haben, als Fleisch von einer Kuh, versichert wenigstens der Tyrier Porphyrios, ein neuplatonischer Philosoph, der um die Mitte des dritten Jahrhunderts n. Chr. schrieb.[2]) Ist etwas Wahres an dieser Behauptung, so wird der Abscheu vor Kuhfleisch wohl daraus hervorgegangen sein, daß es von Anfang an nicht auf den Altar gebracht werden durfte, und in dem Opfertarife von Marseille wird in der That die Kuh nicht genannt.

Gott in Gestalt des ägyp= tischen Gottes Besa, einen erlegten Löwen auf den Schultern, einen erlegten Eber in der Hand tragend. Ueber dem Kopfe des Löwen das Bild des Mondes.

Darstellung auf einem Sta= rabäus in grünem Jaspis. Doppelte Größe des Orig. Paris, Louvre=Museum.

Die Gottheit, die man zu versöhnen oder deren Gunst man zu erwerben bestrebt war, mit minderwerthigem Fleische abzuspeisen, würde ebenso ver= messen gewesen sein, als wenn diejenigen Theile des Opferthieres ihr angeboten wären, welche an sich unge= nießbar waren oder doch nur eine wenig geschätzte Kost abzugeben vermochten. Haut, Eingeweide und Füße des geschlachteten Heerden= thieres hat man daher zurückbehalten und nicht mit verbrannt, auch wenn im übrigen das Opfer Kalil sein sollte. Das Bestreben, jedem Verstoße vorzubeugen, hat auch, wie dasselbe Gebührenverzeichniß lehrt, Vorschriften

---

1) Es wurden dazu Schweine genommen, die man mit Feigen gefüttert und ver= hindert hatte, Unrath zu fressen. — Auf einer Opferscene, die auf einer Felswand im Gebirge östlich von Byblos im Relief ausgemeißelt ist (Mission de Phénicie, Taf. 31), ist ein Schwein abgebildet. Auf den Adoniscultus, wie man angenommen hat, scheint jedoch diese Darstellung sich nicht zu beziehen. Dargestellt ist ein Mutterschwein, nicht ein Eber.

2) Porphyrios, Ueber die Enthaltung von Beseeltem, II, 11.

über die Kennzeichen erzeugt, nach denen z. B. zu beurtheilen war, ob das Opferthier das richtige Alter hatte, oder als ungeeignet vom Priester zurückgewiesen werden mußte.

Da die Gottheit an einen Aufenthalt auf der Cultusstätte nicht gebunden war und auch nicht immer gewillt sein mochte, Gehör zu geben, war bei gottesdienstlichen Anlässen nothwendig, nichts zu unterlassen, um die Aufmerksamkeit des unsichtbaren Wesens auf die gottesdienstliche Handlung zu lenken[1]) und es in willfährige und geneigte Stimmung zu versetzen. Daß der Ritus hierbei sich zum Theil an Gebräuchen, welche der Manendienst erzeugt hatte, ein Vorbild genommen haben wird, ist schon erwähnt worden. Weihrauchspenden scheinen selbst die einfache Anrufung begleitet zu haben. Das Gepräge des Festlichen verlieh man der rituellen Handlung durch Musiciren, besonders durch Flötenspiel, das Gepräge des Auffälligen dagegen besonders durch das Aufführen von Tänzen, die hauptsächlich im Kreise sich bewegten und im Annehmen seltsamer Stellungen, sowie in einem Herumschwingen des Oberkörpers bestanden. So läßt die Erzählung von dem Opfer auf dem Berge Karmel die phönizischen Priester bei der Anrufung ihres Baals um dessen Altar in der unterwürfigen Bewegung des Hinkens herumkreisen, und eine Episode der „Aithiopika" Heliodors, eines griechischen Romanes,[2]) erzählt von phönizischen Kauffahrern aus Tyros, die bei einem Dankfeste, das sie an einem Hafenplatze ihrem Herakles zu Ehren veranstalteten, zum Klange der Flöten nach einer „assyrischen" (d. h. syrischen) Weise in hurtigem Tempo bald mit leichten Sätzen sich in die Höhe schnellen, bald dicht über den Erdboden hinhuschen, sowie, den Verzückten gleich, mit ganzem Körper sich im Wirbel herumdrehen.[3]) Die Ueberzeugung, daß der Ritus derartige Körperverrenkungen nicht vorschreiben würde, wenn sie nicht etwas der Gottheit geradezu Wohlgefälliges wären, hat nachträglich die Meinung hervorgerufen, Gottheiten, deren Cultus vorzugsweise solche Tänze erforderte, behage, sich selber in den entsprechenden Bewegungen zu ergehen. So ist ein Baal eigens zu dem Namen des „Tanz-Baals," Baal Markod,[4]) gekommen, und im Libanon führt nach Nonnos Kythereia, d. i. Astarte, selber den Reigen.

---

1) Vergleiche hierzu J. Wellhausen, Skizzen und Vorarbeiten, III, S. 106 und 109.

2) Heliodor, Aithiopika, IV, 17.

3) Rotirende Bewegungen des Oberkörpers führten auch die im römischen Reiche herumziehenden Priesterbanden der „syrischen Göttin" und die Priester der kleinasiatischen Kybele bei ihren Tänzen aus und ließen dabei ihr langes Haupthaar über den Erdboden hinschleifen. Es erinnert hieran, daß noch gegenwärtig von Bekennern des Islams ein tactmäßiges Hin- und Herschwingen des Oberkörpers als ein Mittel, sich in fromme Verzückung zu versetzen, vorgenommen wird (Dsikr), und zu den vorschriftsmäßigen Andachtsübungen einzelner Derwischorden Rundtänze gehören, bei denen die Ordensmitglieder im Kreise sich herumwirbeln.

4) E. Renan, Mission de Phénicie, S. 355. — E. Ledrain, Notice sommaire, Nr. 160.

Das Darbringen von Opfern wird auch bei den Phöniziern zuerst zu den Obliegenheiten des Oberhauptes der Familie oder des Stammes gehört haben. Auf verschiedene Weise kommt noch in der Geschichte der Phönizier zum Ausdrucke, daß auch den Gottheiten gegenüber das Oberhaupt des Gemeinwesens die Stellvertretung für das letztere zu übernehmen hat, nicht minder der Feldherr für das Heer. Dem Dienste des Herakles sollen zu Tyros Mitglieder der Herrscherfamilien vorgestanden haben, und der Hohepriester des Baals von Tarsos trug die Stephane, eine Art Diadem, das Abzeichen der Königswürde. Zu den ältesten Gewohnheiten wird aber auch gehört haben, bei wichtigen Anlässen Rath und Vermittelung von Personen in Anspruch zu nehmen, die für besonders kundig in gottesdienstlichen Angelegenheiten galten und mit der Gottheit in näherem persönlichen Verkehre zu leben schienen als andere Sterbliche. Diesen Mittelspersonen, deren Hauptaufgabe Anfangs die Erforschung der Zukunft und des Willens der Gottheit gebildet haben wird, mag jedoch in sehr früher Zeit bereits häufig auch das Opfern als eine Handlung, die Sachkenntniß und Vertrautheit mit den Ansprüchen der Gottheit erforderte, und die Obhut über die Cultusstätte zugefallen sein.

Bei dem Uebergange zum Leben in festen Ansiedelungen hat das zugenommen, ist immer mehr die Kenntniß des Opferrituals und sonstiger Satzungen, die Vornahme regelmäßig wiederkehrender rein gottesdienstlicher Handlungen, die Aufsicht über das Heiligthum zur Hauptsache geworden. An manchen Orten gilt die Ausübung der daraus entspringenden Obliegenheiten für ein erbliches Amt, für das besondere Vorrecht angesehener Familien oder Familienverbände, deren Angehörige sich dann schließlich mitunter für Nachkommen eines mythischen Urhebers der Einrichtung des Cultus, z. B. des „Kinyras" ausgaben, mitunter auch als stammfremde Leute betrachtet werden, so zu Paphos die Tamyraden als Kiliker.[1]) In der Benennung Kohen für „Priester" stimmt das Phönizische mit dem Hebräischen überein, und es ist genau dasselbe Wort wie Kahin, was bei den heidnischen Arabern die Benennung für Priester war. Es war unumgänglich, daß im Laufe der Zeit und mit der Entwickelung des Gottesdienstes die Zahl der an den einzelnen Heiligthümern ihres Amtes waltenden Priester sich mehrte, daß dort die Functionen auf verschiedene Personen vertheilt, daß Rangabstufungen eingeführt, Gehülfen und niedere Bedienstete angestellt wurden. Fragmente von Abrechnungen, die ein Zufall erhalten hat, nennen unter den Personen, welche das Heiligthum der Astarte zu Kition beschäftigt, unter Anderm Leute, die mit den Vorhängen zu thun haben, und Thürhüter, Leute, die das Schlachten der Opferthiere besorgen, Sängerinnen und Tänzerinnen. Nicht in allen Fällen ist das Priesterthum als ausschließlicher Beruf aufgefaßt worden. Zu

---

1) Vergl. hierzu besonders J. Wellhausen, Skizzen und Vorarbeiten, III, S. 129—134.

222 Zweiter Abschnitt. 1. Anfänge der Geschichte u. Cultur Phöniziens.

Sidon[1]) und zu Tyros haben gelegentlich Hohepriester die Königswürde an sich gebracht. Auch scheint aus einer Erzählung Justins[2]) hervorzugehen, daß diejenigen Abgesandten Karthagos, welche, wie es das Herkommen vorschrieb, dem Melkarttempel von Tyros den Zehnten der Kriegsbeute zu überbringen hatten, nach Ausführung ihres Auftrages die Abzeichen einer Priesterwürde anlegten.

Wasserbehälter in porösem Kalkstein aus Amathus auf Cypern.
Höhe 1,85 Meter; Durchmesser 2,20 Meter. Paris, Louvre-Museum.

Für das Opfern empfangen die Priester nicht bloß Bezahlung, auch von dem Fleische des geopferten Schlachtviehes wird ihnen ein bedeutender Theil überlassen, selbst von dem Vollopfer, von diesem sogar mehr, weil es als das wirksamere erscheint. Was dem Priester zu Gute kommt, ist der Gottheit selbst dargebracht, so nah steht er der letzteren. Daneben giebt es Leute, welche in Folge eines freiwillig übernommenen, vielleicht auch in Folge eines von ihren Eltern abgelegten Gelübdes der Gottheit ihre Person zeitweilig

---

1) Tabnit (S. 193) nennt sich „Priester der Astarte, König der Sidonier" und ebenso seinen Vater, Eschmunazar I. Sein Sohn, Eschmunazar II., nennt seine Mutter, die Tochter Eschmunazars I., Priesterin der Astarte und zugleich Königin, führt jedoch selber den Priestertitel, welchen sein Vater Tabnit noch dem Königstitel voranstellt, nicht mehr.

2) Justin, XVIII, 7. Wie O. Meltzer, Geschichte der Karthager, I, S. 162 hervorhebt, macht die Erzählung im übrigen nicht den Eindruck des richtig Ueberlieferten.

Priester und geweihte Personen. 223

ober lebenslänglich zu eigen gegeben haben, Gottgeweihte. Die Idee der völligen Hingabe hat dann die monströse Auffassung erzeugt, es erfordere das buchstäblich eine Prostitution. Keine willkommenere Gabe vermag das Weib der Gottheit darzubringen, als den Lohn, den es für Preisgebung des eigenen Körpers erhalten hat. In den Dienst weiblicher Gottheiten begeben in demselben Sinne sich auch Männer als „Hunde" (Kelabim), wie der Ausdruck dafür lautet.¹) Um die Verläugnung ihres Geschlechts äußerlich zu kennzeichnen legen sie Weibergewand an.

Stierbild im Henkel der großen Kalkstein-Vase von Amathus.

Das Amt des Vermittlers verpflichtet den Priester, Berührung mit Unreinem als etwas, das ihn der Gottheit entfremdet (vergl. S. 218), ängstlich zu meiden und in seinem Verhalten der Gottheit gegenüber die höchste Ehrerbietung zum Ausdruck zu bringen. Die geweihte Stätte betritt er nicht in Schuhen²); er legt zum Opfern besondere Tracht an³), das bedeutet, er wechselt sein Gewand; erscheint nicht im Alltagskostüm vor der Gottheit.⁴)

Reinigende Kraft in religiösem Sinne, daher auch die Kraft zu weihen, legt

---

1) Corp. Inscr. Semit., I, Nr. 86. Vergl. auch den Namen Kalbelim, oben S. 183 und Revue d'assyriologie et d'archéologie orientale, I, S. 87, Anm. 2.
2) Silius Italicus, De secundo bello Punico, III, 27. Vergl. damit Exodus 3, 5. — Nach Herodian trugen die phönizischen Priester linnene Socken.
3) Vergl. 2. Kön. 10, 22 und 25.
4) Vergl. hierzu J. Wellhausen, Skizzen und Vorarbeiten, III, S. 117 und 167. — Die Priester des Melkart-Tempels zu Gades sollen zur Ehelosigkeit verpflichtet gewesen sein.

man vor Allem dem Wasser bei. Zur Ausstattung der Heiligthümer gehören deshalb Wasserbehälter. Einige in Stein ausgearbeitete Gefäße, welche dazu an phönizischen Cultusstätten gedient haben, besitzt man noch. Eines hat die Gestalt eines großen kreisrunden Bottichs [1]. Ein anderes, das auf einem Hügel an der Stätte des ehemaligen Amathus auf Cypern sich befand und seit 1866 im Besitze des Louvre=Museums zu Paris ist, hat die Form einer Vase. Es ist in porösem Kalkstein in einem Stücke ausgeführt. Die Höhe beträgt 1,85 Meter, der Durchmesser an der breitesten Stelle 3,20 Meter. Am oberen Rande springen vier Ansätze in Form von Henkeln vor. Der Henkel umrahmt eine vertiefte Fläche, in der zum Hinweise auf den gottes= dienstlichen Zweck des Geräthes ein Stier dargestellt ist. Am Fundorte standen die vier Ecken dieses Riesengefäßes, neben welchem ein zweites von derselben Gestalt sich befand, das im ursprünglichen Zustande noch 40 Centi= meter höher war, nach den vier Himmelsgegenden ausgerichtet [2]. Vier Stierköpfe sind auf den Außenseiten einer kleinen im Gebiete von Sidon ge= fundenen Marmorvase angebracht, welche ebenfalls zur Aufbewahrung von Wasser

Kyprische Münze.

Auf der Vorderseite: Stier unter der geflügelten Sonnenscheibe (?), vor der ägyptischen Hieroglyphe für „Leben". Revers: Taube im Fluge, davor Baumblatt.

gedient zu haben scheint und vor Kurzem von der Sammlung orienta= lischer Alterthümer in den Königlichen Museen zu Berlin erworben wurde [3]. Den Inhalt des Gefäßes seit gegen den Einfluß alles Profanen das Bild der Schlange, welche den Rand der Oeffnung mit ihrem Leibe umschließt. Auf den Flächen, welche zwischen den vorspringenden Stierköpfen frei bleiben, sind mit undeutlichen Strichen Umrißzeichnungen eingegraben. Die mehr nachlässige

---

1) Es ist etwas über 1 Meter tief und mißt im Durchmesser 1,41 Meter. Ein gewisser Naaras, Sohn des Annelos, hatte es, wie eine griechische Aufschrift lehrt, aus eigenen Mitteln dem „Zeus" geweiht. Es ist etwas nördlich von Batrun (S. 46) bei Hannusch gefunden. Vergl. E. Renan, Mission de Phénicie, S. 146.

2) Vergl. A. de Longpérier, Musée Napoléon III, Text zu Taf. 33, Nr 1: F. Badia, Voyages d'Ali Bey El Abbassi en Afrique et en Asie, II (Paris 1814), S. 146—147 und Taf. 37; Louis Palma di Cesnola, Cypern, deutsche Bearbeitung von Ludwig Stern (Jena 1879), S. 309; G. Perrot und Ch. Chipiez, Histoire de l'art, III, S. 279—283.

3) Es sind noch die Reihen von Bohrlöchern zu sehen, in welchen die Nieten für Metallstreifen gesessen haben, mit denen ehemals das Gefäß auf einem Untergestelle festgemacht war.

Verwendung des Wassers im Cultus. 225

als skizzenhafte Ausführung derselben, die von der leidlich sauberen Arbeit, welche das Gefäß im übrigen aufweist, sehr absticht, hat Aehnlichkeit mit Umrißzeichnungen, die auf punischen Votivstelen vorkommen, und macht den Ein-

Marmorvase aus Sidon.
Berlin, königl. Museen.

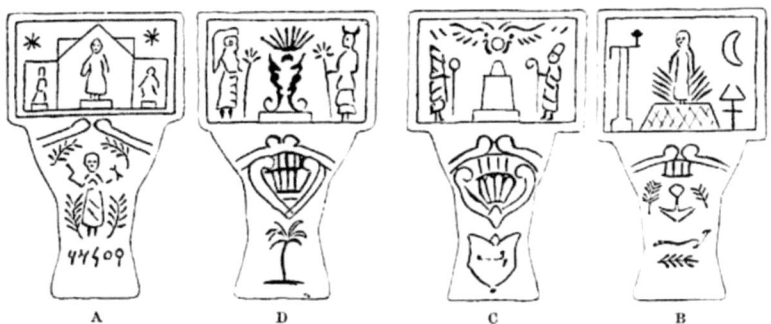

Darstellungen auf den Außenseiten der Marmorvase aus Sidon im königl. Museum zu Berlin.
Zur Erklärung vergl. S. 226.

druck, als habe erst die Person, welche das Gefäß als Weihgeschenk einem Heiligthume gewidmet hat, auf demselben diese Darstellungen anbringen lassen. Viereckig abgegrenzte Felder geben hier das Bild einer Tempelfaçade, in die drei Götterbilder eingezeichnet sind, und drei Darstellungen aus dem inneren

Pietschmann. Phönizier. 15

Tempelbezirke.¹) Auch sind unterhalb dieser viereckigen Felder mit Strichen, die zum Theil nicht mehr erkennen lassen, was eigentlich hat dargestellt werden sollen, Zeichnungen aufgravirt. Man erkennt Palmetten, einen Palmbaum, eine Figur, die zwischen zwei Palmzweigen mit seitwärts ausgestreckten Händen, d. i. in anbetender Haltung, dasteht, und wohl die Person vorstellen soll, welche die Vase als Weihgeschenk dargebracht hat. Das Ganze macht den Eindruck eines sehr späten Ursprungs.²)

Besondere Reinheit hat man schließlich selbst der Opferflamme zu wahren versucht, und sie nur mit geweihtem Feuer angezündet. Wenigstens wird von einigen Heiligthümern erzählt, daß in denselben fortwährend ein Feuer brennend unterhalten wurde. Ferngehalten wurde ferner von der Cultusstätte Alles, was für ungeweiht und für entweihend galt, so von dem Heiligthume des Melkart zu Gades Hunde,³) Schweine und auch Weiber.⁴)

---

1) Zur Erläuterung dieser Bilder:
A. Der Stern deutet auf das Himmelszelt und den himmlischen Ursprung der Gottheiten.
B. Auf einer großen abgeschrägten Erhöhung eine pfahlartig gestaltete Figur, mit strahlenartigen Strichen umgeben; sie hat einige Aehnlichkeit mit einem Götterbilde, das auf Münzen, die unter Demetrios II. Nikator und unter Antoninus Pius in der kilikischen Stadt Mallos geprägt sind, dargestellt wird (vergl. besonders Annuaire de la soc. franç. de numismatique, VII, Taf. VI, 33, 34 und 37; Percy Gardeners Catalogue of Greek Coins, The Seleucid Kings of Syria, Taf. XVIII, 1 und XXI, 5; F. Lajard Recherches sur le culte de Vénus, Taf. I, 14 und 15). Ferner ein Pfeiler und auf diesem ein Bildwerk, das wie eine Schlange aussieht. Pfeilerartige Gestelle, mit einem ähnlichen Zierrath bekrönt, erblickt man auf punischen Votivsteinen. Rechts die Mondsichel und darunter, willkürlich umgeformt, die ägyptische Hieroglyphe für „Leben."
C. Geflügelte Sonnenscheibe zum Hinweis auf den freien Himmel, unter dem der hier dargestellte heilige Stein, dessen Gestalt mit der Form des äußeren Wahrzeichens einiger Grabstätten von Tharros (Atti della r. Accademia dei Lincei, 3ᵃ ser.: Memorie della classe di science morali, VII, Taf. VI, Nr. 6; Perrot und Chipiez, Histoire de l'art, III, S. 234) übereinstimmt, sich befindet, zugleich ein Hinweis auf die über der Cultusstätte waltende göttliche Macht. Rechts und links je ein Priester mit dem hohen kegelförmigen Kopfbunde, der nach Silius Italicus von den Melkart-Priestern zu Gades getragen wurde und auch die Kopfbedeckung zweier Priester ist, die auf einem Thürsturze in Umm el-Awamid (Mission de Phénicie, Taf. 52) dargestellt sind. In der Hand der Priester ein Krummstab.
D. Auf flacher Basis aufgerichtet dastehende Uräusschlangen mit Zierrathen auf dem Kopfe, welche wohl Kronen vorstellen sollen. Ueber ihnen eine Glorie von Strahlen. Rechts ein Priester mit hörnerartigen Zacken an seinem Kopfschmucke, links ein anderer, von dessen Haupte ein Ueberwurf herabwallt: in der Hand führen beide, wie einer der zu Umm el-Awamid dargestellten Priester, einen Stock, dessen Spitze in ein Strahlenbüschel ausläuft: es sind wohl πυρφόροι, „Feuerträger" (De dea Syra, 42).
2) Die Zeichen der phönizischen Inschrift entsprechen den hebräischen Buchstaben דעיב.
3) Die Annahme, daß die Karthager Hunde geopfert haben, hat Paul Scholz, Götzendienst und Zauberwesen bei den alten Hebräern und den benachbarten Völkern, Regensburg 1877, S. 212, widerlegt.
4) Daß trotzdem es Hohepriesterinnen des Melkart gegeben habe, pflegt man mit Unrecht aus einer zu Corbridge in Northumberland gefundenen griechischen Inschrift zu schließen (Corpus Inscriptionum Graecarum, Nr. 6806).

Für ein besonders heiliges Geschöpf haben die Phönizier, wie ursprünglich wohl alle Semiten, die Schlange gehalten. Anfangs wird man allerdings wohl nur in der Meinung, daß Geister und Seelen mit Vorliebe die Gestalt von Schlangen annähmen, sich gehütet haben, Schlangen zu tödten, denn auf diese Meinung ist zurückzuführen, daß den Phöniziern die Schlangen für Wesen gelten, denen weder Krankheit noch Alter etwas anzuhaben vermöge. Auch soll es hauptsächlich die Beseeltheit, die den Bätylen eigen ist, bezeichnen, daß auf Münzen von Tyros, die in Elagabals Zeit geprägt sind, eine Schlange um den heiligen elliptisch geformten Stein, der darauf abgebildet wird, sich herumwindet.[1]) Als Bild eines geseiten Thieres verwendet die religiöse Kunst der Phönizier das Bild der Schlange als ein magisches Mittel und umrahmt mit dem Leibe einer zum Kreise sich zusammenbiegenden, mit dem Kopfe das

a   b
Siegelstein, gefunden zu Jerusalem.
a. Gehörig „dem Hananjahu, Sohn des 'Akbor". Phönizische Palmette über der Inschrift.
b. Abdruck des Steines, zeigt die Schrift linksläufig, wie sie zu lesen ist.
Doppelte Größe des Originals. Berlin, königl. Museen.

Ende des Schwanzes berührenden Schlange, Gefäßöffnungen und Flächen,[2]) von denen Unheiliges, Schädliches, Bezauberung abgewehrt werden soll. Denselben Zweck hat es auch gehabt, wenn, wie berichtet wird,[3]) das Bild einer

---

1) Aehnliche Bedeutung hat es wohl, daß auf einem Bronzestreifen, der in der Nähe von Batna gefunden worden ist (Gazette archéologique, V, Taf. 21), rechts und links neben dem Brustbilde zweier Gottheiten ein Pfahl, umwunden von einer Schlange, zu sehen ist; es geht auf die Beseeltheit der Ascheren.

2) In dieser Weise bildet auf einer bei Palestrina gefundenen Silberschale von phönizischer Arbeit eine Schlange den Rahmen der auf der Innenfläche der Schale befindlichen Darstellungen (Monumenti dell' Instituto X, Taf. 32; Ch. Clermont-Ganneau, L'Imagerie phénicienne, I, Taf. 1; Perrot und Chipiez, Histoire de l'art, III, S. 759).

3) Macrobius, Saturnalien, I, 9, 12. C. Leemans zu Horapollon, I, 2. In der phönizischen Kunst ist bis jetzt das Schema der „Schlange, die sich in den Schwanz beißt," nicht nachweisbar. Für die Anwendung spricht jedoch, daß Philon

Schlange, die mit den Kiefern das Ende des Schwanzes gepackt hält, auf religiösen Kunstwerken der Phönizier häufig vorkam; es hat das nur noch deutlicher die magische Absonderung des eingeschlossenen Raumes ausdrücken sollen.

Mit abergläubischen Blicken müssen auch die Phönizier und ihnen benachbarte Stämme Anfangs die Maus betrachtet haben. Auf karthagischen Votivinschriften begegnet man dem Personennamen ʿAkbor, d. i. „Maus" und davon abgeleiteten Namensformen nicht selten.¹) Aber auch auf einem zu Jerusalem gefundenen geschnittenen Steine²) und im Alten Testamente kommt dieses Wort als Name eines Israeliten vor, auch heißt so ein Edomiter. Lediglich als Kosename werden diese Benennungen nicht aufgekommen sein. Da in den Ackerbaudistrikten Palästinas das Ueberhandnehmen der Feldmäuse sich zu einer Landplage gestaltete, Landplagen aber Strafgerichte zürnender Gottheiten waren, erschien den Kanaanäern die Maus allmählich als typische Verkörperung gottgesandter Heimsuchungen. Hauptsächlich diesen Grund wird es haben, daß man Weihgeschenken, die zur Versöhnung muthmaßlich zürnenden Gottheiten dargebracht werden, die Gestalt von Mäusen giebt, auch wenn es sich um einen durch Mäuse verursachten Schaden gar nicht handelt. So geben die Fürsten der Philister der Lade Jahwes fünf aus Gold verfertigte Bilder von Mäusen mit, obwohl die Strafe, welche sie betroffen hat, in einer ansteckenden Krankheit besteht.³) Die Bedeutung eines sühnenden Geschenks hat es daher auch wohl, daß auf einer karthagischen Votivstele Mäuse abgebildet sind.⁴) Ob bei den Kanaanäern üblich gewesen ist, bei bestimmten Anlässen Mäuseopfer darzubringen und das Fleisch zu verspeisen, wie man aus Jes 66, 17 zu schließen pflegt, ist sehr fraglich.⁵)

Allgemeines Stammesabzeichen der männlichen Individuen war bei den

---

die Umdeutung dieses Schemas kennt, nach der es die Selbstverjüngung vorstellt, welche die alternde Schlange bewirke, indem sie, mit dem Schwanzende anfangend, sich selber aufzehre. Aus dieser Umdeutung ist dann die Erklärung entstanden, welche Macrobius für dieses Schema beibringt: es bezeichne die Selbsterneuerung und Umwandelung, welche innerhalb des Kosmos sich vollziehe.

1) Corp. Inscr. Semit., I, 1, Nr. 178; 239; 344; 236 und 395.
2) Vergl. Journal asiatique, 8ᵉ sér., I, S. 128.
3) Der hauptsächlich in der Troade verehrte Apollon Smintheus hat seinen Namen von den Feldmäusen, deren Vermehrung er abwehrt (Ed. Meyer, Geschichte von Troas, Leipzig 1877, S. 5 und 17), und gerade ihn läßt die Ilias die Pest über das Lager der Achäer verhängen. Auf diese Parallele hat bereits Paulo Antonio Paoli (Della religione de' gentili per riguardo ad alcuni animalie specialmente a' topi, Neapel 1771) hingewiesen, ebenso auf die Erzählung Herodots, nach der Mäuse die Werkzeuge des Strafgerichts waren, das Sanherib bei seinem Angriffe gegen Aegypten ereilte; eine Erzählung, die Herodot schwerlich einem Aegypter verdankt.
4) E. de Sainte-Marie, Mission à Carthage, S. 78; Corp. Inscr. Semit., I, 1, Nr. 341.
5) Ebenso, ob es eine religiöse Bedeutung hat, daß auf einem aus der Nekropole von Tharros stammenden geschnittenen Steine (Gazette archéologique, III, S. 74) vier Mäuse abgebildet sind.

Phöniziern die Beschneidung,¹) während den Philistäern dieser Brauch unbekannt war. Die Vorstellung, daß die Gottheiten, von Allem was ihrer Gunst seinen Ursprung verdankt, die Erstlinge für sich beanspruchen (S. 165), hat frühzeitig, wie es scheint, die Auffassung erzeugt, daß auf dem zum Weibe herangereiften Mädchen eine Art Tabu ruhe. In den Besitz eines demselben Gemeinwesen angehörigen Mannes durfte die Jungfrau nicht übergehen, mit ihm eine Ehe nicht schließen, bevor sie nicht durch Darbringung eines stellvertretenden Opfers von dem Herrenrechte der Gottheit, welche das Heranreifen bewirkt hatte, sich losgekauft hatte. In den Augen der Gottheit erhöhte zwar den Werth des Opfers — das hat man sicher geglaubt — wenn, um dasselbe zu beschaffen, die Jungfrau einem stammfremden Manne für einen Entgelt sich hingab, und an manchen Orten z. B. in einigen Küstengebieten Cyperns,²) ist dieses Verfahren auch an der Tagesordnung gewesen. Vorgeschrieben war es jedoch schwerlich und im eigentlichen Phönizien hat es allem Anscheine nach in der Nähe weniger berühmter Heiligthümer, deren alljährlich wiederkehrende Feste wie im alten Arabien zahlreiche Fremde anlockten, sich erhalten. Zu Byblos hatte sogar, wie aus Lukians Angaben hervorgeht, die Bedeutung sich geändert. Die dort bestehende Verpflichtung der Frauen, am Tage der Trauer um Adonis ihr Haupthaar zu opfern, wurde damit begründet, daß sie im Falle der Weigerung gezwungen seien, einen Tag lang den anwesenden Fremden ihre Gunst zu verkaufen und den Gewinn auf ein anderes der Baalat zufallendes Opfer zu verwenden. Die Nachwirkung der ehemaligen Sonderung in Stammesverbände spricht sich in diesen Anschauungen noch deutlich aus.

Als Erstlinge, ursprünglich der Familie und des Stammes, demgemäß auch des Gemeinwesens galten die erstgeborenen Kinder. Die Auffassung, daß man die Gottheit um ihren Antheil betrüge, wenn man nicht auch diese Erstlinge ihr buchstäblich opfere, wird jedoch lediglich das Ergebniß einer alle Consequenzen ziehenden Theologie sein. Vollzogen wurde die Opferung des Erstgeborenen jedenfalls häufig bei den Kanaanäern Palästinas und zwar allem Anscheine nach nicht bloß zur Beschwichtigung zürnender Gottheiten (S. 167), auch ist nicht zu bezweifeln, daß regelmäßige Kinderopfer bei den Karthagern dargebracht wurden.³) Doch fordern diesen entsetzlichen Tribut

---

1) Ueber die Bedeutung, vergl. B. Stade, Geschichte des Volkes Israel, I, S. 423; Eduard Meyer, Geschichte des alten Aegyptens, S. 41.

2) Herodot spricht davon als von einer dort stellenweise noch bestehenden Sitte, Pompejus Trogus erwähnt es als einen dort ehemals herrschenden Brauch. Er wird aber auch als etwas allgemein Phönizisches bezeichnet (vergl. Paul Scholz, Götzendienst und Zauberwesen, S. 254 und 326).

3) Vergl. z. B. G. F. Hertzberg, Hellas und Rom, I, S. 579. Die Verpflichtung, das Opfer zu leisten, ruhte auf den vornehmsten Familien Karthagos als den Vertretern der Gesammtheit. Nach einer feststehenden Reihenfolge kamen sie dazu heran. Aus einer Anzahl dazu gestellter Kinder wurde durch das Loos das Opfer ausgewählt. Heimlich wurden daher häufig in diesen Familien die eigenen mit Kindern

nur wenige Gottheiten. In Palästina ist es Malk (Moloch), bei den Karthagern „Kronos" d. i. El.

Daß die Hauptgottheiten der Phönizier in einem Zeitraume, welcher der Ansiedelung in Phönizien vorausging, die Bedeutung von Stammesgottheiten besessen haben, ist eine Hypothese, die mit der Thatsache, daß eine Verschiedenheit in der Abstammung der Bewohner Phöniziens sich nicht nachweisen läßt (S. 136—138), nur scheinbar in Widerspruch steht. Die Stammesverbände, deren ehemaliges Vorhandensein vorausgesetzt werden darf, hat man sich nur als ganz kleine Clane zu denken. Denn es muß deren ursprünglich eine erhebliche Menge gegeben haben. Die große Anzahl der Götternamen weist darauf hin. Für diese Erscheinung, wird man meinen, giebt die große Anzahl und Abgegrenztheit der phönizischen Ansiedelungen eine hinreichende Erklärung. Verlegt man aber die Anfänge der religiösen Entwickelung der Phönizier nach Phönizien, so trennt man sie von der der übrigen Kanaanäer und nächstverwandten Völker, mit welcher sie im engsten Zusammenhange gestanden hat. Auch glaube ich nachgewiesen zu haben, daß bei den Phöniziern dem Begriffe Gottheit von dem Begriffe der Stammesgottheit, der Gottheit eines Hirtenstammes, etwas noch anhaftet. Ein Land für Viehzüchter aber ist Phönizien nicht; es ist geschaffen für Ackerbauer und Seefahrer.

Die religiösen Anschauungen und Gebräuche, welche die Kanaanäer mitbrachten, als sie Phönizien in Besitz nahmen, haben im Laufe der Zeiten wesentliche Umwandelungen erlitten.[1]) Verschiedene Ergebnisse dieser Umwandelung sind, soweit es der Zusammenhang der Darstellung gestattete, bereits geschildert worden. Da eine ausführliche Geschichte dieser Umgestaltung sich jedoch nicht schreiben läßt,[2]) darf ich hier nur noch kurz einige der Ergebnisse zu erläutern und zu charakterisiren versuchen.

Feste Wohnsitze werden Anfangs nur kleine Gruppen von Kanaanäern, bestehend in einem leitenden Geschlechte und einer Gefolgschaft von Familien, genommen haben, und auf diesem Wege wird zuerst diejenige Gottheit, welche das leitende Geschlecht und mit ihm die Familien, die zu demselben in Clientel standen, als Stammesgottheit zu betrachten gewohnt war, zur Gottheit des Gemeinwesens geworden sein. Die meisten Ortschaften Phöniziens haben daher nur eine Cultusstätte, alle kleineren Gemeinwesen verehren als solche nur eine bestimmte Gottheit von den vielen, an deren Dasein und Macht man glaubt. Wie Byblos seine Baalat hat, so gilt allerdings in den meisten

anderer Leute vertauscht und diese an Kindesstatt gehalten (nicht, wie Movers, Die Phönizier, I, S. 302 meint, „zur Opferung gemästet"). Das Opfer wurde zu Karthago angeblich einem ehernen Götterbilde, das innen hohl war, auf die Arme gelegt und rollte von dort durch eine Oeffnung in das Innere, in dem ein Feuer glühte, hinab. Die Eltern, heißt es, durften über den Verlust des Kindes nicht wehklagen; das Opfer hatte sonst seinen Werth verloren.

1) Vergl. S. 157.
2) Vergl. S. 157—161.

Gemeinwesen für die Schutzgottheit derselben eine Astarte.¹) Nicht überall, wo dies noch nachzuweisen ist, mag sie von Anfang an diese Stellung gehabt haben. Einfluß auf das Schicksal, hegende Fürsorge haben überhaupt die Phönizier vorzugsweise weiblichen Gottheiten zugeschrieben. Der Schutzgeist Karthagos, dessen Namen Hannibals Eid (S. 181) nicht ausspricht, ist aller Wahrscheinlichkeit nach nichts Anderes als die Göttin, welche von den Schriftstellern des Alterthums und auf den lateinischen Inschriften des punischen Nordafrikas die „Himmlische", die „Himmelsjungfrau" (Caelestis, Virgo Caelestis), und auf den punischen Votivinschriften Tanit-Pene-Baal genannt wird.²) Die Rolle, das Gemeinwesen zu beschirmen, wird in Phönizien jedoch einer weiblichen Gottheit an den meisten Orten erst zugefallen sein, als die Entwickelung der Verhältnisse nöthigte, bestimmten Gottheiten besondere Aufgaben zuzuschreiben, eine specialisirende Umdeutung des Wesens der betreffenden Gottheiten, zu welcher frühzeitig die Aufnahme bisher ein Hirtenleben führender Geschlechter in die zuerst begründeten Ansiedelungen, die Erweiterung der Machtsphäre einzelner Ortschaften und die daraus entspringende Vermehrung der zum Gebiete dieser Ortschaften gehörenden Cultusstätten Anlaß geboten haben muß.³) Zugleich entsprach diese Umdeutung der völligen Umgestaltung der Lebensweise, der größeren Mannigfaltigkeit der Daseinsbedingungen (S. 157).

Eine ungleich höhere Wichtigkeit als zuvor erhielt, als man anfing, der Feldbestellung und dem Anbau von Fruchtbäumen sich zu widmen, vor Allem der Einfluß des Wechsels der Jahreszeiten, die belebende Wirkung der Regenperiode, das Stocken der Vegetation, welches die Gluth der regenarmen Zeit alljährlich hervorrief. Schon vor dem Uebergange zu diesem Culturstadium wird es zwar Phönizier gegeben haben, die einen „Herrn des Himmels" (Baal Schamem) als ihre Gottheit verehrten, die ihre überall und jederzeit gegenwärtige Gottheit für ein Wesen des Himmels ansahen und den Gestirnen, vor Allem der Sonne und dem Monde, eine Art von Beseeltheit zuschrieben, an einen besonderen „Sonnenbaal" (Baal Schemesch) dagegen hat erst der Landmann Phöniziens glauben gelernt. Als eine nachträglich, obschon sehr frühzeitig entstandene Auffassung ist daher auch zu betrachten, daß das gesammte Naturleben gleichsam in zwei Reiche zerlegt wird, in das Reich derjenigen Erscheinungen, in denen die Einwirkung der Sonne sich kundgiebt, und in das Reich der das Leben aus unsichtbaren Keimen hervortreibenden Kräfte. Das erste ist vorzugsweise,

---

1) Ueber diese Benennung vergleiche S. 267.
2) Der phönizische Personenname Abd-Tanit wird griechisch mit Artemidoros wiedergegeben, Tanit also mit Artemis. Dementsprechend heißt auf einer zu Karthago gefundenen lateinischen Inschrift die Caelestis Diana (Corp. Inscr. Lat., VIII, Nr. 999). Sie wird allerdings auch der Juno gleichgestellt.
3) Auf annähernd ähnliche Weise hat bereits Movers, Die Phönizier, II, 1, S. 509, die Mannigfaltigkeit der in den größeren Städten Phöniziens bestehenden Culte erklärt.

jedoch nicht ausschließlich, der Schauplatz, auf dem männliche Gottheiten ihre Thaten vollziehen, das andere ist ebenso das Reich weiblicher Gottheiten.

Nicht mehr alle, sondern vorzugsweise männliche Gottheiten sind es daher, die im Kampfe gegen Ungethüme ihre Macht offenbaren, und das verschlingende Raubthier, der Löwe, den sie zu überwinden haben, ist vor Allem die verzehrende Sonnengluth des Hochsommers. Bei jeder Dürre wiederholt sich dieses Ringen. Rinnen die Quellen aufs Neue, so ist das ein Zeichen, daß der Gott obgesiegt hat. Ein gigantisches Götterbild, welches zu Amathus auf Cypern ausgegraben worden ist, veranschaulicht das. Es hat als Brunnenfigur gedient. Der Gott hält eine getödtete Löwin; aus ihrem Rachen quoll gleichsam als Blut der erlegten Beute das Wasser.[1]

Auf weniger gewaltsame Art giebt die Macht der weiblichen Gottheit sich kund. Sie gewährt so vor Allem Gedeihen, der Vegetation, den Geschöpfen der Thierwelt, dem Menschen. Vorzugsweise ihrer Obhut vertrauen daher auch die Gemeinwesen sich an. Im Reiche der Liebe, im Eheleben, ist sie die Gebieterin. Ihr zur Dienstbarkeit verpflichtet sind vor Allem die Mädchen und Frauen.[2]

Der alljährliche Einfluß der Dürre, das Versiegen der Quellen, das Stillstehen des Pflanzenwuchses erregen den Eindruck, die Fürsorge einer Gottheit habe nachgelassen, ja aufgehört. Es mag das eine Auffassung sein, welche die Kanaanäer nach Phönizien bereits mitgebracht haben. In den Deutungsversuchen jedoch, die noch bekannt sind, herrscht so große Verschiedenheit, daß man den Ursprung derselben an bestimmten Cultusstätten suchen muß. Eine der ältesten Erklärungen wird sein, die Gottheit schlummere oder sei scheintodt, man müsse sie aufwecken. Zu Tyros feiert man daher alljährlich beim Wiederbeginn der Regenzeit das Fest des Erwachens, der Wiedererweckung des Melkart. An anderen Orten dagegen herrscht die Meinung, Kummer habe die Gottheit veranlaßt, das gewohnte Thun aufzugeben. Die Göttin hat sich verliebt und keine Gegenliebe gefunden; der schöne Jüngling, dem sie hold war, hat sich das Leben genommen, sich selbst verstümmelt, d. h. die Zeugungskraft der Natur ist erloschen; eine Wiederbelebung muß erst eintreten (S. 187). Oder, die Göttin trauert um verlorenes Glück. Ihre Neigung ist zwar erwiedert worden, ihren Liebling jedoch haben beim Jagen wilde Thiere angefallen und umgebracht.[3] Ein anderer Gott ist eifersüchtig geworden und hat ihn ermordet,[4] denn nicht überall wird erzählt, daß der

---

1) In diesem Falle hat man vielleicht besonders an einem Kampf mit der ihr Naß vorenthaltenden Wolke gedacht.

2) Zur Beherrscherin des Meeres ist Astarte wohl erst geworden, als man in ihr die schaumgeborene Aphrodite wiederzuerkennen glaubte.

3) So nach Philon „Eliun d. h. den Höchsten," dem zu Byblos die heranwachsende Jugend Libationen und Opfer darbrachte.

4) Vergl. Paul Scholz, Götzendienst und Zauberwesen, S. 221; A. v. Gutschmid, Artikel Phoenicia.

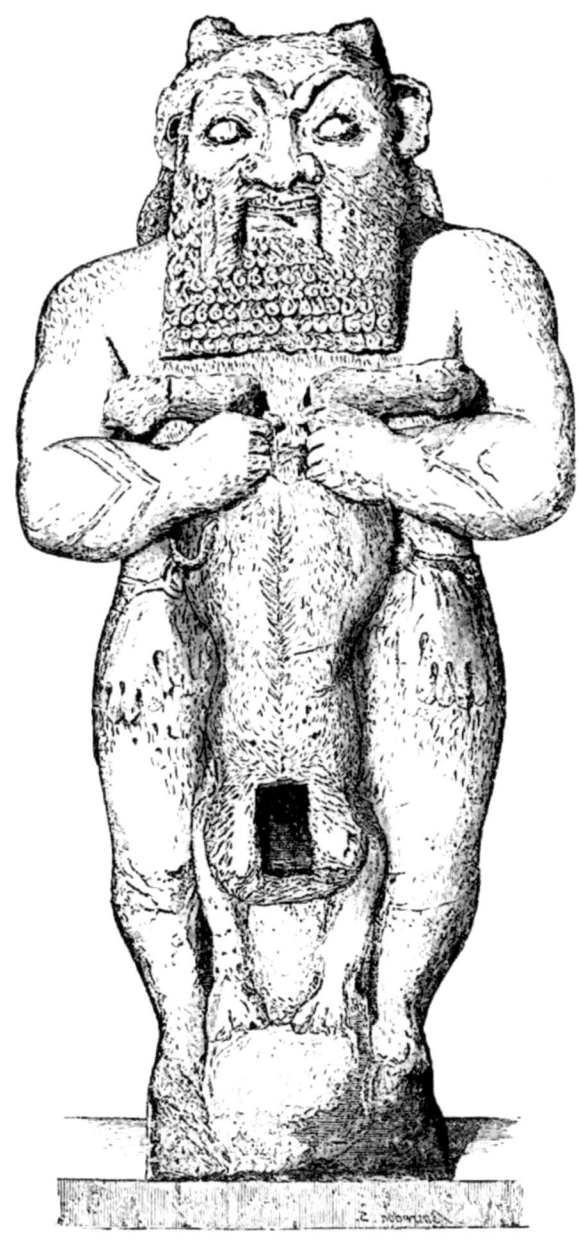

Gottheit eine erlegte Löwin haltend.
Statue in porösem Kalkstein. 4.20 Meter hoch, Schulterbreite 2 Meter. Gefunden bei Amathus auf Cypern. Ottomanisches Reichsmuseum im Tschinili-Kiöschk, Konstantinopel.

234 Zweiter Abschnitt. 1. Anfänge der Geschichte u. Cultur Phöniziens.

Nebenbuhler einen Eber dazu angestiftet habe.¹) Sehr alten Ursprungs wird die Auslegung sein, die Gottheit habe das Land verlassen, sei verschwunden, der Baal z. B. sei gerade irgend wohin unterwegs.²) Denselben Sinn hat es, daß man die Göttin entführt werden läßt, so zu Tyros die Europa in das ferne Westland (Ereb, Erebos). Selbst zu der unschönen Vorstellung, die Göttin habe in dem vorangehenden Zeitraume des Jahres ihre Jung-

Atargatis-Derketo in ihrem Haine, umgeben von mit ihr über ihren Fehltritt klagenden Frauen. Relief in grünem Marmor, gekauft von J. de Gowley zu Askalon; Paris, Louvre-Museum. 57 Centim. breit, 35 Centim. hoch.

fräulichkeit eingebüßt und aus Scham den Tod gesucht, hat man sich verstiegen; sie besteht zu Aphaka (S. 216) und zu Askalon.³)

1) Diesem Kreise von Mythen gehört vielleicht auch der Heros an, den die Stadt Marathos als ihren Eponymos betrachtet (Revue numismatique, 3ᵉ sér., VI, S. 525—528). — Zu S. 39, Anm. 1 trage ich hier nach, daß nach E. Babelons Rechnung die letzte noch bekannte Münze von Marathos im Jahre 73 v. Chr. geprägt sein würde.
2) Vergl. 1. Kön. 18, 27.
3) Die vermittelnde Vorstellung ist hierbei, daß die Göttin die Fülle aller Lebenskeime in ihrem Schooße berge, daß sie empfangen haben müsse, ohne zu gebären (S. 150). — Das Gegenstück hierzu ist die Auffassung, der Gott, dessen Unthätigkeit erklärt werden soll, sei in den Flammen (der Sonnengluth) umgekommen. Die Recognitiones Clementinae (X, 17) bezeichnen Tyros als Stätte der Verbrennung des Herakles, d. i. des Melkart. Daß Melkart einmal freiwillig den Feuertod erlitten habe, wurde auch zu Karthago überliefert. Herodots Angabe, jener Hamilkar, der bei Himera sich selbst in das Opferfeuer gestürzt habe (S. 168), werde zu Karthago und in den karthagischen Pflanzstädten deswegen als Gott verehrt, enthält offenbar nur eine Verwechselung der Namen Hamilkar und Melkart. Ob an der Erzählung von dem freiwilligen Tode Hamilkars etwas Wahres ist, wird dadurch sehr zweifelhaft. Auch Didos Selbstverbrennung wird ähnliche Bedeutung haben.

Terracotten aus Phönizien.

1 Weibliche Figur, das Tympanon (eine Art Handpauke) spielend; 14 Centim. hoch. Gefunden zu Tripolis.
2. Göttin mit Taube; 26 Centim. hoch. Gefunden zu Tortosa.

Mythen. Rangordnung der Gottheiten. Symbolik.

Durch die Beziehung zu bestimmten Naturvorgängen, welche der Mythos der einzelnen Gottheit beilegt, sondert sie sich von anderen Gottheiten, gewinnt sie an Individualität und schließen sich mehrere Gottheiten zu Gruppen zusammen; die Rollen werden vertheilt, und diese Vertheilung erscheint dann als Rechtfertigung für die Verehrung.[1]) Auch hat man verschiedene Gottheiten, um sie nebeneinander verehren zu können, in eine Rangordnung gebracht. Die Gottheiten, die nach Malk benannt sind, z. B. scheint man als Vorgesetzte des Baal Hammon betrachtet zu haben.[2]) Alle Nachrichten hingegen, welche die phönizischen Gottheiten zu einander in genealogische Beziehungen bringen, sind für Erzeugnisse einer erst ganz spät eingetretenen Systematisirung anzusehen.

Etwas von der Vorgeschichte der phönizischen Religion prägt in der Thiersymbolik der religiösen Kunst sich noch aus. Stier und Löwe werden einander gegenübergestellt und ergänzen mit dem heiligen Baume sich zu einem Bilde der Gottheit (Textbild auf S. 213). Mit Vorliebe bringt man Löwenhäupter auf den Außenwänden von Sarkophagen und Särgen an, und am Fuße eines alterthümlich gestalteten Grabdenkmals zu Amrit treten dem Beschauer vier Löwengestalten entgegen; an Stelle der Gottheit halten sie dort Wache. Greife und Raubthiere als Ueberwinder einer wehrlosen Beute dienen, auf Münzen (Textbild auf S. 173) und Siegelsteinen dargestellt, zur Abwehr von Unheil. Als Ebenbild der weiblichen Gottheit[3]) gilt die Taube; Tauben hält man daher im Tempelbezirk der Astarte, und die Göttin selbst wird

Münze von Arados aus der Zeit Gordians III.

Urne mit Palmzweigen zu beiden Seiten zwischen zwei mit dem Rücken aneinander lehnenden Sphinxen. Originalgröße. Berlin, königl. Münz-Cabinet.

---

1) So wird z. B. der Umstand, daß neben einer Astarte eine Tanit als überzählige Göttin verehrt wurde, zuerst Anlaß gegeben haben, der Tanit die besondere Aufgabe zuzuertheilen, den Gang des Mondes und der Sterne in ihre Obhut zu nehmen. Die Wesen, welche in den Gestirnen wirkten, dachte man sich eigentlich, wie die Stele von Hadrumetum (S. 210) lehrt, in der Mehrzahl und einen Eigennamen hatte man ihnen gewiß nicht beigelegt. Ein viel älterer Zug wird sein, daß der Tanit-mann von der Tanit Regen erfleht; „Verheißerin von Regengüssen" (pluviarum pollicitatrix) nennt Tertullian höhnend die Caelestis. Als Spenderin des Regens ist sie zur Himmelsgöttin geworden, zu der den Lufttraum erfüllenden Kraft, als welche sie unter der Benennung Juno eine lateinische Dichtung (Inschrift von Naraggara, Corp. Inser. Lat., VIII, Nr. 4635) feiert.

2) Vergl. S. 186 und 212. Die dreimal drei Steine der Stele von Hadrumetum mögen Malk-Baal zwischen Baal Hammon und Tanit-Pene-Baal vorstellen sollen. In Malk-Baal darf man vielleicht auch den Kronos der Karthager erblicken, denn er ist es wohl, der auf einer lateinischen Inschrift Numidiens unter den göttlichen Helfern (diis iuvantibus) als Saturnus figurirt (Corp. Inser. Lat., VIII, Nr. 2226), und als Name des Malk-Astart gilt ein El, der El Hammon.

3) Nicht bloß der Astarte, sondern auch der Tanit (Vollbild zu S. 181).

236 Zweiter Abschnitt. 1. Anfänge der Geschichte u. Cultur Phöniziens.

mit Tauben auf den Schultern oder eine Taube in der Hand haltend, dargestellt.¹)

Indem die Deutungsversuche, welche alljährlich wiederkehrende Natur=

Grabdenkmäler zu Amrit, genannt Meghâzil, die „Spindeln".

vorgänge aus Thaten und Lebensschicksalen bestimmter Gottheiten erklärten, zunächst im Bereiche einer einzelnen Cultusstätte Gegenstand einer Ueber=

1) Den Steincultus haben die Phönizier nachträglich, als sie ihre Gottheiten vorzugs= weise für Bewohner des Himmels ansahen, sich nicht mehr recht zu erklären gewußt. Um die Heilighaltung der großen Steinstäbe der Tempel und angebliche Beseeltheit der Bätyle zu begründen, haben sie dieselbe für vom Himmel gefallene Steine ausgegeben

lieferung wurden, erschienen sie frühzeitig als Sagen, als Berichte über Dinge, die nur einmal, nämlich in grauer Vorzeit sich abgespielt hatten, erschienen die Götter, von welchen darin die Rede war, nur noch als Wesen der Vorzeit. Es hat dies schließlich und zwar früher, als man gewöhnlich anzunehmen gewillt ist, dem sogenannten Euhemerismus Vorschub geleistet, der Ansicht, die Götter seien eigentlich Sterbliche, die in längst vergangenen Tagen einmal gelebt hatten, ehemalige Herrscher, Gründer von Städten, Menschen, denen gelungen war, unter ihren Zeitgenossen sich hervorzuthun, Urheber der später geltenden Satzungen, praktischer Maßregeln, nützlicher Erfindungen. Zu Gades wurde das Grab des Melkart gezeigt wie zu Aphaka das des Tammuz-Adonis und Berytos besaß Reliquien eines Gottes, den Philon Pontos nennt. Verschiedene Nachrichten, deren Alter allerdings sich nicht mehr feststellen läßt, zeigen zugleich Melkart nicht nur im Lichte eines Helden der Urzeit, sondern auch eines Culturheros, eines „größten Wohlthäters der Menschheit." Das Bekämpfen von Ungeheuern, aufgefaßt als Anbahnung der Gesittung, hat hierbei wohl die vermittelnde Idee abgegeben.¹)

Ueber die Gebräuche des Alltagslebens, Sitte und Recht, über die Auffassung der Ehe fehlt es an Auskunft. Die Anschauung, daß der Besitz von Nachkommenschaft für eine Art persönlichen Fortbestehens bürge, haben gleich vielen anderen Völkern die Phönizier gehegt. Der Enkel erhielt der Regel nach den Namen des Großvaters. Kindersegen verdankt man der Gunst von Gottheiten, es drückt sich das aus in Personennamen wie Hannibal („Baals Gnade"), Muttumbal („Baals Geschenk"), Sanchuniathon (Sakunjaton, „Sakun hat gegeben"). Ehen zwischen Geschwistern waren erlaubt, kamen aber wohl nur vor, wenn in der weiblichen Linie ein Rechtsanspruch erblich war, den die männliche nicht besaß.

Das Gemeinwesen betrachtet sich als eine gens, als ein ʽAm, d. i. ein „Volk" für sich. Auf die Machtstellung, welche sich Sidon frühzeitig erworben hat, weist hin, daß dort das Gemeinwesen sich nicht als das „Volk Sidons" bezeichnet, sondern als „die Sidonier"; es soll das die Bewohner der von Sidon abhängigen Ortschaften einschließen. Ueber die Verfassung einzelner

---

und demgemäß dann auch den Idolen der Tempel am liebsten die Gestalt eines Belemniten gegeben. Astarte selber, erzählte man sich, habe einen vom Himmel gefallenen Stern aufgelesen und ihn auf der heiligen Insel von Tyros zur Verehrung niedergelegt, eine Geschichte, die jedoch erst erfunden sein kann, als man den Namen Astarte von dem griechischen Worte astēr, der Stern, ableitete. Daß von Anfang an niedergefallenen Meteorsteinen eine magische Kraft zugeschrieben worden sein mag, will ich nicht in Abrede stellen, doch ist schwerlich hierin der Ursprung des Steincultus zu suchen.
1) Georg Hoffmanns wichtige Abhandlung: Ueber einige phönikische Inschriften (Abhandlungen der königl. Gesellschaft der Wissenschaften, XXXVI), Göttingen 1889, habe ich für meine Darstellung des Entwickelungsganges der phönizischen Religion leider nicht mehr benutzen können.

Gemeinwesen erfährt man etwas, doch stammen die Nachrichten aus später Zeit. Die Stadtgemeinde setzt sich zusammen aus Geschlechtern. An der Spitze eines jeden größeren unabhängigen Gemeinwesens hat augenscheinlich überall in Phönizien von Alters her ein König gestanden, dessen Würde in einem bestimmten Geschlechte forterbte. Gesetzliche Schranken waren der Macht des Königs ursprünglich schwerlich gezogen, und beispielsweise der König von Tyros mag in der That zu Ezechiels Zeit, wie aus einigen Redewendungen dieses Propheten hervorzugehen scheint, sich als Stellvertreter der Gottheit vorgekommen sein. Frühzeitig, wenn nicht von Anfang an, werden jedoch an der Entscheidung wichtiger Angelegenheiten die Oberhäupter angesehener und begüterter Geschlechter Antheil gehabt haben, und es ist möglich, daß schon vor der Perserzeit vielfach die Regierung nur noch der Form nach monarchisch, in Wirklichkeit jedoch oligarchisch war, daß der König meist nach den Beschlüssen eines Beiraths, nach dem Willen der Vertreter einer Reihe patrizischer Geschlechter[1]) sich richten mußte. Der Gemeinde-Ausschuß, mit dem zu verhandeln der König gelegentlich gezwungen war, wird jedoch noch nicht, wie das zur Perserzeit und später der Fall gewesen zu sein scheint, eine ständige Behörde gebildet und eine bestimmte Anzahl von Mitgliedern gehabt haben. Ohne Belang ist, daß die Gründungssage Karthagos zu Tyros bereits in dem Zeitraume, in welchen Karthagos Gründung verlegt wird, nicht allein dem Hohenpriester Melkarts nächst dem Könige die höchste Stellung im Gemeinwesen zuertheilt, sondern auch von einem Senate spricht und die zehn Ersten des Gemeinwesens mit auswandern läßt. Es ist das nur ersonnen, um Zustände, die sich in Karthago gebildet hatten, historisch zu begründen.

Zu der Entwickelung, die einzelne Ortschaften Phöniziens aus armseligen Fischerdörfern zu stattlichen Gemeinwesen umwandelte, wird ein Handelsverkehr den Grund gelegt haben, dessen Entstehung die Vervollkommnung der Strandbevölkerung in der Schifffahrt ermöglicht hat. Auf dem Gebiete der Industrie sind schwerlich die Phönizier den Bewohnern des übrigen Syriens frühzeitig überlegen gewesen. Herodot wird vielmehr Recht haben, wenn er die ersten Phönizier, welche an Griechenlands Küste landen, Waaren feilbieten läßt, die nicht Erzeugnisse ihrer Heimath, sondern Aegyptens und Assyriens, d. h. des syrischen Binnenlandes sind. Vorwiegend zu Industriestädten sind die Großstädte Phöniziens erst geworden, nachdem sie ihre politische Unabhängigkeit und einen großen Theil ihrer Handelsbeziehungen eingebüßt hatten. Zur Anknüpfung des Verkehrs mit dem Binnenlande Syriens wird dagegen Anfangs vorzugsweise der Fischhandel sich gebildet haben.

---

1) Vergl. C. H. Cornill zu Ezechiel 27, 8—9; doch ist nicht zu vergessen, daß Ezechiel die Ausdrücke „Fürsten", „Weise", „Alte" für die obersten Behörden von Sidon, Arwad, Tyros und Gebal nur gebraucht haben mag, weil es jedem Israeliten geläufige Begriffe waren. — Ueber die Verfassung Karthagos vergl. G. F. Hertzberg, Hellas und Rom, I, S. 186; Mommsen, Römische Geschichte, 7. Aufl., I, S. 494 f.; und die Bemerkungen der Herausgeber des Corp. I Semiticarum.

Viele Ergebnisse der Cultur des Morgenlandes, die den Völkern des Westens zuerst durch Vermittelung phönizischer Handelsleute bekannt wurden, und manche Fertigkeiten, welche die Phönizier zuerst fremden Völkern nur abgelernt, in denen sie es jedoch schließlich zu selbständiger Tüchtigkeit gebracht hatten, sind von den Alten mit Unrecht als Errungenschaften und Erfindungen der Phönizier betrachtet worden. Selbst die Erfindung des aus Babylonien[1]) stammenden Münz-, Maaß- und Gewichtssystems hat man ihnen gelegentlich nachgerühmt. An der Mündung des Belos[2]) sollen Schiffer, die dort gelandet waren, um ihr Essen zu kochen, und unter dem Kessel Stücke des „Nitrums",[3]) das sie als Ladung mit sich führten, gelegt hatten, die Beobachtung gemacht haben, daß an der Hitze des Feuers das „Nitrum" mit dem Sande zu einer durchsichtigen Masse, zu Glas, zusammenschmolz. Die Herstellung von Glasfluß und Fayencewaaren, wenn auch nicht die Anfertigung von Glasgefäßen und farblosem Glase, ist jedoch allem Anscheine nach in Aegypten früher bekannt gewesen als in Phönizien.[4]) Sehr begehrt waren im Alterthume die Glasfabrikate Sidons. Den Sand, der dazu gebraucht wurde, entnahm man in einem schmalen Abschnitte der Küste in der Nähe der Belos-Mündung, die nöthigen Alkalien wurden aber noch zu Strabons Zeit hauptsächlich aus Aegypten bezogen. Ob die Fayence- und Thonwaaren-Industrie der Phönizier einheimischen Ursprungs war, ist ebenfalls sehr zweifelhaft.[5])

Unsicher ist selbst, ob diejenigen Kunstfertigkeiten, auf welche nach dem Urtheile der Alten die Phönizier sich am besten verstanden haben, die Bereitung der Purpurfarbe und das Färben mit derselben, zuerst in Phönizien ausgeübt worden ist. Die Benennungen, welche im Hebräischen für die Purpurfarben üblich sind,[6]) sind schwerlich kanaanäischen Ursprungs. Die zur Klasse der Gasteropoden gehörenden Muschelarten, deren Thiere den Farbstoff lieferten, sind Meeresbewohner und die meisten derselben sind fast an allen Gestaden des Mittelmeeres zahlreich vertreten, so besonders Murex trunculus und Murex brandaris, die beiden Arten, welche, wie es scheint, in Phönizien fast ausschließlich benutzt worden sind. Das Mantelfleisch des Muschelthieres schließt

---

1) Eingehende Untersuchungen haben neuerdings H. Brugsch (Zeitschr. f. ägypt. Sprache, XXVII, S. 4—28) zu dem Ergebnisse geführt, daß Babylonien und Aegypten nicht bloß Anfangs für Längenmaße eine und dieselbe Grundeinheit (die Elle zu 0,526 Met.) besaßen, sondern daß auch die babylonischen und ägyptischen Gewichtssysteme von einer Grundeinheit, und zwar dem ägyptischen Kite zu 9,095 Gramm ausgehen.

2) S. 80; statt Cendebia ist dort Candebia zu lesen.

3) Was damit gemeint ist, bleibt unklar; vergl. Eug. Péligot in den Annales de chimie et de physique, 5e sér., XIII, S. 272, Anm. 1.

4) Vergl. A. Erman, Aegypten, S. 607—609.

5) Vergl. Perrot u. Chipiez, Histoire de l'art, III, S. 732 f. u. S. 674 f.; Rayet und Collignon, Histoire de la céramique grecque, Paris 1888, S. 366 f.

6) Rother Purpur heißt im Hebräischen argâmân, im Aramäischen, z. B. im Palmyrenischen, argewân, blauer im Hebräischen techêlet.

240 Zweiter Abschnitt 1. Anfänge der Geschichte u. Cultur Phöniziens.

einen länglich gestalteten Drüsenkörper ein, dessen Zellen einen trüb aussehenden weißlichen Schleim enthalten, der, auf Zeug aufgetragen, unter Einwirkung des

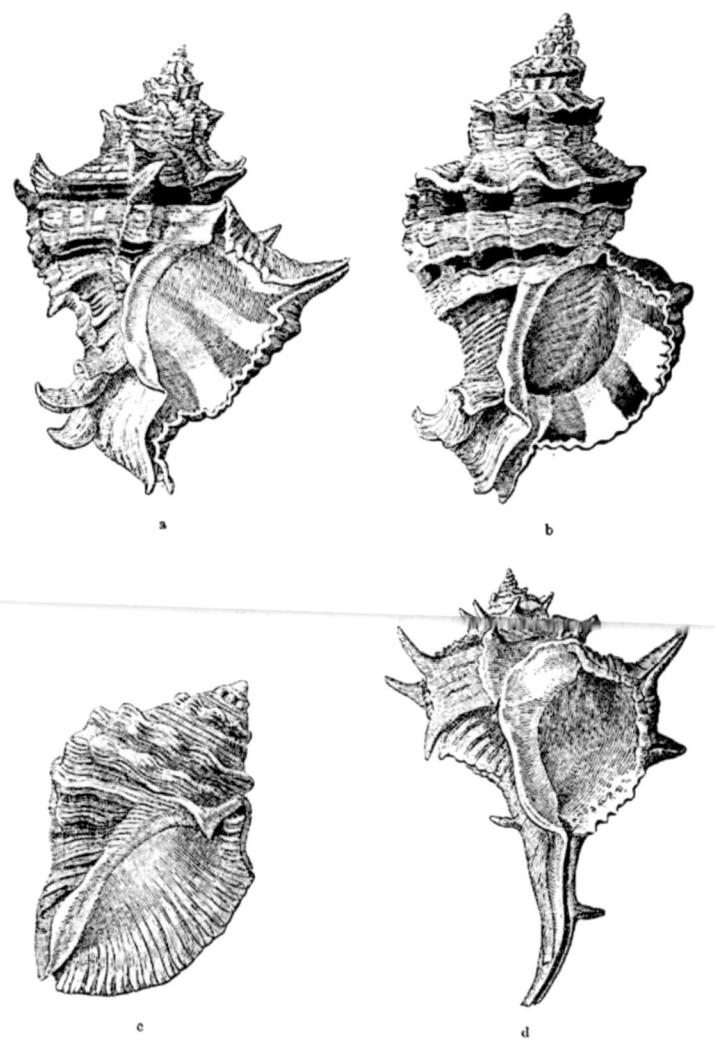

a. b. Murex trunculus. c. Purpura haematostoma. d Murex brandaris.

Lichtes zuerst eine gelbliche, zuletzt eine schön bläulich- oder röthlich-violette Färbung annimmt. Die lebenden Muscheln fing und holte man in reusenartigen Gestellen, in welche sie durch einen Köder angelockt hineinkrochen, aus der

See, spaltete dann die Schale der Länge nach oder öffnete sie an der Seite und nahm den Drüsenkörper heraus. Er wurde zerquetscht und der so gewonnene Brei blieb, mit Salz vermengt, drei Tage stehen, um die Aussonderung des Saftes erfolgen zu lassen. In bleiernen Gefäßen wurde dann der Saft über gelindem Feuer zehn Tage lang eingesotten und durch Abschäumen geklärt. War die Flüssigkeit genügend eingedickt, so wurden die Stoffe, die man färben wollte, in dieselbe eingetaucht und, vollständig damit durchtränkt, dem grellen Sonnenlichte ausgesetzt. Es entwickelten sich dann Farben, die, da gerade das Licht es war, was sie erzeugte, nicht ausblichen. Gefärbt wurde auf diese Art vor Allem feine Schafwolle, meist in ganzen Vließen, aber auch zartes ägyptisches Linnengespinnst (Byssos) und in den letzten Zeiten auch Seide. Durch mancherlei Kunstgriffe, durch Auswahl der Muschelarten, mehr

Conglomerat aus zerbrochenen Murex-Gehäusen (Murex trunculus).
Gefunden zu Tyros.

oder minder langsames Einkochen des Saftes, wiederholtes Eintauchen oder vorhergehende Zubereitung des zu färbenden Stoffes erzielte man mannigfache Farbennüancen. Der tyrische Purpur, besonders der doppeltgetränkte, war nicht, wie häufig geglaubt wird, scharlachroth, sondern ein sattes, ins Schwarze übergehende Violett; der Farbe geronnenen Blutes vergleichbar; von der Seite und von unten betrachtet,[1] sowie bei scharfer Beleuchtung schillerte er ins Helle. Es entspricht das den färbenden Eigenschaften, welche der Saft jener beiden Murex-Arten zeigt. Zerschlagene Gehäuse dieser beiden Arten findet man noch in großen Mengen zusammengehäuft in der Nähe des Strandes bei Saida und auf der Südseite des ehemaligen Inseltyros, wo aus diesen

---

[1] „Werde ich auf den Söller spazieren gehen, bloß um das römische Volk zu überzeugen, daß ich hübsch gekleidet bin" soll Augustus gesagt haben, als ein Händler diese Eigenschaft des tyrischen Purpurs ihm anpries.

Abfällen ehemaliger Purpurwerkstätten breccienartige steinharte Conglomerate sich gebildet haben. Auch sind dort noch runde, im Fußboden ausgemeißelte topfartige Vertiefungen zu sehen, Keltern, in denen wie aus Oliven oder Trauben aus Muschelthieren Saft gepreßt wurde. Die vielen Färbereien verleideten den Griechen den Aufenthalt in Tyros. Bei der Entwickelung am Lichte verbreitet nämlich der Farbstoff einen widerlichen, an Knoblauch erinnernden Geruch. Eine mehr ins Rothe spielende Farbe giebt der Saft der Purpura haematostoma, der Buccinum-Muschel, wie sie Plinius nennt; er lieferte den helleren Purpur von Tarent, das „Argaman der Inseln Elischa", [1]) das Ezechiel als Handelsartikel von Tyros erwähnt. Da jedes Muschelthier nur ein geringes Quantum Farbschleim enthielt und dieser außerdem nicht zu jeder Jahreszeit gleich brauchbar war, auch erst in concentrirtem Zustande zum Färben genommen wurde, war die damit gefärbte Wolle so kostspielig, daß nur der Mangel an Bekanntschaft mit anderen lichtecht färbenden Mitteln die Nachfrage nach dieser Waare erklärt. Purpurgewänder zu tragen, wurde zu einem Abzeichen der Königswürde, zum Vorrechte des Herrschers. Der neuplatonische Philosoph Porphyrios (S. 219), der eigentlich den von malik, „König," abgeleiteten Namen Malchos führte, vertauschte ihn mit Porphyrios, weil dies als die passendste Uebersetzung von Malchos erschien; so sehr waren schließlich König und Purpurträger identische Begriffe geworden. [2])

Von besonderem Werthe würde es sein, etwas über die Entstehung der Schrift zu wissen, welcher die Phönizier sich bedient haben; vorläufig läßt sich jedoch hierüber nur wenig ermitteln. [3]) Die Unbeholfenheit und Vieldeutigkeit des Consonantenzeichen, Silbenzeichen, Deutebilder und Ideogramme mischenden Verfahrens der Aegypter und des babylonisch-assyrischen Silbenzeichensystems ist in dieser Schriftart überwunden. Die Schriftzeichen geben lediglich Consonanten wieder. Die Sprache, welche damit zuerst geschrieben wurde, wird daher eine semitische gewesen sein. Der Consonantenbestand, der durch Schriftzeichen vertreten ist, ist nicht der aller kanaanäischen Mundarten; für mehrere Consonanten, welche das Hebräische und die kanaanäische Mundart der philistäischen Küstenlandschaften in der Aussprache auseinanderhielten, fehlt es in dieser Schrift an einer Unterscheidung. Die 22 Zeichen, mit

---

1) Nach P. de Lagarde, Mittheilungen, II, S 261 ist mit Elischa ursprünglich ein Ort an der Nordküste Siziliens gemeint, den Cicero Halaesa nennt. — Den Saft der P. haematostoma benutzen gegenwärtig in einzelnen Küstenorten des Mittelmeeres arme Leute zum Zeichnen der Wäsche.

2) Vergl. hierzu Annales des sciences naturelles, 4e sér., Zoologie, XII, S. 1—84; Comptes rendus hebdomadaires des séances de l'Académie des sciences, L., S. 463—467; E. v. Martens, Purpur und Perlen (Heft 214 der Sammlung gemeinverständl. wissenschaftl. Vorträge), Berlin 1874; auch W. R. Wilde, Narrative of a Voyage. S. 378—380, 629—644; C. Ritter, Erdkunde, XVII, S. 371 f., de Saulcy, Voyage en terre sainte, II, S. 284—286.

3) Vergl. hierzu Fritz Hommels Geschichte Babyloniens-Assyriens S. 50—57; das phönizische Alphabet ist dort (S. 51) abgebildet.

denen geschrieben wird, hatten bereits, als die Phönizier dieselben den Griechen übermittelten, bestimmte Namen und wurden in einer feststehenden Reihenfolge, in der Reihenfolge, welche nach den griechisch umgeformten Benennungen der ersten beiden Buchstaben die alphabetische heißt, hergezählt. Sowohl in der Benennung der Buchstaben als auch in ihrer Reihenfolge stimmt das griechische Alphabet mit dem hebräischen, dessen Zeichen auf den ältesten Schriftdenkmälern von der Gestalt der phönizischen nur sehr wenig abweichen, wenn man die Buchstaben, welche die Griechen hinzu erfunden haben, ausnimmt, völlig überein; nur hat das Griechische die ältere Aussprache der Namen mehr bewahrt. Die Buchstabenbenennungen und die alphabetische Aufzählung sind daher wahrscheinlich ebenso alt wie die Schriftzeichen. Bei der Frage nach der Entstehungsgeschichte dieser Schriftzeichen fällt daher sehr ins Gewicht, daß die Benennung unverkennbar aus einer kanaanäischen Mundart stammt und daß wenigstens in einzelnen Fällen noch die Gestalt des Schriftzeichens die Benennung rechtfertigt und verständlich macht. Je mehr man auf die ältesten Formen zurückzugehen vermag, zeigt die Gestalt der Schriftzeichen eine wenn auch nur nothdürftige Aehnlichkeit mit dem Bilde des Gegenstandes, den sie der Benennung nach vorstellen. Mehr ist nicht zu erwarten; das conventionelle Gepräge der Formen läßt auf lange Anwendung im täglichen Verkehre schließen; die ursprüngliche Gestalt ist zum Theil kaum noch zu errathen. Daß die Schriftzeichen nicht frei erfunden, sondern aus einer älteren, auf Wiedergabe der Consonanten sich noch nicht beschränkenden Schriftart durch Zeichenauswahl gewonnen sind, ist zu vermuthen, da, wie die Buchstabenbenennung lehrt, Schreiben noch für ein Abbilden von Gegenständen gilt, deren Name mit einem bestimmten Laute anfängt. Woher die Vorbilder entlehnt sind, läßt sich jedoch vor der Hand nicht mit Sicherheit sagen. Das Verfahren, als Zeichen für den Laut das Bild eines Gegenstandes zu nehmen, dessen Name mit dem betreffenden Laute beginnt, ist zwar dasselbe, durch dessen Anwendung die Aegypter ihre ersten Lautzeichen erzielt haben. Auch wird von rechts nach links in wagerechten Zeilen geschrieben, wie das in der hieratischen Schrift der Aegypter durchaus die Regel ist, nicht von links nach rechts wie in der Keilschrift oder in senkrechten Columnen wie in der ältesten babylonischen Schreibart, auch nicht wie in der sogenannten chetitischen Schrift von rechts beginnend, dann aber bustrophedon, d. h. die Richtung der Zeichen von Zeile zu Zeile wechselnd. Einzelne Buchstaben des phönizischen Alphabets haben sogar mit den ihrem Lautwerthe entsprechenden Hieroglyphen und hieratischen Schriftzeichen mehr oder minder Aehnlichkeit, bei weitem jedoch nicht alle, und die betreffenden ägyptischen Zeichen stellen, wie Paul de Lagarde hervorgehoben hat,[1] durchweg ganz andere Dinge vor als die phönizischen Buchstabennamen angeben. Dahingestellt muß auch bleiben, welche kanaanäische Mundart zuerst mit dieser Consonantenschrift ge-

---

[1] P. de Lagarde, Symmicta, I, S. 113—115.

schrieben wurde. Die Kenntniß derselben ist allem Anscheine nach bereits im zehnten Jahrhundert v. Chr. in Syrien auch außerhalb Phöniziens verbreitet gewesen. Am besten ist wohl, diese Schriftart nicht phönizisch, sondern altkanaanäisch zu nennen.

Für die Zahlen haben die Phönizier Zifferzeichen. Oft schreiben sie auch mit kaufmännischer Genauigkeit die Zahl erst in Worten und wiederholen dieselbe dahinter in Zifferzeichen. Ein Vorbild für das phönizische Zahlzeichensystem ist bis jetzt nicht nachzuweisen, weder das hieroglyphische und das davon abweichende hieratische der Aegypter, noch das der Keilschrift läßt sich vergleichen.[1])

Als Gemeingut der Kanaanäer sind die Monatsnamen zu betrachten, die in den phönizischen Inschriften vorkommen. So erklärt sich, daß einige derselben im Alten Testamente noch als hebräische Monatsnamen erwähnt werden.[2]) Es muß einen Ausgleich zwischen Mondjahr und Sonnenjahr gegeben haben, denn im Phönizischen sind „Mond" und „Monat" zwar gleichnamig, der Name einiger Monate (Etanim und Bul) weist jedoch darauf hin, daß dieselben immer in dieselbe Jahreszeit fallen, und einer der Monate heißt Monat der Sonnenopfer offenbar nach einem Feste, welches auf einen bestimmten Zeitpunkt des Sonnenjahres sich bezog, in diesem Monate aber regelmäßig abgehalten wurde. Ob der Monat in Wochen zerfiel, ist zweifelhaft. Ruhetage wenigstens scheint man nicht eingeschaltet zu haben. Die zu Jerusalem ansässigen tyrischen Krämer gaben zu Nehemias Zeit vor allem dadurch Aergerniß, daß sie den Sabbat nicht hielten. Die Bedeutung eines heiligen Tages hatte vielleicht der Neumondstag.[3])

Erst nach der Zeit Alexanders des Großen taucht an einzelnen Orten die Rechnung nach Jahren einer bestimmten Aera auf.[4]) Sehr alt ist vermuthlich, daß man, wie das z. B. noch auf einigen Inschriften Sidons und des phönizischen Cyperns geschieht, während der Regierung eines Königs

---

1) Eine Uebersicht über die phönizischen Zahlzeichen giebt Paul Schröder, Die phönizische Sprache, Taf. C.

2) Ermittelt sind bis jetzt in phönizischen Inschriften die Namen אתנים בל, פעלת כרר מרפא מרפאם מרזח וזבחשמש (Etanim, Bul, Faálot, Karar, Merpa und Merpaim, Mirzah, Zebah=Schemesch), ein Monatsname, der ... כם anlautet, und einer, welcher vermuthlich Ijar oder Nijjar zu lesen ist, wenn nicht Ziw. Der aus dem Alten Testamente bekannte Monatsname Abib ist noch nicht nachgewiesen, hat aber ebenfalls für kanaanäisch zu gelten. Die Reihenfolge der Monate läßt sich noch nicht feststellen.

3) Personennamen wie Mahdasch oder Mehaddesch und Benhodesch („Neumondssohn") weisen darauf hin: sie entsprechen dem griechischen Numenios. — Ueber die Neumondfeier im alten Israel vergl. B. Stade, Geschichte des Volkes Israel, I, S. 498—499 und J. Wellhausen, Prolegomena zur Geschichte Israels, Berlin 1883, S. 118.

4) Es sind die Aera der Kitier, die wahrscheinlich mit dem Jahre 311 v. Chr. beginnt, die Aera „des Volkes von Sidon", die mit dem Jahre 111 v. Chr., und die Aera „des Volkes von Tyros", die mit dem Jahre 274 v. Chr. anfängt.

nach Regierungsjahren desselben datirt. Es entspricht dem, daß man zur Kennzeichnung des Jahres zu Karthago die Namen der beiden während desselben an der Spitze des Staates stehenden Schofeten und an anderen Orten des punischen Gebiets die Namen der während dieser Frist dort functionirenden obersten Beamten (welche zum Theil ebenfalls Schofeten betitelt werden) anführt. Auf die Dauer lassen derartige Datirungsmethoden sich nicht durchführen, wenn nicht die Reihenfolge und die Regierungsdauer der Herrscher officiell aufgezeichnet, oder, wo jährlich wechselnde Beamte die Jahreseponyme sind, chronologische Verzeichnisse derselben hergestellt werden. Es ist daher durchaus glaubwürdig, daß es zu Menanders Zeit zu Tyros Annalen gab, welche einen weit zurückreichenden zuverlässigen Ueberblick über die Geschichte der Stadt gewährten.

2. Geschichte der Phönizier bis zum Niedergange der Herrschaft Aegyptens. Die Colonien.

Jedenfalls in sehr früher Zeit, vielleicht bereits im Anschlusse an die Besiedelung Phöniziens, haben Kanaanäer am nördlichsten Abschnitte des syrischen Küstenlandes festen Fuß gefaßt, nicht bloß zu Arados und auf dem angrenzenden Gestadelande, sondern auch weiter nordwärts, vor allem am Golfe von Issos, und selbst in dem benachbarten Abschnitte des südöstlichen Kleinasiens, in den weiten Niederungen Kilikiens sich niedergelassen, im Mündungsgebiete der Flüsse Pyramos und Saros, dem Lande Kui, wie es die Assyrer im Unterschiede zu den von Chilakku, d. i. Kilikern, bewohnten bergigen Gegenden nennen. Die Ortsnamen dieses Theiles Kilikiens, Adana, Mallos, Tarsos (Tarz, assyrisch Tarzi), weisen auf eine semitische Bevölkerung hin, ebenso der Flußname Saros, und noch in später Zeit betrachtete ein Theil der Einwohnerschaft von Tarsos sich als Nachkommen eingewanderter Arabier.[1]) Auch verehrt Tarsos als seine Schutzgottheit einen Baal. Soloi und Nagida, Küstenstädte des sogenannten „rauhen" Kilikiens, mögen aus phönizischen Niederlassungen hervorgegangen sein.

Ungleich wichtiger ist die Besiedelung der Insel Cypern durch Phönizier, die in einem sehr frühen Zeitraume begonnen haben muß und augenscheinlich Anfangs einer vollständigen Besitzergreifung gleichkam. Phönizien gewann dadurch ein Vorland, dessen Ausdehnung auf 900 000 Hektaren Flächenraum zu veranschlagen ist, das nur eine Tagesfahrt von Syriens Küsten entfernt war, gerade auf der diesen Küsten zugekehrten Seite günstige Häfen bot und Bereicherungsquellen der mannigfaltigsten Art aufzuweisen hatte. Eine weite gut bewässerte Niederung, zum Anbau des Getreides wie geschaffen, zieht von

---

1) „Die Söhne Arwads (Arados) und Kilikiens" werden nach einer sehr ansprechenden Vermuthung J. Halévys (Mélanges d'épigraphie, S. 69) auch von Ezechiel (27, 11) zusammen erwähnt.

Oft nach West quer über die Nordhälfte des Eilandes sich hin. Noch in spätgriechischer Zeit gab es auf Cypern große Waldbestände, Cypressen und hochragende Cedern, noch gegenwärtig gedeihen hier wie in den Tagen des Alterthums der Nußbaum und die Platane, und ein spätrömischer Schriftsteller rühmt Cypern nach, es sei dort möglich, ohne etwas von auswärts zu beziehen, Schiffe vollständig anzuzimmern und fertig in See zu stellen. Einen rothen Farbstoff, der hebräisch Kofer, arabisch Henne genannt wird, lieferte hier die Lawsonia alba, das Ladanon-Harz der Cistus creticus, eine Art Weihrauch der Liquidambar orientalis. Mehr aber als das Alles lockte die Phönizier von vornherein wohl das „kyprische Erz", das Kupfer, das es in dem Gebirgszuge, welcher die Mitte der südlichen Hälfte der Insel einnimmt, zu gewinnen gab; auch Eisen- und Silberminen waren hier vor-

Silberschale.
Gefunden in einem Grabe bei Melufcha (Melusia) in der Nähe von Athieno auf Cypern. Seitenansicht.
Berlin, königl. Museen.

handen. Nicht im Libanon (S. 25), sondern bei der Ausbeutung der Kupferschätze Cyperns werden die Phönizier zuerst es zu der Meisterschaft im Bergbaubetriebe gebracht haben, welche die Alten an ihnen bewunderten. Selbst auf Cypern mögen sie, seit sie dort sich niederließen, mehr den Grubenbesitz und die Metallausfuhr in ihre Hand gebracht, als selber aus ihren Reihen Bergleute gestellt haben. Sie fanden dort eine Bevölkerung vor, über deren Abstammung zur Zeit sich nichts Sicheres mehr ermitteln läßt, und diese verstand sich bereits, wie der Inhalt der ältesten Gräber lehrt, deren Erforschung besonders ein Deutscher, Max Ohnefalsch-Richter, gegenwärtig sich zur Aufgabe macht, auf Gewinnung und Verarbeitung des Kupfererzes.

Genauere Auskunft über die Niederlassungen, welche die Phönizier auf Cypern inne hatten, giebt es erst aus Zeiten, in welchen ihr Einfluß dort längst im Rückgange begriffen war; ein Bild von der ursprünglichen Ausdehnung desselben erhält man daraus nicht mehr. Am nachhaltigsten scheint er längs der Südküste der Insel gewirkt zu haben, wenigstens tritt er dort noch am deutlichsten hervor, so besonders zu Paphos, Kurion (Episkopi) und Amathus (Hagios Tychonas), dessen Name an den der nordsyrischen Stadt Hamât erinnert. Am längsten behaupteten hier sich die Phönizier im Gebiete von Kitti, griechisch Kition, einer Küstenstadt, welche die Stelle des heutigen Larnaka einnahm, und nordwestlich davon im Binnenlande zu Idjal, griechisch

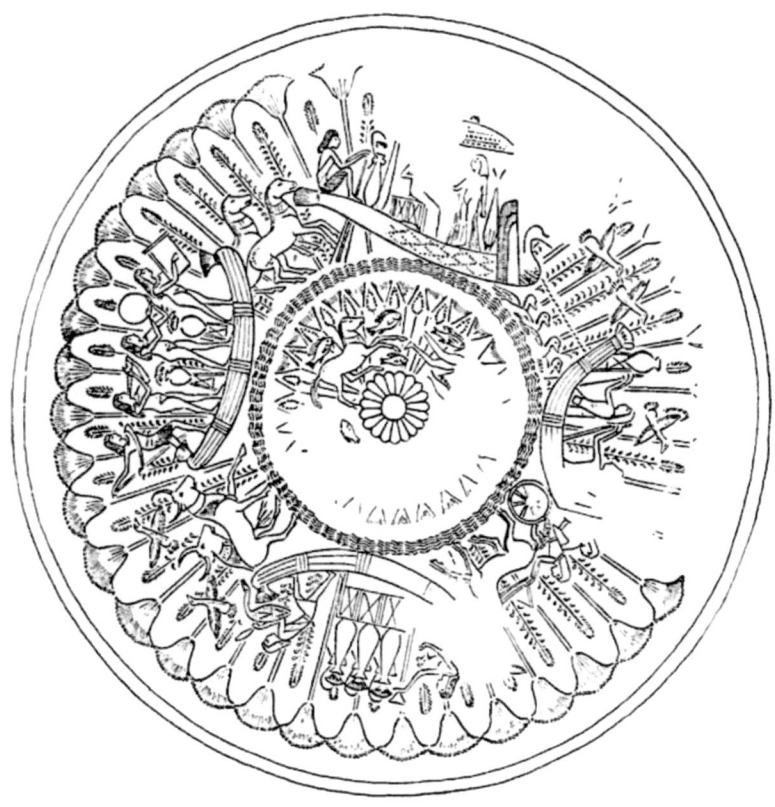

Darstellungen
auf der Innenfläche der auf Seite 246 abgebildeten Silberschale von Meluscha auf Cypern. Getriebene Arbeit mit eingravirten Umrissen und Details. Die gebrochene Linie, welche das Mittelfeld umgiebt, stellt einen Fluß vor, auf dem vier Nachen fahren, das Mittelfeld ein Wasserbecken, das ebenso wie der Fluß von Papyrusstauden umgeben ist. Der Stil der Zeichnung ist durchaus ägyptisch. Vermutlich Arbeit aus der Ptolemäerzeit.

Idalion, heutzutage Dali. Die Rhede von Kition war die beste der ganzen Insel, dem syrischen Festlande lag es nah, und in das Innere Cyperns, in das Gebiet der fruchtbaren Niederungen, führt von hier aus ein Weg über Idalion, das zugleich Verbindung mit der bei der heutigen Ortschaft Pera im Mittelpunkte der Insel am Fuße der nördlichen Abdachungen des Hauptgebirgszuges gelegenen Stadt Tamassos hatte, zu Tamassos aber und zu Amathus gehörten die ergiebigsten der kyprischen Kupferbergwerke. Auch längs der Nordküste, welche eine langgestreckte Randgebirgserhebung vom Binnenlande absondert, sind phönizische Ansiedelungen bezeugt, so zu Keryneia, Karpasia und zu Lapethos, gegenwärtig Larnax Lapithu. Grabstätten mit Alterthümern, deren Gepräge mehr oder minder den Einfluß der Phönizier kund giebt, findet man bei Larnax Lapithu, bei Polis tis Chrysoku, dem ehemaligen Marion, in der Ptolemäerzeit Arsinoe genannt, auf der Westseite der Insel an der Bucht von Chrysoku,¹) ferner bei Amathus, bei Kurion, bei Ormidia am Ostrande der Bucht von Larnaka, bei Dali und in der Nähe von Dali bei Athieno. Phönizischen Ursprungs wird auch die Stadt Golgoi gewesen sein, deren Lage noch nicht ermittelt ist.

Großen Antheil an der ersten Colonisirung Cyperns hat, wie es scheint, Byblos gehabt, falls es erlaubt ist, aus Mythen Rückschlüsse zu machen. Die Ilias erwähnt als Beherrscher Cyperns einen König Namens Kinyras,²) den die Griechen gelegentlich als Repräsentanten der vorhellenischen Bevölkerung der Insel aufgefaßt haben, das Priestergeschlecht der Kinyraden zu Paphos leitete sich von Kinyras ab, er wird dort als Stifter des Aphroditecultus betrachtet. Aber auch ein Heiligthum der Aphrodite, das ostwärts von Byblos im Libanon lag, soll ja Kinyras gegründet (S. 131), und auch zu Byblos soll er geherrscht haben. Zwar ließ man ihn auf Cypern auch aus Kilikien stammen, doch zeigt das nur, daß der Kinyras-Mythus in Kilikien bekannt war,³) nämlich den dort ansässigen Kanaanäern, die selber das nördliche Phönizien als ihre eigentliche Heimath betrachtet haben, so zu Tarsos Arados (S. 245). Zugleich weist diese Angabe allerdings ebenso wie die Ueberlieferung, daß die Tamyraden (S. 221) nach Paphos aus Kilikien übergesiedelt seien, auf alte Beziehungen der kanaanäischen Bevölkerung der kilikischen Niederungen zu Cypern.⁴) Ob auch zwischen der Benennung Ketis, welche

---

1) Paul Herrmann, Das Gräberfeld von Marion auf Cypern (48. Programm zum Winckelmannsfeste). Berlin 1888.

2) Den Namen Kinyras pflegt man aus dem hebräischen Worte kinnôr, dem Namen eines Saiteninstruments, abzuleiten.

3) In ihm wird man ein Gegenstück zu dem Adonis-Mythus erblicken dürfen. Die Alten geben nicht nur Kinyras für den Erzeuger des Adonis aus, sondern bezeichnen ihn selber mitunter geradezu als ehemaligen jugendschönen Geliebten der Aphrodite. Ein sehr alter Bestandtheil des Kinyras-Mythus ist vielleicht auch, daß Kinyras sich eigenhändig das Leben genommen habe, wenn auch die Motivirung dieser That, wie sie die Alten mittheilen, der ursprünglichen Fassung nicht mehr entsprechen wird.

4) Kition wird ebenso wie Tyros auf einigen Münzen Sidons (Abbildung S. 105) für eine sidonische Pflanzstadt ausgegeben; es hat das gar keine Beweiskraft. Auch darf man nicht, wie das geschehen ist, aus der Thatsache, daß die Amathusier den Herakles Malik (*Μάλικα*) genannt haben, auf Tyrier als Gründer von Amathus schließen. Gänzlich ohne geschichtlichen Werth ist die Behauptung, der Cultus der Urania Aphrodite sei von Askalon aus nach Cypern verpflanzt worden (S. 87.)

bei den Griechen ein Theil des Küstenlandes Kilikiens führt, und dem Stadtnamen Kition ein Zusammenhang besteht, muß unentschieden bleiben. Haben bei der ersten Besiedelung der Insel die Contingente der verschiedenen dabei betheiligten kanaanäischen Gegenden überhaupt gesonderte Wohnsitze genommen, so haben jedenfalls sehr bald die Spuren dieser Unterschiede sich verwischt. Selbst von einem Gegensatze zwischen autochthonen Kypriern und Abkömmlingen eingewanderter Phönizier ist an den meisten Orten in historischer Zeit nichts zu bemerken.[1]) Nur da, wo beständig aufs Neue zur See Zuzug aus phönizischen Landstrichen eintraf, daher besonders in der Hafenstadt Kition und der ihr zugehörigen Ortschaft Idalion, giebt es rein phönizische Bevölkerungselemente in der Einwohnerschaft. Ganz wie in Phönizien und im kanaanäischen Palästina haben die politischen Verhältnisse der Insel sich gestaltet. Auch hier sind die kleineren Gemeinwesen nach Maßgabe ihrer Lage in Abhängigkeit von den größeren gerathen, haben unter der Herrschaft von Stadtkönigen die am meisten emporblühenden Stadtgemeinden die Oberhoheit über die benachbarten Ortschaften erworben, und haben so zwar nicht organisch in sich abgeschlossene politische Einheiten, aber doch verschiedene Reiche von geringem Umfange sich gebildet, die eben so vielen Stadtgebieten entsprechen. Einzelnen Dynastien gelingt es zeitweilig, mehrere dieser Stadtgebiete sich unterthan zu machen, leicht löst jedoch bei dem ersten Anlasse der so geschaffene ausgedehntere Reichsverband in seine ehemaligen Bestandtheile sich wieder auf.

Ausgrabungen, die auf Cypern letzthin angestellt worden sind, haben aus Grabstätten, in denen noch keine sicheren Spuren von der Anwesenheit der Phönizier auf Cypern zu entdecken sind,[2]) Siegelsteine zu Tage gefördert, auf welchen bildliche Darstellungen von babylonischem Formengepräge und Inschriften in babylonischer Keilschrift mit Namen altbabylonischer Herrscher eingravirt sind. Durch Zwischenhandel werden diese Siegelsteine als Kostbarkeiten nach Cypern gelangt sein. Es zeigt sich hieran, wie alt die Verkehrsbeziehungen sind, die von den Mündungsgebieten des Euphrats und Tigris zu den Gestadelandschaften des nördlichen Syriens sich erstreckten. Eine Bestätigung für die Angaben eines aus Assurbanipals Bibliothek stammenden Vorbedeutungs-Verzeichnisses, welches bereits dem Könige Sargon von Agadi mehrere Feldzüge nach dem „Westlande" (Martu) zuschreibt und ihn sogar auf dem „Meere der untergehenden Sonne" eine Fahrt zu einem noch weiter westlich gelegenen Lande unternehmen läßt,[3]) ist aus diesen Funden nicht zu

---

1) Die Amathusier werden von griechischen Autoren zwar als Autochthonen bezeichnet, aber nicht im Unterschiede zu den Phöniziern, sondern im Unterschiede zu den eingewanderten Griechen.

2) Die Grabstätten, welche man für vorphönizisch ansieht, liegen besonders bei Lapithos, Kythrea, Nicosia (Hag. Paraskevi), Alambra, Psematismenos.

3) Fr. Hommel, Geschichte Babyloniens-Assyriens, S. 304—308. — Bei der Wiedergabe der aus Keilinschriften entnommenen Namen schließe ich mich der Ueberein-

schöpfen.¹) Liegt etwas Wahres diesen Angaben zu Grunde, so würden die betreffenden Kriegszüge jenes Sargons nach einer Zeitbestimmung, welche man auf Treu und Glauben einer neubabylonischen Inschrift entnimmt, rund um ein ganzes Jahrtausend früher anzusetzen sein als nach der Aussage Herodots (S. 131) die Gründung von Tyros. Ist mit den Gewährsmännern Herodots die Entstehung von Tyros, d. h. die Entstehung der ältesten kanaanäischen Städte Phöniziens annähernd in das Jahr 2750 v. Chr. zu verlegen, so steht für die Folgezeit in der Geschichte Syriens dieses Datum noch sehr lange ganz vereinzelt da. Denn da auf die Gestaltung der politischen Verhältnisse Syriens die Kriege, welche die Aegypter etwa seit 2830 wiederholt mit den armseligen Beduinenstämmen des Sinaigebietes geführt haben, ebensowenig von Einfluß gewesen sind wie die Züchtigung, welche der ägyptische König Pepi über einen 'Amu-Stamm, die Heruscha', verhängt hat,²) ist für den ganzen Zeitraum von 2750 v. Chr. bis um 1550 v. Chr., bis zum Emporkommen des zweiten thebanischen Reiches in Aegypten, an politischen Vorgängen nichts weiter zu verzeichnen, als daß vorübergehend, wie man vermuthet, um 1950 v. Chr., einer der elamitischen Beherrscher Babyloniens einen großen Theil Syriens sich unterworfen zu haben scheint.³) Vor Beginn der zweiten Hälfte des zweiten Jahrtausends v. Chr., hat man auch die Anfänge der colonisatorischen Thätigkeit der Phönizier anzusetzen, die ersten Besitzergreifungen auf Cypern, vielleicht auch schon die Anbahnung eines Verkehrs mit den weiter im Westen gelegenen großen Inseln des griechischen Archipels. Ferner hat vor diesem Zeitpunkte bereits unter dem Einflusse der Staaten Mesopotamiens die Cultur der Länder des nordöstlichen und nördlichen Syriens begonnen das Gepräge anzunehmen, welches sie der Cultur Babyloniens so ähnlich macht. Manche Erzeugnisse dieser übertragenen Cultur haben in den Zeiten des mittleren Reiches sogar bereits in Aegypten Verbreitung gefunden. In der decorativen Kunst z. B. tauchen Formengebilde auf, die während des alten Reiches in Aegypten noch unbekannt gewesen zu sein scheinen und Nachahmungen aus Vorderasien eingeführter Muster sein

---

stimmung halber hier und im folgenden möglichst an Hommels Werk an, bei der Wiedergabe der in ägyptischen Texten vorkommenden Namen Eduard Meyers Geschichte des alten Aegyptens.

1) Das Amanos-Gebirge als eine Bezugsquelle für Cedernholz erwähnt, wie es scheint, König Gudi'a (Hommel a. a. O., S. 326).

2) Ed. Meyer, Geschichte des alten Aegyptens, S. 136—137. Erwähnt werden auch (vergl. ebendort S. 141) Kämpfe mit 'Amu, welche in die Zeiten der 8. und der 11. Dynastie zu fallen scheinen, und es ist die Rede von einer „Fürstenmauer", die erbaut ist, damit die 'Amu in Aegypten nicht eindringen.

3) Genesis 14. Fr. Hommel, Geschichte Babyloniens-Assyriens, S. 358—367. Legt sich der elamitische König Kudur Mabug den Titel „Vater des Westlandes" bei, so ist nicht ausgemacht, daß die Herrschaft, welche er sich damit zuschreibt, die über Syrien sein muß. Es fehlte dann in der betreffenden Inschrift ein Titel, der die Herrschaft über Babylonien bezeichnet. Babylonien eben ist das Westland im Vergleiche zu Elam. — Vergl. auch unten S. 260, Anm. 1.

können. Daß ähnlich die Darstellung eines Fabelwesens, die auf einer Wand des Chnemhotep-Grabes zu Benihassan vorkommt, zu erklären sein wird, ist bereits erwähnt worden, ebenso, daß daselbst auch die Ankunft eines 'Amu-Trupps in einem Gaue Mittelägyptens abgebildet wird.¹) Es unterliegt keinem Zweifel, daß in den östlichen Städten des Delta und der Nilmündungen handeltreibende Kanaanäer schon zur Zeit des mittleren Reiches sich niedergelassen, daß schon damals kanaanäische Küstenfahrer einen regelmäßigen Tauschverkehr mit Aegypten eröffnet haben.

Ob dem Eindringen der Hyksos in Aegypten, dem das mittlere Reich erlegen ist, Umgestaltungen in den politischen Verhältnissen Syriens vorangegangen sind, ist unbekannt. Die Hyksos haben Julius Africanus und Eusebios von Kaisareia in ihren Mittheilungen aus den ägyptischen Königslisten des Manethos für Phönizier ausgegeben; Manethos selber hat dagegen in seinem Geschichtswerke, nach dem Citate zu urtheilen, das Josephos ohne Zweifel allerdings nur aus zweiter Hand wiedergiebt, ausdrücklich gesagt, die Hyksos seien ein Volk von unbekannter Abstammung gewesen, das von Osten her Aegypten überfiel. Nach der Vertreibung aus diesem Lande läßt er sie jedoch in die syrische Wüste ziehen und dort, um der angeblich damals bereits wegen ihrer Kriegsmacht gefürchteten „Assyrer" sich zu erwehren, Jerusalem gründen. Auf Grund dieser Aussage lag für die christlichen Chronographen, welche im Gegensatze zu Josephos mit vollem Rechte die Gründung Jerusalems durch die vertriebenen Hyksos in Abrede stellten, nah genug, in ihnen die Vorfahren der Bewohner des syrischen Küstenlandes, d. h. Phönizier, zu erblicken.²) Unmöglich ist es freilich nicht, daß dieses Hirtenvolk, welches die Aegypter selbst zu den 'Amu rechnen,³) seiner Abstammung nach zu den Kanaanäern gehört hat und noch ein unstätes Beduinendasein führte, nachdem längst in Phönizien seine Stammesverwandten sich seßhaft gemacht hatten. Hierfür spricht auch, daß die Hyksos wenigstens zur Zeit ihrer Vertreibung an der Bevölkerung des südlichen Palästinas allem Anscheine nach einen Rückhalt gefunden haben. An die Eroberung der Hyksosfeste Auaris unter dem thebanischen Könige A'ahmes schließt die Eroberung der im Südwesten Palästinas gelegenen Stadt Scharuhan sich an,⁴) und erst von da ab richtet sich das Bestreben der Pharaonen auf die Unterwerfung Syriens. Wie weit in den syrischen Ländern während des Zeitraums, in welchem

---

1) Vergl. S. 178.
2) Auf Manethos Angaben über die Hyksos ist wohl auch die Behauptung des griechischen Mythographen Konon (Photios, herausgegeben von J. Bekker, S. 187; Westermanns Ausgabe der Mythographen, S. 141; vergl. G. Maspero, Histoire ancienne des peuples de l'Orient, 4. Ausg., S. 162, Anm. 3) zurückzuführen, daß in der Zeit des Kadmos die Phönizier einen großen Theil Asiens sich unterworfen hatten und das ägyptische Theben besetzt hielten.
3) Ed. Meyer, Geschichte des alten Aegyptens, S. 205—206.
4) Ed. Meyer, Geschichte des alten Aegyptens, S. 216.

Kanaanäerfürsten die Gaue Unterägyptens regierten, ägyptische Cultur sich ausgebreitet haben muß, ist leicht zu ermessen.

Bestand auch die sogenannte Hyksosvertreibung der Hauptsache nach nur in der Eroberung der Zwingburg, welche die Fremdlinge in der Ostmark des Landes sich errichtet hatten, in der Beseitigung eines fremdländischen Dynasten und seiner Truppen, nicht in der Verjagung eines ganzen Volkes, so hatten doch die Kämpfe, die hierzu nöthig waren, die Aegypter zu einem kriegerischen Volke erzogen, und die Heranbildung der waffenfähigen Mannschaft des Landes zu einem Volksheere gab nunmehr A'ahmes' Nachfolgern, den Königen der achtzehnten und der neunzehnten ägyptischen Dynastie, ein Mittel in die Hand, das sie Jahrhunderte hindurch ausgenutzt haben, theils um weite Gebiete des Auslandes unter ihre Herrschaft oder Oberhoheit zu bringen und dadurch regelmäßige Einkünfte und Tributzahlungen sich zu sichern, theils auch um von Zeit zu Zeit immer aufs Neue den unterworfenen Gebieten Brandschatzungen abzupressen und Gegenden, deren Bewohner sich unbotmäßig erwiesen hatten, regelrecht auszuplündern. In erster Linie betroffen wurden hiervon immer die Landschaften Nubiens und des oberen Nillaufes; von der Machtstellung zu diesen Gegenden ist zu allen Zeiten, nicht bloß im Alterthume, Aegyptens Wohlfahrt und Selbständigkeit sehr abhängig gewesen. Sobald aber nach dieser Richtung hin durch gründliches Abstrafen der Rebellen für Aufrechterhaltung der Herrschaft gesorgt war, war meist die nächste Sorge der thatkräftigen Gebieter Thebens, Vorwand zur Eröffnung eines Feldzuges gegen Syrien zu finden. Nur der überreiche Ertrag, der auf diesem ausgedehnten Erntefelde ihnen winkt, lockt sie dorthin. In die wichtigeren Plätze der Gegenden, welche sie sich unterwerfen, legen sie zwar ägyptische Besatzungen, sie setzen dort ägyptische Verwaltungsbeamte ein, denen obliegt, fällige Abgaben einzutreiben, bauen auch, wo es aus strategischen Gesichtspunkten vortheilhaft erscheint, eine Zwingburg, ja noch ein König der zwanzigsten Dynastie, Ramses III., rühmt sich sogar, in Kanaan dem Ammon einen Tempel errichtet zu haben. Die Absicht jedoch, planmäßig ihrem Reiche hier eine Provinz nach der andern einzuverleiben, beseelt sie nicht. So lange es angeht, lassen sie den einheimischen Machthabern die Rechte von Vasallen. Was ihnen besonders am Herzen liegt, ist, möglichst weit nach Norden vorzudringen, in das nordsyrische Vorland des Euphrats, nach Naharena (Naharain), wie sie es nennen. Gelang ihnen doch damit, sich wenigstens zeitweilig, obschon immer nur auf kurze Frist, eine freie Verkehrsbahn zu den Grenzen einer in ihren Augen völlig neuen Welt zu schaffen, zu den Ufern des großen räthselhaften Stromes, der nicht wie bei ihnen zu Hause der Nil seinen Lauf nach Norden nahm, sondern dem fernen Süden zufloß. Lag doch dort der Wendepunkt der Handelsstraße, auf welcher der „Blaustein Babels" und so viele andere kostbare Erzeugnisse Mesopotamiens zu den „erbärmlichen" Rutennu, den Bewohnern Syriens, ihren Weg fanden. Um wieviel wohlfeiler ließ so eine Menge der gesuchten Waaren, welche der nordsyrische und kanaanäische Zwischenhandel sonst zu vertheuern pflegte, sich einkaufen. Beeilten sich doch nach jedem großen Siege, der in Naharena erfochten wurde, Fürsten weit entlegener Reiche, selbst die von Sindschar und Assur, ja selbst die Beherrscher Babyloniens mit dem waffengewaltigen Pharao Beziehungen anzuknüpfen, die oft zu wiederholtem Austausche von „Geschenken" führten.

Auch bildete das Binnenland Nordsyriens den Hauptherd des Widerstandes, auf den die Aegypter stießen. Schon bei dem ersten großen Eroberungszuge, den sie — unter A‘ahmes Enkel, Thutmosis I.,[1]) — unternahmen, lag der eigentliche Kriegsschauplatz in der Nähe des Euphrats. Am nachdrücklichsten und längsten machten die Aegypter ihre Ueberlegenheit in der Küstenebene Palästinas von der Ostgrenze Aegyptens bis zum Südabhange des Karmels geltend. Häufig blieb dieser Landstrich, dessen Bewohner, nach den Darstellungen zu urtheilen, welche auf ägyptischen Denkmälern vorkommen, Kanaanäer waren,[2]) in ihrem Besitz, selbst wenn das übrige Syrien den Gehorsam aufkündigte. Es war die Operationsbasis für die Angriffe auf die Berglandschaften Palästinas und für das Vorgehen nach Norden, bei dem der Weg durch die Engpässe im Osten des Karmels genommen werden mußte.

Ueber Vorgänge, die in Phönizien sich abspielten, geben die ägyptischen Denkmäler dieser Zeit wenig Auskunft.[3]) Bereits A‘ahmes scheint diesen Schauplatz betreten zu haben, denn unter dem Lande Zahi, das in der Inschrift des Grabes einer seiner Getreuen erwähnt wird, verstehen die Aegypter denjenigen Abschnitt Syriens, zu welchem Phönizien gehört. Sehr unsicher ist, ob man Phönizier in den „Fenchu" erblicken darf, die zuerst zu A‘ahmes Zeit als Ausländer auf Inschriften in den Steinbrüchen von Maaßara genannt werden. Es ist dort der Transport eines Steinblockes abgebildet, an dem „Fenchu" beschäftigt sind, Leute, die einen spitzen Kinnbart haben und als Kleidung nach Art der Aegypter einen Lendenschurz tragen.[4]) Wäre „Fenchu" der ägyptische Name der Phönizier, so würde jedoch sehr befremden, daß in der Folgezeit von „Fenchu" als Bewohnern Syriens so wenig die Rede ist. Asiaten werden die Leute, welche zu A‘ahmes Zeit „Fenchu" hießen, allerdings gewesen sein, wahrscheinlich gehören sie jedoch einem Volksstamm an, der frühzeitig seinen Untergang gefunden hat. Bereits in der Zeit Thutmosis' III. ist „Fenchu" ein Ausdruck, der nur noch ganz im Allgemeinen eine große Kategorie von Fremdvölkern bezeichnet, nämlich alle Völker des Nordens,

---

1) Ed. Meyer, Geschichte des alten Aegyptens, S. 231.
2) Bei den Aegyptern heißen die hier ansässigen Bewohner Syriens vorzugsweise die Chalu.
3) Die syrischen Feldzüge der ägyptischen Könige zu schildern, ist hier nicht der Ort; es genügt, auf die entsprechenden Abschnitte des 1. Bandes der I. Hauptabtheilung der „Allgemeinen Geschichte in Einzeldarstellungen" zu verweisen.
4) Lepsius, Denkmäler, III. 3, a. Ed. Meyer, Geschichte des alten Aegyptens, S. 218.

die nicht zu den Rutennu, nicht zu den Bewohnern Syriens gehören, vor allem die Inselbewohner des ägäischen Meeres.¹)

Ohne auf aussichtslose Gegenwehr sich einzulassen scheinen bereits Thutmosis I. die Städte Phöniziens Huldigung geleistet und Tribut entrichtet zu haben. Je mehr sie zur rechten Zeit mit dem Pharao sich auf Friedensfuß stellten, um so sicherer durften sie auf ungestörtes Fortbestehen der Verkehrsbeziehungen rechnen, welche ihren Wohlstand gehoben hatten. Häufig wird in der Folge ihnen sogar nicht unerwünscht gewesen sein, wenn die Beherrscher Aegyptens die räuberischen Bergstämme der Libanongebiete und der Bekaa zu Paaren trieben, und eine fremde schiedsrichterliche Großmacht Ruhe und Ordnung in Nordsyrien mit bewaffneter Hand zeitweilig wiederherstellte. Nicht immer kamen sie selber freilich glimpflich davon. Thutmosis' I. Sohn, Thutmosis III., ist wiederholt an der Spitze seines Heeres in Phönizien eingerückt. Auf der Rückkehr von Tunep plünderte er im 29. Jahre seiner Regierung²) die Ländereien der Aradier aus, ließ deren Baumpflanzungen ausrotten und durchzog dann zur Erntezeit das ganze Land Zahi. Die großen Getreidevorräthe, die gerade zum Ausdreschen bereit lagen, wurden in Beschlag genommen, ebenso reiche Vorräthe an Wein und an Oel. Auch Kupfer, Blei, „Blaustein", „Grünstein", zehn Schalen aus Silber, vierzig Stuten, 3636 Ziegen erwähnt das Verzeichniß der Beute. Im folgenden Jahre wurde das Landgebiet von Arados nochmals heimgesucht, und dasselbe Schicksal wurde über die Felder der Stadt Simyra verhängt. Im 34. Jahre nahm Thutmosis III. zwei Städte des Zahi-Landes ein und erhielt von dem Könige Cyperns oder wenigstens von einem der Dynasten dieser Insel, dem aus politischen Gründen besonders daran gelegen haben muß, bei dem Fürsten, welcher Phönizien in seiner Gewalt hatte, sich in Gunst zu setzen, eine Menge Kupfer und „Blaustein", auch etwas Blei und einen Elephantenzahn übersandt. Aehnliche Geschenke des Königs von Cypern trafen auch in dem nächstfolgenden Jahre bei dem Pharao ein. Auf einem seiner letzten Feldzüge zerstörte dieser noch die Stadt 'Arkatu, d. i. Arka (S. 40). Als Feindesland, sieht man, wird vor allem die Umgebung von Djun Akkar behandelt, ein Gebiet, das im Machtbereiche von Kadesch, der damals wichtigsten Stadt des südlichen Abschnittes

---

1) Aug. Mariette, Karnak, Taf. 18. — Zu Schescholks I. Zeit hat der Ausdruck Fenchu nur noch den Sinn „asiatische Barbaren". Als ein längst verschollenes Volk werden wie die Herusch so auch die Fenchu in einer Inschrift aus der Ptolemäerzeit zu Dendera erwähnt. Auf einigen Inschriften aus der Ptolemäerzeit, wird allerdings Fenchu als Bezeichnung für die Phönizier verwendet. Es ist das jedoch nur ein gelehrter Einfall der ägyptischen Hierogrammaten, zu dem sie der Anklang an das griechische Wort Phoinikes verleitet hat. Nicht unmöglich wäre, daß Fenchu ursprünglich die Hyksos bezeichnet hat.

2) Die Regierungszeit dieses Königs ist nach den auf astronomischen Grundlagen beruhenden chronologischen Berechnungen Eduard Mahlers (Zeitschrift für ägyptische Sprache, XXVII, S. 97—105) vom 20. März 1503 bis zum 14. Februar 1449 v. Chr. anzusetzen.

des Drontesthales, lag, von Süden her dagegen schwer zugänglich war. Es ist wohl nur Zufall, daß von Tyros und Sidon in den Berichten, welche man über die Feldzüge Thutmosis' III. hat, nicht die Rede ist; doch sind unter den „Hafenbewohnern", von deren Unterwerfung in einer dichterischen Schilderung der Macht dieses Monarchen gesprochen wird,[1]) die Einwohner der Küstenstädte Phöniziens zu verstehen.[2]) Wiederholt genannt werden in dieser Zeit Gaza und Joppe.[3])

In den Annalen Thutmosis' III. werden, in welchem Zusammenhange, das ist bei dem fragmentarischen Zustande der Inschrift nicht mehr zu erkennen, mit Bauholz beladene Keft-Schiffe und Kepuna-Schiffe genannt.[4]) In dem eben erwähnten poetischen Siegesberichte wird das Land Keft mit Asebi (? Asi), d. i. mit Cypern oder mit einem Gebiete dieser Insel, zusammengestellt. Keft-Leute, welche Thutmosis III. reiche Geschenke überbringen, hat ein Großwürdenträger Thebens in seinem Grabe abbilden lassen.[5]) Die Geschenke dieser

---

1) Ed. Meyer, Geschichte des alten Aegyptens, S. 245.

2) Ich verdanke den Hinweis hierauf Herrn Professor Adolf Erman, dem ich auch ebenso wie Herrn Dr. Georg Steindorff für die gütige Beihülfe, mit der sie die Herstellung der aus den ihrer Obhut anvertrauten Sammlungen entnommenen Illustrationen meines Buches erleichtert haben, zu großem Danke verpflichtet bin.

3) Ob der Ort Aksp, der in den Verzeichnissen der eroberten Gebiete vorkommt, mit Achsib (S. 75) identisch ist — im Papyrus Anastasi I. wird ein Ort 'Aksapu genannt — muß dahingestellt bleiben: auf das Zeichen für p folgt das Zeichen der Lautverdoppelung. — Ueber eine märchenhafte Erzählung, in der von einer Eroberung Joppes durch Dhuti die Rede ist, vergl. Ed. Meyer, a. a. O., S. 243; G. Maspero, Etudes égyptiennes, I, S. 49—72.

4) Ed. Meyer, a. a. O., S. 241, Anm. 3. — In Kapuna vermuthet man eine Entstellung des Namens Gebal (Byblos); jedenfalls liegt es in Syrien. Die Bewohner werden zu den 'Amu gerechnet (Papyrus Ebers, 63, 8—9. G. Ebers, in den Abhandlungen der Sächsischen Gesellschaft d. Wissensch., Philol.-histor. Classe, XI, S. 295). Die Aegypter beziehen daher Harzarten und Pech, auch eine Baumfrucht, wahrscheinlich die Beeren von Juniperus Phoenicea, welche als Medicament dient (Pap. Ebers, 58, 15. G. Ebers, a. a. O., S. 241 und 244. J. Krall in der auf S. 7, Anm. 1, citirten Abhandlung, S. 6). Hält der Verfasser einer literarischen Streitschrift, die aus der Ramessidenzeit herrührt, sich an die geographische Reihenfolge, so ist Kepuna nördlich von Berytos zu suchen. In dieser Streitschrift wird ein Aegypter, der seine Redewendungen mit syrischen Fremdworten verbrämt, von dem Verfasser gefragt, ob er denn auch Kapuna betreten habe und wisse, wie dessen Göttin heiße; eine Anspielung auf den Mythos, welcher Isis den Leichnam des Osiris zu Byblos wiederfinden ließ, mag hierin enthalten sein. Die Ba'alat von Byblos wird auf der Stele des Jehawmelek durchaus in ägyptischer Weise und zwar wie die Göttin Isis dargestellt. Eine ägyptische Inschrift aus der Zeit der 19. Dynastie (G. Maspero im Recueil de trav. rel. à la philol. et à l'archéologie, II. S. 120) scheint zu beweisen, daß in dieser Zeit bereits eine ägyptische Göttin, allerdings nicht Isis, den Aegyptern für eine Gottheit galt, deren nördlichste Verehrungsstätte Kep (? Kapuna) war.

5) G. A. Hoskins, Travels in Ethiopia, Taf. 46—49; Ph. Virey, Le Tombeau de Rekhmara in den Mémoires publiés par les membres de la mission archéologique française au Caire, Tome V, 1, Taf. 5. Auch in einem Grabe zu Schech Abd el-Gurna ist der „Fürst von Kaftu" abgebildet, wie er Thutmosis III. seine Huldigung erweist. Daneben ist die Huldigung seitens des Chetafürsten und des Fürsten

256 Zweiter Abschnitt. 2. Bis zum Niedergange der Herrschaft Aegyptens.

fremdländischen Abgesandten, deren einer einen Elephantenzahn auf der Schulter trägt, bestehen hauptsächlich in stattlichen aus Gold und Silber schön gearbeiteten mit buntem Email verzierten Prunkgefäßen. Es sind Kannen und Vasen, deren edles Formengepräge in der Technik des Metalltreibens, der Toreutik, nicht in den Handhabungen der Keramik, seinen Ursprung hat und von den Grundformen, welche den Aegyptern von Hause aus geläufig gewesen sind, durchaus abweicht. Arbeiten dieser Gattung mit ihren fein geschwungenen Umrissen, mit ihrer kunstsinnigen Gliederung der Theile, deren jeder gleichsam lebendig seine Function in dem Ganzen ausfüllt und dementsprechend ornamentirt wird, haben ohne Zweifel später griechische Vasenbildner sich zum Muster genommen. Selbst die ersten Erfinder dieser Art Formengebung mögen bereits Griechen gewesen sein. Wenigstens läßt darauf schließen, daß mit Keft zusammen die Inseln des „großen Meeres", d. h. des Mittelmeeres, genannt werden. Auch sehen die Keft-Leute, welche die Aegypter darstellten, den Kanaanäern nicht im mindesten ähnlich, an ihrem Aussehen, ihrer Körpergestalt finden offenbar die ägyptischen Künstler nicht die charakteristischen Merkmale,

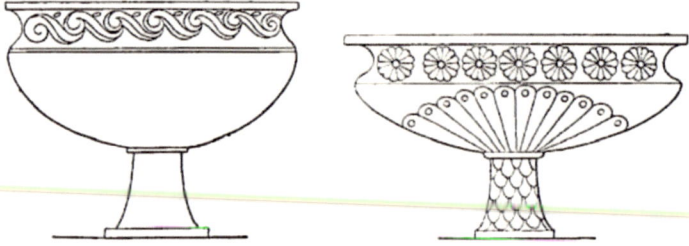

Aegyptische Abbildungen syrischer Prachtvasen.

welche sie an den Semiten Vorderasiens so gern und oft bis zur Karrikatur hervorheben. Wo die Wohnsitze der Keft-Leute eigentlich gelegen haben, bleibt eine offene Frage; jedenfalls sind sie nicht in Phönizien zu suchen.[1])

von Tunip dargestellt. (Karl Piehl, Inscriptions hiéroglyphiques recueillies en Europe et en Égypte, II, Leipzig 1888, S. 103.) Dies und andere Anzeichen legen die Vermuthung nahe, daß Keft im eigentlichen Sinne die Bezeichnung eines dem Chetalande benachbarten Gebietes war, das vielleicht in der Umgebung des Golfes von Issos zu suchen ist. Abbildungen von Prachtgefäßen der oben erwähnten Art findet der Leser an den von mir in meiner Bearbeitung des kunstgeschichtlichen Werkes Perrots, S. 891, Anm. 1, citirten Stellen.

[1]) Daß in ganz später Zeit, in dem zweisprachigen Erlasse von Tanis, Keft Phönizien bezeichnet, hat, wie mir Herr Prof. Erman bemerkt, wenig Beweiskraft. In einem ägyptischen Papyrus medizinischen Inhalts (Britisches Museum) kommt der Satz vor „Um auf 'Amu-Art zu beschwören, spreche man Keftu: santekapupenay eymenterakakara" (Georg Ebers, Zeitschrift der Deutschen Morgenländischen Gesellschaft, XXXI, S. 451—452; Ad. Erman, Aegypten, S. 474, Anm. 6). Dies lehrt jedoch keineswegs, daß die Keft-Leute mit den 'Amu stammverwandt sind.

Thutmes III. würde sonst Keft als den Schauplatz seiner Thaten in die Annalen mit aufgenommen haben, so gut wie Zahi und die Rutennu-Länder.¹)

Thutmosis' III. Nachfolger war Amenhotep II., über dessen Feldzüge in Syrien nur fragmentarische Berichte erhalten sind.²) Seine Regierung und die seines Sohnes Thutmosis' IV. währte nur kurze Zeit, es folgt dann Amenhotep III., der länger als 36 Jahre regierte, und auf diesen Amenhotep IV., genannt Chuenaten, wohl der seltsamste aller Pharaonen, welcher nicht zu Theben, sondern in einer neuen Reichshauptstadt, die er sich bei dem heutigen Tell el-Amarna (Schech Kandil) erbaute, Hof hielt und die ägyptische Religion auf monotheistischer Basis umzugestalten trachtete. Eine besondere Gunst des Schicksals hat zu Tell el-Amarna eine Menge historischer Documente der werthvollsten Art, welche dem Staatsarchive Chuenatens angehört haben, an verborgener Stätte, aus der sie erst ganz vor kurzem wieder

Aegyptische Darstellung eines Tribut bringenden Bewohners des Keft-Landes.

---

¹) Nicht ausgeschlossen ist, daß Keft nichts anderes als ein Gesammtname für Cypern, Asebi oder Asi dagegen zuerst nur die besondere Benennung eines Theiles dieser Insel war, und daß die Keft-Leute, welche Rechmare abbilden ließ, die Ueberbringer der Geschenke des Königs von Asebi, welche in den Annalen erwähnt werden, gewesen sind. Eine griechische Bevölkerung muß Cypern bereits in sehr früher Zeit besessen haben, da die kyprischen Griechen, die ihrer Mundart nach nächste Verwandte der Arkadier waren, ihre eigenartige Silbenschrift erlernt haben müssen, bevor noch das phönizische Alphabet erfunden und auf Cypern bekannt war. Die Funde von Tell el-Amarna (vergl. über diese hieroben) lehren, daß es in Nordsyrien eine aus den Zeichen der babylonischen Keilschrift abgeleitete einfache Silbenschrift bereits in der Zeit Amenhoteps II. und Thutmosis' IV. gegeben hat (H. Winckler in der Zeitschr. f. ägyptische Sprache, XXVII, S. 62).

²) Ed. Meyer, Geschichte des alten Aegyptens, S. 246; G. Maspero, Histoire ancienne des peuples de l'Orient, 4. Ausg., S. 204; Ad. Erman in der Zeitschrift für ägyptische Sprache, XXVII, S. 39—41.

ans Licht gekommen sind, vor dem Untergange gerettet.¹) Es sind mehr als 250 Thontafeln, zum Theil von beträchtlicher Größe, auf denen, in Keilschriftzeichen geschrieben, amtliche Briefe stehen, welche babylonische und assyrische Könige, Herrscher anderer vorderasiatischer Reiche, die ägyptischen Vasallen, Geschäftsträger und Beamte Syriens an Amenhotep IV., an seinen Vorgänger und an hohe Beamte des ägyptischen Staates gerichtet haben. Das Bild, welches dieser unverhoffte Fund von der damaligen Ausdehnung der politischen Beziehungen Aegyptens gewährt, ist überraschend. Nicht mehr Eroberungskriege, sondern Verhandlungen und Freundschaftsbündnisse mit den Fürsten der unabhängigen Reiche Vorderasiens dienen Amenhotep III., vor allem aber Amenhotep IV. zur Wahrung der Herrschaft über die unterworfenen Landestheile Syriens. Als Ruhestörer erscheint nur der König der Chatti, d. i. der Cheta, neben ihm auch der König von Sanchar, d. i. wohl Sindschar, wie besonders aus Schreiben des Königs des Reiches Alaschija²) und den Schreiben eines gewissen Aziru hervorgeht, der wegen einer Niederlage, die er auf einem Feldzuge gegen den Chatti-König erlitten hat, bei dem Pharao in Ungnade zu fallen fürchtet. Gutes Einvernehmen herrscht besonders zwischen dem Naharena-Reiche Mitâni und Aegypten. Die Interessen beider Staaten gehen augenscheinlich am meisten Hand in Hand. Der König von Assur, Aschuruballit,³) schickt Amenhotep IV. mehrere Streitwagen, ein Gespann weißer Rosse, ein Petschaft aus „Uknu"-Stein, er erinnert in nicht mißzuverstehender Absicht an die Sendung Gold, die seinem Vater Aschurnadinachi zu Theil geworden ist, und rühmt die Größe seines Reiches. Auf ähnlicher Grundlage, auf dem Werthe, den in Vorderasien das Gold Aegyptens hat, mit dem auch den Machthabern Mitânis gegenüber der thebanische Hof nicht kargt, beruht das Freund-

---

1) Die meisten und wichtigsten Fundstücke hat die Sammlung orientalischer Alterthümer der Königlichen Museen zu Berlin erworben. Die übrigen sind in den Besitz des Britischen Museums zu London und des ägyptischen Museums zu Bulaq, zum Theil auch in Privathände übergegangen. — Hugo Winckler, Der Thontafelfund von el-Amarna, nach den Originalen autographirt von Ludw. Abel, I (Königliche Museen zu Berlin, Mittheilungen aus den orientalischen Sammlungen, Heft I) Berlin 1889. C. F. Lehmann, Aus dem Funde von Tell el-Amarna (Zeitschrift für Assyriologie, III, S. 372—398). H. Winckler, Verzeichniß der aus dem Funde von el-Amarna herrührenden Thontafeln (Zeitschr. f. ägypt. Sprache, XXVII, S. 42—64). Ad. Erman in den Sitzungsberichten der Akademie der Wissenschaften zu Berlin, 1888, S. 583—589; H. Winckler, ebendaselbst, S. 1341—1357. E. A. Budge in den Proceedings of the Society of Biblical Archaeology, X, S. 540—569. Georg Steindorff in den Beiträgen zur Assyriologie, I, S. 333—339.

2) Die Aegypter erwähnen dieses Reich wiederholt unter dem Namen Arsa (Alisa?). In der Zeit Ramses' III. erlag es den Pursta und deren Bundesgenossen (S. 262). Das Gebiet dieses Reiches war der nördliche Abschnitt Cölesyriens zu beiden Seiten des Orontes. Im Westen reichte es vermuthlich bis an die Meeresküste, im Osten bis an die Wüste. Im Norden grenzte es an das Chetaland und an Naharena. Vergl. G. Maspero im Recueil de travaux relatifs à la philologie et à l'archéologie, X, S. 209—210.

3) Fr. Hommel, Geschichte Babyloniens-Assyriens, S. 498.

schaftsverhältniß, um dessen Erneuerung der König Burraburiasch (Burna-
buriasch) von Karduniasch, d. i. Babylonien¹) bei seiner Thronbesteigung unter
dem Hinweise auf die seinem Vater Kurigalzu übermittelten Goldsendungen
und dessen loyales Verhalten bei einem Empörungsversuche der „Kinachäer"
bei Amenhotep IV. mit Erfolg sich bewirbt. Unter Berufung auf das bestehende Freundschaftsbündniß bringt er in einem seiner Schreiben auf Be-
strafung der aus Akka, d. i. Akko stammenden Leute, welche Beamte seines
Reiches auf dem Wege durch das Land „Kinachi" überfallen und ermordet
haben. ²) Sehr groß ist die Zahl der Aktenstücke dieses Fundes, die von den
syrischen und palästinensischen Unterthanen Aegyptens herrühren. Meist sind
es Eingaben von Personen, die sich als Diener des Königs ihres Herrn oder
als amil. d. h. als Ortsbeamter einer bestimmten Stadt bezeichnen. Sie be-
theuern ihre Ergebenheit, bestätigen, die übersandten Befehle erhalten zu haben,
versichern, sich danach richten, die Stadt des Königs ihres Herrn in Obhut
halten, weitere Befehle abwarten zu wollen. Wo die Ortschaften liegen, welche
in diesen Schreiben erwähnt werden, läßt sich zum Theil noch nicht feststellen,
auch ist noch nicht sicher, wie einzelne der Ortsnamen und der Personennamen
zu lesen sind. Wiederholt genannt werden die Orte Simyra (Sumura) und
Dula, das wohl in der Nähe von Simyra zu suchen ist, Gebal (Gubli), ³)
Sidon, das einem gewissen Zimrida unterstellt ist, in welchem man vielleicht
den König von Sidon zu erblicken hat, der in dem Schreiben eines Beamten
Namens Abischarru neben dem Könige von Hazor (Hazura) erwähnt wird,
ferner Tyros (Surri) und Uzu. ⁴) Aus Akko (Akka) schreiben Zatatna und
Surata, ⁵) und aus Askalon (Askaluna) der Amil Pitia, siebenmalsieben Mal
dem Könige seinem Herren sich zu Füßen werfend, eine Formel, die auch
anderen dieser Briefschreiber sehr geläufig ist. Auch Gaza (Hazati) wird genannt. Bemerkenswerth sind die Personennamen, welche man aus diesen
Schriftstücken kennen lernt, auch weil einige derselben den Namen einer Gottheit als Bestandtheil enthalten, so Dagan-takala, Mut-Addu, Rib-Addu,
auch kommt ein Abd-Aschratum vor, ein „Diener der Aschera", des Wunsch-
baumes. ⁶)

---

1) Fr. Hommel, Geschichte Babyloniens-Assyriens, S. 434.
2) In „Kinachi" sieht H. Windler eine Wiedergabe der oben auf S. 98 besprochenen Formen Kenâ', Chna, des Namens für Kena'an, Kanaan.
3) Mit Gebal und Simyra zusammen werden die Orte Schigati und Ambi genannt.
4) Ueber die Lage dieses Ortes vergl. S. 301.
5) Zatatna nennt in einem seiner Schreiben außer Akko einen Ort, dessen Name Magdani oder Bagdani zu lesen ist. Der Name erinnert an den Ortsnamen Agbatana (vergl. S. 80, Anm. 1).
6) Vergl. Zeitschr. f. ägyptische Sprache, XXVII, S. 58, Anm. 2. Vor Aschratum wird in der Schreibung des Namens Abd-Aschratum das Determinativzeichen für Gottheit gesetzt; es beweist das jedoch nur, daß der Schreiber in der Aschera den Wohnsitz einer Gottheit erblickt, nicht, daß ihm Aschera für eine bestimmte Göttin dieses Namens gilt.

Erst die Entdeckung dieser Thontafeln lehrt richtig abschätzen, welche Tragweite um diese Zeit bereits in dem größten Theile Vorderasiens die Gesittung Babyloniens hat. Selbst in den gänzlich unter ägyptischer Herrschaft stehenden Landstrichen Syriens bedient man im schriftlichen Verkehre mit dem ägyptischen Hofe sich der babylonischen Keilschriftzeichen und der semitischen Mundart Babyloniens, die, ähnlich wie zur Perserzeit das Aramäische, die Geschäftssprache der diplomatischen Verhandlungen ist und deswegen selbst in Aegypten studirt wird. Eine der Tafeln hat eine Inschrift in Keilschriftzeichen in unbekannter Sprache: vermutblich ist es die der Cheta. Im Mitâni = Lande schreibt man eine Art Assyrisch mit Keilschriftzeichen, welche den assyrischen sich nähern, und daneben mit einer aus dieser Keilschriftgattung abgeleiteten Silbenschrift auch allem Ansscheine nach die eigentliche Landessprache. Daß mit der Schrift viel von den übrigen Errungenschaften der Babylonier, von ihren religiösen Vorstellungen und Lehren in Syrien sich eingebürgert hat, ist mehr als wahrscheinlich. Ja, bereits damals mag dort die Nachahmung eine Art einheimischer Literatur erzeugt haben, und es wird die Aufzeichnung von Ueberlieferungen nicht unterblieben sein.¹)

Wirren, die nach Ableben des unkriegerischen Chuenaten in Aegypten eintraten, erleichterten ebenso, wie schon vorher die mehr auf Erhaltung des Besitzes als auf Machterweiterung gerichtete Politik dieses Fürsten und seines Vorgängers, eine allmähliche Zunahme der Macht des Chetareiches. Die Völker Syriens blieben sich selbst überlassen, bis unter Haremhebi Aegypten wieder inneren Halt zu gewinnen begann; doch scheint ihm nicht gelungen zu sein, irgend einen namhaften Theil der inzwischen verloren gegangenen Gebiete zurückzuerobern,²) und ebenso wenig Ramses I., dem ersten Könige der neunzehnten Dynastie. Erfolgreicher war der Sohn des letzteren, Seti I. Es glückte ihm, auf einem Feldzuge nach Syrien bis an die Grenzen des Chetareiches, das Palästina nicht mit einschloß, vorzudringen und mit reicher Beute heimzukehren.³) Sein Sohn und Nachfolger, Ramses II., jener Sesostris, den die griechische Sage sehr mit Unrecht zur größten Heldengestalt der Geschichte Aegyptens verklärt hat, begann bald nach seiner Thronbesteigung aufs Neue

---

1) Auf diesem Wege mag beispielsweise die Nachricht von einer Herrschaft elamitischer Könige über Syrien zur Ueberlieferung gelangt sein. In der kanaanäischen Sage, der auch die räthselhafte Gestalt Melchisedeks angehören wird, verwob sie sich dann nachträglich mit der Vorstellung von dem Untergange der Reiche und Völker der Vorzeit zu der Erzählung von der Schlacht im Thale Siddim (Genesis 14). — Von einem „Bücherschreiber", welcher den Chetakönig auf seinen Kriegszügen wohl als Hofhistoriograph begleitete, ist in der Zeit Ramses' II. die Rede.

2) Vergl. Ed. Meyer, Geschichte des alten Aegyptens, S. 280. Eine Inschrift aus der Zeit dieses Königs handelt von Asiaten, die aus Anlaß einer Hungersnoth in Aegypten einwandern und dort angesiedelt werden (vergl. Zeitschr. f. ägyptische Sprache, XXVII, S. 125—127).

3) Ed. Meyer, Geschichte des alten Aegyptens, S. 283—284. Unter den eroberten Städten führt Seti I. Tyros auf.

den Kampf um den Besitz Nordpalästinas und führte mit wechselndem Erfolge lange Jahre hindurch Krieg gegen die Cheta und deren Verbündete, zu denen auch der König von Arados gehörte. Schließlich wurde zwischen beiden Mächten ein Friedensvertrag abgeschlossen, nach welchem den Aegyptern wenig mehr als die Herrschaft über das Küstenland Palästinas verblieben sein wird, in der sie sich jedoch fortan, wenigstens so lange Ramses II. herrschte, ungestört behaupten konnten. Auch eine Strecke der phönizischen Küste mag noch unter der Oberhoheit dieses Pharaos gestanden haben. Daß er auf seinen Feldzügen im zweiten und im vierten Jahre seiner Regierung dort wenigstens bis zum südlichen Ufer der Mündung des Nahr el-Kelb vorgedrungen ist, bezeugen die Denkmäler, welche er damals auf den Felswänden der Küstenstraße einmeißeln ließ (S. 49). Augenscheinlich bezeichnen sie denjenigen Punkt des Küstengebietes, an welchem er wiederholt auf weiteres Vorgehen nach Norden Verzicht leisten mußte.¹) Zu den Bundesgenossen der Cheta scheinen die Bewohner dieses Abschnittes Phöniziens nicht gehört zu haben. Gemeinschaftliche Sache mit den Gegnern Ramses' II. hat dagegen im elften Jahre seiner Regierung Askalon gemacht. Die Erstürmung dieser Stadt hat er zu Karnak abbilden lassen. Die Einwohner derselben sind durch Tracht und Gesichtszüge als Kanaanäer gekennzeichnet, unterscheiden sich wenigstens nicht von den Rutennu der ägyptischen Darstellungen. Auch ist die Lage der Stadt charakterisirt; ihre Befestigungen, deren Vertheidigungsthürme nach Art der Pechnasen der mittelalterlichen Burgen am obern Rande der Mauer frei herauskragen, stehen auf einer Anhöhe.²)

Das Uebereinkommen mit den Cheta blieb nicht blos bis zum Schlusse der langen Regierung Ramses' II., sondern auch noch während der seines Sohnes Merneptah³) in Geltung und brachte die Landstriche Syriens, in welchen Aegypten freie Hand behielt, auf mehrere Menschenalter in ein Abhängigkeitsverhältniß. Nach Merneptahs Tode erlosch dieses zwar, doch hat noch

---

1) Ob Ramses II., wie vermuthet wird, damals von hier aus, d. h. durch das Thal des Nahr el-Kelb, mit seiner Armee seinen Weg in das syrische Binnenland genommen hat, ist sehr zu bezweifeln, ebenso, ob er bei seinem Vordringen bis zu diesem Punkte bei den Phöniziern auf Widerstand stieß. Zwar hat er hier sich als Ueberwinder seiner Gegner abbilden lassen, doch beweist das sehr wenig.

2) Im Uebrigen vergl. über die Feldzüge Ramses' II. Ed. Meyer, Geschichte des alten Aegyptens, S. 285—290.

3) Ed. Meyer, Geschichte des alten Aegyptens, S. 305—308. Auch zu Merneptahs Zeit blieb in den Augen der Aegypter Syrien Ausland. Auf einem noch erhaltenen Papyrus hat im 3. Jahre Merneptahs ein ägyptischer Beamter, welcher auf einer der Grenzstationen im Osten des eigentlichen Aegyptens angestellt war, die Durchreisenden und Angaben über die Aufträge, mit denen sie nach Syrien gingen, notirt. Es befindet sich darunter ein syrischer Unterthan Aegyptens, welcher dem „Fürsten von Tyros Baalmr..g..u" ein Schreiben zu überbringen hat. (H. Brugsch, Geschichte Aegyptens, S. 480; Ad. Erman, Aegypten, II, S. 709; derselbe in der Zeitschr. f. ägyptische Sprache, XVII, S. 29—32). Der Name jenes Beherrschers von Tyros mag Baʿalmerkab (בעלמרכב) gelautet haben.

einer von den Pharaonen der zwanzigsten Dynastie, Ramses III., wenigstens im Süden Palästinas die Herrschaft Aegyptens auf kurze Zeit wieder neu zu befestigen vermocht. Im 8. Regierungsjahre dieses Königs, also ungefähr 1173 v. Chr., erliegt das Reich der Cheta einem Schlage, von dem es sich nicht wieder erholt hat, dem Ansturme einer Völkerwanderung, zu der eine Schaar von Stämmen ferner Länder sich vereinigt hat.¹) Vom Chetalande aus bahnen sich die Eindringlinge, die Weib und Kind auf plumprädigen Ochsenkarren mit sich führen, durch Syrien den Weg zur Ostgrenze Aegyptens. Hier versuchen sie einen Angriff auf dem Landwege und zugleich von der See her, mit Schiffen sich nähernd, werden jedoch zur Umkehr gezwungen. Unter den Stämmen, von welchen das Unternehmen ausging, nennen die Aegypter die Pursta (? Pulista). Es ist nicht unmöglich, daß hiermit dasselbe Volk bezeichnet wird, dem Palästina seinen Namen verdankt, das Fremdvolk der Philistäer.²) Am Eingange des Deltalandes zurückgeschlagen, mögen die Pursta zur syrischen Küste sich zurückgewandt haben und trotz der erlittenen Niederlage noch mächtig genug gewesen sein, um die an Fremdherrschaft gewöhnten verweichlichten Kanaanäer des nachmaligen Philistäergebietes sich unterthan zu machen. Auf Ereignisse, welche dem Versuche zur Eroberung des Deltalandes vorausgingen, würde dagegen die Nachricht zu beziehen sein, daß einmal die Askalonier Sidon zerstört haben sollen (S. 117 und 118). Die Askalonier vertreten hierbei die Philistäer; die Angabe, daß von ihnen Sidon zerstört sei, wird, wie bereits oben erörtert worden ist (S. 118), nicht ganz wörtlich zu nehmen sein und sich nur auf Verheerung und Plünderung irgend eines Theiles Phöniziens beziehen. Arados nennt Ramses III. ausdrücklich unter den Gebieten, deren Eroberung auf die des Chetalandes folgte. Von Arados aus läßt er die Fremdlinge ins Amoriterland³) ziehen und dort vor ihrem Zuge nach Aegypten sich aufhalten. Um ins Amoriterland zu gelangen, mögen sie Phönizien durchwandert und nach Kräften ausgeplündert haben, und die Schiffe, auf denen sie an der Küste Aegyptens erscheinen, sind vielleicht Fahrzeuge, die sie in Phöniziens Hafenstädten erbeutet haben.

---

1) Nach den Angaben, welche die ägyptischen Inschriften machen, würde es sich um einen großen Völkerbund handeln, an dem auch Stämme Theil nahmen, deren Heimath auf den Inseln des ägäischen Meeres zu suchen ist. Ein Prunken mit Namen überwundener Völker gehört aber leider zu den Lieblingssünden der Pharaonen, und es ist der Verdacht nicht ausgeschlossen, daß auch Ramses III. das Register seiner Widersacher möglichst complet zu machen gesucht hat. In Wahrheit scheint das Vordringen der Fremdlinge im nordsyrischen Binnenlande begonnen zu haben.

2) Vergl. hierzu Eduard Meyer, Geschichte des alten Aegyptens, S. 316.

3) Vergl. Eduard Meyer a. a. O., S. 314. Es ist nicht ausgeschlossen, daß hierbei Ramses III. unter dem Amoriterlande das Gebiet der nachmaligen Philistäerstädte versteht. Kanaan gebrauchen in dieser Zeit die Aegypter augenscheinlich nur als Bezeichnung für einen weiter südlich gelegenen Abschnitt des Küstenlandes Palästinas.

Die Uebersicht der Urgeschichte Phöniziens, in welcher jene Nachricht über Sidons Zerstörung vorkommt, hat unser Gewährsmann, Pompejus Trogus, angenscheinlich einer griechischen Darstellung der Geschichte der Karthager entlehnt, welche eine kurze Schilderung der Urgeschichte der Phönizier zur Einleitung hatte, und zwar wird die Quelle, die Pompejus Trogus oder dessen Vorgänger benutzt hat, das Werk eines sizilischen Griechen sein, der seine Mittheilungen aus Aussagen der Karthager Siziliens schöpfte. Die Beziehung auf Karthago verräth sich noch in der Angabe, die dem Untergange entronnenen Phönizier hätten Tyros gegründet, und dies sei ein Jahr vor dem Falle Trojas geschehen. Bei den Karthagern muß es nämlich die Anschauung gegeben haben, Tyros und Karthago seien gleichzeitig gegründet, der Heros eponymos von Tyros habe in Gemeinschaft mit dem Heros eponymos Karthagos den ersten Grundstein zu der großen Tochterstadt von Tyros gelegt.[1] Es verlieh das nicht allein Karthago den höchsten Rang unter den tyrischen Kolonialstädten, die beiden Gründungsheroen gaben zugleich ein Vorbild für das Suffetenpaar ab, von dem Karthago regiert wurde,[2] und auch die ganze Auffassungsweise liegt, wie die mosaische Völkertafel mit dem „Arkäer" als dem Gründer von Arka, dem „Simyräer" als dem Gründer von Simyra, u. s. w. (S. 137) zeigt, durchaus im Geiste kanaanäischer Geschichtsreconstruction. Nur ein Autor, der diese Gründungssage kannte, dabei aber auch den Bericht über Aineias' Aufenthalt bei der liebebedürftigen Dido als die für Karthagos Gründung maßgebende Zeitbestimmung in Anschlag brachte, konnte zuversichtlich die Entstehung von Tyros ein Jahr vor dem Falle Trojas ansetzen.[3] Hieraus ergiebt sich aber, daß die Darstellung der Urgeschichte Phöniziens, welcher Pompejus Trogus sich anschließt, als Ganzes genommen, Bestandtheil einer den Puniern geläufigen Gründungssage Karthagos ist. Mit anderen Worten: die Waffenthaten, welche die Askalonier, d. h. die Nachkommen der mit den Kanaanäern Palästinas zu einer Volkseinheit verschmolzenen Philistäer, sich rühmten, in Phönizien vollbracht zu haben, erschienen den Puniern Karthagos in so bedeutsamen Lichte, daß sie danach eine völlige Umgestaltung der Verhältnisse ihres Mutterlandes, den Schluß der Geschichtsperiode der „Sidonier" (S. 118) und den Beginn des Zeitraums der Koloniengründung datirten. Ob jene Waffenthaten auch nur annähernd dieser Verherrlichung würdig gewesen waren, wieviel davon auf Rechnung ruhmrediger „Askalonier" zu setzen ist, muß freilich dahingestellt bleiben. Sicher ist, daß

---

1) Vergl. oben S. 135, Anm. 1, und die Citate bei O. Meltzer, Geschichte der Karthager, I, S. 458, Nr. 59.

2) Vergl. O. Meltzer, Geschichte der Karthager, I, S. 125.

3) Die Erzählung des Pompejus Trogus kann daher nicht auf den Syrakusier Philistos zurückgehen, obwohl dieser es ist, der jene Angaben der Punier über Karthagos Gründung in die griechische Literatur eingeführt hat. Zu Philistos' Zeit — er fand in dem Olympiadenjahre 257/256 v. Chr. den Tod — war die Aineias-Legende (vergl. Th. Mommsen, Römische Geschichte, 7. Aufl., I. S. 466—467) noch nicht soweit ausgebildet.

Tyros lange bestanden hat,¹) bevor die Pursta Beute suchend in Phönizien eindrangen.

Die Abwehr der Pursta und ihrer Bundesgenossen gehört zu den letzten Anzeichen von Lebenskraft, die das alternde Aegypten in den Zeiten der zwanzigsten Dynastie noch an den Tag gelegt hat. Die Herrschaft über die Landstriche Südpalästinas, welche Ramses III. noch sein eigen nennen durfte, ging den späteren Ramessiden bald völlig verloren. Jahrhunderte gingen dahin, bevor vom Nilthale aus eine bewaffnete Einmischung in die Angelegenheiten Syriens wieder unternommen werden konnte.

Hier, am Schlusse des ersten Zeitraums der Geschichte Phöniziens, sei ein Rückblick auf die Culturzustände gestattet, welche während desselben dort geherrscht und sich gebildet haben. Das Eigenartige der Gesittung, in deren Besitze die Völker Syriens waren, als diese Länder zum Schauplatze der Kriegszüge der Gebieter Thebens gemacht wurden, hat dem Leser bereits der 1. Band der Ersten Hauptabtheilung der „Allgemeinen Geschichte in Einzeldarstellungen" geschildert.²) Meine Aufgabe bleibt daher nur, an dieser Stelle Einzelheiten, die besonders Phönizien angehen, hervorzuheben und zu besprechen, soweit dieselben nicht schon in anderen Theilen meiner Darstellung (z. B. S. 141—152) zur Erwähnung gelangt sind. Ausführlich ist das Bild ohnehin nicht, das sich den Quellen abgewinnen läßt, und eine Reihe der wichtigsten Fragen muß unerledigt bleiben, vielleicht für immer, wenn nicht Nachforschungen nach Denkmälern an Ort und Stelle und glückliche Entdeckungen dereinst das Untersuchungsmaterial erheblich vermehren helfen. Hätte doch vor Kurzem noch Niemand sich träumen lassen, daß Urkunden von der Gattung, die Tell el-Amarna jetzt erst hat bekannt werden lassen, jemals existierten, geschweige denn wieder zu gewinnen seien. Noch weniger konnte man darauf gefaßt sein, eines Tages zu erfahren, daß während des besprochenen Zeitraums bereits in der Gesittung Syriens Cultureinflüsse, die aus Babylonien herkommen, bis zu dem Grade, wie jene Thontafeln mit ihren Keilschrift-

---

1) Von den Aegyptern wird Tyros, soweit bis jetzt bekannt ist, zuerst unter Seti I. erwähnt, also ungefähr 1320 v. Chr. In Hinsicht auf die Zeitbestimmung, Tyros sei 240 Jahre vor dem Tempelbaue Salomos gegründet (S. 133—135) darf ich hier wohl noch bemerken, daß diese Angabe den Eindruck des Willkürlichen um so mehr machen muß, als diese 240 Jahre genau die Hälfte des Zeitraumes von 12×40 Jahren sind, der nach der Chronologie der Königsbücher des Alten Testaments zwischen dem Auszuge aus Aegypten und der Erbauung des Tempels liegt. Was Movers Rechnung (S. 133) anlangt, so wird die Uebereinstimmung, welche er zwischen den Angaben des Pompejus Trogus und des Josephos findet, sehr hinfällig, sobald man zum Ausgangspunkte der Rechnung, wie es an sich geboten ist, dasjenige Jahr nimmt, welches seit Timaios und daher auch zu Josephos Zeit allgemein als das Gründungsjahr Karthagos betrachtet wurde, nämlich das Jahr 814 vor unserer Zeitrechnung.

2) Vergl. besonders Ed. Meyer, Geschichte des alten Aegyptens, S. 224—241; auch G. Maspero, La Syrie avant l'invasion des Hébreux d'après les monuments égyptiens (Revue des études juives, XIV), Paris 1887.

correspondenzen es veranschaulichen, sich eingebürgert und die Herrschaft erworben haben. Ließ sich doch bis dahin eher vermuthen, daß hier wie auf politischem, so auch auf geistigem Gebiete während dieses Zeitraums ausschließlich Aegyptens Ueberlegenheit sich kundgeben müsse.

Gerade die Fülle der Culturelemente babylonischen Ursprungs, die von Nordosten her bei den Bewohnern Syriens Aufnahme gefunden haben, ist es, was in diesen Zeiten ihrer Gesittung ein einheitliches Gepräge verleiht. In der eigenen Entwickelung, in der Aneignung und Umgestaltung des Entlehnten hat sie schon beim Beginne dieses Zeitraums es soweit gebracht, daß sie als etwas Fertiges und Selbständiges den Aegyptern entgegentritt und der Anregung nicht mehr bedarf. Im Uebrigen besteht die Mannigfaltigkeit, welche aus der Verschiedenheit der Lebensbedingungen und aus der Art von Lebensweise und Empfänglichkeit, welche diese zulassen, entspringt. Ueberraschend groß ist die Zahl der Städte, der mit Befestigungen zum Schutze gegen Kriegsgefahren umgebenen Ansiedlungen. Alle Zweige der Gewerbthätigkeit und ein Handelsverkehr, der geschäftig von Ort zu Ort sich bewegt, finden hier ihr Obdach, mehren den Wohlstand der Einwohnerschaft, verfeinern hier das Dasein, das bis zum Luxus ausgestattet ist. Besondere Vorliebe zeigt sich bei den Kanaanäern für buntfarbige Tracht. Wie es das Klima ihres Landes erfordert, sind sie viel reichlicher gekleidet als die Aegypter, die von ihnen erst den Geschmack an Kleidungsfülle entlehnen. Das Unterkleid der Großen und Vornehmen ist gelb von Farbe und hat lange enganschließende Aermel. Darüber tragen sie ein langes in breite geblümte Streifen, die abwechselnd Blau und Rot zur Grundfarbe haben, getheiltes Obergewand, das über den Hüften durch einen Gurt zusammengeschürzt wird und in straff gespannten Lagen den Leib einhüllt. Den Hals umgiebt ein breiter Kragen, der, rechts und links sich theilend, über die Schultern bis zu den Ellenbogen herabfällt; er scheint mit dem Obergewande aus einem Stück gearbeitet zu sein. Das Kleidungsstück des gemeinen Mannes, das der Pursta und der Kastu-Leute, ist nichts weiter als ein Schurz, der mit langen Schnüren, an denen Quasten hängen, zusammengehalten wird.[1]) Die Frauen gehen meist in dem langen hembartigen Rocke, den noch heutzutage das Fellahweib trägt. Ganz seltsam sieht ein Frauengewand aus, das in Nordsyrien getragen wurde. Es ist ein weißes langes Kleid mit rundem breiten Halskragen, der in der Höhe des Gürtels abschneidet, und zerfällt vom Gürtel abwärts in eine Reihe breiter

---

1) Vergl. Ed. Meyer, Geschichte des alten Aegyptens, S. 242, Textbeilage. Gefangene Pursta, ebendort S. 313. — Auf phönizischen Darstellungen tragen verschiedene Gottheiten den Lendenschurz der Aegypter; es dient das wohl aber nur als conventionelles Abzeichen. Schwerlich hat darauf auch während der Zeit der Oberhoheit Aegyptens das Kostüm der Phönizier sich beschränkt. Phönizische Stelen, die zu Tyros, zu Lilybaion und zu Karthago gefunden sind, zeigen mit großen Uebereinstimmungen als Hauptkleidungsstück einen bis an die Füße reichenden faltigen Rock und als Kopfbedeckung eine Art Mütze von abgestumpfter Form, die hinten höher ist als vorn (vergl. auch das Textbild D auf S. 225).

runder Besätze, die in Glockengestalt abstehen. Trotz des Aufschwunges, in dem sich die städtische Gesittung befindet, bleibt ein Spielraum für das Nomadenthum. Beduinen und räuberische Bergstämme treiben z. Th. in unmittelbarer Nähe des Culturlandes ihr Wesen. Ackerwirthschaft und Viehzucht gewähren den breiten Schichten der Landbevölkerung ihren Lebensunterhalt. Gezüchtet werden Pferde, Rinder, Ziegen. Das Zahi-Land ist reich an Korn, Wein und Baumfrüchten und liefert mit seinen Olivenhainen Oel in Ueberfluß. Das „Oel des Hafens", d. h. das nach Aegypten importirte Oel Syriens wird dort selbst dem gemeinen Manne zum unentbehrlichen Lebensbedürfnisse. Verlockungen verschiedener Art begegnet der durchreisende ägyptische „Mahar",[1]) nach der Schilderung, die ein witzelnder Schriftsteller der Zeit des neuen Reiches entwirft, in der Gartenlandschaft Joppes. Der Anblick der Früchte reizt ihn, davon zu essen, er verläßt sein Gefährt und findet als Hüterin der Rebenpflanzungen eine Schöne, die sich nicht spröde erzeigt, doch, zum Wagen

a. b.

Weibliche Gottheiten nach der Darstellungsweise der babylonisch-assyrischen Kunst auf Thieren thronend.

a. Münze von Abulos. In den Händen der Wollin Schwert und Donnerkeil, auf ihrem Haupte zwischen Kuhhörnern die Hieroglyphe für Leben, zu beiden Seiten die Dioskuren-Mützen mit Stern bekrönt. Aus der Sammlung Imhoof-Blumer. b. Münze, vermuthlich von Aschdod. Berlin, königl. Münz-Cabinet.

zurückgekehrt, macht er die Entdeckung, daß ihm Diebe seine Waffen und Pferde gestohlen haben.[2])

Der Antheil, den Babylonien an der damaligen Gesittung Syriens hat, ist bis ins Einzelne nicht mehr nachzuweisen, folgt doch auf diesen Geschichtsabschnitt fast mit unmittelbarem Anschlusse der Zeitraum, in welchem der Wirkungskreis der in ihrem Ursprunge von der babylonischen Cultur durchaus abhängigen Cultur Assyriens sich auf Syrien zu erstrecken beginnt, und, was erst der letzteren entnommen ist, läßt sich daher in vielen Fällen nicht mehr auszuscheiden. Wahrscheinlich stammen jedoch viele der Entlehnungen, die z. B. auf religiösem Gebiete in Betracht kommen, ohne Vermittelung der

---

1) Mahar, „Held", scheint eine schmeichlerische Anrede gewesen zu sein, welche die ägyptischen Würdenträger, die in Syrien zu thun hatten, dort oft zu hören bekamen.
2) Vergl. Ad. Erman, Aegypten, II, S. 512. Dasselbe Schriftstück, in dem unter anderen auch Berytos, Sidon und Sarepta erwähnt werden, läßt erkennen, wie seltsam den Aegyptern Tyros vorkam, der „Fels des Gestades, dem Wasser auf Schiffen zugeführt wird und der reicher ist an Fischen als an Sand."

Aſſyrer,¹) aus Babylonien. Ein ſicheres Anzeichen dafür iſt, daß in vielen Orten Syriens bereits der Göttin, die man dort verehrt, der Name Aſtarte beigelegt wird, und hiermit mag zuſammenhängen, daß, wie allerdings nur Nachrichten, die viel ſpäteren Datums ſind, lehren, die Phönizier mit Vorliebe ihre Städte unter den Schutz einer Aſtarte ſtellen, daß ihnen die Bezeichnung Baalat nur an einzelnen Cultusſtätten geläufig geblieben iſt (S. 184). Ferner hat die religiöſe Kunſt Meſopotamiens den Phöniziern Vorbilder für die Darſtellung der Cheruben und andere Flügelgeſtalten geliefert. Am deutlichſten tritt dieſe Entlehnung bei der Darſtellung des Gottes El zu Tage, dem nicht allein ein doppeltes Flügelpaar, ſondern oft auch wie einzelnen Gottheiten des meſopotamiſchen Pantheons ein kaftanartiges nachſchleppendes Gewand verliehen wird.²) Auch mögen bereits bei rituellen Handlungen die phöniziſchen Prieſter den langen faltigen in Horizontalſtreifen gegliederten babyloniſchen Prieſterrock angelegt haben, in dem ſie ſpäter dargeſtellt werden³). Daß der Entlehnung der Schrift ſchon lange zahlreiche Entlehnungen mehr materieller Art, Aneignungen von Kunſtfertigkeiten, vorausgegangen ſein müſſen, bedarf keiner Auseinanderſetzung. Die complicirte Beſchaffenheit der Keilſchrift hat in Babylonien frühzeitig die Verwendung von Siegelſteinen, auf denen Perſonennamen und Bilder eingegraben waren, nothwendig gemacht. Auch Ungelehrten, analphabeten Leuten, wurde damit ermöglicht, Urkunden zu beglaubigen, an dem Abdrucke des Bildes die Beglaubigung zu erkennen.

Figur in aſſyriſcher Prieſterkleidung.

Dargeſtellt auf einem Siegel-Cylinder der Sammlung de Clercq. Vergrößert.

So haben denn

---

1) Aus Aſſyrien haben z. B. die Phönizier allem Anſcheine nach die Palmette entlehnt. Die höchſt conventionelle Form, in welcher ſie wiedergegeben wird, mag ſie jedoch in Nordſyrien erhalten haben. Auf vielen phöniziſchen und unter Einfluß der Phönizier entſtandenen Kunſtwerken ſtellt dieſe Palmette, deren gedrückte Umriſſe gelegentlich (vergl. Textbild auf S. 227) ausſehen, als ſei das Hieroglyphenzeichen für „Gold" auf den Kopf geſtellt und zu einer Blume umgeſtaltet, einen Baum vor. Mitunter ſind auch Flächen mit Palmettenmuſtern ausgefüllt worden (S. 178 und S. 276).

2) Bereits aus dieſer Zeit wird auch bei den Phöniziern der Cultus des babyloniſchen Gottes Nergal ſtammen, über deſſen Weſen wenig bekannt iſt, doch liegt die Vermuthung nahe, daß er der dämoniſche Todesgott war, welchem die Geſtalt eines Löwen zugeſchrieben wurde (vergl. S. 193). Noch auf einer mit griechiſchem Paralleltexte verſehenen phöniziſchen Inſchrift, die in der Nähe des Peiraieus gefunden iſt und die Aufſchrift des Grabes einer Sidonierin war, bezeichnet ſich ein gewiſſer Jatanbel als Oberprieſter jenes Gottes. Ueber Dagon und die Fiſchgeſtalten vergl. oben S. 144—145; doch iſt zu bemerken, daß bis jetzt auf Denkmälern babyloniſchen Urſprungs die in Frage kommenden Vorbilder noch nicht mit Sicherheit nachzuweiſen geweſen ſind.

3) Das charakteriſtiſche Ausſehen dieſes Gewandes ſcheint nicht auf Zuſchnitt, ſondern auf der Beſchaffenheit des Zugſtoffes zu beruhen; vergl. Léon Heuzey in der Revue archéologique, 3ᵉ sér., IX, S. 257—272.

auch die Phönizier zuerst mit dem Schriftwesen Babyloniens erlernt, in Stein zu graviren, in Edelsteine bildliche Darstellungen und Inschriften einzuschneiden, eine Kunst, in der sie recht Tüchtiges hervorgebracht haben.

Darstellungen auf einem Siegel-Cylinder der Sammlung de Clercq.

Zu ihren Erstlingsversuchen auf diesem Gebiete werden die Siegel-Cylinder gehören, auf denen neben Götter- und Menschengestalten, die in ägyptisirendem Stile vorgeführt werden, Inschriften in Keilschriftzeichen angebracht sind. Wohl lediglich im Verkehre mit Aegyptern werden diese Arbeiten als Petschafte zur Benutzung gekommen sein,¹) ebenso vielleicht Siegel-Cylinder einer anderen Gattung, auf denen ein buntes Durcheinander von Hieroglyphenzeichen mit völlig willkürlicher Zusammenstellung zu sehen ist²).

Der Entfaltung der Kunst ist in Syrien sehr zu Gute gekommen, daß es damals hier Herrschersitze in Menge gab. Die Prachtliebe all der kleinen Dynasten steigerte die Nachfrage nach Juwelen und kostbaren Geräthen, vor allem nach Gold- und Silberarbeiten. Zu gesteigerter Kunstthätigkeit gerade in dieser Richtung führte auch wohl allem Anscheine nach eine finanzielle Erwägung. Verlieh doch die Hand des Künstlers den Edelmetallen, die zu Prunkgefäßen und Prachtgeräthschaften umgestaltet wurden, dem „Blaustein" und „Grünstein", den schönfarbigen Glaspasten, die dabei zur Verzierung Verwendung fanden, einen ungleich höheren Werth, als ihn das dazu erforderliche Material in unverarbeitetem Zustande besaß. Ja zum großen Theil werden diese Kostbarkeiten zu keinem andern Zwecke gefertigt worden sein, als um den Bedarf an Geschenken, durch deren Austausch ja politische Beziehungen damals eingeleitet und aufrecht erhalten wurden, decken und dabei etwas bieten zu können, dessen Werth möglichst in die Augen fiel und im fremden Lande besonders hoch geschätzt wurde. Die Stelle des Geldes dagegen vertraten Barren und zu Ringen geformtes Edelmetall. Die Ornamente, welche bei der Ausschmückung jener Prunkstücke in Gebrauch sind, gehören nur zum kleineren Theile dem sogenannten geometrischen Decorationsstile an, dessen Muster aus Curven, Linien, Schraffirungen, Punkten bestehen; es überwiegen vielmehr Gebilde, welche dem Formenschatze des Pflanzen- und des Thierreichs entnommen

---

1) Die Siegel-Cylinder, deren Abdruck auf S. 151 abgebildet ist, sollen in Aegypten aufgefunden worden sein. Ein Siegel-Cylinder der Collection De Clercq (Taf. 35, Nr. 386) zeigt in ägyptischer Darstellungsweise eine Figur, welche die Osiris-Krone trägt und ein Scepter hält, zwischen Ammon und Horus und daneben in Keilschrift einen Personennamen von elamitischem Gepräge. Was von Arbeiten dieser Gattung noch vorhanden ist, macht allerdings nicht den Eindruck des sehr Alterthümlichen.

2) Ob es sich bei letzterer Gattung nicht um moderne Fälschungserzeugnisse handelt, muß allerdings vorläufig freilich dahingestellt bleiben.

Die Kunst Nordsyriens und Phöniziens.

sind.¹) Selbst freistehende Menschenfiguren kommen als Vasenträger vor. Ein sehr beliebter Schmuck sind plastisch ausgearbeitete Pferdeköpfe, Ziegenköpfe, Löwenhäupter. Gerade die auf letztere Art verzierten Vasen bezeichnet Thutmosis III. in seinen Annalen als Erzeugnisse des Zahi=Landes, also Phöniziens. Ob nicht in Aegypten Vieles für phönizisches Fabrikat galt, was hauptsächlich von Phönizien aus in Handel gebracht wurde, muß freilich dahingestellt bleiben. Sicher ist, daß Cypern bereits manches Prunkstück nach Syrien lieferte, denn bei Megiddo erbeutet Thutmosis III. goldene und silberne, d. h. mit Gold= und mit Silberblech überkleidete Wagen, die aus Cypern (Asebi) importirt sind.

An den Prachtgeräthschaften, welche in Syrien erbeutet wurden und von dorther als Tribut= und als Handelsgegenstände nach Aegypten gelangt sind, hat die Kunst und Kunstindustrie des Nilthales viel zu lernen gefunden; besonders hat sie daraus einen größeren Vorrath von lediglich zu ornamentalen Zwecken dienenden Gebilden und auch in mancher Beziehung eine ihr zuvor unbekannte Verwendungsart für einzelne Ornamente gewonnen.²) In Syrien gab es ferner während dieses Zeitraumes bereits Götterbilder, und der Bekanntschaft mit der religiösen Kunst dieses Landes ist es hauptsächlich zuzuschreiben, daß die ägyptische nunmehr wenigstens den Versuch macht, eine von den ihr anhaftenden schulmäßigen Fesseln abzustreifen, daß sie auf Reliefdarstellungen nicht bloß die Göttin von Kadesch en face vorführt,³) sondern auch hin und wieder auf Reliefs das Gesicht menschlicher Figuren in der Vorderansicht abzubilden unternimmt.⁴) Ferner fängt sie an, eine größere Vorliebe als zuvor für Flügelgestalten zu bekunden, läßt sie zahlreicher auftreten und stattet Wesen so aus, die ehedem ohne Flügel abgebildet wurden. Greife bürgern selbst unter die Hieroglyphen sich ein; prangten sie doch selbst auf den Linnenpanzern, die man aus Syrien bezog⁵). Eine Abbildung solcher Panzerdecken im Grabe Ramses III. zeigt Greife und Löwen einander paarweise gegenüber. Auch das Motiv der Gegenüberstellung geht in das Decorationssystem der Aegypter über. Bereits erwähnt wurde, daß unter syrischem Einflusse auch in ihrer Tracht Aenderungen vor sich gehen. Ueberhaupt gibt es wenige Gebiete, auf denen in Aegypten nicht eine Nachwirkung des unaus=

---

1) Hinzuweisen ist besonders auf die der Kunst Vorderasiens eigene Rosette, als deren Vorbild vor allem die Chrysanthemum=Blume zu betrachten ist. Vergl. Textbild auf S. 256 und auf S. 257. Charakteristische Ornamente sind ferner Palmetten von mannigfaltiger Gestalt.

2) Vergl. meine Bearbeitung von Perrot und Chipiez, Geschichte der Kunst, Aegypten, S. 891, Anm. 3 und S. 893, Anm. 3.

3) Vergl. Ed. Meyer, Geschichte des alten Aegyptens, S. 229.

4) Vergl. die Abbildungen in Eduard Meyers Gesch. des alten Aegyptens, S. 278, und Beilage zu S. 290; auch Perrot und Chipiez, Geschichte der Kunst, Aegypten, S. 677, Anm. 1, und meine Nachträge dazu S. 864—865.

5) Mit Linnenpanzern waren nach Herodot (VII, 89) die Phönizier und palästinischen Syrer ausgerüstet, welche im Heere des Xerxes standen.

gesetzten Verkehrs mit den Bewohnern Syriens zu verspüren wäre, wozu allerdings sehr viel der Umstand beigetragen hat, daß namentlich in der Ramessidenzeit nicht wenige Personen syrischer Abkunft im Pharaonenreiche zu hohen Aemtern und Würden emporstiegen.¹)

Umgekehrt haben aber auch die Völker Syriens viel von den Aegyptern und von der Gesittung des Nilthales angenommen. In Phönizien tritt aller=

Brust-Panzerdecken von syrischer Arbeit, abgebildet in einem Grabe zu Theben in Aegypten.
Greife und Löwen einander gegenüber. Rosetten assyrischen Stils. Die in Kreuzlagen schraffirten
Flächen der Abbildung sind im Original blau, die ganz weißen Flächen gelb, die dunkel schraffirten
grün, die heller schraffirten roth.

dings dieser Einfluß viel weniger deutlich zu Tage als im Bereiche des palästinischen Küstenlandes, das ja lange viel unmittelbarer unter der Herrschaft

---

1) Vergl. hierzu Ed. Meyer, Geschichte des alten Aegyptens, S. 248 und S. 298—299; H. Brugsch, Geschichte Aegyptens unter den Pharaonen, S. 551—552; G. Maspero, Histoire ancienne des peuples de l'Orient, 4. Ausg., S. 357—358; Ad. Erman, Aegypten, II, S. 681—684.

Aegyptens gestanden hat.¹) Daß aber auch die Phönizier zahlreiche Entlehnungen bei den Aegyptern gemacht haben, steht fest. Aus den Anzeichen, welche hierfür Beweise liefern, geht leider nicht mit Deutlichkeit hervor, zu welcher Zeit die Entlehnung stattfand. Die Zeiträume, welche hierfür in Betracht kommen, liegen sehr weit auseinander. Hat doch der Handelsverkehr zwischen Aegypten und Phönizien ohne Zweifel durch die Einbuße, welche Aegyptens Macht in der Ramessidenzeit erlitt, sich nicht eingeschränkt. Und größer als je zuvor ist in den Zeiten der sechsundzwanzigsten Dynastie der Einfluß gewesen, den sich Aegyptens Gesittung in Phönizien von Neuem erworben hat. Nicht unerheblich war er überdies auch wieder in der Ptolemäerzeit. Aehnlich steht es mit Cypern, und, was die Phönizier des Westens anlangt, so haben diese offenbar gerade in verhältnißmäßig später Zeit rege Handelsbeziehungen zu Aegypten unterhalten.

Von der Einwirkung Aegyptens nicht unberührt geblieben ist selbst die Religion der Phönizier. Horus, Thoth, Ptah, Bast, Hapi (Apis) und andere Götter mehr²) haben bei den Phöniziern sich eingebürgert. In Ammon haben, wie es scheint, die Phönizier ihren Baal Hammon wiedergefunden. Besondere Verehrung zollen sie dem Osiris. Wurde doch selbst eine Episode des Osirismythos nach Byblos verlegt, dessen Baalat die Gestalt der Isis annahm. Alljährlich schwamm ein „Byblos-Kopf", d. h. wohl ein aus Papyros-Masse gefertigter Kopf, geradewegs in sieben Tagen von Aegypten über das Meer gen Byblos und trieb dort an; so berichtet Lukian, der das Wunder selber miterlebt haben will. Andere Erzählungen aus christlicher Zeit melden dagegen, daß die Frauen Alexandriens alljährlich die Kunde, Adonis sei wiedergefunden, auf einer Papyros-Rolle niederschrieben, welche in einen Krug gethan wurde, den man in die See warf; die Meeresströmung, heißt es, bringe dann mit dem Behälter die Botschaft nach Byblos, wo man nach Empfang derselben die Adonisklage einstellte. Jedenfalls weisen diese Berichte darauf hin, daß der Adonismythos zu Byblos mit dem Osirismythos in Zusammenhang gebracht worden ist. Auch auf Cypern ist Osiris verehrt und in griechischer Zeit dieser Cultus mit der Annahme gerechtfertigt worden. Osiris und Adonis seien eine und dieselbe Person; das Schicksal Beider veranschaulichte ja in gleicher Weise zahllosen gläubigen, todesbangen, trostbedürftigen Menschenherzen die verheißungsvolle Lehre, daß feindlichen Mächten über das Leben, über das Gute und Schöne, immer nur zeitweilig Gewalt gegeben sei, so oft es auch ihnen scheinbar unterliegen möge. Auch bei den Versuchen, über das gegenseitige Verhältniß der Götter, an deren Dasein

---

1) Ad. Erman, Aegypten, II, S. 684—685.
2) Eine griechische Inschrift von Amschit erwähnt z. B. eine Göttin Nesepteitis, was „die (dem Gotte) Ptah Zugehörige" bedeutet. Der Name des ägyptischen Gottes Mentu wird in dem Personennamen Menetubargos enthalten sein, welcher auf einer zu Beirut gefundenen griechischen Inschrift vorkommt (E. Ledrain, Notice sommaire, S. 70, Nr. 146).

geglaubt wurde, sich klar zu werden, mögen die phönizischen Priester Schemata der ägyptischen Theologie sich zum Muster genommen haben. Wie bei den Aegyptern vorzugsweise eine Achtzahl von Göttern als weltgestaltende Mächte einem Hauptgotte untergeordnet wird, so ist auch bei den Phöniziern acht die Zahl der Kabiren (S. 190), und es hat den Anschein, als seien diese bei ihnen ähnlich wie bei den Aegyptern die sogenannten acht Elementargötter als vier Götterpaare, als vier männliche und vier weibliche Wesen, aufgefaßt worden.¹) Zweifelhaft bleibt, ob auf die Gruppirung der Gottheiten zu Triaden (S. 250) die Triadenlehre der Aegypter Einfluß gehabt hat, denn auch in der Theologie Babyloniens treten Dreiheiten von Göttern auf.

Bedeutend höher als der Einfluß auf die Glaubenswelt ist die Nachwirkung der Bekanntschaft mit Aegypten zu veranschlagen, welche in der religiösen Kunst der Phönizier sich offenbart. Unselbständig war ihre Kunst ohnehin auch auf den anderen Gebieten und sie ist stets ohne Hang zu eigenem Schaffen geblieben. Vorbilder von in sich vollendeter Art, gangbare absatzfähige Muster strömten ja von vornherein ihr auf allen Seiten zu, und der phönizische Kunsthandwerker hatte stets vollauf zu thun, um überhaupt die technische Fertigkeit, welche die Nachahmung erforderte, zu erwerben. Je besser ihm gelang, zu copiren, um so mehr fand seine Waare Käufer auf dem heimischen Markte, und nur so war er im Stande, Machwerke hervorzubringen, die so aussahen, daß sie in fernen Landen von dem Seefahrer, der sie mitnahm, für das Erzeugniß einer altberühmten Industrie und eines geübteren Volkes, vor allem für ägyptische Arbeit, ausgegeben werden konnten. Gerade aber auf dem Gebiete der religiösen Kunst überwiegt bei den Phöniziern das Aegyptische so sehr, daß daneben die Entlehnungen, welche auf Babylonien und Assyrien hinweisen, nur wenig in Rechnung kommen, und, was sich hieran zeigt, ist wohl, daß auf diesem Gebiete die Kunstthätigkeit der Phönizier sich erst geregt hat, als die Beziehungen zu Aegypten anfingen. Alles aufzuzählen, was im Laufe der Zeit von dort entlehnt wurde, gebricht es hier an Raum. Da fast alle Proben phönizischer Kunst, die hierbei in Betracht kommen, Erzeugnisse der Kunstindustrie sind, ist in den meisten Fällen nicht zu entscheiden, ob bei der Wiedergabe von Darstellungen und Symbolen, deren Vorbild aus Aegypten stammt, dem phönizischen Künstler Gottheiten und Lehren seines eigenen Glaubens vorschwebten, oder ob er nichts weiter beabsichtigt hat, als eine

---

¹) Die Stellung des Hauptgottes würde dann in diesem Systeme der Gott Sydyk einnehmen, der als der Vater der Kabiren bezeichnet wird. Daß man gerade Sydyk an die Spitze gestellt hat, um die Neunzahl vollzumachen, wird daran liegen, daß dieser Gott für uralt galt, im Cultus jedoch nur noch eine geringe Rolle spielte. Als achter der Kabiren wird Eschmun genannt, wohl nur deshalb, weil man den Namen sich nicht anders als aus dem Worte für „acht" zu erklären wußte. Aus dem Eschmun-Mythos geht hervor, daß die Meinung, der Name Eschmun sei von Schmun, altägyptisch Chmunu, dem Namen der ägyptischen, den „Achtgöttern" und dem Thoth geweihten Stadt Hermopolis, herzuleiten, irrig sein wird.

Ausschmückung mit Bildwerken ägyptischen Geschmacks zu liefern.¹) Noch schwieriger ist oft, auch nur annähernd etwas Bestimmtes über das Alter der betreffenden Gegenstände zu ermitteln. Beides gilt besonders für die Arbeiten, welche keine Inschrift tragen. Und wenn auch aus der Form der Buchstaben, wo eine Inschrift vorhanden ist, oft eine Zeitbestimmung sich ergiebt, so gewährt dies doch keinen Aufschluß darüber, wann das betreffende Muster den Phöniziern

Geschnittene Steine von phönizischer Arbeit.
Doppelte Größe der Originale. Berlin, königl. Museen.

a. Aus Cesnolas Sammlung; Sphinx mit der Krone Unterägyptens, über der Hieroglyphe „Gebieter"; davor Hieroglyphe für Leben. b. Aegyptischer Gott mit vier Widderköpfen über der Hieroglyphe für „Gold", Hundskopfaffen in den Händen haltend. Inschrift: BeN AK. c. Gehörig „dem Aba"; vor der schreitenden Sphinx Hieroglyphe für „König". d. Zu beiden Seiten des Skarabäus, der die Sonnenscheibe in den Vorderfüßen hält, der Buchstabe Q. e. Skarabäus mit der ägyptischen Götterkrone, Sonnenscheibe in den Hinterfüßen haltend.

geläufig geworden ist und welche Bedeutung der Darsteller dem Bildwerke beigelegt hat. Aus diesem Grunde sind für die Kunst- und Religionsgeschichte z. B. die vielen geschnittenen Steine, auch wenn die Zeit der Verfertigung

---

1) Dementsprechend zeigt sich auch das Bestreben, die Nachbildung möglichst getreu ausfallen zu lassen, am deutlichsten an Arbeiten, die sichtlich recht seltsam und prunkend mit den fremdartigsten Gebilden haben decorirt werden sollen.

274 Zweiter Abschnitt. — 2. Bis zum Niedergange der Herrschaft Aegyptens.

sich nach der darauf eingegrabenen Schrift abschätzen läßt, nur zum geringen Theile zu verwerthen. Fast durchweg zeigen sich auf ihnen Gebilde, welche Schöpfungen der ägyptischen Kunst sind. Die Arbeit selbst aber ist sichtlich meist späten Ursprungs. Oft ist die Inschrift in phönizischen Buchstaben abgefaßt, der Name des Eigenthümers dagegen, welcher damit geschrieben ist, offenbar aber nicht Name eines Pöniziers, sondern eines Aramäers oder Israeliten. Was daraus hervorgeht, ist wohl nicht — wie gewöhnlich angenommen wird — daß zur Zeit der Verfertigung die Zeichen des kanaanäischen Alphabets in den verschiedenen Landestheilen Syriens noch nicht abweichende Formen gewonnen hatten; es liegen vielmehr Erzeugnisse phönizischer Künstler vor, die in aramäischen und in israelitischen Städten sich aufhielten. Die Verwendung ägyptischer Darstellungen gerade auf diesen Steinen erklärt sich hauptsächlich daraus, daß mit den Skarabäen der Aegypter ein schwunghafter Handel getrieben wurde. Auch Skarabäen haben die Phönizier vielfach nachgebildet.

Torso einer Statue in röthlich grauer Lava.

Aegyptischer Schurz mit Uräusschlangen, griechisch stilisirt. Aegyptischer Halsschmuck mit Granatäpfeln, Halbmond und Sonnenscheibe; gefunden zu Sarfend (Sarepta). Paris, Louvre-Museum. Original 1,44 Mtr. hoch.

Die Menge von Zwerggestalten, die auf religiösen Darstellungen der Aegypter vorkamen, haben den Phöniziern ein Vorbild für die Darstellung derjenigen Gottheiten gegeben, welchen ihr Glaube sei es gedrungene Körperformen, sei es Pygmäengestalt zugeschrieben hat (S. 188). Besonders ist von ihnen die Figur des Gottes Bes, der selber allerdings ein Eindringling unter den Göttern des Nillandes war,[1]) von ihnen eifrig nachgebildet worden. Die ägyptische Sphinx ist durch Vermittelung der syrischen Kunst in den Formenvorrath der Kunst Vorderasiens übergegangen. Das Gleiche gilt von der geflügelten Sonnenscheibe und einer Reihe anderer Embleme. Die hieroglyphische Darstellung des Mondes, die aus einer Wiedergabe der Mondsichel und der Vollmondscheibe zusammengesetzt ist, ◯ und das Hieroglyphenzeichen ⌢, welches ebenfalls ein Bild des Mondes ist und den Aegyptern unter anderm zur Schreibung des Wortes a'ah, d. i. „Mond", dient, werden von den Phöniziern überaus oft als religiöses Symbol ver-

Säule aus Tyros in weißem Marmor.

(Geflügelte Sonnenscheibe, Halbmond mit Sonnenscheibe. Paris, Louvre-Museum, Original 64 Ctm hoch.)

---

1) Vergl. Ed. Meyer, Geschichte des alten Aegyptens, S. 136; W. Pleyte, Chapitres supplémentaires du Livre des Morts, II. S. 111—134.

Aegyptisches in der Kunst der Phönizier.

werthet, häufig in der Zusammenstellung mit dem geflügelten Sonnendiskus. Ganz gangbar ist in ihrer religiösen Kunst das ägyptische Zeichen für „Leben". [1]) Auch die Uräusschlange, [2]) den Skarabäuskäfer, [3]) den Horussperber, [4]) das Uza-Auge [5]) verwenden sie viel. Auch manche der Götterabzeichen und Königsdiademe kommen bei ihnen zur Wiedergabe. [6])

Zahlreich sind die Umgestaltungen und Umdeutungen, welche mit den entlehnten Gebilden vorgenommen wurden. So wird gegen das Herkommen Aegyptens die Sphinx bartlos und mit Flügeln dargestellt. Der Löwenleib mit dem Menschenhaupte wird offenbar nur der ägyptischen Kunst abgeborgt, um für menschenköpfige weibliche Cherube eine Darstellung zu gewinnen; da diesen Wesen aber die Eigenschaft beigelegt war, sich im Fluge

Aegyptische Darstellung eines Fabelwesens.

(Tjes oder Sedj genannt), mit dem Leibe eines Raubthieres vom Katzengeschlechte, dem Halse und Kopfe einer Schlange. Vergl. Textbild auf dieser Seite.

bewegen zu können, hat ein Flügelpaar in den Augen der Phönizier zur unerläßlichen Ausstattung der

Malerei auf einem Straußenei, gefunden zu Vulci in Etrurien.
45 Centimeter breit.

Stellt vermuthlich die Fabelwesen vor, für deren Gelege die Straußeneier von den Phöniziern (in diesem Falle, den Karthagern), welche damit Handel trieben, ausgegeben sein werden. — Vergl. Textbild auf dieser Seite; die Flügel hat die phönizische Kunst hinzugethan.

Sphinxgestalten gehört. Welches Aussehen nach der Meinung der Gläubigen jene Cherubengattung gehabt hat, bevor üblich wurde, sie als eine Art von Sphinxen zu betrachten, das zeigt, wie bereits erwähnt wurde, vermuthlich eine Darstellung im Chnemhotep-Grabe zu Benihassan (S. 179). Zu Mißverständnissen und völligen Mißdeutungen sind die Phönizier namentlich bei der Verwendung der religiösen Embleme gelangt, welche sie von den

18*

Aegyptern sich angeeignet haben. Besonders zeigt sich das noch im punischen Gebiete. Gänzlich entstellt wird im Laufe der Zeit das Mondzeichen, vor allem aber die ägyptische Lebenshieroglyphe, das sogenannte Henkelkreuz.¹) Die Oese desselben wird meist kleiner gezeichnet, als es die Aegypter zu thun pflegen, der Theil, welcher sich senkrecht daran ansetzt, dagegen als ein Dreieck von breiter Grundfläche.²) In dieser Umformung ist es dann wenigstens im Bereiche Karthagos vielfach als Abbildung eines Idols von menschenähnlicher Gestalt aufgefaßt worden, so zu Cirta als Idol des Baal Hammon,³) und zwar wird dabei die Henkelöse als der Kopf betrachtet, das untere Dreieck als der Rumpf, dem man gelegentlich sogar eigens Füße ansetzt, und aus dem Querstriche werden Arme gemacht; das Ganze gilt augenscheinlich für die Wiedergabe eines konisch gestalteten mit Kopf und mit Armen versehenen Fetischsteines.⁴) Stilistischer Art sind dagegen die Aenderungen, welche das Aegyptische in der phönizischen Kunst erleidet, nur zum geringen Theil. Oft ist phönizische Arbeit von ägyptischer daran zu unterscheiden, daß die Flügel der Sphinxe, der Skarabäen und anderer Gestalten nicht so lang bemessen sind wie die Fittige der Flügelgestalten Aegyptens, auch nicht am oberen Rande geradlinig verlaufen, sondern in geschwungener Linie sich aufwärts krümmen.⁵) In diesem Falle aber verfahren die Phönizier nach dem Vorbilde

Relief aus Ruad (Arados) in weißem Marmor.

Sphinx, geflügelt, mit ägyptischem Kopfschmucke, vor der Stirn die Uräusschlange, auf dem Haupte die beiden ägyptischen Königskronen. Unter dem Sphinx ein heiliger Schrein. Paris, Louvre-Museum.
Original 61 Centim. hoch.

1) Es stellt eigentlich einen Handspiegel vor, die Oese ist die Umrahmung des Spiegels, an dieser ist ein Griff, der eine Querstange hat.
2) Auf einer phönizischen Darstellung des Henkelkreuzes, die zu Eryx gefunden ist (Archivio storico siciliano, N. S., XII, Palermo 1887, Taf. 3, Nr. 756 b), ist innerhalb dieses Dreiecks ein Baumblatt eingezeichnet, von ähnlicher Gestalt, wie es die auf S. 224 abgebildete (? kyprische) Münze zeigt.
3) Vergl. Textbild auf S. 214 und die karthagische Stele (Vollbild zu S. 181).
4) Es scheint danach vorgekommen zu sein, daß derartigen in Tempeln aufgestellten Steinkegeln, um zu verdeutlichen, daß es sich um das Ebenbild eines beseelten Wesens handele, Kopf und Arme angesetzt waren. Zwei armartige Henkel sieht man an der als Dreieck gezeichneten Abbildung eines konisch gestalteten Fetischsteines auf Münzen von Mallos.
5) Vergl. Perrot und Chipiez, Aegypten, S. 889 und S. 893, Anm. 3; Histoire de l'art, III, S. 129—130.

der nordsyrischen und mesopotamischen Kunst, während nur zögernd in diesem Punkte die Aegypter zur Nachahmung sich entschließen.[1]

Auch decorative Muster sind aus der Kunst Aegyptens in die der Phönizier und Vorderasiaten übergegangen, so besonders die Lotusblume und Lotusknospe in derselben Zeichnung, die auf ägyptischen Darstellungen so gefällig wirkt,[2] auch die ägyptische Wiedergabe der Necheb=Pflanze,[3] die in der Symbolik des Nilthales den Süden repräsentirte. Die Necheb=Blume mit ihren beiden Seiten=Voluten fand als Capitälform weiteste Verbreitung; über ihr oder zwischen ihren Voluten wurde dabei mitunter die assyrische Palmette angebracht.[4] Hieraus werden z. B. einige von den Capitälformen hervorgegangen sein, die man auf Cypern antrifft: eine derselben zeigt zugleich eine Annäherung an die Ausschmückung des ägyptischen Glockencapitäls; ein spitzes Kelchblatt greift von der Basis aus zwischen die Voluten ein.[5]

Kyprische Kapitäle, in Kalkstein.
a. Gefunden zu Athieno, 1,05 Meter hoch, 1,18 Meter breit, 19 Centim. stark. b. Gefunden zu Trapeza, 75 Centim. hoch, 1,22 Meter breit, 30 Centim. stark. Paris, Louvre=Museum.

Daß die Phönizier bei der Entlehnung von Formen nicht stehen blieben, daß sie im Verkehr mit Aegypten und nicht minder im Verkehr mit den nord= syrischen Grenzlanden auf allen Gebieten der Kunst und Industrie auch Her= stellungsmethoden und, was sonst ihnen zweckmäßig erschien, sich anzueignen bemüht haben, ist bereits hervorgehoben worden; über Vieles, was hierbei in Betracht kommt, ist bis jetzt leider noch keinerlei Auskunft zu gewinnen.

[1] Vergl. über diese Fragen auch Ed. Meyer, Geschichte des Alterthums, 1, § 201.
[2] Auch das Wort schuschan, mit welchem nachträglich im Hebräischen die Lilie bezeichnet worden ist, bedeutet ursprünglich Lotus; ägyptisch lautet der Name des Lotus schoschen; vergl. P. de Lagarde, Mittheilungen, II, S. 15—17.
[3] Abgebildet in J. Dümichens Geographie des alten Aegyptens, S. 58.
[4] Vergl. die Abbildungen bei Otto Puchstein, das ionische Capitell, Berlin 1887, S. 59—61.
[5] Vergl. die Textbeilagen zu Ed. Meyers, Geschichte des alten Aegyptens, S. 188.

So wird erst eine vollständige Durchforschung der Landstriche Nordsyriens voraussichtlich lehren, wie weit das Abhängigkeitsverhältniß reicht, in welchem zu der ihr in vielen Dingen überlegenen Gesittung dieser Uebergangszone die Cultur der Phönizier gestanden hat.

Daß eine Kunst, die vor allem auf Aneigung und Nachahmung ausging, es weder zu großer Consequenz in ihrer Entwickelung noch zur Empfindung für Einheit des Stils hat bringen können, wird nicht überraschen.[1]) Eine Formensprache zu finden, in der Asiatisches mit Aegyptischem zu etwas Neuem sich vermählte, ging über ihre Kraft; ihre Ausdrucksweise bleibt eine Art Kauderwälsch, das zugruterletzt noch mit etwas Griechischem ausstaffirt wird, an Formgehalt aber, um in dem Vergleiche zu bleiben, nie höher gestanden hat als unter den Idiomen der Gegenwart etwa das Pidgeon-Englisch. Die Dürftigkeit der Ausführung, welche oft die Stilmengung mildert, darf darüber nicht täuschen. Wo der phönizische Künstler ganz den Eingebungen des eigenen Genius sich überläßt, bringt er nur Schöpfungen zu Stande,[2]) welche nicht minder von Mangel an echtem Formgefühl zeugen, wie die ungereimte und grobe Zusammenstellung von grundverschiedenen Stilarten, die er im anderen Falle so häufig sich zu Schulden kommen läßt. Das Bunte und äußerlich Mannigfaltige, welches bei der Freiheit internationaler Auswahl unselbständige Aneigung mit sich bringt, hat überhaupt bei den Phöniziern in der Ausstattung und Verfeinerung des Daseins vorgeherrscht, seit sie zur Handelsnation sich entwickelt haben. In ihrem Erfinderruhme strahlt so viel erborgter Glanz, daß fraglich wird, ob in irgend einem Industriezweige ihnen die Urheberschaft wirklich zuzusprechen ist. Viel höher als ihr schöpferisches Können, als Alles, was sie mit eigenen Mitteln hervorgebracht haben, ist ihre kaufmännische Befähigung zu veranschlagen. Ein zähes Trachten nach Bereicherung durch Handelsgewinn, das, nur in seinen Zielen wählerisch, voll Unternehmungslust, kluger Entschlossenheit und Berechnung den Vortheil aufsucht, keiner Mühsal und Gefahr dabei ausweicht, verbindet sich bei den Phöniziern mit einer Sinnesart, die Machtverhältnissen nachgiebig sich fügt, die selbst Er-

---

[1]) Am besten fällt die Zusammenstellung von Gebilden, die noch das Gepräge ihres heterogenen Ursprungs behalten, da aus, wo die Formengebung wenig ins Detail geht, so beispielsweise bei einer Stele, die zu Amrit gefunden ist (**Perrot** und **Chipiez**, Histoire de l'art, III, S. 413); eine Gottheit, gekleidet in ägyptische Tracht, die Osiriskrone auf dem lockigen Haupte, hält mit der einen Hand einen Löwen an den Beinen gepackt und schwingt mit der andern dieselbe Art Waffe, mit der die Löwenwürger von Chorsabad ausgestattet sind; die Götterfigur steht auf einem Löwen, der auf einem Berge einherschreitet, ein Motiv mesopotamischen Ursprungs, und zu Häupten der Gottheit erblickt man das Mondsymbol, über diesem die geflügelte Sonnenscheibe. Völlig ins Stilwidrige geht das Nebeneinander von verschiedenartiger Formbehandlung auf den zum Export und für den Luxus gefertigten Arbeiten. Mit Recht hat man hervorgehoben, daß die letzteren nicht anders zu beurtheilen sind, als die pseudochinesischen und pseudojapanischen Fabrikate, die heutzutage hergestellt werden.

[2]) Es gilt das selbst von Arbeiten, bei deren Herstellung sichtlich nicht unbedeutende Schwierigkeiten überwunden wurden.

Darstellungen auf einer Silberschale aus der Nekropole von Amathus auf Cypern. Getriebene und eingravirte Arbeit. Aegyptische, assyrische und griechische Motive neben einander. Durchmesser 0,188 m. Metropolitan-Museum, New-York.

niedrigung geduldig in Kauf nimmt, die nationale Gesammtinteressen nicht kennt, die trotz der religiösen Befürchtungen, welche das Loos der Seele des in der Fremde ohne rituellen Schutz vor dem Dämon der Todesstunde Verstorbenen als ein Grausen erregendes ausmalten, und trotz hingebender Anhänglichkeit an den Heimathsort, diesen zu verlassen, sobald es vortheilhaft erscheint, stets bereit ist.

Zu den Gebieten, welche die Schiffahrt den Phöniziern erschloß, gehört schon im 16. Jahrh. v. Chr. nicht mehr bloß Cypern und ein Theil der Südküste Kleinasiens, sondern bereits das ägäische Meer in seiner ganzen Ausdehnung. Wie lange vordem bereits Phönizier in diese Gewässer sich vorgewagt haben, ist nicht zu berechnen. Die Uebergangsstation hat vermuthlich das an gastlichen Häfen reiche Rhodos gebildet. An der Südküste Kleinasiens entlang hat wohl die Fahrt zuerst dorthin geführt; die Brücke zu den kleineren Inseln des Archipels war damit gewonnen, der Weg zu den ägäischen Küsten Kleinasiens wie Griechenlands gebahnt. Es wird in diesem Abschnitte des Mittelmeeres keine Eilande, keine Küstenstrecken geben, die nicht um die erwähnte Zeit und vielfach bereits vordem von Phöniziern besucht wurden, um versuchsweise durch Anpreisung von Waaren einen Tauschverkehr mit den Eingeborenen einzuleiten. Wo sie günstige Aufnahme und die ihnen werthvollen Rohstoffe fanden, kehrten sie wieder, errichteten sie Factoreien, um sich dauernden Gewinn zu verschaffen, und wählten für ihre Handelsstationen, wie in der Westhälfte des Mittelmeeres, mit Vorliebe dicht an der Küste gelegene Inseln und am Saume des Gestades Oertlichkeiten, die Sicherheit vor Angriffen versprachen. Wo es Bodenschätze auszubeuten gab, unterrichteten sie die Bewohner des Landes in der Gewinnung, nahmen auch selber den Betrieb in die Hand.

Die Nachrichten, welche über ihren Aufenthalt im Bereiche des ägäischen Meeres vorliegen, sind sehr spärlich, auch zum Theil nichts weniger als gesichert. Worauf die Angaben griechischer Autoren, dieser oder jener Ort oder Cultus oder Bau sei phönizischen Ursprungs, beruhen, ist in den meisten Fällen nicht zu controliren; oft zeigt das nur, daß die wirklichen Urheber nicht mehr bekannt gewesen sind, daß als Werk der Kyklopen, der Pelasger, der Phönizier aufs Gerathewohl betrachtet wird, was aus den Tagen ehrwürdiger Vorzeit herrührt. Selbst in dem Zeitalter, in welchem die Dichtungen Homers entstanden, gehört die Periode, während der Phönizier im griechischen Archipel sich ansässig gemacht hatten, längst der Vergangenheit an. Die Sidonier und Phönizier werden in der Ilias und Odyssee nur noch als Bewohner Phöniziens, des sidonischen Landes, erwähnt und als Seefahrer, die von ihrer Heimat aus weite Handelsreisen unternehmen, zur See sich umhertreiben, gelegentlich auch einmal Jahr und Tag an einem Orte vor Anker bleiben, wie es so kommt. Häufig ist von ihrem Thun und Treiben die Rede, von der unvergleichlichen Pracht der aus Silber gearbeiteten Mischkrüge und kunstreichen gestickten Gewebe, die für ein Werk der Sidonier gelten, von dem

Gold- und Bernsteinschmucke,¹) mit dem sie sich zum Verkaufe melden, von der unredlichen, betrügerischen Gesinnung und gemeingefährlichen Arglist dieser Hausirer, die ränkevoll gutmüthige, arglos vertrauende Leute unter falschen Vorspiegelungen um ihre Habe bringen und noch obenein in Sklaverei verkaufen, die Mägde beschwatzen, mit gestohlenem Gut und dem Kinde ihrer Herrschaft an Bord zu kommen, hurtig mit ihnen davon fahren und im ersten besten Hafenorte das entführte Kind, einen Sohn vornehmer Eltern, als Sklaven verhandeln. Aber selbst der Entstehungszeit des griechischen Epos entspricht dieses Bild nur noch zum Theil, fast nur, in sofern es Sidon als den Hauptexportplatz für nordsyrische Kunst- und Industrieerzeugnisse und diese selbst als etwas Unnachahmliches hinstellt; namentlich die Episoden der Odyssee, welche die Schilderung phönizischer Spitzbübereien enthalten, sind nachträglich eingeflochtene Einschaltungen.²) Von sehr zweifelhafter Beweiskraft sind die Rückschlüsse, welche neuere Forscher auf die ehemalige Verbreitung der Phönizier aus einzelnen griechischen Ortsnamen gezogen haben. Namen wie Salamis, Megara, Marathon, Syros, Adramyttion und anderen mehr vermag man zwar einen Sinn unterzulegen, der eine etymologische Erklärung aus dem Wortschatze der nordsemitischen Sprachen zuläßt; aber die Richtigkeit dieser Erklärungen muß ganz auf sich beruhen.

In ähnlicher Weise, wenn auch nicht in demselben Maaße wie Cypern, haben die Phönizier Rhodos mit Ansiedelungen besetzt, das etwa ein Viertel von der Ausdehnung Cyperns hat. Den Mittelpunkt ihrer Niederlassungen bildete hier Jalysos, an der Kleinasien zugewendeten Nordspitze der Insel; phönizisch soll auch die Stadt Cameiros gewesen sein, die an der Ostküste von Rhodos lag. Auch auf mehreren der Kykladen und Sporaden haben sie sich ansässig gemacht, so auf Thera, auf Melos (S. 42, Anm. 1), wo es Schwefel und Alaun zu holen gab, und auf Oliaros (Antiparos), das angeblich von Sidoniern colonisirt worden ist. Die Insel Kythera gewährte ihnen eine Station für den Fang von Purpurmuscheln, einen Ausgangspunkt für Fahrten nach dem Westen des Mittelmeeres und für den Verkehr mit den Küsten des Peloponnes. Ob es auf Kreta phönizische Ansiedelungen gegeben hat, bleibt unentschieden. Selbst in der Nähe der thrakischen Küste haben Phönizier sich niedergelassen, nämlich auf der goldreichen Insel Thasos; von dem Bergwerke, das sie hier angelegt hatten, spricht Herodot mit staunender Bewunderung.³) Daß von ihnen auch Samothrake colonisirt worden sei,

---

1) Perlen und Kugeln aus reinem Bernstein finden sich bereits in den Gräbern von Mykenai vor (H. Schliemann, a. a. O., S. 235, 283, 353).

2) Den Hinweis hierauf verdanke ich Herrn Prof. von Wilamowitz-Moellendorff.

3) Was die Fahrten im Aegäischen Meere zuerst gelohnt hat, ist allerdings wohl hauptsächlich der Handel mit Sklaven gewesen. Wo es nichts weiter zu holen gab, und es gab damals in Hellas weder Weinbau, noch Olivenpflanzungen, noch namhafte Industrie, da werden sie für die Waaren, welche sie mit sich brachten, von den einheimischen Fürsten der Küstenlandschaften Leibeigene und Kriegsgefangene um ein Billiges eingetauscht haben.

wird ohne zureichenden Grund behauptet. Nicht in Abrede zu stellen ist dagegen die Möglichkeit, daß die Phönizier in jener frühen Zeit auch Fahrten gewagt haben, welche sie nordwärts über den Hellespont und Bosporus hinaus in die Gewässer des Pontus führten, und selbst an der Nordküste Kleinasiens können sie zeitweilig Factoreien besessen haben.

Die Entdeckungen, welche Heinrich Schliemann auf dem Hügel Hissarlik in der Troade und auf den Trümmerstätten von Mykenai und Tiryns sowie zu Orchomenos gemacht hat, auch die Funde, welche andere Stätten vorhomerischer Cultur geliefert haben, enthalten eine Reihe von Arbeiten, die

Darstellung eines phönizischen Tempels mit dreifachem Portale.
In Goldblech gepreßt. Aus Mykenai.

theils aufs Deutlichste in Form und Ausführung das Gepräge der Erzeugnisse der phönizisch-nordsyrischen Kunst zur Schau tragen,[1]) und daher als getaufte

---

[1]) H. Schliemann, Mykenai, S. 209, Nr. 267—268 (weibliche Göttin, die Hände an die Brust pressend, unbekleidet; zu Häupten der einen Figur eine Taube, ebenso zu Häupten der anderen, die zugleich an den Schultern zwei flatternde Tauben umgeben); S. 212, Nr. 273 (weibliche Figur, angethan mit dem horizontal gestreiften, gestickten syrischen Gewande, die Hände an die Brust pressend); S. 402, Nr. 530 (Petschaft aus Gold; darauf Figuren in der oben auf S. 265 besprochenen nordsyrischen Frauentracht); S. 213, Nr. 272 (laufender Greif); S. 223, Nr. 292 (Spange aus Gold, ganz im Stil der nordsyrisch-assyrischen Kunst; Figur in langem Kaunakes-Gewande, in einem offenen Rund, welches durch Quasten gebildet wird, die von den Seiten einer Palmette, die aus Spiralen zu Häupten der Figur sich entwickelt, im

Waare sich kennzeichnen, theils auch auf die Nachahmung von Vorbildern phönizisch=nordsyrischer Herkunft hinweisen. Ueberhaupt ist ersichtlich, daß, wo es damals im Umkreise des ägäischen Meeres eine Cultur gegeben hat, diese in allem Aeußeren mit der nordsyrisch=phönizischen viel mehr Aehnlichkeit hatte als mit der nachmaligen hellenischen. Die Burgmauern, welche die Herrschersitze von Hissarlik, von Tiryns und Mykenai umgaben — um nur eins zu erwähnen —, werden, als sie noch unversehrt dastanden, nicht anders ausgesehen haben, wie die Burgen Palästinas und Nordsyriens, welche die Aegypter abbilden.[1]) Und ebenso, wie zu Mykenai und Tiryns in der Wand=decoration der Wohnräume Motive vorderasiatischen Ursprungs vorkommen, wird auch die Bauart, die dort und zu Hissarlik bei der Errichtung fürstlicher Wohnstätten gesägten Stein, Bruchstein, an der Luft gehärtete Ziegel und dazu Holz in Verwendung bringt, da sie bereits an constructive Details gewöhnt ist, welche der verschiedenen Beschaffenheit des Baumaterials Rechnung tragen und Schulung verrathen, wird auch der Entwurf der Wohnstätten nicht ein Erzeugniß sein, das im Bereiche der Länder des ägäischen Meeres entstanden ist. Eigenartiges und Streben nach Selbständigkeit ist zwar in der Cultur, deren Ueberreste jene Trümmerstätten vorführen, nicht zu verkennen; autochthonen Ursprungs sind z. B. die argolischen Thongefäße, ihre Formen und Decorationen. Einstweilen überwiegt aber noch das Fremdländische und das, was fertig aus der Ferne dem Verlangen nach Brauchbarem, Stattlichem, Kunstvollem entgegengebracht wird. Ob Alles, was in der frühesten Cultur jener Länder auf Beziehungen zu Vorderasien deutet, lediglich auf dem Seewege dorthin gelangt ist, ob nicht Manches langsam von Kleinasien aus Verbreitung gefunden hat, muß allerdings dahingestellt bleiben. Nur wenige Anzeichen führen Einzelnes auf Aegypten zurück und auch das nicht unmittelbar.[2])

Bogen rechts und links heruntergehen). Aus Darstellungen wie Nr. 267 darf nicht geschlossen werden, daß um diese Zeit die Kunst der Phönizier sich noch ganz ohne Schema in stillosem Naturalismus erging.

1) An die Galerien, welche in der Umfassungsmauer von Tiryns ausgespart sind, stoßen casemattenartige Kammern, Reihen von eingebauten Gemächern, ähnlich wie das in Mauerbauten phönizischen Ursprungs, z. B. zu Karthago und zu Thapsos, vor=gekommen ist.

2) So sind die Darstellungen, welche auf einzelnen der plattirten Dolchklingen von Mykenai vorkommen, zum Theil zwar aus Nachahmungen ägyptischer Vorbilder ab=zuleiten, sind aber durchaus nicht Copien, noch weniger ägyptische Arbeit. Ein Gold=ornament von Mykenai stellt augenscheinlich den ägyptischen Gott Set vor, oder vielmehr das Fabelwesen, dessen Gestalt ihm von den Aegyptern zugeschrieben wurde (H. Schlie=mann, Mykenai, S. 210, Nr. 269), aber die Formengebung ist ganz unägyptisch. Dies gilt auch von einer dauernd dasitzenden, mit Flügeln und weiblichen Brüsten ver=sehenen Sphinx (H Schliemann, ebendort, S. 213, Nr. 277). Vor Allem fehlt selbst auf den Kunstwerken, als deren Verkäufer und Verbreiter hier die Phönizier zu betrachten sind, die Wiedergabe von Hieroglyphenzeichen und ägyptischen Symbolen; die Kunst Nordsyriens steht augenscheinlich noch nicht in intimer Beziehung zu Aegypten. Ein vielbesprochenes Vasenornament (Schliemann, Mykenai, S. 160, Nr. 213) ist jedoch vielleicht aus Versuchen, die Uräusschlange wiederzugeben, zu erklären.

Ist auch in der Anfangszeit an einzelnen Orten der erwachenden Cultur Griechenlands die größte Anregung und Förderung durch Vermittelung der Phönizier zu Theil geworden, so ist doch die Tragweite dieser Einwirkung nicht zu überschätzen. Jene Herrschersitze, die vorzugsweise sich als Aufnahme= stätten asiatischer Cultur zeigen, sind frühzeitig dem Untergange verfallen. In das Innere von Hellas ist wenig oder gar nichts von jener Aneignung fremden Wesens vorgedrungen. Auch eine Seeherrschaft haben innerhalb des ägäischen Meeres die Phönizier augenscheinlich niemals ausgeübt. Die Stationen, welche sie dort besaßen, haben sie frühzeitig, etwa seit dem 13. Jahrh. v. Chr., wieder geräumt. Auf Rhodos haben zuerst die Karer ihren Einfluß ein= geschränkt, dann dorische Griechen sie ganz verdrängt, und selbst ein großer Theil Cyperns, die weite Ebene der Nordhälfte der Insel, hat frühzeitig Griechen zu Einwohnern. In einzelnen Dingen und manchem Aeußeren hängen zwar die Culturzustände, von denen das griechische Epos ein Bild giebt, mit jener früheren, der vorhomerischen, zusammen, aber nur bei einigen Griechenstämmen, einigen Insel= und Küstenbewohnern, hat sich ein Ueberrest davon erhalten, der schon in dem Zeitalter Homers in der Umgestaltung begriffen ist. Was übrig blieb und sich dann nutzbar fortentwickelt hat, ist hauptsächlich die Bekanntschaft mit praktischen Erfindungen gewesen.[1]) Der Erfolg, mit dem die phönizischen Schiffer auf dem Meere sich bewegten, hat zur Nachahmung gereizt, ihre Fahrzeuge, so dürftig sie waren, haben als Muster gedient, und es wird richtig sein, daß die Griechen von Phöniziern gelernt haben, bei nächtlicher Seefahrt Norden nach dem Polarsterne und damit den Kurs zu bestimmen. Die Vertrautheit, welche Griechen und Klein= asiaten in Schiffahrtsangelegenheiten erwarben, ist aber auch das erste gewesen, was die Vermittelung der Fremdlinge entbehrlich machte. Aus Palastbauten von der Materialverwendung, welche Tiryns, Mykenai und Hissarlik aufweisen, sind in die griechische Steinbauarchitektur einige Einrichtungen übernommen, die nur bei jener früheren Bauweise etwas Nothwendiges waren. So hat die Regel, daß der Säule aus der angrenzenden Wand ein Wandvorsprung, eine Ante, ein Pilaster entgegengetreten, ursprünglich einen constructiven Zweck, der fortfällt, wo das ganze Bauwerk in Stein aufgeführt wird. Ob aber diese Gegenüberstellung in der nordsyrischen Architektur ein Vorbild gehabt hat, ist vor der Hand noch unentschieden zu lassen.[2]) Das Kunstgewerbe hält besonders auf einigen der griechischen Inseln und in einzelnen Industriezweigen lange an bestimmten Mustern vorderasiatischen Ursprunges fest, es zeigen das z. B.

---

1) Eine ausführliche Darstellung dieses Einflusses, der sich besonders noch an zahlreichen Lehnworten verfolgen läßt, gehört nicht zu den Aufgaben, welche der vor= liegende Band der „Allgemeinen Geschichte in Einzeldarstellungen" erfüllen soll.

2) Zu den zahlreichen griechischen Worten, die allem Anscheine nach aus einer Entlehnung von den Phöniziern sich gebildet haben, gehört auch einer der Ausdrücke für „Säule"; vergl. P de Lagarde, Mittheilungen, II, S. 356.

die Thonwaaren von Melos und Rhodos,¹) auch Bronzen, die man neuerdings auf Kreta entdeckt hat,²) und in ganz besonderem Maße, wie das nicht anders zu erwarten ist, die Fabrikate Cyperns. Aeltere von jüngeren Einflüssen zu sondern, ist hierbei nicht recht möglich. Ganz aufgehört hat der Verkehr mit phönizischen Kaufleuten in den südlichen Gewässern des ägäischen Meeres durchaus nicht, und auf Cypern gab es ja noch in der Diadochenzeit kleine phönizische Reiche.

Auf den meisten Gebieten ist dem Hellenenthume nicht erspart geblieben, aus eigener Kraft sich emporringen zu müssen. So steht die Kunst, die zu einer gesammthellenischen wird, durchaus auf eigenen Füßen; wo sie Fremdes ausnutzt, seien es nun Ornamente wie Palmetten und Rosetten, seien es die Gestalten des Greifes, der Sphinx und anderer Flügel tragender Gebilde, da führt sie es über in eine neue Formengebung und Bedeutung. Und wenn sie auch nicht ganz verschmäht hat, in einigen von den Darstellungen, die auf Erzeugnissen morgenländischer Industrie ihr entgegentraten, Bilder von hellenischen Göttern und Heroen wiederzufinden und für die Darstellung der letzteren Einzelnes daraus zu entnehmen, so duldet ihr innerstes Wesen doch keine Stilvermengung. Noch viel schwächer vertreten ist bis auf die Zeiten des Synkretismus, der eklektischen Allerweltsreligion, das Entlehnte in der Mythen- und Götterwelt der Griechen. Mit dem tyrischen Melkart hat der Glaube an Herakles, dessen Thaten, Schicksale und Gottheit von Hause aus gar nichts zu thun. Kadmos ist eine echt griechische Gestalt, nicht der mythische Vertreter des Phöniziertums, zu dem man ihn gern hat machen wollen.³) Daß der Astartecultus Cyperns sehr bestimmend auf den Glauben an die griechische Göttin, die bei Homer bereits Kypris, die „kyprische" heißt, eingewirkt hat, geht aus manchen Anzeichen hervor, ausgeschlossen ist jedoch nicht, daß es eine griechische Göttin der Liebestriebe gegeben hat, bevor sie den Namen Aphrodite erhielt, der mit dem Namen Astarte identisch sein kann.⁴) Zu erklären wäre hierbei auch noch, warum nicht zugleich mit dem Astartedienste auch der Adoniscultus von den Griechen übernommen wurde. Dieser ist verhältnißmäßig erst sehr spät bei ihnen zu einer Verbreitung gelangt.

1) Auf dem Festlande behält besonders die Thonwaarenindustrie Korinths sehr lange Ausschmückungen orientalischen Geschmacks bei. Asiatische Vorbilder zeigen sich auch auf Vasen, die bei Kyme, bei Myrina, bei Phokaia an der Westküste Kleinasiens gefunden sind.

2) Vergl. Museo italiano di antichità classica, II, Florenz 1888, S. 689—903, und dazu den Atlas von F. Halbherr und P. Orsi, Antichità dell' antro di Zeus Ideo in Creta.

3) U. v. Wilamowitz-Moellendorff, Philologische Untersuchungen, I, S. 149 bis 153; Derselbe, Euripides Herakles, I, S. 276.

4) Anzunehmen ist die Identität der beiden Namen aber nur unter der Voraussetzung, die P. de Lagarde, Mittheilungen, I, S. 76, dargelegt hat. Von der Unform Aichtoret, die lediglich der masoretischen Vokalisation ihren Ursprung verdankt, ist ganz abzusehen. Zu der Vokalisation Astarte vergleiche den Frauennamen Asepte (Corp. Inscript. Semit., I, 1, Nr. 119).

Das Wichtigste, was die Griechen den Phöniziern verdanken, ist die Kenntniß der Schrift, des kanaanäischen Alphabets. Während des Zeitraums, in dem die nordsyrische Cultur am unmittelbarsten ihren Einfluß in Griechenland geltend gemacht hat, waren die Phönizier noch gar nicht im Besitze dieses Schriftsystemes. Es hat erst nachträglich bei den Griechen sich eingebürgert, zuerst, wie es scheint, auf Kreta. Hier, auf Thera, wo die ältesten griechischen Inschriften, die in diesen Buchstaben abgefaßt sind, bis zur Mitte des siebenten Jahrhunderts zurückreichen, auf Melos, wo sie mit dem sechsten Jahrhundert beginnen, fehlen Anfangs noch besondere Zeichen für φ χ ξ ψ, die erst von den ionischen Griechen erfunden worden sind. Der Mangel an Zeichen für die Vocale, der die Phönizier nie gestört hat, ist im griechischen Alphabete beseitigt; sechs der kanaanäischen Consonantenzeichen ist der Werth von Vocalzeichen beigelegt, eine Neuerung, die in der Geschichte des Schriftwesens mindestens ebensoviel Belang hat, wie die Einführung einer Consonantenschrift. Der Versuch zur Wiedergabe der Vocale hat das Alphabet erst wirklich brauchbar gemacht. Wohl nur wenig früher als die Schriftzeichen der Phönizier und zum Theil augenscheinlich ohne Zuthun der letzteren haben bei den Griechen sich Maaß- und Gewichtssysteme eingebürgert, welche an die in Vorderasien geltenden sich anschlossen. Die kaufmännischen Einrichtungen der Phönizier und das Geschäftsverfahren derselben mögen in vieler Hinsicht den Griechen zum Muster gedient und deren kaufmännischen Sinn geweckt haben. Bei ihrem Verkehr in überseeischen Gebieten waren z. B. die Phönizier die ersten, welche in die Nothwendigkeit versetzt wurden, durch Bürgschaft für Rechtsschutz ihre Person und ihr Eigenthum sicher zu stellen. Ueber die Maßregeln, welche sie zu diesem Zwecke trafen, liegen allerdings nur Nachrichten aus verhältnißmäßig später Zeit vor. Wo ihrer eine größere Anzahl an fremdem Orte weilte, schlossen sie sich zu Gemeinden und Corporationen zusammen; Diese standen unter eigener Obrigkeit, in den punischen Gebieten findet man als solche Suffeten, d. i. Richter; die Gemeinde der Sidonier in Peiraieus hat, wie eine Inschrift aus dem Jahre 96 v. Chr. bezeugt, einen Vorsteher, einen Nasi. Das eigene Interesse gebietet diesen in der Diaspora lebenden Phöniziern, die Verbindung mit der Mutterstadt, mit einem Vororte des Mutterlandes, möglichst zu wahren. Geräth eine Gemeinde mit der andern in Rechtsstreitigkeiten, so wird die Sache der obersten Behörde der Mutterstadt zur Entscheidung anheimgegeben. Die Verbindlichkeiten, welche auf beiden Seiten verpflichten, sind zugleich religiöse; vor allem beruhen sie auf der Zugehörigkeit zu dem Cultus der Ortsgottheit der Mutterstadt. Wer dagegen an dem fremden Handelsplatze nur vorübergehend sich aufhalten will, meldet sich dort bei einem der vollberechtigten Einwohner und tritt zu ihm in das Schutzverhältniß des Gastes. Nicht aus lauter Uneigennützigkeit werden dem Fremdlinge diese Vergünstigungen gewährt; sie verpflichten ihn zu Gegenleistungen. Vor allem liegt ihm in Zukunft ob, in dem eigenen Heimathsorte seinem ehemaligen Beschützer und allen Personen, welche als Familienangehörige oder Beauftragte desselben sich auszuweisen vermögen, dieselbe Hülfe angedeihen lassen. Vor der Abreise des Gastes nimmt man eine Scherbe und bricht dieselbe in zwei Stücke. Die eine Hälfte nimmt der Fremde mit, die andere behält der Gastgeber. Will er in Zukunft jemand der Fürsorge seines ehemaligen Schützlings anempfehlen, so bekommt dieser von ihm die zurückbehaltene Hälfte als Erkennungszeichen mit auf die Reise. Bei der Vorzeigung wird geprüft, ob die Bruchränder der beiden Stücke aufeinanderpassen, und der Ueberbringer ist beglaubigt.[1]) Das Gastfreundschaftsverhältniß, die Proxenie, ersetzt bei den Griechen schließlich das Consularwesen. — Zu den Geschäften, mit denen die in griechischen Handelsstädten ansässigen Phönizier sich befassen, gehört das Geldverleihen. Sie geben dort gegen Zinsen Darlehen auf Schiffe und schwimmende Ladung. Auch in Geldgeschäften werden von ihnen die Griechen gelernt haben. Wo so ungeheuere Summen zusammenflossen wie zu Karthago, hat es sicher ein ausgebildetes Bankierwesen, eine Art Geldmarkt, gegeben.

Von Kreta und Kythera aus haben die Phönizier Zugang zu der Westhälfte des Mittelmeeres gewonnen, und zwar müssen es bestimmte Nachrichten gewesen sein, die sie getrieben haben, in dieser Richtung sich vorzuwagen, Nachrichten von den Metallreichthümern der pyrenäischen Halbinsel, von den Silberschätzen des südlichen Spaniens, des Landes Tarschisch, wie es in der Bibel heißt, des Gebietes von Tartessos, wie es die Griechen genannt haben. Dies ist unverkennbar hier zu Anfang das Hauptziel ihrer Fahrten gewesen. Sizilien, die Inseln Malta, Gaulos (Gozzo), das von dem gaul, dem rundbauchigen phönizischen Lastschiffe seinen Namen führt, weil es einem solchen vergleichbar in der See daliegt, Kossura (Jranim; Pantellaria), das die Brücke zwischen Sizilien und dem Festlande Nordafrikas abgiebt, und das nordafrikanische Küstenland westwärts von der großen Syrte gewährten ursprünglich dem phönizischen Kauffahrer, der die Fahrt auf offener See möglichst vermied, nur die unentbehrlichen Anlegeplätze und die Möglichkeit zu Proviantkäufen auf dem langen Wege, der ihn an die Südostküste[2]) der pyrenäischen Halbinsel und durch die Meerenge, die Europa von Afrika trennt, zum Mündungsgebiete des Guadalquivirs führte. Erst nachdem die Tarschischfahrten im Gange waren, entwickelten auch auf einigen der Zwischenstationen sich Ansiedelungen von selbständiger Bedeutung, wurde im Umkreise derselben eine Niederlassung nach der andern errichtet. Auf diesen Vorgang weist noch hin, daß die Ausbreitung der phönizischen Colonien im Weestmeere die

---

1) Bei Plautus nennt der Karthager Hanno diese Beglaubigungsmarke ers ahelicot (hirs hahelikot), die „Scherbe des Gastrechts". Vergl. auch Movers, Die Phönizier, II, 3, S. 121—122; R. v. Jhering in der Deutschen Rundschau, 1886—87, III, S. 429—442.

2) Als eine der frühesten Ansiedelungen auf spanischem Boden galt von den Städten der Südostküste Sex. Auch in der Nähe dieser Stadt war die Küste mit Ansiedelungen phönizischen Ursprungs besetzt: Carteja, Malaca (Malaga), Abdera.

Richtung des Seeweges nach Tartessos innehält. Auch galt, wie ausdrücklich bezeugt wird, Gadeira (phönizisch Gâdêr, der „umschlossene Raum", lateinisch Gades, das heutige Cadiz), die Stadt, welche die Phönizier auf einer Insel in der Nähe der Mündung des Guadalquivirs, des Hauptstromes Turdetaniens, des Tarschischlandes, gegründet haben, für älter als Utica,[1]) und älter als Gades soll Lixos (Schemmis; el-Arisch) gewesen sein, das außerhalb der Meerenge an der afrikanischen Küste lag. Noch weiter westlich als Gades lag Onoba, wo angeblich die Phönizier zu landen pflegten, bevor Gades gegründet wurde. Tarschisch bot ihnen nicht bloß Silber in Menge, es gab dort auch Gold, Blei und andere Erze, das Meer lieferte hier Gelegenheit zu ergiebigem Fischereibetriebe in großem Maßstabe, besonders zum Thunfischfange, und vermuthlich gelangten damals bereits zu den Ländern, welche den westlichsten Rand des Mittelmeerbeckens umsäumen, vom hohen Norden her durch Zwischenhandel Zinn und Bernstein. Hauptsächlich ein Ergebniß der billigen Silbereinkäufe, welche die Phönizier hier machten, ist augenscheinlich, daß auch im Morgenlande das Werthverhältniß, in welchem dieses Metall dort ursprünglich zum Golde stand, noch mehr Einbuße erlitten hat als zuvor; es hat ein Fünftel an factischem Werth verloren.

---

[1]) Die Gründungsdaten, welche in den meisten Geschichtswerken angegeben werden (kurz vor 1100 Gades, 1100 v. Chr. Utica), beruhen auf Voraussetzungen, die nicht stichhaltig sind. Da die Griechen, als sie das Westmeer zu befahren anfingen, dort die Phönizier bereits vorfanden, da sie ferner die Irrfahrten des Odysseus als Anfang der griechischen Fahrten nach dem Westen des Mittelmeeres und die dorische Wanderung als den ersten Anlaß zur Errichtung der griechischen Colonieen betrachteten, haben sie sich, wie zuerst O. Meltzer dargelegt hat, an die Auffassung gewöhnt, die Ausbreitung der Phönizier in jenen Gebieten habe kurz vor dem Kampfe um Troja oder kurz vor der dorischen Wanderung begonnen. Nur aus dieser Auffassung entspringen die Angaben, Utica sei (wenige Jahre nach Gades) kurz vor der dorischen Wanderung, d. h. kurz vor 1100 v. Chr., Karthago sei vor der Gründung Trojas erbaut; in beiden Fällen ist damit nur gesagt, die Gründung geht der Zeit der griechischen Auswanderung nach dem Westen voraus. Nachträglich kommt für die Gründung Karthagos, vielleicht nicht ohne Zuthun einer phönizischen Rivalin dieser Stadt, jedoch ein viel späteres Datum auf, das Jahr 814—813 v. Chr. Es beruht augenscheinlich auf der Annahme, der Pygmalion der Gründungssage Karthagos sei mit einem historischen Könige von Tyros, welcher diesen Namen führt, identisch. Verbreitung gefunden hat dieses Datum zwar zuerst durch Timaios von Tauromenion, von ihm rührt jedoch diese Angabe schwerlich zuerst her. Aristoteles, welcher das Geschichtswerk des Timaios nicht mehr benutzt haben kann, kennt bereits eine Zeitbestimmung für die Gründung Uticas, bei der für ausgemacht gilt, sowohl daß Utica kurz vor der dorischen Wanderung, als auch daß Karthago 814—813 gegründet wurde. Denn nur dies, nicht das Vorhandensein einer Aera von Utica, die bis 1100 v. Chr. zurückreichte, ist aus Aristoteles' Angabe, Utica sei 287 Jahre älter als Karthago, zu folgern. Und wenn Plinius mittheilt, der Apollotempel von Utica enthalte Cedernholzbalken in Numidien, die 1178 Jahre alt seien, so beweist das auch keineswegs, daß es zu Gades eine Aera gab, die mit dem Jahre 1100 v. Chr. anfing, sondern nur, daß Plinius oder sein Gewährsmann bei der Abschätzung des Alters jenes Tempels sich nach der ganz conventionellen Zeitbestimmung gerichtet hat, welche es auf Grund des fingirten Datums der Rückkehr der Herakliden wenigstens für die Entstehung der bald nach Gades erbauten Stadt Utica gab.

288 Zweiter Abschnitt. 2. Bis zum Niedergange der Herrschaft Aegyptens.

Ohrgehänge aus Gold mit Filigranarbeit, in ägyptischem Geschmack.
Aus der phönizischen Netropole von Tharros auf Sardinien. Giovanni Spanos Sammlung.

Während das ägäische Meer vor allem die Sidonier angelockt hat, ist die westliche Hälfte des Mittelmeeres fast ausschließlich der Schauplatz der Unternehmungen der Tyrier geworden. Nur eine einzige unter den vielen phönizischen Ansiedelungen dieses Gebietes, die östlichste derselben, Leptis magna am Westrande der großen Syrte, wird als Colonie der Sidonier bezeichnet. Soweit die übrigen nicht erst von Karthago aus gegründet worden und gleichsam secundäre Pflanzstädte sind, gehen alle Nachrichten, welche es über ihre Entstehung giebt, auf Tyros als die Mutterstadt zurück. So entrichtet Karthago Zins an den Heraklestempel von Tyros und schickt Festgesandtschaften dorthin ab, und die Gründung der Stadt wird theils als das Werk des Gründers von Tyros (S. 263), theils als das der Göttin Dido betrachtet, die in der Sage zu einer tyrischen Prinzessin sich umgestaltet. Der Melkart der Tyrier erscheint den Puniern als ihr Vorgänger; in grauer Urzeit ist er der erste Ueberwinder des Widerstandes gewesen, welchen die Stämme Libyens der Colonisation entgegensetzen, hat er den Seinen im äußersten Westen des Mittelmeeres eine Ausgangspforte zum Atlantischen Ozean geschaffen und, wie es dem Gotte ziemt, der seinen Heiligthümern ein Säulenpaar zum Wahrzeichen verliehen hat und ein Säulenpaar von seinen Anhängern als Weihgeschenk verlangt (S. 208), hat er mit gewaltiger Hand zu beiden Seiten der Meerenge die Felsen zu zwei Riesensäulen emporgethürmt und so auch hier sich sein Lieblingsdenkmal errichtet. Jenseits der Säulen des Herakles, da, wo der Sonnenball nach strahlender Laufbahn in die Fluthen des unermeßlichen Weltmeeres sich birgt, ist er zur Ruhe eingegangen, zu Gades bestattet worden. Auf Sizilien ist nach ihm die wichtigste der phönizischen Ansiedelungen an der Südseite dieser Insel, Herakleia Minoa, Rosch Melkart, d. i. „Melkarts Haupt" (Melkarts Vorgebirge) genannt.[1]) Für eine Colonie der Tyrier wird selbst Caralis (Cagliari) auf Sardinien ausgegeben; es würde dann zuerst Zwischenstation auf einem Wege zur Küste des südlichen Spaniens gewesen sein, der von Sizilien aus diese Insel und eine der Pityusen, Ebusos (phönizisch in punischer Aussprache Ibusim statt I-brusim, das „Fichteneiland") berührte. Doch ist augenscheinlich der Einfluß, den die Phönizier auf Sardinien gewonnen haben, von großem Belang erst geworden, als Karthago auf der Höhe seiner

---

1) Vergl. oben S. 215. — Eine Karte Siziliens mit Angabe der phönizischen Niederlassungen findet der Leser in Hertzbergs Hellas und Rom, I, S. 203. Ich unterlasse hier zu wiederholen, was Hertzberg dort auf S. 184—187 über die phönizischen Colonien des westlichen Mittelmeers angeführt hat.

Macht stand, und erst aus diesem Zeitraume stammt nachweislich ein großer Theil der phönizischen Gräberstätten, welche auf dieser Insel entdeckt worden sind.¹) Die Errichtung der sogenannten Nuraghi, thurmartig gestalteter Bauten aus mangelhaft hergerichtetem Stein, die in großer Zahl auf Sardinien vorkommen, pflegt man den Urbewohnern zuzuschreiben. In ihrem Aeußeren

Grabdenkmäler, sogenannte Nuraghi, auf Sardinien.

haben sie auffallende Aehnlichkeit mit alten Gräberbauten, die im Innern Arabiens und auf der Sinai-Halbinsel angetroffen werden.²) Wie die Griechen zeitweilig die phönizischen Handelsartikel als sidonische bezeichnet haben, so

Altarabische Grabdenkmäler, sogenannter Rigâm („Steinhaufen") im Wadi Thirba.

hat lange im Altlatein für einzelne phönizische Waaren die unmittelbar von Sur, nicht von der griechischen Namensform der Stadt Tyros, hergeleitete

---

1) Ueber die Alterthümer ägyptischen Stils und ägyptischen Ursprungs, die auf Sardinien entdeckt worden sind und zum Theil aus vorkarthagischer Zeit stammen können, vergl. Georg Ebers in den Annali dell' Instituto, LV, S. 76—132; W. Helbig, Das homerische Epos, 2. Aufl., S. 27.

2) Ueber die Nuraghi vergl. besonders Giov. Spano, Memoria sopra i Nuraghi di Sardegna, 3. Ausgabe, Cagliari 1867; Ettore Pais in den Atti della r. Accademia dei Lincei, memorie della cl. di scienze morali, 3a ser., VII, Rom 1881, S. 277—301. Ueber die runden aus Steinen aufgeführten Gräberbauten, welche man in Arabien rigm (im Plural rigûm), d. i. Steinhaufen, und im Sinai-Gebiete namûs (im Plural nawamîs) nennt, vergl. C. M. Doughty, Travels in Arabia Deserta, I, S. 447; E. H. Palmer, The Desert of the Exodus, I, Cambridge 1871, S. 139—141; II, S. 316—318; diese Gestalt hatten offenbar die Gräberbauten einiger Stämme des heidnischen Arabiens, die „Steinhaufen", um welche man Umläufe machte, mit kleinen Steinchen dagegen werfend — Umlauf und Steinwerfen, ursprünglich nur ein Mittel, den im Grabe hausenden Geist auf den Verehrer aufmerksam zu machen, sind als religiöse Gebräuche in den Islam übergegangen.

Bezeichnung sarranisch sich erhalten. Sarranisch sind z. B. Purpur und Flöte.¹) Auch hieran zeigt sich, daß in den Ländern des Westens Tyrier die Vertreter phönizischen Wesens sind. Doch ist nicht nothwendig, weiter daraus zu schließen, daß zu der Zeit, als die Errichtung von Colonien im Westen des Mittelmeeres begann, auch im eigentlichen Phönizien Tyros bereits den Vorrang gehabt haben müsse. Eher sieht es aus, als habe von Anfang an Tyros auf den Tarschisch=Handel und die Länderstrecken der westlichen Gewässer eine Art von Rechtsanspruch und Monopol gehabt, das Recht des ersten Entdeckers. Die Theilung der Welt zwischen Spaniern und Portugiesen im Zeitalter der Auffindung der beiden Seewege nach Indien würde hiermit vergleichbar sein. Dem unermeßlichen Ertrage, welchen die Tarschischfahrten abwarfen, wird allerdings Tyros hauptsächlich verdankt haben, daß es die mächtigste unter den Städten Phöniziens wurde, nachdem im ägäischen Meere die Phönizier ihre Besitzungen an die Griechen verloren hatten.

Auch die Phönizier des Westens haben auf Sizilien dem Vorgehen der Griechen nicht Stand zu halten vermocht. Als bald nach der Mitte des achten Jahrhunderts die Griechen dorthin gelangten, ließen sie die Mehrzahl ihrer Ansiedelungen im Stich und zogen sich nach Motye, Soloeis und Panormos zurück, während vordem, wie Thukydides berichtet, phönizische Ansiedelungen sich rings um die Insel herum vertheilten. Dichter gesät waren jedoch allem Anscheine nach damals die Colonien der Tyrier auf dem Sizilien gegenüber vorspringenden Theile der Nordküste Afrikas. Hier hat auch phönizisches Wesen im Binnenlande, allerdings hauptsächlich erst seit dem Emporkommen Karthagos, eine weite Ausbreitung gewonnen. Das Punische ist hier in den Küstengebieten und Städten schließlich in derselben Weise Landessprache gewesen, wie es dort nachmals das Arabische geworden ist. Hier haben eben die Phönizier Völkerschaften vorgefunden, die noch in keiner Weise befähigt und gerüstet waren, mit ihnen in erfolgreichen Wettbewerb zu treten. Was die Städte dieses Gebietes anlangt, so ist in der Mehrzahl der Fälle nicht zu entscheiden, ob sie ihre Entstehung den Tyriern, den Eingeborenen oder erst den Karthagern verdanken. Auch an der Küste Mauretaniens, außerhalb der Meerenge, an den afrikanischen Gestaden des Atlantischen Ozeans sind von den Phöniziern Colonien angelegt worden, so zu Tingis (Tandscha; Tanger) und zu Zelis (Asila); und südlich von Lixos hat es angeblich 300 alte Ansiedelungen der „Tyrier" gegeben, die dreißig Tagereisen weit reichten, also etwa bis zum Wad Draa, dem Ausgangspunkte des Binnenlandverkehrs mit dem Negerländern. Eingeborene Völkerschaften, die Pharusier und Nigriten, sollen diese Ansiedelungen wieder zerstört haben. Wann sie gegründet worden sind, wie lange es her war, daß sie zerstört wurden, als um die Mitte des fünften Jahrhunderts der Karthager Hanno zur Errichtung neuer Colonien dorthin abgesandt wurde, darüber ist nichts bekannt. Punische Seefahrer

---

1) Vergl. Th. Mommsen, Römische Geschichte, 7. Aufl., I., S. 143, S. 201.

scheinen die ersten gewesen zu sein, welche die Canarischen Inseln besucht haben,[1]) und der südlichste Punkt, welchen die Expedition Hannos erreicht hat, lag, so schließt man aus dem Berichte, welcher darüber erhalten ist, sechzehn Tagesfahrten südlich vom Cabo verde an der Guineaküste.

Sehr unsicher sind die Nachrichten über die Seefahrten, welche die Phönizier von Gades aus längs der Westküste Spaniens und weiter nach Norden unternommen haben, um, sei es von Zwischenhändlern, sei es aus erster Hand Zinn einzukaufen, das den Culturvölkern des Alterthums überaus werthvolle, in den Ländern des Mittelmeeres und Vorderasiens nur ganz spärlich vorhandene Metall, welches als Zusatz zum Kupfer der Bronze Härte verleiht. Wenn es Ezechiel (586 v. Chr.) unter den Erzen nennt, welche die Krämerin Tarschisch auf die Märkte von Tyros bringt, so kann damit das Zinn gemeint sein, welches in Lusitanien und Galizien gewonnen wurde. Doch sollen auch die Gabitaner ausgesegelt sein, um dieses Metall zu holen, wo es am reichlichsten vorkam, von den Kassiteriden, den „Zinninseln", d. h. von den Küsten Britanniens.[2]) Den Weg dorthin sollen sie lange geheim gehalten haben, und es wird erzählt, daß die Gabitaner einen ihrer Kauffahrer, der mit seinem Schiffe absichtlich auf ein Riff aufgefahren war, um Römer, die seinem Kurse folgten, darauf scheitern zu lassen, für die erlittene Havarie von Staats wegen entschädigt haben. Wird als wahrscheinlich hingestellt, daß die Phönizier selbst an die Küsten der Ostsee vorgedrungen sind, um dort womöglich den Bewohnern des Samlandes Bernstein abzuhandeln, so beruht das nur auf Muthmaßungen. Sie mögen selbst niemals nach Cornwall gelangt sein und bloß das spanische Zinn, um vor Concurrenz abzuschrecken, für ein Erzeugniß jener nordischen Inseln ausgegeben haben, von denen aus im Alterthume durch Zwischenhandel das meiste Zinn, welches in den Mittelmeerländern zur Verwendung kam, auf dem Landwege über Gallien an die Rhonemündung[3]) gebracht wurde.

In viel geringerem Maße als die Länder des Orients ist das Morgenland ein Schauplatz der Unternehmungen der Phönizier, und viel weniger als Seefahrt hat Landhandel zur Ausbreitung dieses Volksstammes geführt. Der phönizische Großhandel hat sich ausschließlich auf dem Meere bewegt. Es lag das in der Natur der Zustände; zur See war der Waarentransport geringeren Gefahren preisgegeben als zu Lande. Völkerschaften, die selber erst kaum den ersten Schritt zur Erreichung cultivirter Lebensweise gethan hatten, gaben den An-

---

1) Es ist zu bemerken, daß die Sage von den Hesperiden, den Inseln der Seeligen, ihrem Ursprunge nach sich nicht auf die Canaren bezieht und durchaus nicht aus einer dunklen Kunde vom Vorhandensein der letzteren erklärt werden darf.

2) Als Britannien genauer bekannt wurde, verstand man darunter im speziellen die sorlingischen Eilande, die Scilly-Inseln an der Südwestspitze von Cornwall.

3) Die Opfertafel von Massilia beweist zwar, daß es dort in karthagischer Zeit eine Phönizier-Gemeinde gegeben hat, nicht aber, daß Massilia Phöniziern seinen Ursprung verdankt (gegen J. J. Bargès, Recherches archéologiques sur les colonies phéniciennes établies sur le littoral de la Celtoligurie, Paris 1878).

kömmlingen, die auf schwimmender Burg die auserlesensten Kostbarkeiten aus unerreichbar fernen Zonen herbeischafften und dafür Landeserzeugnisse aufkauften, mit denen man selber zum Theil wenig anzufangen verstand, gern unentgeltlich oder gegen Grundzins Platz zur Anlage von Niederlassungen; anders dagegen die Machthaber der Städte und Reiche der Culturvölker des Orients. Es ist fraglich, ob es dort, ganz abgesehen von einzelnen Gewerbtreibenden und Krämern und von den phönizischen Ansiedelungen an der nordsyrischen Küste, in den Niederungen Kilikiens und den Hafenstädten an den Nilmündungen, vor der Perserzeit namhafte Phönizier=Colonien überhaupt gegeben hat. Weitreichende Handelsverbindungen haben die Phönizier allerdings auch im Orient angeknüpft und in Gang erhalten. Daß bereits vor Ezechiels Zeit selbst Erzeugnisse Armeniens zu den Waaren gehörten, die zu Tyros auf den Markt kamen, ist nicht zu bezweifeln. Eine vereinzelte Notiz bezeichnet eine Stadt an den Ufern des Euphrats Namens Eddana als eine von Phöniziern gegründete Colonie. Das Binnenland Syriens und Palästina versorgten den Handel Phöniziens mit Waaren, die Einwohner mit Lebensmitteln, die Industrie und die Werften mit Rohmaterial und mit Arbeitern. Die Spezereien Arabiens gingen zu Herodots Zeit vorzugsweise durch die Hand der Phönizier und in Aegypten besaßen damals, wie er anführt, die Tyrier ein besonderes Stadtviertel, das „Tyrier=Lager", in dessen Nähe der „fremden Aphrodite", vermuthlich also der Astarte, ein Tempel errichtet war.[1]

3. Geschichte der Phönizier bis zur Perserzeit.

Als in der Zeit der Ramessiden, der Nachfolger Ramses' III., die israelitischen Stämme im Westjordanlande, das seit dem Abnehmen der Macht Aegyptens gleichsam völlig herrenlos geworden war, die Herrschaft gewannen, hat sich das augenscheinlich vollzogen, ohne den Kanaanäern Phöniziens Anlaß zu irgend einer Einmischung zu geben. Selbst als der Stamm Dan aus seinem Standlager bei Kirjat Jearim sich aufmachte und die Bewohner von Laisch überfiel, harmlose Leute vom Schlage der Sidonier, die um nichts in der Welt sich kümmerten als um ihre eigenen Angelegenheiten, hat keine Hand

---

[1] Vergl. im übrigen Ed. Meyer, Geschichte des alten Aegyptens, S. 299. Ein kanaanäischer Gott, der in Aegypten schon zur Zeit der Ramessiden verehrt wurde, ist auch der Baal Sefôn (vergl. Zeitschrift f. ägypt. Sprache, XI., S. 14; G. Ebers, Durch Gosen zum Sinai, 2. Aufl., S. 524—526). Ueber das nördliche Delta vergl. G. Ebers, Aegypten und die Bücher Moses, I, S. 224—237. In der Nähe des Wadi Tumilat auf der Ostseite des Deltas lag eine Stadt, deren Name H. Brugsch (vergl. oben S. 42, Anm. 1), Pibailos (Byblos; Belbeis), Eduard Meyer (Gesch. d. alt. Aegypt., S. 307) Perbairest liest. Vielleicht ist dieser Ortsname entstellt aus Per-Baâlat-Iset, „Haus der Baalat Isis," d. h., es ist für baâlat belit gesprochen und geschrieben worden. Die als Isis dargestellte Baalat von Gebal würde dann ein Gegenstück zu dieser Baalat Isis sein.

sich gerührt, um die Niedermetzelung der Einwohner von Laisch zu rächen.¹) Ganz ungerechtfertigt ist, die Entstehung der phönizischen Ansiedelungen Nordafrikas auf Vertreibung der Kanaanäer durch die Israeliten zurückzuführen.²) Als Zeitgenossen des Richters Jerubbaal³) von Ophra scheint Philon von Byblos einen König von Berytos betrachtet zu haben, der den Namen Abdbaal⁴) führte. Von einer Zeit der Unterdrückung durch die Sidonier ist an einer Stelle des Buches der Richter die Rede, doch die Vorgänge, auf welche sich das bezieht, sind unbekannt. Im übrigen weist Alles auf ein friedliches Verhältniß zwischen beiden Völkern; für beide hatte es nur Vortheile.⁵) Da, wo phönizisches Gebiet mit israelitischem sich berührte, haben ganze Theile israelitischer Stämme den Phöniziern sich so eng angeschlossen, daß ein nationales Sondergefühl ihnen abhanden gekommen ist (S. 28).

In Nordsyrien hatte der Wanderzug der Pursta durch Zertrümmerung des Reiches, welches die Cheta zusammenerobert hatten, aufs Neue haltlosen Kleinstaaten zum Dasein verholfen. Wie wenig Widerstandskraft es hier gab, ist daran zu erkennen, daß bereits um 1110 der Assyrerkönig Tiglatpilesar bis an das Mittelmeer vorzudringen vermochte. Arados stellte ihm dort Schiffe zu einer Fahrt auf der See.⁶) Ob von seinem Nachfolger Assur-bel-kala, wie vermuthet worden ist, eines der assyrischen Siegesdenkmäler am Nahr-el-Kelb herrührt, muß dahingestellt bleiben. Bis die Herrscher Assyriens in die Lage kamen, ernstlich an die Unterwerfung Phöniziens zu denken, verstrichen noch mehr als zweihundert Jahre.

Der unzugänglichen Inselstadt Tyros hatten offenbar die Pursta nicht beizukommen vermocht. Im Besitze des Tarschisch-Handels blieb sie die

---

1) Ausführlicheres in Stades Geschichte des Volkes Israel, I., S. 167. Hervorzuheben ist, daß der Bericht über diesen Vorgang nicht dafür bürgt, daß Laisch eine Phönizier-Colonie war. Kanaanäer mögen die Einwohner gewesen sein.

2) Es geschieht das häufig auf Grund einer Aussage, welche Prokopios in seiner Geschichte des Vandalenkrieges (II., 10) machte, es habe zu Tigisis in Numidien zwei Säulen gegeben mit einer Inschrift in phönizischer Sprache, die lautete: Wir sind es, die entflohen vor dem Angesichte des Räubers Jesus, Sohnes des Naue. Den richtigen Standpunkt in der Beurtheilung dieser Behauptung, die von verschiedenen byzantinischen Autoren und mit tendenziös verändertem Wortlaute auch in der armenischen Geschichte des Moses von Choren wiedergegeben wird, hat bereits Gibbon: an die Säulen dürfe man glauben, an der Inschrift zweifeln und Alles, was daraus gefolgert werde, müsse man verwerfen.

3) Wenn es erlaubt ist, unter „Hierombaal, dem Priester des Gottes Jewo", Jerubbaal zu verstehen; vergl. H. Ewald, Abhandlung über die phönikischen Ansichten von der Weltschöpfung, Göttingen 1851, S. 52; Wolf W. Graf Baudissin, Studien, I., S. 25.

4) So nach einer Correctur Noeldekes für Abelbalos.

5) Vergl. auch, was S. 102 über die Segnung Jafets gesagt ist, und Stade, Geschichte des Volkes Israel, I., S. 141—142.

6) Hommel, Geschichte Assyriens-Babyloniens S. 531—532. — Hier und im Folgenden begnüge ich mich, wo es angeht, mit kurzen Verweisungen auf Hommels ausführlichere Darstellung der Begebenheiten, in welchen Assyrien die Hauptrolle spielt.

Fürstin der Meere, die Beherrscherin ferner Colonien, nachdem längst in den ägäischen Gewässern die Glanzzeit des Phöniziertums vorüber war, und gedieh zur mächtigsten unter den Städten der „Sidonier." Daß vorher Sidon einmal eine ähnliche Stelle eingenommen haben muß, davon verrathen zwar die Angaben der ägyptischen Denkmäler nichts, es geht aber wohl deutlich hervor aus der Thatsache, daß die Bezeichnung Sidonier bei den übrigen Kanaanäern und allem Anschein nach auch bei den Phöniziern selbst zum Gesammtnamen der Bewohner Phöniziens geworden ist. Tyros ist augenscheinlich in die Rechte Sidons eingetreten. Die Oberhoheit über die anderen Königsstädte Phöniziens, die es sich erworben hat, beruht einerseits wohl auf der Ueberlegenheit der Flotte und der Handelsmacht der Tyrier, andererseits aber auch auf allmählicher Ausdehnung der unmittelbaren Hoheitsrechte auf immer größere Landgebiete. Ob Verträge zu Stande gekommen sind, welche den Königen von Tyros ausdrücklich eine leitende Stellung in der Politik Phöniziens einräumten, ist nicht mehr zu ermitteln. Am meisten behauptet sich Arados als ein ganz selbständiges Gemeinwesen.

Siegelstein in Sardonyx, „dem Abibaal" gehörig. Florenz, Museum. Doppelte Größe des Orig.

Dem zufälligen Umstande, daß die Königslisten von Tyros chronologische Anhaltspunkte für die Geschichte Israels gewährten (S. 134), hat man zu verdanken, daß Josephos in zweien seiner Werke mehrere aus Menanders Annalen von Tyros stammende Auszüge (S. 8) aufgenommen hat, so, wie er sie bei anderen Schriftstellern vorfand.[1]) Diese Nachrichten beginnen mit König Hirom (griechisch Eiromos; hebräisch Hiram), der als Sohn und Nachfolger des Abibaal[2]) 969—936 v. Chr. zu Tyros herrschte. Hirom hat während seiner langen Regierung, die er in dem jugendlichen Alter von zwanzig Jahren antrat, viel für die Erweiterung und Verschönerung der Inselstadt gethan. Als sein Werk wird von Menander die Aufschüttung des „Eurychoron" bezeichnet,

---

1) Nicht unmittelbar aus den Annalen von Tyros, sondern wohl lediglich aus dem Werke Menanders stammen die Nachrichten, in welchen Dios mit Menander übereinstimmt. Wo Dios von Menander abweicht, ist es mißlich, ihm zu vertrauen.

2) Movers Meinung, daß Tyros vor Abibaal von Suffeten beherrscht wurde und daß Abibaal der erste Monarch von Tyros gewesen sei, wird schon dadurch widerlegt, daß ein König dieser Stadt schon vorher nachzuweisen ist (vergl. oben S. 261). Unter den Oberhäuptern der Tyrier in der Weisheit des Sirach (46, 18) sind dem späteren Sprachgebrauche gemäß nicht die obersten Beamten der Stadt Tyros, sondern die Oberhäupter der Phönizier überhaupt zu verstehen. — Die Gemme mit dem Namen Abibaal, welche oben im Text abgebildet ist, hält der Herzog von Luynes für das Siegel des Vaters des Hirom. Es ist diese Deutung jedoch sehr gewagt. Die Figur, welche auf der Gemme zu sehen ist, trägt zwar die ägyptischen Abzeichen der Königswürde, die Inschrift giebt jedoch dem Abibaal, welcher Besitzer des Siegelsteines gewesen ist, keinen Titel.

oder, wie es Dios umschreibt, des östlichen Stadttheils. Wenn Dios hinzufügt, das Heiligthum des Olympischen Zeus habe ursprünglich auf einer besonderen Insel gelegen, die erst Hirom durch Zuschütten des trennenden Meeresarmes mit der Hauptinsel vereinigt habe, so muß dahingestellt bleiben, was an dieser Nachricht Wahres ist. Es scheint fast, als gehe sie von der in römischer Zeit nachweisbaren hellenistischen Sage aus, Tyros sei ursprünglich auf zwei im Meere schwimmenden Bätylen, den „ambrosischen Felsen", einem mythischen Vorbilde der beiden Herakles-Säulen, erbaut worden; nach Vollziehung eines Opfers bei dem gleichfalls im Meere herumschwimmenden heiligen Oelbaume seien die Inseln zusammengewachsen und an fester Stelle geblieben, nach wie vor fließe jedoch unter ihnen die See.[1] Ferner sorgte der König für die Gottheiten von Tyros. Im Heiligthume des „Zeus", heißt es, stellte er eine goldene Säule auf. Hoch im Libanon ließ er Cedern fällen zu neuem Gebälk für die Tempel. Die Heiligthümer des Herakles und der Astarte ließ er neu aufbauen. Das Fest der Erweckung des Herakles (S. 232) soll er eingeführt haben.

Münze von Tyros aus der Zeit Gordians III.
Heiliger Oelbaum zwischen den beiden „ambrosischen Steinen".
Berlin, königl. Münz-Cabinet.

Die Kunde von den Bauten des Tyrierkönigs mag es gewesen sein, was David veranlaßt hat, sich von Hirom Cedernholz kommen zu lassen, auch Bauleute, die ihm zu Jebus (Jerusalem) ein Schloß aufführen mußten.[2] Hirom war darauf angewiesen, Frieden mit dem Reiche Davids zu halten, dessen Wehrkraft der Macht der Philistäer erfolgreich Abbruch gethan hatte und zugleich allein berufen zu sein schien, den Phöniziern gegen Damaskus den Rücken frei zu halten. Die Aussicht auf politische Vortheile hat dann auch Hirom bewogen, Salomo, als dieser den Thron Davids bestieg, sich zum Freunde zu machen.[3] Auf Salomos Bitte versah

---

[1] Die Sage geht, wie Movers richtig erklärt, von der Ueberzeugung aus, daß ein von Erdbeben so stark heimgesuchter Ort, wie es Tyros war, keinen festen Untergrund habe. Aber noch eine ganz andere Auffassung scheint mitgewirkt zu haben, eine Auffassung, die zu Jerusalem und zu Hierapolis nachweislich geherrscht hat: das Heiligthum stehe auf einem Spalte, der tief in das Innerste der Erde, in die Tiefe zu der das Opferblut hinabfließen sollte, hinabreiche, und dieser Spalt sei ein Ueberbleibsel aus den Tagen des Chaos, sei nur zugedeckt worden. In ihrer Art würden die beiden ambrosischen, d. h. von Natur gesalbten, Steine also ungefähr dasselbe bezeichnen, was der Omphalos von Delphoi bezeichnete, die heilige Stätte, welche als Heim einer weltregierenden Gottheit Mittelpunkt der Welt ist, nur daß hier zugleich die Anschauung gilt, daß die sichtbare Welt über einer unergründlichen Kluft sich zusammenschließt.

[2] Vergl. hierüber Stades Geschichte des Volkes Israel, I., S. 270.

[3] Nach den Auszügen aus Menander und Dios gipfelte freilich der Verkehr der beiden Monarchen darin, daß Salomo Räthsel aufgab, die Hirom zu lösen versuchte, was zwar ihm selber nicht gelang, wohl aber einem Tyrier Namens Abdemon, oder,

er diesen gegen große Lieferungen von Weizen und Olivenöl mit Cedern- und Cypressenholz für den Bau des Libanonwaldhauses, des Palastes und Tempels, den Salomo auf seiner Burg zu Jerusalem unternahm, und erhielt nach Abschluß des Baues zwanzig Ortschaften Galiläas überwiesen.¹) Das Libanonwaldhaus, ein Hallenbau, mag nach nordsyrischem Muster eingerichtet gewesen sein.²) Der Grundriß des Tempels dagegen erinnert nach der Beschreibung, die davon entworfen wird, durchaus an die Veranlagung der ägyptischen Tempel. Die Ausschmückung hielt sich in der Mitte zwischen Aegyptischem und Assyrisch-Babylonischem. Die Erzarbeiten waren das Werk eines Tyriers Churamabi. Wie das berühmte eherne Meer, das auf Stierfiguren ruhte, ein Gegenstück zu den großen und kleinen, mit Bildern von Stieren oder Stierköpfen gezierten Wasserbehältern ist, die in den Heiligthümern der phönizischen Gottheiten Verwendung fanden (S. 224), so mahnen die beiden großen Bronzesäulen Jakin und Boas, welche bei der Vorhalle des salomonischen Tempels aufgestellt waren, an das Säulenpaar des tyrischen Herakles und an die auf karthagischen Votivstelen paarweise abgebildeten Säulen, welche in Knäufe von der Gestalt des Granatapfels auslaufen.³) Das Haus, welches der israelitische König dem Gotte seines Volkes weihte, sollte eben an Ausstattung nichts vermissen lassen, was in den cultivirteren Nachbarstaaten üblich war. Daß noch Vieles mehr entlehnt worden ist, würde sich vermuthlich zeigen, wenn die Nachrichten über Salomos Tempelbau einerseits und über die Einrichtungen der phönizischen Heiligthümer und das kanaanäische Ritual andererseits nicht so unvollständig wären. — Im übrigen ist über Hirams Regierung noch bekannt, daß er die Colonie Utica, welche ihre Abgabenzahlungen einstellte, zur Unterwerfung gezwungen hat. Ein einsames in Sarkophagform aus mächtigen Steinblöcken aufgebautes Denkmal, etwa sechs Meter hoch, das zwischen Tyros und Kana am Wege anfragt, ist,

wie angeblich Menander berichtet haben soll, einem jüngeren Sohne Abdemons. Man sieht hieraus nur, daß Josephos selbst die Citate, welche er als Anführungen aus dem Werke Menanders bezeichnet, nicht aus erster Hand hat, sondern dieselben aus dem Werke eines Autors entnahm, der in der heiligen Schrift bewandert gewesen ist. — Ueber die Ophir-Expedition vergl. Stades Gesch. des Volkes Israel, I., S. 302 und 304; Ed. Meyer, Geschichte des Alterthums, I., § 286.

1) Ausführlicheres über Salomos Bauten in Stades Geschichte des Volkes Israel, I, S. 311—343; vergl. auch Perrot und Chipiez, Histoire de l'art, IV, S. 243—338, S. 403—410.

2) Wenigstens ist zu vermuthen, daß ähnlich wie dieses Waldhaus die Paläste ausgesehen haben, welche, wie die Inschriften einiger assyrischer Könige, z. B. Sargons angeben, auch in Assyrien nachgeahmt wurden und in der Sprache Nordsyriens bît chilâni hießen. Ueber bit chilâni vergl. auch J. Barth in der Zeitschr. für Assyriologie, III, S. 93—94.

3) Die Säulen Jakin und Boas mit ihren Kugelknäufen haben nicht als Träger eines Architravs dienen können, sondern haben für sich die Ausstattung des Heiligthums nach phönizischem Muster bereichern sollen. Auf die Aehnlichkeit mit den auf karthagischen Stelen dargestellten Säulen hat zuerst G. Perrot hingewiesen.

seit es bekannt wurde, vielfach als Grabmal Hiroms aufgefaßt worden. Der Name, den es führt, Kabr Hirom, „Hiroms Grabmal," ist jedoch nicht ohne Zuthun der europäischen Reisenden aus der Benennung Kabr Hairân,¹) die es vorher trug, entstellt worden, und über das Alter dieses Monuments läßt sich höchstens sagen, daß es vor der Römerzeit entstanden sein wird.²)

Hiroms Sohn Baalbazer (Balbazeros³) starb nach siebenjähriger Regierung. Auf ihn folgte sein Sohn Abdastart (Abdastartos), der neun Jahre regierte. Im Alter von 29 Jahren wurde er das Opfer einer Palastrevolution.

Kabr Hairan, Grabdenkmal am Wege zwischen Tyros und Kana.

Die vier Söhne seiner Amme verschworen sich gegen ihn und räumten ihn aus dem Wege. Der älteste derselben, Metuastart (Methusastartos), Sohn

---

1) Vergl. E. Robinson, Biblical Researches in Palestine, III, S. 385; Survey of Western Palestine, I, Galilee, S. 61—62; Mission de Phénicie, S. 597—631.

2) Aus der Inschrift eines stark zertrümmerten Bronzebeckens, welches auf Cypern (bei Limasol) ausgegraben ist, einer Inschrift, welche, nach der Form der Schriftzeichen zu urtheilen, die älteste unter allen vorhandenen phönizischen Inschriften sein würde, schließt man, daß Hirom den Titel „König der Sidonier" geführt habe, weil darin von einem „Hirom Könige der Sidonier" die Rede ist. Doch ist nicht ausgeschlossen, daß es sich um einen Beherrscher Sidons handelt. Es spricht hierfür besonders, daß dieses Bronzebecken dem Baal des Libanon geweiht war, und auch der Fundort. Handelt es sich um einen König von Tyros, so würde vielleicht auch einer der Nachfolger des Sohnes des Abibaal gemeint sein können.

3) Das Folgende nach B. Nieses Ausgabe der Schrift des Josephos gegen Apion (I, 121—125), die mir noch vor Beendigung des Druckes zugeht.

des Leaſtart (?), beſtieg den Thron und behielt die Herrſchaft zwölf Jahre. Sein Nachfolger wurde einer ſeiner Brüder, Aſtharymos, der nach neun Jahren von ſeinem Bruder Phelles umgebracht wurde. Bereits nach acht Monaten ereilte dieſen ein ähnliches Schickſal. Es ermordete ihn Ittobaal (Jthobalos),[1]) Prieſter der Aſtarte.

Mit Ittobaals Thronbeſteigung traten wieder geordnete Verhältniſſe ein. Mit dem nordisraelitiſchen Reiche knüpfte er freundſchaftliche Beziehungen an, ſchloß mit ihm, wie es Amos nennt, den Bruderbund, und gab ſeine Tochter Izebel dem ſtreitbaren Könige Achab, dem Sohne Omri's, zur Gemahlin. Von der Dürre, die zu Achabs Zeit Nordſyrien heimgeſucht hat, iſt auch in den Annalen von Tyros die Rede geweſen; ſie ſchränkten die Dauer derſelben auf ein Jahr ein und ſchrieben das Aufhören einem Bittgange zu, den Ittobaal veranſtaltete.[2]) Das ſchwere Verhängniß, welches von Aſſyrien her über die Länder Syriens einbrechen ſollte, rückte Phönizien unter ſeiner Regierung näher. Aſſurnaẓirpal zog (876 v. Chr.) mit ſeinem Heere vom oberen Orontesthale in die Küſtenniederung Djun Akkar herab und drang, ihrem Verlaufe nach Süden folgend, bis zum Nahr el=Kelb vor, wo eines der aſſyriſchen Felsreliefs von ihm herzurühren ſcheint. Die Städte Phöniziens[3]) beeiferten ſich, durch Geſchenke ſich loszukaufen und kamen für diesmal hiermit davon. Wohl in der begründeten Vorausſicht, daß dieſer Raubzug nicht der letzte bleiben werde, der dieſen Weg einſchlage, hat, wie es heißt, Ittobaal Botrys (S. 46) gegründet.[4]) Der Uebergang über das Ras eſch=Schaḳḳa konnte von hieraus beſetzt werden. Daß die Pflanzſtädte der Tyrier, die an der Küſte Nordafrikas lagen, Ittobaal unterthan waren, erſieht man aus der Nachricht, Auza in Libyen ſei von ihm gegründet worden.[5])

Der Nachfolger Ittobaals war ſein Sohn Baalazar (Balezoros), der ſechs Jahre regiert hat, und dann deſſen Sohn Mettenos (? Matton), der 29 Jahre die Herrſchaft führte. Sie ging nach deſſen Tode über auf Pygmalion. Mit dieſem Könige, der 47 Jahre den Thron inne hatte, bricht die aus Menanders Werke im Zuſammenhange überlieferte Königsliſte von Tyros ab. Es iſt nicht mehr davon als Ganzes erhalten, weil das ſiebente

---

1) 1. Kön. 16, 31 im maſoretiſchen Bibeltexte Etbaal, im Septuaginta=Texte der Ausgabe de Lagardes Jethbaal. Die heilige Schrift bezeichnet ihn als König der Sidonier.

2) Vergl. Stades Geſchichte des Volkes Israel, I, S. 523—527.

3) Genannt werden Arados, drei Städte Namens Machallat, Maïz und Kaïz (wie Fr. Delitzſch, Wo lag das Paradies, S. 282—283 vermuthet, bezeichnen die Aſſyrer damit Tripolis), Byblos, Sidon und Tyros. Ausführliches bei Fr. Hommel, Geſchichte Aſſyriens=Babyloniens, S. 581—584.

4) Vergl. hierüber George Rawlinſon, History of Phoenicia, London 1889, S. 435.

5) Man vermuthet, daß mit Auza ein Ort gemeint iſt, den die Römer Auzea, die Griechen Auzia nennen, in der Gegend des heutigen Aumale. Wahrſcheinlicher iſt, daß es weniger tief im Binnenlande lag und, wie A. v. Gutſchmid will, derſelbe Ort binnenwärts von Leptis iſt, welcher bei Strabon und Ptolemaios Uzita heißt.

Regierungsjahr Pygmalions als Jahr der Gründung Karthagos aufgefaßt wurde, und die jüdischen Chronologen für dieses eine feste Zeitbestimmung zu besitzen glaubten — schwerlich eine andere als die des Timaios (= 814/813 v. Chr.). Von diesem Zeitpunkte aufwärts gewannen sie durch Addition der Regierungsjahre das Datum des 12. Regierungsjahres Hiroms, das Datum der Erbauung des Tempels Salomos (S. 133). In Wirklichkeit freilich hatte dieser König Pygmalion mit dem Bruder der mythischen Gründerin Karthagos, der Elissa-Dido, nichts gemein als den Namen und die Residenz Tyros.[1]

Welche Gefahr das Anwachsen der Macht Assyriens den Phöniziern brachte, scheint man in Baalazars Zeit zu Arados und in den Nachbarstädten erkannt zu haben. In der Schlacht bei Karkar (854) fochten gegen Salmanassar II. auf Seiten Ahabs Mattonbaal (Matinbaal), König von Arados, vielleicht auch Truppen von Usnu und von Sian,[2] zwei Ortschaften, welche die assyrischen Inschriften mit Simyra und Arados zusammen zu erwähnen pflegen, und von Arka.[3] Es würden die Städte sein, deren Gebiet am wenigsten von Natur gegen Nordsyrien abgegrenzt war. Auf seinen Feldzügen gegen Hazael von Damaskus rühmt sich Salmanassar II. Tribut von Tyros, wo damals Metenes regierte, und Sidon (842 und 839 v. Chr.) und auch von Byblos (839) empfangen zu haben;[4] es mag das eine prahlerische Bezeichnung für freiwillig dargebrachte Geschenke sein. Abgabenpflichtig scheinen Sidon und Tyros zu Pygmalions Zeit dem Assyrerkönige Ramman-nirari gewesen zu sein, dessen Eroberungszüge zweimal (804 und 803) Phönizien erreichten.[5] Mehr als ein halbes Jahrhundert hatte es dann wieder Ruhe vor den Assyrern bis in die Zeiten Tiglatpilesars III. Die Inschriften dieses Königs berichten, daß er das Gebiet der Städte Simyra, Arka, Usnu und Sian verheerte, assyrische Feldhauptleute dort einsetzte und Colonisten, die aus entfernten Theilen seines Reiches herbeigeholt waren, dort ansiedelte.

---

1) Vergl. O. Meltzers Kritik der Gründungssage Karthagos in dessen „Geschichte der Karthager", S. 111—141.

Geht man vom Jahre 814/813 v. Chr. als dem siebenten Regierungsjahre Pygmalions aus, so ergeben sich für die Könige von Tyros von Hirom bis auf Pygmalion die Regierungszeiten:

Hirom	969—936 v. Chr.	Phelles (8 Monate)	888	v. Chr.
Baalbazer	935—919 „ „	Ittobaal	887—856	„ „
Abdastart	918—910 „ „	Baalazar	855—850	„ „
Metuastart	909—898 „ „	Mettenos	849—821	„ „
Astharymos	897—889 „ „	Pygmalion	820—774	„ „

2) Die Lesung Sian ist in diesem Falle nicht gesichert; man hat auch Sizan gelesen. Daß eine Ortschaft wie Sian 10000 Krieger gestellt haben soll, Arados dagegen nur 200 ins Feld schickte, fällt sehr auf. Sian bezeichnen die Assyrer als eine Stadt der Meeresküste (Fr. Delitzsch, Wo lag das Paradies, S. 282).

3) Hommel, a. a. O., S. 608—611; Stade, Geschichte des Volkes Israel, I, S. 528.

4) Fr. Hommel, Geschichte Babyloniens-Assyriens, S. 612—613.

5) Fr. Hommel, a. a. O., S. 634.

Hirom (II.) von Tyros und Sibitbi'il von Byblos werden unter den Königen genannt, deren Huldigung er in Syrien entgegennahm, ein anderes Mal Mattonbaal (Matanbi'il) von Arados, und Tyros hat ihm 150 Talente in Gold zahlen müssen.¹) Arados, Byblos und Tyros sind augenscheinlich in dieser Zeit die einzigen selbständigen Staaten Phöniziens.

Am unabhängigsten und mächtigsten blieb Tyros. Elulaios, der dort unter dem Namen Pyas um 728—692 v. Chr. regierte,²) vermochte noch im Anfange seiner Regierung die abtrünnig gewordenen Kitier mit Hülfe seiner Kriegsflotte sich zu unterwerfen. Unter ihm überzog jedoch Salmanassar IV., Tiglatpilesars III. Nachfolger, ganz Phönizien mit Krieg. Es kam ein Friedensschluß zu Stande, bei dem Sidon, Arka, selbst Palaityros und viele andere Städte zu dem Assyrerkönige übertraten. Augenscheinlich kam es ihnen darauf an, von der Inselstadt sich unabhängig zu machen, sei es auch auf Kosten ihrer politischen Selbständigkeit. Da aber die Tyrier sich hiermit nicht zufrieden gaben, rückte Salmanassar nochmals in Phönizien ein und brachte dort, um der Inselfeste beizukommen, 60 Schiffe mit 800 Ruderern zusammen, augenscheinlich also Fahrzeuge von kleinen Dimensionen. Die Tyrier wehrten sich jedoch tapfer, zerstreuten mit zwölf Schiffen die Flotte des Gegners und machten dabei 500 Gefangene. Da zog der Assyrerkönig von dannen, ließ aber einen Theil seines Heeres zurück, welcher das Festland gegenüber von Tyros, den dort mündenden Fluß und die Wasserleitungen abgesperrt halten mußten und den Tyriern wehrten, sich mit Trinkwasser zu versorgen. Fünf Jahre soll diese Absperrung gedauert, sollen die Tyrier sich mit dem Wasser beholfen haben, das in Brunnen, die sie auf ihrer Insel gruben, sich sammelte. Zum Schlusse scheinen diese dennoch des Widerstandes müde geworden zu sein. Daß die Bemühungen der Assyrer ganz erfolglos geblieben seien, ist offenbar in den Annalen von Tyros nicht behauptet worden. Man vermuthet, daß die Tyrier mit Sargon, der 722 den Thron Assyriens bestieg, 720 sich geeinigt haben, als dieser in Syrien erschien, um den Bund von Arpad, Simyra, Damaskus und Samarien niederzuwerfen. Sargon rühmt sich, die Joner wie Fische aus dem Meere herausgeangelt, Kilikien und Tyros beruhigt zu haben, spricht also von Tyros als einer ihm gehörigen

---

1) Diese Ereignisse fallen in die Jahre 740, 738, 734—732 v. Chr. Wie sie sich auf diese Jahre vertheilen, geht nicht deutlich aus den Inschriften hervor (vergl. Ausführlicheres bei Fr. Hommel, Geschichte Babyloniens-Assyriens, S. 660—670). Die 150 Talente zahlt ein König von Tyros Namens Matton (Mitinna). Ob er vor Hirom regiert hat oder nach diesem, ist nicht festzustellen. Das Letztere ist das Wahrscheinlichere.

2) Die gräcisirte Namensform Elulaios ist abzuleiten von dem babylonisch-assyrischen Monatsnamen Elul, (babylonisch Ulul. Daß in Phönizien damals die babylonisch-assyrischen Benennungen der Monate üblich gewesen sind, folgt hieraus nicht. Darin, daß dieser König von Tyros Elulaios heißt, zeigt sich vielmehr der Einfluß der politischen Stellung Assyriens. Ululai ist nämlich allem Anscheine nach der Name gewesen, den Salmanassar IV. als König von Babylonien geführt hat.

Stadt. Sieben Könige Cyperns schickten ihm eine Gesandtschaft nach Babylon, die im Jahre 710 dort eintraf.¹) Auch ließ er eine Stele mit seinem Bilde und mit einer Inschrift, welche seine Kriegsthaten verherrlicht, auf Cypern aufstellen, wo sie auf der Stätte des ehemaligen Kitions aufgefunden worden ist.²) Während seiner Regierung, welche den Höhepunkt der Macht Assyriens bezeichnet, verharrten die Phönizier in Unterwürfigkeit. Das besondere Mißvergnügen Senacheribs, seines Nachfolgers, erregte Luli, den die assyrischen Berichte König von Sidon nennen, denn dieser schloß dem Trutzbündnisse gegen Assyrien sich an, welches zwischen Taharka von Aegypten, Hiskia von Juda und Zidka von Askalon zu Stande kam. Als Lulis „starke Städte, Festungen, umwallt und umschlossen, seine Burgen", werden jedoch nicht bloß „Groß-Sidon" und „Klein-Sidon", Bit-Szitti, Sarepta und Machallib genannt, sondern auch Usu, Achsib und Akko.³) Auch muß ihm Tyros gehört haben und die Oberhoheit über Kition auf Cypern. Als nämlich 701 v. Chr. Senacherib zunächst mit seinem Heere gegen Luli sich wandte, ergriff dieser die Flucht und entkam, wie ausdrücklich bemerkt wird, von Tyros aus zu Schiffe nach Cypern. Augenscheinlich vermeiden also nur die Inschriften Senacheribs Luli als das zu bezeichnen, was er gewesen ist, als König von Tyros, weil Senacherib ihm diese Stadt nicht zu nehmen vermocht hat. Schwerlich war es ein anderer als derselbe König von Tyros, den Menander Elulaios nennt. Da dieser 36 Jahre regiert hat, aber erst um 728 v. Chr. den Thron bestiegen haben kann, ist anzunehmen, daß Elulaios-Luli, als Senacheribs Heer seinen fluchtähnlichen Rückmarsch aus Syrien antrat, nach Tyros zurückgekehrt ist und dort weiter regiert hat.⁴) In Sidon hat Senacherib einen König Namens Tubaal, d. i. Ittobaal eingesetzt, dem er Zins auferlegte. Auch huldigten ihm Abdilit von Arados und Urumilki von Byblos. Aus Syrien nahm er nach Ninive Arbeiter mit, welche ihm dort nach dem Muster der Fahrzeuge, die es in ihrer Heimath gab, Schiffe erbauen mußten. Mit tyrischen, sidonischen und auch mit griechischen, d. i. wohl kyprischen Seeleuten, wurden diese bemannt, damit er (694 v. Chr.) eine Kriegsfahrt auf dem Tigris unternehmen, der Leute von Bit Jakin und Elamiten „sammt

---

1) Hugo Winckler, Die Keilschrifttexte Sargons, I, S. XL.
2) Sie befindet sich gegenwärtig in den Königlichen Museen zu Berlin.
3) Da die Aufzählung von Nord nach Süd geht, muß Bit-Zitti, d. i. „Oelhaus", „Oelheim", zwischen Sidon und Sarepta, Mahallib südlich von Sarepta, vielleicht schon in der Ebene von Tyros, und Usu (Uschu) nördlich von Achsib gelegen haben. G. Maspero trägt die entsprechend auf der Karte Syriens, welche er der 4. Auflage seiner Histoire ancienne des peuples de l'Orient beigegeben hat, Usu (Uschu) in die Gegend von Iskanderuna ein. Fr. Delitzsch sucht diesen Ort, wegen der Umstände, unter welchen derselbe von Assurbanipal erwähnt wird, südlich von Akko, wo es nach dem Talmud eine Ortschaft Namens Uscha gegeben hat.
4) Ueber die Ereignisse Ausführlicheres bei Ed. Meyer, Geschichte des alten Aegyptens, S. 343—350; B. Stade, Geschichte des Volkes Israel, I, 614—621; Fr. Hommel, Geschichte Babyloniens-Assyriens, S. 704—705.

ihrer Götter" sich bemächtigen und sie gefangen forttransportiren konnte.¹) Auf einem Basrelief zu Kujundschick sind diese Fahrzeuge dargestellt, runde Lastschiffe, kuffartig gebaut, mit aufwärts gebogenem Vorder= und Hintertheil, und Kriegsschiffe mit einem großen Rennsporne vor dem Bug. Beide Gattungen haben ein doppeltes Verdeck. Auf dem oberen sieht man hinter hohen Seitenrailingen, an deren Außenseiten die Krieger ihre Schilde auf= gehangen haben, die Gefangenen und mit Speeren bewaffnete Mannschaften sitzen. Im Zwischendecke sitzen die Ruderer, den Rücken nach dem Vorder= theil des Schiffes gekehrt. Zwei Ruderreihen über einander sind in Gang: statt des Steuers dienen zwei lange Ruderstangen, die zur Rechten und Linken des Hintertheiles angebracht sind.

Bald nach dem Regierungsantritte des Sohnes Senacheribs, Asarhaddons, ließ sich Abdimilkut, König von Sidon, wie es scheint, der Nachfolger jenes Ittobaal, welchen Senacherib dort eingesetzt hatte, verleiten, gemeinsam mit Sanduarri, dem Beherrscher zweier Städte Kundi und Sisu, welche im Binnenlande, östlich von Sidon, zu suchen sind, nach Unabhängigkeit zu trachten. Der Versuch schlug fehl. Sidon wurde 678 v. Chr. eingenommen, ausgeplündert, verwüstet; die Befestigungswerke wurden geschleift, die Ein= wohnerschaft wurde ins Exil geführt, und eine neue Ansiedelung auf der Stätte Sidons errichtet, welche zu Bewohnern Leute aus den östlichen Ge= bieten des Assyrerreiches und als Colonie den Namen Ir Assurachaiddin, die Stadt Asarhaddons, erhielt. Abdimilkut, der die Flucht ergriffen hatte, wahr= scheinlich nach Cypern, wurde „aus der See eingefangen wie ein Fisch" und hingerichtet. Auch sein Bundesgenosse wurde überwältigt und mußte das Leben lassen. Zur Verherrlichung des Sieges seiner Truppen ließ Asarhaddon die aus ihren eroberten Wohnsitzen gefangen fortgeschleppten Rebellen im Triumphe mit Musik durch die Straßen seiner Hauptstadt führen; zwei der Vornehmsten mußten dabei den abgeschnittenen Kopf ihres ehemaligen Ge= bieters um den Hals tragen (676 v. Chr.). Die Brutalität, mit welcher diese Empörung unterdrückt wurde, flößte den Fürsten Syriens aufs Neue Schrecken ein; um ihre Treue an den Tag zu legen, schickten sie Asarhaddon Gesandte mit Huldigungsgeschenken, lieferten ihm auch zu seinen Bauunternehmungen Materialien. Unter den Fürsten, die ihm ihre Unterthänigkeit erwiesen, werden genannt aus Phönizien Baal (Baalu) von Tyros, mit dem als dem mächtigsten der syrischen Vasallen die Aufzählung beginnt, Milkajaph (Milkiaschapa) von Byblos und Mattonbaal von Arados, auch werden zehn Könige Cyperns mit den Namen ihrer Ortschaften aufgezählt.²) Als jedoch 671 v. Chr. Asar=

---

1) Vergl. Fr. Hommel, Gesch. Babyloniens=Assyriens, S. 732; George Smith, History of Sennacherib, S. 91, S. 99, S. 102—103; Julius Oppert bei Perrot und Chipiez, Histoire de l'art, III, S. 34, Anm. 4; Fr. Delitzsch, Wo lag das Paradies, S. 249.

2) Die Namen zeigen, daß auch griechische Fürsten Cyperns sich betheiligt haben. Vergl. die Listen bei Ernst A. Budge, The History of Esarhaddon, S. 107—109;

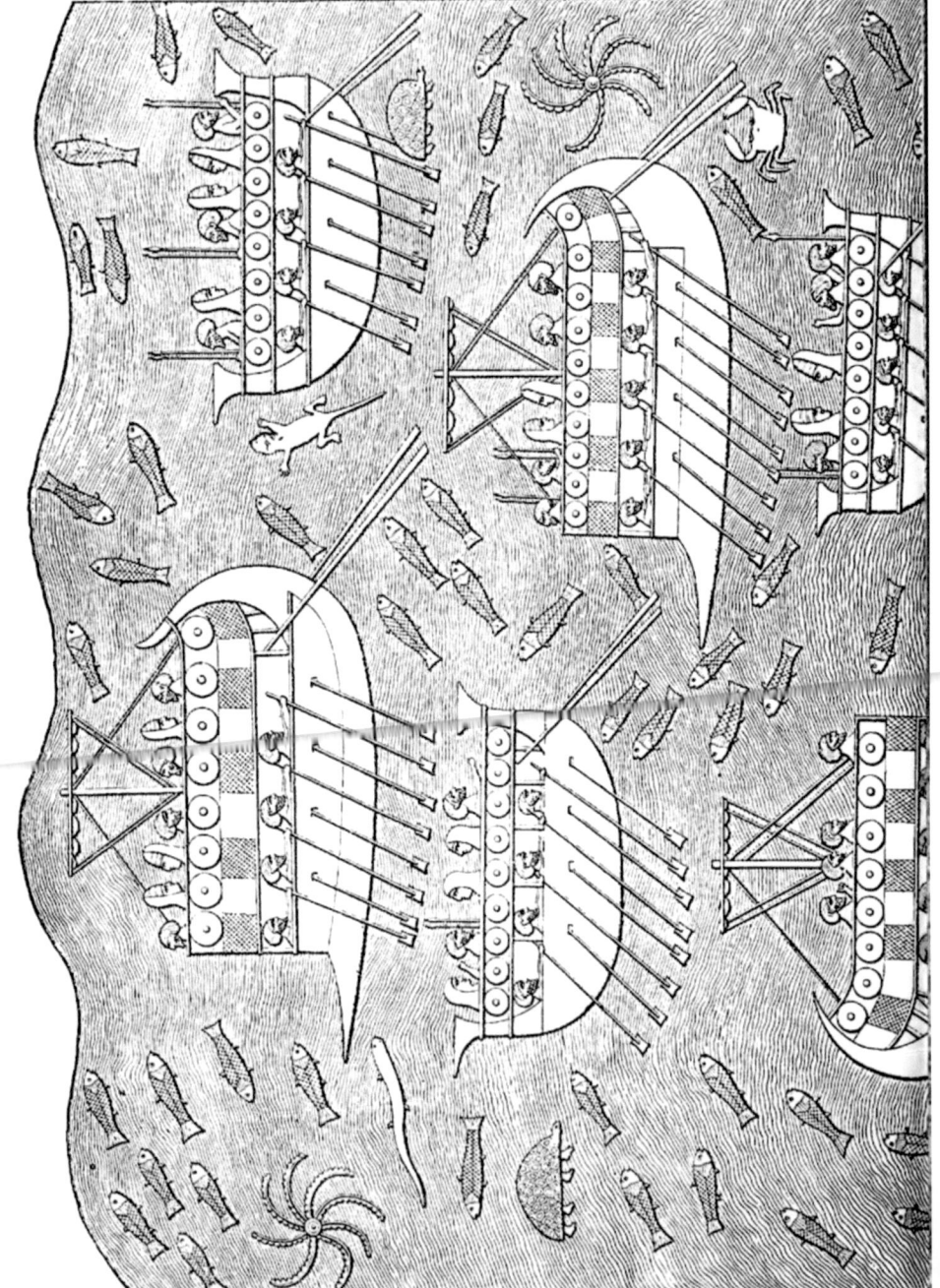

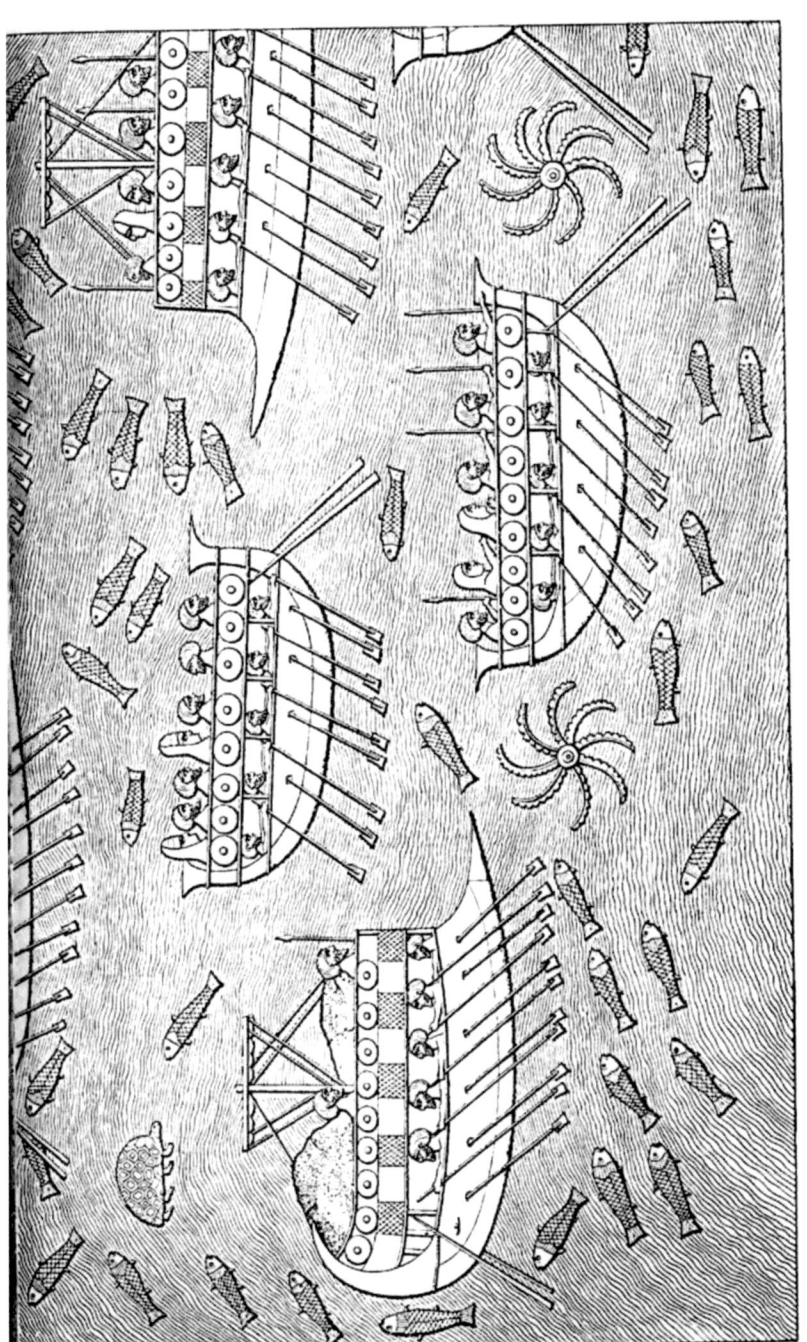

Flotte Senacheribs,
von Phöniziern zur Fahrt auf dem Tigris und persischen Meerbusen erbaut, abgebildet auf einem assyrischen Relief zu Kujundschik

haddon gegen Aegypten zu Felde zog, erwies Baal von Tyros im Vertrauen
auf die Macht Taharkas sich ungehorsam. Wie zu Salmanassars Zeit wurde
Tyros von den Assyrern auf der Landseite von aller Verpflegungs- und
Wasserzufuhr abgeschnitten. Ob Baal hierdurch zur Unterwerfung gezwungen
wurde, wird nicht berichtet.¹) Unter den syrischen Vasallen, die Assurbanipals
Heerführern, als dieser um 668 v. Chr. Taharka in Theben angreifen ließ,
sich botmäßig erwiesen haben, wird, wieder als der erste in der Reihe, Baal
von Tyros genannt.²) Vor 673 würde demnach unter günstigen Bedingungen
für Baal ein Friede mit Tyros geschlossen sein. Viel Gewicht ist auf dieses
Anzeichen aber nicht zu legen, da es aussieht, als sei einfach aus einer Inschrift Senacheribs das ganze Register der 22 syrischen und kyprischen Vasallen
mit einigen zeitgemäßen Abänderungen von Assurbanipals Schriftgelehrten
zur Verherrlichung ihres Gebieters copirt worden. Sicher ist, daß unter
Assurbanipals Regierung Baal in seiner Inselstadt von den Assyrern nochmals belagert worden ist. Wieder wurden am gegenüberliegenden Festland-
ufer Befestigungen aufgeführt. Zu Lande und zur See wurden alle Zugänge
blokirt. Um ihren Durst zu stillen, sollen die Belagerten schließlich Brak-
wasser getrunken haben. Das Endergebniß war, daß Baal sich unterwarf
und Garantien für künftiges loyaleres Verhalten anbot. Seine leibliche
Tochter und die Töchter seiner Brüder überlieferte er dem Großkönige mit
reicher Mitgift zu Nebenfrauen und überantwortete ihm als Geisel auch seinen
Sohn Jahimilki (? Jehawmelek, Jehomilf). Es war das mehr, als Assurbanipal beanspruchte, er schickte Jahimilki seinem Vater wieder zu. Wohl mit
Hülfe der Kriegsflotte Baals sind die Assyrer dann zur Unterwerfung des
anderen Inselkönigs Phöniziens, des Jakinlu von Arados, geschritten. Dieser
wurde gleichfalls gezwungen, seine Tochter mit zahlreichen Geschenken nach
Ninive zu übermitteln; für jede derartige Vergrößerung seines Harems war

---

C. P. Tiele, Babylonisch-assyrische Geschichte, S. 346; Fr. Delitzsch, Wo lag das
Paradies, S. 292—294; Eberhard Schrader, Keilinschriften und Geschichtsforschung,
S. 78—79. Daß hierbei Kition unerwähnt bleibt, kann nicht auffallen, da es entweder
zu Tyros gehört hat oder aus dem Besitze Abdimilkuts in den Asarhaddons übergegangen war.

1) Auf der noch unveröffentlichten Asarhaddonstele von Sendschirli, welche nach
der Eroberung von Memphis (671 v. Chr.) errichtet ist, knieen vor Asarhaddon zwei
Gestalten, denen ein Strick um den Hals geschlungen ist, welchen der Großkönig mit
der Hand hält; die eine stellt, wie die Negerphysiognomie lehrt, Taharka vor, die andere
wahrscheinlich Baal. Nach der Eroberung von Memphis ist auch auf der Felswand
an der Mündung des Nahr el-Kelb ein Gedenkbild Asarhaddons ausgemeißelt worden.
Vergl. Transactions of the Society of Biblical Archaeology, VII, S. 347; H.
Winckler, Untersuchungen zur altorientalischen Geschichte, S. 97 u. S. 99—100.

2) Vergl. George Smith, History of Assurbanipal, S. 31—32; Eberhard
Schrader, Zur Kritik der Inschriften Tiglath-Pilesers II., des Asarhaddon und des
Asurbanipal (Abhandlungen der Akad. der Wissenschaften zu Berlin, Philos.-histor. Kl.
1879), S. 33.

Assurbanipal besonders empfänglich.¹) Nachträglich fiel jedoch Jakinlu wieder in Ungnade und wurde abgesetzt, vielleicht nicht ohne Zuthun seiner zehn Söhne, die allesammt unter Ueberbringung werthvoller Geschenke sich an den Hof Assurbanipals begaben, um dort sich um den erledigten Thron zu bewerben. Es erhielt ihn einer von ihnen, der Azebaal hieß; die übrigen wurden mit Auszeichnungen abgefunden. In welche Zeit diese Ereignisse fallen, ist nicht genau festzustellen, es ist möglich, daß sie mit der Thatsache in Verbindung stehen, daß Assurbanipals Bruder Samassumukin die Vasallen im Westlande aufzuwiegeln gelang. Die Städte Usu und Akko wurden im Anschlusse an einen Feldzug, der gegen den Araberfürsten Watiu gerichtet war, um 640 v. Chr. für säumige Entrichtung der Tribute und Gehorsamsverweigerung exemplarisch gezüchtigt.

Es mag das die letzte Kriegsthat gewesen sein, welche ein assyrisches Heer im Gebiete Phöniziens ausgeführt hat. Ein assyrischer Statthalter von Simyra mit dem Range eines Eponymos, eines Limmi, wird noch 636 v. Chr. erwähnt. Auf diese Zeit, auf die Zeit des Niederganges und Zusammenbrechens des gewaltigen Assyrerreiches wird sich eine Sage beziehen, die Justin erzählt. Nur nennt er statt der Assyrer die Perser als diejenigen, welche durch unausgesetzte Kriegführung mit den Tyriern deren Macht gebrochen und deren Staatswesen zu innerer Zerrüttung gebracht haben sollen. Die Schwäche der Regierenden soll von den Sklaven der Tyrier zu einem Aufstande benutzt worden sein. Daß derartiges vorgekommen ist, wäre ja bei dem Mißverhältnisse erklärlich, in welchem gerade dort die Zahl der Sklaven und Besitzlosen zu der Zahl der Reichen und Vornehmen gestanden haben muß. Alle Freigeborenen wurden angeblich von den Verschworenen umgebracht bis auf die Frauen, welche die Sklaven zu Weibern nahmen, und bis auf einen gewissen Straton (Abdastart) und dessen Sohn, die ihr Sklave heimlich errettete. Straton wurde dann nachträglich von den ehemaligen Sklaven zum Könige gewählt. Geschichtlich wird hieran sein, daß die Dynastie, welche zu Tyros zur Perserzeit und bis auf Alexander den Großen regierte, von einem Könige Straton sich herleitete, welcher durch einen Sklavenaufruhr auf den Thron gelangt war; sie hat trotzdem von freigeborener Abkunft zu sein beansprucht; jene Legende von Stratons Rettung hat das erweisen sollen.²)

Von den Schicksalsschlägen, deren Wucht nach Assurbanipals Regierung das Assyrerreich zu Grunde gerichtet hat, sind auch Syrien und Palästina mit betroffen worden. Skythische Reiterhorden, Bogen und Wurfspieß führend,

---

1) Aus der Zeit der Einnahme von Arados wird der Denkstein Assurbanipals herrühren, welcher Arados gegenüber auf dem Festlande bei Tortosa gefunden worden ist (Proceedings of the Society of Biblical Archaeology, VII, 141—143).

2) Vergl. hierüber auch Alfred v. Gutschmids Bemerkungen in dem Artikel Phoenicia. Die Erzählung auf Menanders Nachrichten von der Herrschaft der Söhne der Amme zu beziehen, geht nicht gut an, da mit den Persern entschieden die Assyrer gemeint sind.

brachen von Norden her ein und drangen vor bis an die Grenzen Aegyptens (um 625 v. Chr.). Geschenke Psammetichs I. sollen sie hier zur Umkehr bewogen haben. Bevor sie Syrien verließen, plünderten die Nachzügler das Heiligthum der Aphrodite zu Askalon. Es würde das in die Zeit fallen, in welcher Psammetich selber mit der Unterwerfung von Aschdod beschäftigt gewesen sein soll, da diese Stadt nach Herodot 29 Jahre (d. h. etwa von 640 bis 610) ihm Widerstand leistete, bis er sie einnahm.[1]) Jedenfalls erstarkte unter seiner Regierung die Kraft Aegyptens, da Psammetich vor Allem aus Karern und Jonern ein Söldnerheer sich schuf, wieder so weit, daß sein Sohn und Nachfolger Necho II. (608 v. Chr.) weiter vorgehn und den Versuch machen konnte, die Herrschaft, welche die Pharaonen des neuen Reichs in Syrien besessen hatten, zu erneuern. Josia von Juda, der tollkühn bei Megiddo sich ihm entgegenstellte, wurde von ihm geschlagen. Bis zu den Grenzlanden des Euphrat scheint sich ihm Syrien unterworfen zu haben. Gaza leistete Widerstand, wurde jedoch eingenommen.

Nur kurze Zeit hat jedoch Necho II. sich als Eroberer fühlen dürfen. Der König von Babel, Nabopalassar, schickte seinen Sohn Nebukadnezar gegen ihn aus, und bei Karkamisch am Euphrat kam es 604 v. Chr. zu einer Schlacht, die Necho verlor. Den Sieg vermochte Nebukadnezar zunächst nicht völlig auszunutzen, da er nach Babel zurückkehren mußte, wo inzwischen sein Vater gestorben war. Doch hatten in Syrien nunmehr die Babylonier freie Hand. Necho wagte sich nicht wieder vor. Wie wenig auf Hülfe von ihm zu rechnen war, das konnten die Städte Phöniziens aus dem Schicksale entnehmen, das Jojakim von Juda ereilte, als dieser sich 597 gegen Nebukadnezar empörte und, von Necho im Stich gelassen, sich und seine Hauptstadt dem Chaldäerkönige übergeben mußte (596). Mit der Oberhoheit fremder Machthaber sich abzufinden, hatten die Phönizier längst gelernt. Eine starke Partei, die als rathsam erkannte, Nebukadnezar als dem mächtigsten unter den Bewerbern um die Herrschaft über Syrien sich anzuschließen, scheint in Tyros noch am Ruder gewesen zu sein, als Apries in Aegypten zur Regierung kam. Erst als dieser sogleich nach seiner Thronbesteigung,[2]) wie Herodot erwähnt, gegen Sidon zu Felde zog und den Tyriern eine Seeschlacht lieferte, scheint die Stimmung sich geändert und Tyros in Verhandlungen mit Aegypten sich eingelassen zu haben. Nebukadnezar würde sonst keinen Grund gehabt haben, 587 mit seinem Heere nicht allein aufs Neue zur Belagerung Jerusalems zu

---

1) Zu Arados ist eine zertrümmerte ägyptische Statue gefunden worden, auf der eine Inschrift steht, in welcher Psammetichs I. Name vorkommt. Wann und auf welche Art die Figur dorthin gelangt ist, muß dahingestellt bleiben. Jedenfalls genügt dieser Fund allein nicht, um, wie man gemeint hat, zu beweisen, daß Phönizien zeitweilig im Besitze Psammetichs I. gewesen ist.

2) Später läßt sich dieser Feldzug nicht gut ansetzen; die Erfolge, welche dabei Apries erreichte, werden es gewesen sein, was Zedekia von Juda den Muth gab, mit Aegypten ein Bündniß einzugehen und von Nebukadnezar abzufallen.

schreiten, sondern auch zugleich gegen Tyros vorzugehen. Apries wagte nicht, den Babyloniern entgegenzurücken und überließ die Juden und die Tyrier ihrem Schicksal. Bereits im Juli 586 wurde die Hauptstadt des Reiches Juda erobert; die Stadt wurde zerstört, das Volk ins Exil nach Babylonien geführt. Jerusalems Fall sollen nach Ezechiel zwar die Tyrier mit Jubel begrüßt haben: gesprengt sei das völkersperrende Thor, eine Handelsstraße mehr sei aufgethan. Nach Menander jedoch würde Nebukadnezar bereits 587 begonnen haben, Ittobaal II. (Ithobalos) auf seiner Insel einzuschließen. Länger als je zuvor leistete Tyros Widerstand, erst nach dreizehn Jahren (574) ergab sich Ittobaal, wohl nur gezwungen durch die Noth, in welche die Absperrung vom Festlande und das Aufhören aller Erwerbsthätigkeit seine Unterthanen versetzt hatte. Denn Lohn ist Nebukadnezar und seinem Heere nicht geworden für den harten Dienst, in dem sie sich abquälen mußten vor Tyros, versichert ausdrücklich Ezechiel, obgleich dabei „alle Häupter kahl wurden und alle Schultern zerschunden." Im Sturm genommen, geplündert, zerstört wurde die Stadt nicht. Ittobaals Familie mußte nach Babylon übersiedeln, damit es, für den Fall daß Baal II., dem Nebukadnezar Tyros zum Lehn gab, sich ungehorsam erweisen sollte, in der Hand der Babylonier an Kronprätendenten nicht fehle.¹) Um die Pharaonen von weiteren Versuchen zur Einmischung abzuschrecken, unternahm Nebukadnezar (568) einen Feldzug gegen Aegypten. Die Tyrier blieben gefügig. Noch Nabonid bezeichnet Gaza als die südöstlichste Grenzmarke seines Reiches.

Auf die Regierung Baals II., die zehn Jahre währt (bis 564), folgte ein Interregnum, eine Zeit, in der Tyros nicht unter Königen, sondern unter Richtern, unter Schofeten stand, d. h. unter Gewalthabern, die keine Legitimität für sich in Anspruch zu nehmen vermochten. „Und zwar waren Richter," heißt es in einem Auszuge aus Menander bei Josephos, „Eknibaal der Sohn des Baslech (Baalschillek) zwei Monate, Chelbes der Sohn des Abdaios zehn Monate, Abbar der Hohepriester drei Monate; Myttynos (Matton) und Gerastratos (Gerastart) Sohn des Abdelim waren Richter sechs Jahre, und zwischen diesen war König Balatoros ein Jahr." Tyros befand sich also in Anarchie. Nach dem Ableben des Balatoros drang schließlich eine Partei durch, die sich einen rechtmäßigen König aus Babylon kommen ließ, Maharbaal (griechisch Merbalos), der vier Jahre regiert hat. Ihm folgte sein Bruder Hirom (III.), der ebenfalls aus Babylon geholt wurde. In das vierzehnte Jahr der zwanzig Jahre währenden Regierung Hiroms III. (538 v. Chr.) verlegten die Annalen von Tyros den Uebergang der Macht an Kyros den Perser. Wie etwas Selbstverständliches wechselte, als Babel

---

1) Ueber eine Inschrift am Nahr el-Kelb, die aus Nebukadnezars Zeit zu stammen scheint, vergl. oben S. 49; über ein Denkmal dieses Königs im Wadi Brissa im Libanongebiete 45 Kilom. östlich von Tripolis H. Pognon in dem Archives des missions scientifiques, 3e sér., XIV, S. 345—349.

in die Hand der Perser gerieth, Phönizien wie das übrige Syrien seinen Oberherrn. Den letzten Rest von Unabhängigkeitsgelüsten hatte, wie es scheint, die langwierige Belagerung von Tyros unter Nebukadnezar, die darauf folgende Periode der Anarchie in den Tyriern erstickt. Für Hiroms passives Verhalten mögen Zweifel an der Sicherheit seines eigenen Thrones maßgebend gewesen sein, wenn nicht Rücksichten auf die in Babel weilenden Anverwandten seines Hauses, Befürchtungen vor der Ernennung eines Gegenkönigs durch Kyros, und besaß Hirom etwas von der Erbweisheit der früheren Fürsten von Tyros, die ja Ezechiel in ihrer Art „weiser als Daniel" dünkten, so vermochte er auch die Perser als dasjenige Volk zu würdigen, dem in Vorderasien die Zukunft gehörte.

Hatte noch um 585 Ezechiel mit farbenreichen Worten Tyros als den großen Weltbazar schildern, die tyrischen Kaufleute Fürsten des Meeres nennen und den Beherrscher der Inselstadt dem Kerub des Paradieses zur Seite stellen dürfen, der auf dem von feurigem Gestein rings umschlossenen Berge Gottes unnahbar einherwandelt, so waren doch damals schon selbst für Tyros längst die Zeiten des höchsten Glanzes und Reichthums vorüber.[1]) Der bescheidenen Ausdehnung Phöniziens entsprach von vorn herein nicht die übergroße Zahl und entfernte Lage der Ansiedelungen, welche die Phönizier an fremden Gestaden, zunächst um ihre Handelsinteressen mit Erfolg wahrzunehmen, hatten anlegen müssen. Was dadurch dem Mutterlande an tüchtiger Bevölkerung und eigener Kraft entzogen war, wurde nicht ausgeglichen durch die Schätze, die im Mutterlande sich aufspeicherten, dessen Umgebung keine Gebietserweiterung zuließ, und dessen eigener Wohlstand bei jedem Versuche zu aggressiver Machtentfaltung für immer aufs Spiel gesetzt worden wäre. Mochte auch die Entsendung von Auswanderern in vielen Fällen der Uebervölkerung vorbeugen, so konnte doch nichts davor schützen, daß im Laufe der Zeit die Colonien den Interessen der Mutterstadt mehr und mehr sich entfremdeten und in eine Lage geriethen, in der sie ganz auf sich allein angewiesen waren. Um von der syrischen Küste bis nach Gades zu fahren, war man in griechischer Zeit achtzig Tage, vordem wahrscheinlich viel länger, unterwegs und hatte das ganze Mittelmeerbecken zu durchqueren. Wäre selbst Phönizien die anhaltende Bedrängniß durch Kriegsnoth erspart geblieben, so würde dennoch unmöglich

---

1) Die Gleichnisse, in welchen Ezechiel die Macht von Tyros beschreibt, werden oft wörtlicher ausgelegt, als sie gemeint sind, besonders 27, 8—10. So hat man beispielsweise daraus entnehmen wollen, Sidon habe vorzugsweise Ruderer, Arados Ruderer und Soldaten, Byblos Schiffsbauleute und Seefahrer geliefert. Mit den Redewendungen, aus welchen dies geschlossen wird, hat der Prophet in Wirklichkeit aber nur ausdrücken wollen, wie sehr Tyros an Macht und Ansehen Sidon, Arados und Byblos überragt hat. Glich es selber einem stolzen, mit Schätzen überreich beladenen Meerschiffe, dessen Steuer die politische Einsicht der Weisesten von Tyros regierte, so fiel den Machthabern von Sidon, Arados und Byblos nur die tief untergeordnete Rolle zu, welche den Lenkern der Galeere gegenüber die Zimmerer, die Vertheidigungs- und Bedienungsmannschaften, die Ruderknechte haben.

geworden sein, auf die Dauer die Herrschaft über die Colonien in ihrer ganzen Ausdehnung aufrecht zu erhalten, die Entfaltung der Selbständigkeit zu hindern. Mit dem Zeitraume aber, in welchem gerade Phönizien unter den Angriffen der Assyrer am meisten zu leiden hatte, in welcher die Bewohner von Tyros auf die Vertheidigung ihrer Seeburg sich beschränken mußten, fällt die Periode zusammen, in der die Hellenen auf Sizilien ihre Niederlassungen gegründet haben. Die unmittelbare Verbindung mit den Phöniziern des Westens ging dadurch verloren. Diese waren nunmehr gezwungen, auf eigene Hand und gleichsam mit völliger Veränderung der Front ihrer Widersacher sich zu erwehren. Zugleich ist im Tarschischlande im Anfange des siebenten Jahrhunderts unter einer einheimischen Dynastie, deren Repräsentant in der Sage der langlebige König Arganthonios ist, welcher das ansehnliche Alter von 150 Jahren erreicht haben soll, allem Anschein nach ein Reich entstanden, dessen Beherrscher nicht mehr ausschließlich die Handelsgeschäfte der Phönizier begünstigten. Als um 690 der Kauffahrer Kolaios von Samos dorthin gelangte, konnte er unbehelligt so viel Silber eintauschen, daß er bei dem Verkaufe sechzig Talente herausgeschlagen haben soll, und seinen Spuren folgten nunmehr namentlich phokäische Seefahrer. Ueberall, wo der hellenische Kaufmann und Seefahrer zugelassen war, begann er den phönizischen in Schatten zu stellen, und als unter Psammetichs I. Regierung Aegypten mehr als je zuvor dem Verkehr mit dem Auslande sich erschloß, hatten am meisten Vortheil davon nicht die Phönizier, sondern die Hellenen, wenn es auch wahr sein mag, daß in Nechos Auftrage phönizische Seefahrer zum ersten Male die Umschiffung Afrikas versucht und glücklich ausgeführt haben. In Kilikien hatte bereits vor der Perserzeit die hellenische Cultur angefangen sich einzubürgern, und ungefähr um dieselbe Zeit, in welcher Phönizien Kyros unterthan wurde, kamen die Städte Cyperns, welches längst zum größten Theile hellenisch geworden war, wenn auch nur vorübergehend, unter die Oberhoheit Aegyptens. Von hier ab bis zur Zeit Alexanders des Großen bildet die Geschichte Phöniziens einen Theil der Geschichte des Perserreichs, die Geschichte der Phönizier des Westens aber gestaltet sich seit der Mitte des siebenten Jahrhunderts v. Chr. immer mehr zur Geschichte der Stadt, welche dort thatkräftig zur Gebieterin über die Colonien sich aufwarf, verknüpft sich aufs Engste mit den Schicksalen Karthagos.

Verzeichniß der Illustrationen.

Im Text.

Seite 14: Karthagische Münze. Originalgröße. (Nach dem Original im königl. Münzcabinet zu Berlin gezeichnet von A. Lütke.)

„ 15: Münzen römischer Procuratoren Judäas. Originalgröße. a. Aus dem 39. Jahre des Kaisers Augustus. b. Aus dem 4. Jahre des Kaisers Tiberius. (de Saulcy, Numismatique de la terre sainte.)

„ 35: Karte des nördlichsten Abschnittes des syrischen Küstenlandes. (Nach Dr. Rich. Pietschmann's Entwurfe gezeichnet von C. Opitz.)

„ 37: Reste der Mauern des ehemaligen Arados. (E. Renan, Mission de Phénicie.)

„ 43: Die Schlucht des Nahr Kadischa, mit Ausblick auf Tripolis. (Ebers und Guthe, Palästina.)

„ 45: Karte des syrischen Küstenlandes von Tarabulus bis Beirut. (Nach Dr. Rich. Pietschmann's Entwurfe gezeichnet von C. Opitz.)

„ 47: Quelle des Adonisstromes bei Afka. (Le Tour du Monde, 1882.)

„ 52: Münze von Berytos aus der Zeit Hadrians. Originalgröße. (Nach dem Original im königl. Münzcabinet zu Berlin gezeichnet von A. Lütke.)

„ 53: Karte der Küste von Beirut bis Ras Serafend. (Nach Dr. Rich. Pietschmann's Entwurfe gezeichnet von C. Opitz.)

„ 55: Plan der Umgebung von Saïda (Sidon). (Ebenso.)

„ 59: Karte des Küstengebietes von Ras Serafend bis zur tyrischen Treppe. (Ebenso.)

„ 62: Plan der Umgebung von Sur (Tyros). (Ebenso.)

„ 63: Münze des Pnytagoras von Salamis. (Tyche; Revers: Adonis). Originalgröße. (Revue numismatique. Nouv. série. X.)

„ 73: Ras el-Ab,ad. (Ebers und Guthe, Palästina.)

„ 74: Drei laodikeische Münzen. Originalgröße. a. Aus der Zeit Demetrios II. (Reichardt in der Numismatischen Zeitschrift, Wien. II). b. Aus der Zeit Antiochos IV. (Catalogue of Greek Coins in the British Museum: The Seleucid Kings of Syria.) c. Mit dem Bilde des Gottes Men. (F. de Saulcy, Numismatique de la terre sainte.)

„ 77: Ras en-Nakura. (Ebers und Guthe, Palästina.)

„ 78: Karte des südlichsten Theiles der Küstenländer Syriens. (Nach Dr. Rich. Pietschmann's Entwurfe gezeichnet von C. Opitz.)

„ 79: Akka von Süden gesehen. (Ebers und Guthe, Palästina.)

„ 83: Ruinen von Cäsarea. (Ebd.)

310   Verzeichniß der Illustrationen.

Seite 87: Münze von Askalon. Originalgröße. (de Sauley, Numismatique de la terre sainte.)
 „ 105: Münze von Sidon. Originalgröße. (Catalogue of Greek Coins in the British Museum: The Seleucid Kings of Syria.)
 „ 127: Feuersteinmesser aus Grotten in der Nähe des Nahr el-Kelb. (de Luynes, Voyage d'exploration à la mer morte.)
 „ 140: Münzen von Byblos. Originalgröße. (a. Choix de monnaies grecques du cabinet de Imhoof-Blumer. b. Nach dem Original im königl. Münzcabinet zu Berlin gezeichnet von A. Lütke.)
 „ 145: Dagon auf einer phönizischen Münze, vermuthlich von Arados. (Ebb.)
 „ 149: Aegyptische Darstellung der Göttin Anat. (Wilkinson, the manners and customs of the ancient Egyptians.)
 „ 150: Aegyptische Darstellungen des Gottes Reschuf. (a. Ebb.) b. Lajard, Recherches sur le culte du cyprès pyramidal. (Mémoires de l'Institut, Académie des Inscriptions, XX.)
 „ 151: Siegel-Cylinder mit Darstellungen des Gottes Reschuf. (Collection de Clercq. Catalogue méthodique et raisonné. Antiquités assyriennes, cylindres orientaux, cachets, briques, bronzes, bas-reliefs etc. Publié par M. de Clercq et M. J. Menant.)
 „ 159: Grabrelief späten, griechisch-römischen Stils aus Tyros. (Nach dem Original im königl. Museum zu Berlin gezeichnet von A. Lütke.)
 „ 173: Münze von Byblos. Originalgröße. (de Luynes, Numismatique des satrapies et de la Phénicie.)
 „ 175: Darstellungen auf einer Silberschale von Kurion auf Cypern. (Clermont-Ganneau, l'imagerie phénicienne. Ire partie: la coupe phénicienne de Palestrina.)
 „ 177: Flüg. weiblicher Greif; Sefer oder Seref. Greif, Darstellungen in einem alten ägyptischen Grabe. (Champollion, Monuments de l'Égypte, IV.)
 „ 178: Relief aus Ruad (Arados) in weißem Marmor. (Musée Napoléon III. Choix de monuments antiques pour servir à l'histoire de l'art en Orient et en Occident. Texte explicatif par Adrien de Longpérier.)
 „ 179: Gepard, der auf dem Rücken ein Menschenhaupt zwischen einem Flügelpaar trägt. Darstellung in dem Chnemhotep-Grabe zu Beni Hassan in Aegypten. (Champollion, Monuments de l'Égypte, IV.)
 „ 189: Darstellungen auf einer Schale in vergoldetem Silber aus Larnaka. Paris, Louvre-Museum. (Musée Napoléon III. Choix de monuments antiques pour servir à l'histoire de l'art en Orient et en Occident. Texte explicatif par Adrien de Longpérier.)
 „ 190: Münze von Berytos. (Nach dem Original im königl. Münzcabinet zu Berlin gezeichnet von A. Lütke.)
 „ 197: Bordj el-Bezzât, „Schneckenthurm." Grabdenkmal bei Amrit. (E. Renan, Mission de Phénicie.)
 „ 200: Tempel von Byblos auf einer Münze aus der Zeit des Kaisers Macrinus. (Nach dem Original im königl. Münzcabinet zu Berlin gezeichnet von A. Lütke.)
 „ 201: Grundriß des Tempels von Byblos. (Entworfen von Dr. Rich. Pietschmann nach der Abbildung des Tempels.)

Verzeichniß der Illustrationen.

Seite 204: Goldschmuck aus der phönizischen Nekropole von Tharros auf Sardinien. (Catalogo della raccolta archeologica Sarda del Giov. Spano.)
„ 205: Votivstein von Hadrumetum. (Gazette archéologique. IV. 1884.)
„ 210: Votivstein von Hadrumetum. (Ebd.)
„ 213: Münze von Arados aus der Zeit Elagabals. (Nach dem Original im königl. Münzcabinet zu Berlin gezeichnet von A. Lütke.)
„ 214: Abbild des Gottes Baal Hammon, den heiligen Baum in der Hand haltend. (Recueil de notices et de mémoires de la société archéologique de Constantine. Vol. XVIII.)
„ 219: Darstellung auf einem Skarabäus in grünem Jaspis: Gott in Gestalt des ägyptischen Gottes Besa, einen erlegten Löwen auf den Schultern, einen erlegten Eber in der Hand tragend. Ueber dem Kopfe des Löwen das Bild des Mondes. Paris, Louvre-Museum. (Revue d'assyriologie et d'archéologie orientale publiée sous la direction de M. J. Oppert et M. E. Ledrain. I.)
„ 222: Wasserbehälter in porösem Kalkstein aus Amathus auf Cypern. (Musée Napoléon III. Choix de monuments antiques pour servir à l'histoire de l'art en Orient et en Occident. Texte explicatif par Adrien de Longpérier.)
„ 223: Stierbild im Henkel der großen Kalksteinvase von Amathus. (Ebd.)
„ 224: Kyprische Münze. (Ebd.)
„ 225: Marmorvase aus Sidon. (Nach dem Original im königl. Museum zu Berlin gezeichnet von A. Lütke.)
„ 225: Marmorvase aus Sidon: Darstellungen auf den Außenseiten. (Ebenso.)
„ 227: Siegelstein und dessen Abdruck. (Ebenso.)
„ 233: Gottheit eine erlegte Löwin haltend. Statue in porösem Kalkstein. Konstantinopel, Ottomanisches Reichsmuseum in Tschinili-Kiöschk. (Gazette archéologique. 1879.)
„ 234: Atargatis-Derketo in ihrem Haine, umgeben von mit ihr über ihren Fehltritt klagenden Frauen. Relief in grauem Marmor. Paris, Louvre-Museum. (Musée Napoléon III. Choix de monuments antiques pour servir à l'histoire de l'art en Orient et en Occident. Texte explicatif par Adrien de Longpérier.)
„ 235: Münze von Arados aus der Zeit Gordians III. Originalgröße. (Nach dem Original im königl. Münzcabinet zu Berlin gezeichnet von A. Lütke.)
„ 236: Grabdenkmäler zu Amrit, genannt Meghâzîl, die „Spindeln". (E. Renan, Mission de Phénicie.)
„ 240: Phönizische Purpur-Muscheln: a. b. Murex trunculus. c. Purpura haematostoma. d. Murex brandaris. (Lovel Augustus Reeve, Conchologia iconica. Vol. III.)
„ 241: Conglomerat aus zerbrochenen Murex-Gehäusen. (W. R. Wilde, Narrative of a voyage to Madeira, Teneriffe and along the shores of the Mediterranean.)
„ 246: Silberschale gefunden in einem Grabe bei Melascha (Melusia) in der Nähe von Athieno auf Cypern. (Nach dem Original im königl. Museum zu Berlin gezeichnet von A. Lütke.)
„ 247: — — Darstellungen auf der Innenfläche derselben. (Ebenso.)

Verzeichniß der Illustrationen.

Seite 256: Aegyptische Abbildungen syrischer Prachtvasen. (Rosellini, Monumenti dell' Egitto, II.)
„ 257: Aegyptische Darstellung eines Tribut bringenden Bewohners des Keft-Landes. (Ebd.)
„ 266: Weibliche Gottheiten nach der Darstellungsweise der babylonisch-assyrischen Kunst auf Thieren thronend. a. Münze von Rhosos. b. Münze, vermuthlich von Aschdod. Originalgröße. (Nach den Originalen im königl. Münzcabinet zu Berlin gezeichnet von A. Lütke.)
„ 267: Figur in assyrischer Priesterkleidung. Darstellung auf einem Siegelcylinder. (Collection de Clercq. Catalogue méthodique et raisonné. Antiquités assyriennes, cylindres orientaux, cachets, briques, bronzes, bas-reliefs etc. Publié par M. de Clercq et M. de Menant. vol. I.)
„ 268: Darstellungen auf einem Siegelcylinder. (Ebd.)
„ 270: Brust-Panzerdecken von syrischer Arbeit. Darstellung in einem Grabe zu Theben in Aegypten. (Champollion, Monuments de l'Égypte, III.)
„ 273: Fünf geschnittene Steine von phönizischer Arbeit. Doppelte Größe der Originale. (Nach den Originalen im königl. Museum zu Berlin gezeichnet von A. Lütke.)
„ 274: Säule aus Tyros in weißem Marmor. Paris, Louvre-Museum. (Musée Napoléon III. Choix de monuments antiques pour servir á l'histoire de l'art en Orient et en Occident. Text explicatif par Adrien de Longpérier.)
„ 274: Torso einer Statue in röthlich grauer Lava. Paris, Louvre-Museum. (Ebd.)
„ 275: Aegyptische Darstellung eines Fabelwesens, Djes oder Sedj genannt. (Champollion, Monuments de l'Égypte, IV.)
„ 275: Malerei auf einem Straußenei, gefunden zu Bulci in Etrurien. (G. Perrot et Ch. Chipiez, Histoire de l'art dans l'antiquité, III.)
„ 276: Relief aus Ruad (Arados) in weißem Marmor. Paris, Louvre-Museum. (Musée Napoléon III. Choix de monuments antiques pour servir á l'histoire de l'art en Orient et en Occident. Texte explicatif par Adrien de Longpérier.)
„ 277: Zwei typrische Kapitäle in Kalkstein. Paris, Louvre-Museum. (Ebd.)
„ 281: Darstellung eines phönizischen Tempels mit dreifachem Portale. In Goldblech gepreßt. Aus Mykenae. (Schliemann, Mykenae.)
„ 288: Ohrgehänge aus Gold mit Filigranarbeit, in ägyptischem Geschmack. Giovanni Spano's Sammlung. (Catalogo della raccolta archeologica Sarda del Giov. Spano.)
„ 289: Grabdenkmäler, sogenannte Nuraghi, auf Sardinien. (Giov. Spano, Memoria sopra i nuraghi di Sardegna.)
„ 289: Altarabische Grabdenkmäler, sogenannte Rigûm („Steinhaufen") im Wadi Thirba. (Doughty, Travels in Arabia Deserta.)
„ 294: Siegelstein in Sardonyx. Florenz, Museum. (de Luynes, Numismatique des satrapies et de la Phénicie.)
„ 295: Münze von Tyros aus der Zeit Gordians III. Originalgröße. (Nach dem Original im königl. Museum zu Berlin gezeichnet von A. Lütke.)
„ 297: Kabr Hairan, Grabdenkmal am Wege zwischen Tyros und Kana. (E. Renan, Mission de Phénicie.)

Verzeichniß der Illustrationen.

Vollbilder.

Seite 5: Die Nekropolis von Saida (Sidon) bei Mogharet Ablun. (de Luynes, Voyage d'exploration à la mer morte. I.)
„ 48: Küstenstraße mit Fels-Sculpturen an der Mündung des Nahr el-Kelb. (Joseph Bonomi in den Transactions of the R. Society of Literature. III. Part I.)
„ 54: Ansicht von Saida (Sidon). (de Luynes, Voyage d'exploration à la mer morte. I.)
„ 61: Ansicht von Sur (Tyros). (Ebd.)
„ 181: Votivstein aus Karthago. (Gazette archéologique 1880.)
„ 235: Terracotten aus Phönizien. (Musée Napoléon III. Choix de monuments antiques pour servir à l'histoire de l'art en Orient et en Occident. Texte explicatif par Adrien de Longpérier.)
„ 278: Darstellungen auf einer Silberschale aus der Nekropole von Amathus auf Cypern. New-York, Metropolitan-Museum. (Clermont-Ganneau, l'imagerie phénicienne. Ire partie: la coupe phénicienne de Palestrina.)

Doppelvollbild.

„ 302: Flotte Senacheribs. (A. H. Layard, Monuments of Ninive. Second series.)